国际贸易学教程

International Trade

窦祥胜 编著

北京大学出版社
PEKING UNIVERSITY PRESS

图书在版编目(CIP)数据

国际贸易学教程/窦祥胜编著. —北京:北京大学出版社,2011.8
(21世纪经济与管理精编教材·经济学系列)
ISBN 978-7-301-19399-0

Ⅰ.①国… Ⅱ.①窦… Ⅲ.①国际贸易-高等学校-教材 Ⅳ.①F74

中国版本图书馆CIP数据核字(2011)第170139号

书　　名:国际贸易学教程
著作责任者:窦祥胜　编著
责 任 编 辑:马　霄
标 准 书 号:ISBN 978-7-301-19399-0/F·2851
出 版 发 行:北京大学出版社
地　　址:北京市海淀区成府路205号　100871
网　　址:http://www.pup.cn　电子邮箱:em@pup.cn
电　　话:邮购部62752015　发行部62750672　编辑部62752926　出版部62754962
印 刷 者:河北滦县鑫华书刊印刷厂
经 销 者:新华书店
787毫米×1092毫米　16开本　23.5印张　460千字
2011年8月第1版　2011年8月第1次印刷
印　　数:0001—4000册
定　　价:45.00元

前言

相对于经济学类其他学科，国际贸易学教科书较为“稀缺”。从国外的情况来看，独立的国际贸易学教材较少，大多数是将国际贸易的基本知识放在国际经济学中讲授，内容基本围绕国际贸易理论与政策，逻辑性和规范性较强。与国外的情况不同，国内则普遍将国际贸易学设置为经济类专业的基础性和通论性课程，这就决定了国际贸易学的教学内容较为宽泛，既有国际贸易理论和政策方面的知识，又要涉及国际贸易的实践和应用。

作为一部基础性教材，本书具有以下特点：一是涵盖的知识内容广泛，资料丰富，既适合于课堂教学，又可供学生课后自学；二是能够将国际贸易的原理、政策和应用等方面的知识融会贯通，形成科学的体系，便于学习和掌握；三是内容取舍适当，理论表述规范、精练，简明易懂，不仅有利于学生掌握国际贸易学的基本知识，而且有利于提高学生的经济学素质，培养经济学分析和思维能力；四是能够充分体现国际贸易学的学科性质，反映国际贸易理论的最新进展，将理论发展运用于解决实际问题。

从国外成功的教学实践来看，学生进行大量的课外阅读和开展内容丰富的研讨式学习，是提高教学质量和学生素质的关键环节。因此，课堂精讲、课外大量阅读和课内外研讨式学习的有机结合，将是未来国内高校教学模式的改革方向，本书的许多内容正是为了方便学生查阅资料和进行课外学习而编写的。本书还配备了一部《〈国际贸易学教程〉学习指南》，供学生在教材的基础上深入学习。

本书在编写过程中广泛地参阅了大量国内外的相关著作和教材，并尽可能地将这些著作和教材中较好的内容吸收到本教材中来。因此，从这一角度讲，这本教科书是国际贸易学领域的学者们集体成果的结晶，本人所做的工作不过是对现有的知识内容进行重新设计、提炼、扩展和以更逻辑的方式表述而已。这里，谨向相关著作的作者和学术界同行表示真诚的感谢！

编写教科书是一件费力不讨好的苦差事。一方面，一门学科的知识体系内容庞大，要想准确地理解和表达全部的知识体系，显然是有困难的；另一方面，一门学科的新理论和新成果总会不断地出现，由于学识和资料所限，这些理论和成果不可能在教科书中得到非常充分的反映。这些问题在这本教科书中无疑也会存在，疏漏之处，恳请广大读者批评指正。

窦祥胜

2011 年 7 月 1 日

目 录 contents

第四篇　国际贸易体系

绪论

一、学习国际贸易学的重要性

国际贸易(international trade)是一种在世界各国之间进行的商品、服务和要素的交换活动,它是在生产力发展及由此所决定的国际分工基础上产生和发展起来的。国际贸易的发展反映了各国在经济上的相互依存和联系,对世界经济发展具有决定性的影响。

在当今经济全球化发展的背景下,世界各国的商品与劳务贸易日益频繁,经济联系十分密切,各国经济的相互依赖增强。同时,各国出于自身利益的需要,往往会构筑一些贸易壁垒,阻碍世界经济和贸易的发展。因此,在经济全球化发展背景下,如何应对国际经济环境的风云变幻,已成为各国制定国内经济政策和对外贸易政策必须考虑的重要问题。

国际贸易与经济增长具有密切的关系。理论和实践都证明,对外贸易是一国经济发展的重要推动因素,是一国经济增长的"发动机"。从整个世界经济发展的实践看,第二次世界大战以后是世界经济增长最快的时期,也是国际贸易发展最快的时期。新兴工业国实现经济起飞,与它们不懈地推动对外贸易有直接的关系。中国的改革开放实践也充分证明,国民经济的发展和对外贸易发展相互促进,对外贸易在推动一国经济发展中具有十分重要的作用。

从国际贸易运行规律看,虽然它与国内贸易一样都属于流通范畴,但是国际贸易与国内贸易无论在性质上还是业务运作上,都有很大区别。因为国际贸易要涉及国际货币的结算与支付、国际贸易规则与惯例、贸易壁垒和文化差异等诸多复杂问题,而国内贸易则不存在这些问题。此外,国际贸易与国内贸易的基础也不同,国内贸易的基础是国内的生产条件、社会分工和专业化,而国际贸易的基础是国际的生产条件、国际间的分工和专业化。因此,各国比较优势的差异是国际贸易的基础,而国家之间的生产差异和规模经济发展则是国际贸易的基本原因。可见,相对于国内贸易而言,国际贸易涉及的问题更多、更加复杂,具有独特的运行规律。

综上所述,由于国际贸易的重要性,必须对其进行专门的研究,以揭示国际贸易模式、国际贸易政策设计及其福利效果以及国际贸易的规律性,从而为现实的国际贸易活动提供借鉴和指导。国际贸易学正是从理论层次来探讨国际贸易的模式与规律性等问题的一门学科。通过国际贸易学的学习，可以了解和掌握国际贸易的基础理论和基本政策，掌握从事国际贸易活动的基本技能和方法，以便更好地为我国的对外贸易和国民经济发展服务。同时，系统掌握国际贸易理论知识，也是国际化人才必备的基本理论素质之一。

二、国际贸易学的研究对象和基本问题

国际贸易学是一门研究国际间商品、服务和生产要素的流动与交换规律的学科。早在西方资本主义原始积累时期，对国际贸易的研究就已经出现，最具代表性的是重商主义学说。重商主义学说对国际贸易的研究主要集中在如何进行贸易方面。从古典经济学开始，对国际贸易的研究不再局限于怎样进行贸易，而开始对国际贸易产生的原因和结果及与之相对应的政策进行分析。20 世纪 60 年代后，随着新的贸易形式的出现，经济学家们试图从各个角度来深入研究国际贸易问题，对国际贸易研究的范围越来越广，方法越来越精细，工具和手段越来越严密。国际贸易理论已经成为经济学的一个独立分支并得到不断发展。

概括地说，现阶段国际贸易学研究的范围和对象主要包括以下几个方面：

一是探讨商品、服务和生产要素国际交换的原因、模式及其产生的福利效应（即对各国生产、消费、价格和社会各集团利益等的影响）；

二是探讨与商品、服务和生产要素国际交换有关的各种商业（或贸易）、产业和消费政策，其中，商业或贸易政策直接影响贸易的数量与价格，而产业和消费政策则通过干预国内的生产和消费间接影响贸易；

三是探讨国际贸易动态变化的原因与结果，即分析技术变动、国际投资、国际分工和世界市场结构等因素对贸易的影响；

四是探讨商品、服务和生产要素国际交换的模式、程序和运作方法；

五是探讨国际贸易的全球多边合作与制度安排，以及当代国际经济贸易关系；

六是其他与国际贸易相关的理论与现实问题。①

从学科性质看，国际贸易学主要从理论上解释以下四个基本问题：

第一，国际贸易所得与利益分配。与封闭经济相比，开展国际贸易能够使参加贸易的各国都从中受益。原因在于，国际贸易可以为各国的专业化和规模化生产创造有利条件，而专业化和规模化生产则有利于提高劳动生产率和资源利用率，降低生产成本。国际贸易还可以通过生产转换和消费转换，为各国带来间接收益。当然，国家作为一个整体会从国际贸易中获益，但并不意味着所有人都得益，国际贸易

① 海闻编著，《国际贸易：理论·政策·实践》，上海人民出版社，1993 年版，第 7—8 页。

有可能会使一国内部的某些集团的利益受损。长期以来，国际贸易对收入分配的影响一直是国际贸易理论研究者关心的重要问题。

第二，国际贸易的原因与模式。国际贸易理论探讨的核心问题之一是如何解释国际贸易模式，即“谁把什么卖给了谁”，这是国际贸易研究者一直试图解释的问题。有些贸易模式是很容易理解的，比如，巴西出口咖啡是因为其气候适宜咖啡的生长，沙特阿拉伯出口石油是因为其盛产石油。但是，有些贸易模式却难以理解，比如，同样具备汽车生产条件的日本和美国，为什么相互之间还要开展汽车贸易？为什么跨国公司会进行公司内贸易？实际上，决定国际贸易模式的因素很多，包括生产要素的可得性、技术与产品创新、国内需求、市场结构和规模经济等，它们单独或共同决定一国的贸易模式。在有些情况下，国际贸易模式可能是由一些随机因素决定的。

第三，国际贸易均衡与贸易条件。一国究竟应该出口或进口多少产品？出口或进口的产品价格如何确定？前者探讨的是对外贸易的数量均衡，后者关注的是价格均衡和贸易条件。国际贸易均衡与否，贸易条件改善与否，都直接关系到一国对外贸易的利得。

第四，国际贸易政策选择及其福利效应。自由贸易和贸易保护一直是国际贸易学中争论的重要政策问题之一。在大部分情况下，国际贸易学的分析会批评贸易保护主义，并揭示自由贸易将带来怎样的利益。但实际上，在现实中贸易保护主义十分盛行，有时候一国贸易政策的制定并不都是以国家的整体利益为重，国内不同利益集团之间的力量对比，往往会成为决定政府贸易政策的主要因素。[①]

对以上四个基本问题的解释和分析，构成了国际贸易学的核心内容。

三、本书的内容与结构安排

本书内容广泛，涉及国际贸易的原理、政策和应用等诸方面。全书分为国际贸易理论、国际贸易政策、国际贸易内容与形式以及国际贸易体系四大部分。

第一部分是国际贸易理论篇，由第一章至第三章组成，主要介绍传统的国际贸易理论（含比较优势理论和要素禀赋理论）和现代国际贸易理论，分别从不同的角度解释了国际贸易的原因、模式和条件。

第二部分是国际贸易政策篇，由第四章至第六章组成，主要探讨国际贸易政策工具、国际贸易政策的影响以及国际贸易政策实践等问题。

第三部分是国际贸易内容与形式篇，由第七章至第十章组成，简要介绍国际货

---

① 程大中编著，《国际服务贸易学》，复旦大学出版社，2007年版，第23—25页；保罗·克鲁格曼著，海闻等译，《国际经济学》（第五版），中国人民大学出版社，2002年版，第3—5页。

物贸易、国际服务贸易、国际技术贸易和国际要素流动等不同贸易形式的特点、内容、贸易方式与贸易程序。

第四部分是国际贸易体系篇，由第十一章至第十三章组成，主要介绍当代国际经济贸易关系、国际贸易发展以及经济增长与国际贸易关系等内容。

第　一　篇

国际贸易理论

第一章　比较优势理论

内容提要

李嘉图的比较优势理论在国际贸易理论中占有十分重要的地位，特别是正统的李嘉图模型，其基本思想非常简洁，对我们探讨国际贸易产生的原因、国际贸易模式及其福利影响有非常重要的作用。但是，由于正统的李嘉图模型是建立在一系列严格的假定基础之上的，因而它有悖于现实经济。因此，有必要对李嘉图模型进行适当的扩展，以使它更接近现实。本章主要围绕这些问题展开论述，共分为五节：第一节，国际贸易理论概览，对国际贸易理论的演进和发展过程做概要性分析；第二节，李嘉图模型，对正统的李嘉图模型做系统介绍，是本章讨论的重点和核心内容；第三节，相互需求与国际均衡，在李嘉图模型的基础上加入需求因素进行扩展分析；第四节，正统理论（李嘉图模型）的扩展，放宽李嘉图模型的基本假定，以使它更接近现实经济；第五节，特定要素模型，讨论特定要素和收入分配问题。

第一节　国际贸易理论概览

从国际贸易理论发展演变的历史过程看，国际贸易理论经历了早期的重商主义学说（15 世纪至 18 世纪中叶）、传统的国际贸易理论（18 世纪末叶至 20 世纪 70 年代）和现代国际贸易理论（20 世纪 80 年代以来）三个阶段。

一、早期的重商主义学说

国际贸易理论的起源最早可以追溯到 15—18 世纪欧洲资本原始积累时期的重商主义学说（Mercantilism）。14 世纪末和 15 世纪初开始，西欧的封建自然经济逐渐瓦解，商品货币经济和资本主义生产关系开始产生并逐渐成长起来。为适应西欧各国这一时期社会经济发展的需要，反映和代表这一时期的商业资本和商业资产阶级利益的重商主义的政策体系和经济学说应运而生。

重商主义将社会财富的重心由过去的土地转向了金银货币，认为金银（即货币）是财富的唯一形态，把货币的多寡视为衡量国家富裕程度的标准；世界财富总量是不变的，由于一国的金银矿藏有限，财富的源泉只能是流通领域，只有靠流通领域才能使社会财富不断增加。同时强调，国内商业虽然必要但不能增加国家的货币量，只有国际贸易才是国家富裕的根本途径。而在对外贸易中，又必须遵循多卖少买、多收入少支出的原则，只有做到出口大于进口，保证贸易中的顺差，大量金银才能不断地流入本国。为此，重商主义者主张实行保护贸易政策，强调国家应通过颁布商业和工业法令以及实施相关经济政策等措施，鼓励本国产品输出和货币输入，限制或禁止货币输出和外国商品输入。

重商主义经历了早期重商主义（15 世纪到 16 世纪中叶）和晚期重商主义（大约从 16 世纪末叶到 17 世纪中叶）两个阶段。早期重商主义的主要代表人物有约翰·海尔斯（John Hales）等，他们把多卖少买、禁止货币输出的原则绝对化，认为国家应积极干预经济，加强对外贸易管制，使每笔交易和对每个国家都保持顺差，防止货币流向国外。早期的重商主义将国家增加货币积累作为对外贸易的指导原则，所以被称为货币差额论，又被称为重金主义或货币主义。

晚期重商主义的主要代表人物有托马斯·孟（Thomas Mum）等。与早期重商主义不同，晚期重商主义者极力主张改变禁止货币输出的政策，要求国家允许货币输出，鼓励通过货币输出来扩大对外贸易，但在对外贸易中必须保持顺差原则；认为只要出口贸易总额保持顺差，就能保证有更多的货币流回本国，从而使国家富足。晚期重商主义强调通过调节商品的运动来达到增加货币财富的目的，所以被称为贸易差额论。又因为西欧一些主要国家的晚期重商主义者支持国家扶植和鼓励制造出口商品的工场手工业，所以又把晚期重商主义称为重工主义。①

从上述分析可以看出，重商主义的核心观点是主张国家实行保护贸易政策，其主要内容可以概括为以下几个方面：

（1）货币政策。所有奉行重商主义的国家都颁布过各种法令，规定严厉的刑罚，禁止货币输出，同时鼓励吸收国外货币。到重商主义晚期，货币政策有所放宽，准许输出适量货币，以获取更多的货币。

（2）限入奖出政策。重商主义者极力主张国家管制对外贸易，禁止或限制外国商品尤其是奢侈品的进口。同时，禁止重要原料的出口，主张出口制成品代替出口原料。为此，提出了给予出口补贴等各种奖励措施。

（3）保护关税政策。重商主义者主张对进口制成品课征重税，以限制进口制成品。对生产出口制成品的原料则减免进口关税，或出口制成品时退还原材料进口所征收的关税，以支持和鼓励本国制成品的生产和出口。

（4）发展本国工业政策。重商主义者主张扶持和鼓励本国的制造业和航海业，

① 详细分析可参见：陈孟熙主编，《经济学说史教程》，中国人民大学出版社，1992 年版，第 33—39 页。

以此来推动商品的出口，保持贸易顺差。当时奉行重商主义的国家都围绕发展本国工业制定并执行了各种政策措施。例如，为了发展制造业和加工工业，禁止熟练技工外流和机器设备输出，鼓励原料和半成品输入，向工场手工业者发放贷款和提供各种优惠条件；为了保证工业发展和对外扩张所需要的劳动力，鼓励增加人口，限制人口外流，鼓励外国人口特别是有熟练手艺和懂科学技术的人才移入本国；为了降低工业生产成本，提高出口竞争力，推行低工资政策；为了提高产品质量，制定工业管理条例，加强质量管理，等等。

重商主义学说在历史上曾起过进步作用。首先，在理论上，重商主义者冲破了封建思想的束缚，对资本主义生产方式进行了最初的理论探讨。重商主义者认识到货币不仅是流通手段而且具有资本的职能，只有将货币投入流通，尤其是对外贸易，才能获得更多的货币。重商主义者的理论观点代表了资本原始积累时期处于上升阶段的商业资本的利益，因而具有历史进步意义。其次，在政策上，重商主义提出的国家干预对外贸易的政策主张，促进了商品货币经济关系的发展，加速了资本的原始积累，推动了资本主义生产方式的产生和发展。

但是，重商主义学说也存在着诸多缺陷和不足。首先，重商主义对外贸易学说大多针对经济现象中的某个方面或某个具体问题就事论事，其理论观点不成熟，没有形成系统。其次，重商主义者对社会经济现象的探索仅限于流通领域，而未深入到生产领域。最后，重商主义者将货币与财富混为一谈，错误地认为金银货币是财富的唯一形态，把货币的多寡视为衡量国家富裕程度的标准，因而得出只有对外贸易才是国家富裕的根本途径、对外贸易的目的就是从国外获得货币等错误结论，没有认识到国际贸易在促进各国经济发展中的重要作用。[①] 可见，重商主义的对外贸易学说只是初步的经济思想和政策主张，没有形成系统的国际贸易理论，真正的国际贸易理论起始于传统的自由贸易理论。

二、传统国际贸易理论

传统国际贸易理论是在批判重商主义保护贸易学说基础上产生和发展起来的一种自由贸易理论。它产生于 18 世纪末叶，完成于 20 世纪 30 年代，直到 20 世纪 60 年代一直占据国际贸易理论的主导地位。

17 世纪末至 18 世纪末，英国的资本主义迅速发展，“世界工厂”地位逐步确立并得到巩固，生产技术和对外竞争力大大提高。在这种情况下，重商主义的保护贸易政策便成为阻碍经济发展和对外扩张的一大障碍，新兴的产业资产阶级迫切要求废除重商主义的保护贸易政策，实行自由贸易政策。为了适应资本主义社会经济发

① 详细分析可参见：陈宪等编著，《国际贸易——原理·政策·实务》，立信会计出版社，1998 年版，第 73—79 页。

展的需要，一些资产阶级思想家开始探寻对外贸易与经济发展的内在联系，试图从理论上解释自由贸易对经济发展的好处，由此便产生了自由贸易理论。[1]

自由贸易理论最早起源于法国的重农主义，但真正形成系统的理论则起始于英国古典政治经济学家亚当·斯密（Adam Smith）创立的绝对优势理论，后经大卫·李嘉图（David Ricardo）等人的不断发展和完善，最终成为最有影响的国际贸易理论之一。

传统国际贸易理论的基本假定是完全竞争和产品同质。根据考察对象和研究方法的不同，又可以分为古典国际贸易理论（包括绝对优势理论和比较优势理论等）和新古典国际贸易理论（包括相互需求理论和要素禀赋理论等）两个既有联系又有区别的理论流派。[2]

（一）古典国际贸易理论

古典国际贸易理论是在古典经济学框架下来分析国际贸易问题的，它在一系列古典假设下，重点考察"国际分工和国际贸易来自于国家间劳动生产率差异"这一基本命题。其中，比较重要的古典国际贸易理论是绝对优势理论（Absolute Advantage）和比较优势理论（Comparative Advantage）。

1. 绝对优势理论

古典国际贸易理论起源于亚当·斯密的绝对优势理论，斯密在1776年发表的《国民财富的性质和原因的研究》（简称《国富论》）中提出并论证了绝对优势理论。斯密认为，假如两国在生产不同的产品上具有不同的劳动生产率，其中一国在某种产品上的劳动生产率相对较高（或成本相对较低），另一国在其他产品上的劳动生产率相对较高（或成本相对较低），即两国在不同产品上分别具有绝对优势，那么，如果每个国家专门从事其最有优势的产品的生产，然后进行交换，则双方都能从中获益。[3]

例如，假定世界上只有本国和外国两个国家，它们都能够生产小麦和棉布两种产品，但每种产品的劳动生产率不同，其中本国在生产小麦上有绝对优势，而外国在生产棉布上有绝对优势，如表1-1所示。在自由贸易条件下，本国应专门生产小麦并

---

① 实际上，17世纪初重商主义就开始逐渐瓦解。17世纪初，资本主义工场手工业的发展已经达到了一定的水平，生产成为资本主义社会经济关系的主体，流通变为生产的一个要素，由此导致了重商主义的逐渐瓦解和以资本主义生产为考察对象的资产阶级古典政治经济学的产生，自由贸易理论即是古典政治经济学的主要理论之一。详细可参见：陈孟熙主编，《经济学说史教程》，中国人民大学出版社，1992年版，第49—114页。

② 古典国际贸易理论是在古典经济学框架下探讨国际贸易问题的，而新古典国际贸易理论是在新古典经济学框架下探讨国际贸易问题的。古典经济学与新古典经济学的共同点是，它们都是在完全竞争假设下论证自由市场经济问题的；主要不同点是，古典经济学以劳动价值论为基础，重点研究经济增长及分配等宏观经济问题，而新古典经济学则以边际效用价值论和供求均衡价值论为基础，重点研究供求关系及价格决定等微观经济问题。

③ 某种产品的劳动生产率相对较高，意味着生产该种产品的成本相对较低，因此绝对优势理论又称为绝对成本理论。

出口一部分以换取外国的棉布，而外国应专门生产棉布并出口一部分以换取本国的小麦。

表 1-1 绝对优势

产品＼国家	本国	外国
小麦（蒲式耳/劳动小时）	6	1
棉布（码/劳动小时）	4	5

为简单起见，不妨假设两个国家每年分别消费 1 个单位的小麦和 1 个单位的棉布。如果两个国家不实行专业化分工和交换，则本国生产 1 单位小麦和 1 单位棉布需要耗费的劳动时间是 0.42 劳动小时（1/6 劳动小时 + 1/4 劳动小时），外国生产 1 单位小麦和 1 单位棉布需要耗费的劳动时间是 1.2 劳动小时（1/1 劳动小时 + 1/5 劳动小时），两国总共耗费的劳动时间是 1.62 劳动小时（0.42 劳动小时 + 1.2 劳动小时）。

现在两国按专业化分工进行生产和交换，本国专门生产小麦，外国专门生产棉布，然后进行交换。为满足两个国家对小麦的需要，本国需生产 2 个单位小麦，耗费的劳动时间是 0.33 劳动小时（2/6 劳动小时）；同样，外国专门生产 2 个单位棉布，耗费的劳动时间是 0.4 劳动小时（2/5 劳动小时）。两国总共耗费的劳动时间是 0.73 劳动小时（0.33 劳动小时 +0.4 劳动小时）。

通过专业化分工和国际贸易，本国节约了 0.09 劳动小时（0.42 劳动小时 −0.33 劳动小时），外国节约了 0.8 劳动小时（1.2 劳动小时 −0.4 劳动小时），整个世界节约了 0.89 劳动小时。显然，分工后两种产品的生产效率在总体上都提高了，两国也都因此各自受益。

与重商主义对外贸易学说相比，亚当·斯密的绝对优势理论将国际贸易理论的研究从流通领域转向生产领域，强调国际贸易在促进各国和世界经济发展中的作用，这在理论上是一大进步。它反映了当时的资本主义社会经济发展的需要，在历史上起过进步作用。然而，绝对优势理论也存在一定局限性，它只能解释两个国家对不同产品具有绝对优势的情况。但是，如果一国在两种产品生产上均具有优势，而另一国在两种产品生产上均居于劣势，那么两国间是否能够开展贸易？对此，绝对优势理论无法做出解释。大卫·李嘉图在亚当·斯密的理论基础上，提出了比较优势理论，弥补了绝对优势理论的不足。

2. 比较优势理论

大卫·李嘉图的比较优势理论（也称为比较成本理论）认为，如果一个国家在两种产品的生产上都处于绝对有利的地位，但有利程度不同，而另一个国家在两种产品的生产上都处于绝对不利地位，但不利的程度不同，在这种情况下，处于绝对有利地位的国家应专门生产有利程度更大的产品，而处于绝对不利地位的国家则应专门生产不利程度更小的产品，然后进行交换，这样双方都能从中获益。比较优势理论可以简单地概括为："两利相权取其重，两弊相权取其轻。"

例如，仍然假定世界上只有本国和外国两个国家，它们都能够生产葡萄酒和呢绒两种产品，但本国在葡萄酒和呢绒两种产品生产上都具有优势（劳动生产率相对较高），而外国在葡萄酒和呢绒两种产品生产上都处于劣势（劳动生产率相对较低）。然而，两国生产的相对优势是不同的，本国在生产葡萄酒上具有比较优势，而外国在生产呢绒上具有比较优势，如表 1-2 所示。在自由贸易条件下，本国应该专门生产葡萄酒并出口一部分以换取外国的呢绒，外国应专门生产呢绒并出口一部分以换取本国的葡萄酒。

表 1-2 比较优势

产品 \ 国家	本国	外国	本国对外国相对产出率	外国对本国相对产出率
葡萄酒（蒲式耳/劳动小时）	5	1	5(5/1)*	0.2(1/5)
呢绒（码/劳动小时）	3	2	1.5(3/2)	0.67(2/3)*

注：* 表示有比较优势。

为分析简单起见，不妨假设两个国家每年分别消费 1 单位葡萄酒和 1 单位呢绒。如果两个国家不实行专业化分工和交换，则本国生产 1 单位葡萄酒和 1 单位呢绒耗费的劳动时间是 0.53 劳动小时（1/5 劳动小时 +1/3 劳动小时），外国生产 1 单位葡萄酒和 1 单位呢绒耗费的劳动时间是 1.5 劳动小时（1/1 劳动小时 +1/2 劳动小时），两国总共耗费的劳动时间是 2.03 劳动小时（0.53 劳动小时 +1.5 劳动小时）。

现在两国按专业化分工进行生产和交换，本国专门生产葡萄酒，外国专门生产呢绒，然后进行交换。为满足两个国家对葡萄酒的需要，本国需生产 2 单位葡萄酒，耗费的劳动时间是 0.4 劳动小时（2/5 劳动小时）；同样，外国专门生产 2 单位呢绒，耗费的劳动时间是 1 劳动小时（2/2 劳动小时）。两国总共耗费的劳动时间是 1.4 劳动小时（0.4 劳动小时 +1 劳动小时）。

通过专业化分工和国际贸易，本国节约了 0.13 劳动小时（0.53 劳动小时 -0.4 劳动小时），外国节约了 0.5 劳动小时（1.5 劳动小时 -1 劳动小时），整个世界节约了 0.63 劳动小时。显然，分工后两种产品的生产效率在总体上都提高了，两国也都因此各自受益。

与绝对优势理论相比，比较优势理论更全面、更深刻，为各国参与国际分工和国际贸易提供了理论依据，不仅成为国际贸易理论的一大基石，也推动了世界自由贸易的发展。

（二）新古典国际贸易理论

新古典国际贸易理论是在新古典经济学框架下分析国际贸易问题的，它在一系列新古典假设下,重点考察两国间商品交换比率的确定、贸易利得的分配、贸易条件的变动以及造成各国劳动生产率差异的原因等问题,是对古典贸易理论的进一步补充和完善。其中,相互需求理论(Reciprocal Demand Theory)和要素禀赋理论(Factor Endowment Theory)是两个重要的新古典国际贸易理论。

1. 相互需求理论

大卫·李嘉图的比较优势理论仅仅论证了各国参与国际分工和国际贸易对所有参与国都有益处,但是它既没能说明两国间实际的交换比率如何确定,也没能说明互惠贸易利益的范围以及贸易利得的分配等更深层次的问题。原因在于,李嘉图所论述的是国际贸易的供给和成本方面,而忽视了决定国际贸易的需求方面。约翰·斯图亚特·穆勒(John S. Mill)在新古典经济学框架下,将需求因素导入到国际贸易理论中并提出了相互需求理论,对比较优势理论做了重要的补充和完善。

约翰·穆勒的相互需求理论的核心思想是商品供求关系决定商品的价值,该理论认为两国两种产品的国际交换比率的上下限(即两国互惠贸易的范围)由两国两种产品的国内交换比率所决定,具体的国际交换比率取决于两国对各自产品的需求强度,而贸易利益的分配则取决于具体的国际交换比率。

首先分析两国互惠贸易的范围。仍以表1-2为例,在分工和贸易前,在本国国内,1单位葡萄酒可以换取3/5单位的呢绒;在外国国内,1单位葡萄酒可以换取2单位的呢绒。那么,葡萄酒和呢绒的国际交换比率必定在3/5和2之间。因为,对于本国来说,如果葡萄酒的价格低于3/5单位的呢绒,本国就不愿意进口呢绒,而宁愿自己生产;对于外国来说,如果葡萄酒的价格高于2单位的呢绒,外国就不愿意进口葡萄酒,而宁愿自己生产。这样,国际贸易就不可能发生。可见,两国两种产品的国际交换比率的上下限,是由两国两种产品的国内交换比率所决定的。

其次分析国际交换比率的确定和贸易利益的分配问题。约翰·穆勒认为,在国际贸易中,一切贸易都是商品的交换,一方的供给便是对对方商品的需求,所以供给和需求是相互需求。两国间的商品交换比率是由两国对对方产品的需求强度决定的。本国对外国出口商品的需求越强,外国对本国出口商品的需求越弱,则国际交换比率越接近于本国国内的交换比率,本国从国际贸易中获得的利益越接近于分工前的情形,这时贸易对本国越不利,本国的贸易利得越小。反之,国际交换比率越接近外国国内的交换比率,贸易对本国越有利,本国的贸易利得越大。贸易条件均衡时会使每个参与国的出口总额与进口总额相等。①

约翰·穆勒的相互需求理论分析和解释了交换比率的确定、贸易利得的分配及贸易条件的变动等问题,弥补了李嘉图的比较优势理论在这方面的不足。但是,相

① 约翰·穆勒在分析中通常用贸易条件来代替国际交换比率,所以这里所说的贸易条件均衡实际指的是国际交换比率的均衡。在许多场合下,人们都用贸易条件来代替国际交换比率。

互需求理论也存在一定局限性。相互需求法则的假设前提是物物交换下供给等于需求,而实际上在以货币为交易媒介的条件下,商品的出口和进口不是同时进行的,而是彼此分离的。因此,穆勒关于相互需求强度决定贸易条件的论点是不切合实际的。后来,艾尔弗雷德·马歇尔(Alfred Marshall,1842—1924年)在相互需求理论的基础上,利用几何分析方法和提供曲线对贸易条件的确定和变动做了进一步的分析和阐述,这在一定程度上弥补了穆勒的不足。但是,马歇尔的分析建立在边际效用论的基础之上,因此仍然存在着根本性的缺陷。

2. 要素禀赋理论

古典贸易理论简单地认为比较优势源自于各国劳动生产率的差异,但是并没有解释造成这种差异的原因。瑞典经济学家伊莱·赫克歇尔(Eli Heckscher)和他的学生伯蒂尔·俄林(Bertil Ohlin)在继承古典贸易理论的基础上创立了要素禀赋理论,从生产要素禀赋差异的角度解释了比较优势的根源。

赫克歇尔和俄林的要素禀赋理论用各国生产要素的差异来解释国际贸易产生的原因。由于各国生产要素的丰裕程度不同,要素的供求关系不同,产品的生产成本也不同,从而形成了各国的相对价格优势。[①] 因此,一国应当专业化生产并出口密集使用其相对丰裕要素所生产的产品,进口密集使用其相对稀缺要素所生产的产品。例如,劳动丰裕的国家应当生产和出口劳动密集型产品,进口资本密集型产品;资本丰裕的国家应生产和出口资本密集型产品,进口劳动密集型产品。通过专业化分工和国际贸易,使各国生产要素的优势得到发挥,各国都将从中获益。

此外,赫克歇尔和俄林还认为,虽然各国要素缺乏流动性使世界范围内要素价格均等的理想状态难以实现,但是商品贸易可以部分替代要素流动。在满足要素禀赋论的全部假设条件下,自由的国际贸易通过商品相对价格的均等化,将使生产该商品的要素的相对价格亦趋于均等化。这就是所谓的"要素价格均等化学说"。

用生产要素禀赋的差异来解释国际贸易产生的原因、国际贸易商品结构和国际贸易对要素价格的影响,具有一定的合理性和实用价值,在传统国际贸易理论中占有重要的地位。

但是,要素禀赋理论也存在明显的不足。首先,赫克歇尔和俄林的分析所依据的一系列假设条件都是静态的,忽略了经济因素的动态变化。例如,假定技术条件不变,而现实情况是技术不断进步,而技术进步也能降低相对成本,产生比较优势;再如,假定生产要素同质,实际上各国的生产要素不可能是同质的,即使在同一国家,不同时期的生产要素也是不同质的。其次,要素价格均等化学说在现实中还没有得到验证,现实世界中的要素价格是不可能均等的。此外,根据美国著名经济学

① 一国某种生产要素丰裕,根据市场供求规律,该种要素的价格必然相对低廉。那么,在技术条件不变的条件下,使用该种要素生产的产品的价格也相对较低,这样生产并出口该要素密集型产品就具有比较优势。

家瓦西里·W.列昂惕夫(Wassily W. Leontief)运用投入产出法对1974年美国200个行业进行的分析,美国是资本相对丰富、劳动力相对缺乏的国家,但是美国进口品的资本密集度反而高于出口品的资本密集程度。这一研究结论与要素禀赋论相反,被称为"列昂惕夫之谜"(Leontief Paradox)。"列昂惕夫之谜"的存在说明,要素禀赋理论已不能对战后国际贸易的实际做出有力的解释,这也促使了现代国际贸易理论的诞生和发展。

三、现代国际贸易理论

传统国际贸易理论所考察的国际贸易仅仅是不同产业之间的贸易。也就是说,各国之间交换的是不同产业的产品。但是,第二次世界大战结束以后,由于新技术革命以及与之相关的经济全球化发展,促使了国际分工不断向纵深方向发展,也导致了许多新的国际贸易现象的出现。例如,产业内贸易已部分取代产业间贸易而成为国际贸易的重要组成部分,发达工业国家之间相似产品的双向贸易日益增加,国际贸易中的非价格竞争因素的重要性日益增强,等等。对这些新的国际贸易现象,传统的国际贸易理论难以做出科学的解释。

实际上,传统国际贸易理论之所以会出现危机,是因为它的分析是建立在完全竞争、产品同质、生产技术不变、规模报酬不变、生产要素在国际间不能自由流动、消费偏好相似和两国的生产技术相同等诸多理论假设条件基础之上的。然而,在实践中,这些假设条件很难得到满足。比如,在实践中,垄断竞争和寡头垄断是常态而非例外,差异产品比同质产品要普遍得多,规模经济已经成为国际贸易起因和利益来源的重要决定因素,生产技术并非不变而是不断创新的,不同国家之间的生产技术条件、消费偏好并非相似而是存在着明显的差异,等等。为了解释这些新的国际贸易现象,一些新的现代国际贸易理论应运而生。

现代国际贸易理论最早产生于20世纪60年代,但是直到20世纪70年代末,才真正出现了重大理论突破。20世纪50年代"列昂惕夫之谜"的出现,使得人们对传统的国际贸易理论产生了怀疑。一些经济学家试图对赫克歇尔和俄林创立的H-O模型进行修改、补充和完善,并先后出现了新生产要素理论(包括可获得性说、熟练劳动说、人力资本说、研究开发要素说、技术差距论等)、偏好相似说和产品生命周期说等。这些理论分别从不同的角度解释了战后出现的以产业内贸易为特征的新的贸易现象。然而,这些贸易理论仍然是以完全竞争的市场条件为假设前提来进行分析的,这与现实情况严重不符。在这种情况下,一些理论先驱者开始突破完全竞争和产品同质的基本假设,在不完全竞争和产品差异条件下来探讨新的国际贸易现象，并产生了众多早期的产业内贸易理论①，这些理论分别从不同的角度探讨了战后国际贸易的新现象。

以上这些理论，分别从某一角度解释了国际贸易新现象，都有其积极的意义。但是，这些理论只是各自从某一角度立论，缺乏系统性，都不能说明一般的贸易现象。另外，它们都只是从市场交换的表象上来分析问题，没有涉及国际经济关系问题的实质。因此，实际上它们还不是真正的现代国际贸易理论，只是现代国际贸易理论的前身，真正的理论研究是从20世纪70年代中期开始的。

20世纪70年代中期以后，现代国际贸易理论开始进入了真正的理论性研究阶段。20世纪70年代末至80年代初，以美国经济学家保罗·克鲁格曼(Paul Krugman)等为代表的一批经济学家提出的"新贸易理论"，标志着现代国际贸易理论正式诞生。现代国际贸易理论突破了传统国际贸易理论的规模报酬不变和完全竞争这两个基本假设，从规模经济和不完全竞争等方面来解释新的国际贸易现象。由于现代国际贸易理论能够较好地解释许多重要的新的国际贸易现象，它已经成为国际贸易理论的重要组成部分。

当然，现代国际贸易理论的产生并不意味着传统国际贸易理论失去了意义。实际上，传统国际贸易理论主要解释发达国家与发展中国家之间的产业间贸易(inter-industry trade)，而现代国际贸易理论则着重解释发达国家之间的产业内贸易(intra-industry trade)，两者之间具有互补的关系。再者，传统国际贸易理论有一系列明确的结论，如国际贸易要优于自给自足，自由贸易要优于受限制的贸易等；而现代国际贸易理论则相反，由于所采取的竞争性假设条件的不同，得出了众多不一致甚至相互矛盾的结论。② 因此，从这个意义上讲，现代国际贸易理论仍然是对传统国际贸易理论的比较优势思想的进一步补充、发展和完善。

以上是我们对国际贸易理论产生和发展的脉络及主要内容进行的简要介绍。根据上面的分析可以看出，国际贸易产生的基础有以下几个方面：① 生产技术(劳动生产率)的差异，包括生产技术的绝对差异和相对差异，前者构成了绝对优势理论的基础，后者构成了比较优势理论的基础；② 生产要素比例的差异，它构成了要素禀赋理论和新生产要素理论的基础；③ 生产技术的变化，它构成了技术差距理论和产品生命周期理论的基础；④ 需求的差异，包括需求偏好差异和需求偏好相似两个方

① 产业内贸易是指同一产业部门内部的差异产品和中间产品的交换，它是相对于产业间贸易而言的。之所以会发生产业内贸易，理论界有不同的解释，一般认为主要是由规模经济、产品差异、市场结构和相似偏好等因素决定的。

② 一般地说，国际贸易的基础决定因素是供给、需求和市场结构，影响供给的因素有要素禀赋、技术、要素生产率和规模经济等，影响需求的因素有收入和消费偏好，决定市场结构的因素是竞争性程度(完全竞争或不完全竞争)及与其密切相关的产品差异性(同质产品或差异产品)。各种国际贸易理论都是在不同的国际贸易的基础决定因素的假设下产生的。因此，传统国际贸易和现代国际贸易的差别，本质上来源于这些基础假设条件，即供给—市场结构—需求三者组合结构假设的不同。限于篇幅，这里不做进一步的深入分析。

面，前者构成了收入变动与需求偏好差异理论的基础，后者则构成了重叠需求理论的基础；⑤ 产品差异化，它构成了产业内贸易理论的基础；⑥ 规模报酬的变化，它构成了基于规模经济的贸易模型的理论基础；⑦ 不完全竞争，它构成了基于垄断竞争的贸易模型、基于寡头垄断的贸易模型和相互倾销模型的理论基础；⑧ 综合竞争优势差异，它构成了国家竞争优势理论的基础。本章的余下部分和第二章、第三章，将陆续介绍其中的一些重要内容。

第二节　劳动生产率与比较优势：李嘉图模型

李嘉图认为，各国之所以会参与国际分工和国际贸易，是因为它们的劳动生产率存在差异，因而具有各自的比较优势。李嘉图模型（Ricardo model）通过对真实世界的高度抽象，从供给和成本方面来探讨国际贸易产生的原因及其福利影响，其分析是建立在一系列严格的假设基础之上的。

一、模型的基本假设

为了简单起见，李嘉图模型在阐述比较优势原理时做了一系列假设，并以此为基础进行分析。这些假设条件主要包括：

（1）生产。只有一种生产要素（劳动）且其禀赋被固定，生产两种产品（A 和 B），不存在技术变化即规模报酬不变。

（2）需求。贸易是均衡的，因此整个经济的总供求相等。

（3）贸易。只有两个国家（本国和外国），它们交换两种产品，无运输成本和其他交易成本，要素无法进行国际流动。

（4）市场结构。所有市场都是完全竞争的。

二、供给关系与专业化生产

（一）生产可能性

一个国家的资源总是有限的，它所能生产的产品也是有限的。因此，多生产一种产品，就意味着要少生产一部分另一种产品。

假设一国的总劳动供给为 L，产品 A 和 B 的产出量分别为 Q_A 和 Q_B，单位产品 A 和 B 的劳动投入分别为 a_A 和 a_B。那么，本国资源对产出的限制，可以用下列不等式表示：

$$a_A Q_A + a_B Q_B \leqslant L$$

将上述不等式在图形中表示出来，即为图 1-1 中的直线与坐标轴围成的三角形面积。如图 1-1 所示，拥有单一生产要素国家的生产可能性边界曲线是一条直线。

因此,用产品 B 来衡量的产品 A 的机会成本 a_A/a_B 是不变的,该机会成本等于生产可能性边界斜率的绝对值。①

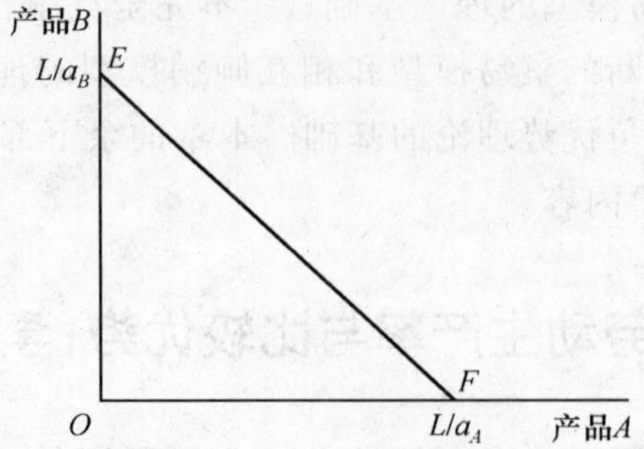

图 1-1　生产可能性边界

(二) 相对价格与供给

生产可能性边界只能说明一个国家能够生产不同产品的组合,但是要确定一个国家究竟生产什么,生产多少,还要看两种产品的价格,尤其是两种产品的相对价格。

1. 相对价格

相对价格是一种产品相对于另一种产品的价格,即一种产品的价格与另一种产品的价格之比。若以 P_A 和 P_B 分别表示 A、B 两种产品的价格,则产品 A 相对于产品 B 的价格为 P_A/P_B。

2. 工资率、劳动力流动与供给

在一个竞争性经济中,供给取决于生产者为实现收益最大化所做的努力。这里我们假定劳动是唯一的生产要素,而劳动力总是流向较高的工资部门。因此,产品 A 和 B 的供给,就取决于劳动力在两个生产部门之间的流动。

用 P_A 和 P_B 分别代表产品 A 和 B 的价格,并假定不存在利润。因此,产品 A 的生产部门的小时工资率为 P_A/a_A 或 $P_A/(L_A/Q_A)$,产品 B 的生产部门的小时工资率为 P_B/a_B 或 $P_B/(L_B/Q_B)$。于是,可能出现以下三种情形:

(1) 如果 $P_A/P_B > a_A/a_B$,即 $P_A/a_A > P_B/a_B$,产品 A 的生产部门的工资就高,这样劳动力就会流向产品 A 的生产部门,本国就会专门生产产品 A;

(2) 如果 $P_A/P_B < a_A/a_B$,即 $P_A/a_A < P_B/a_B$,产品 B 的生产部门的工资就高,这样劳动力就会流向产品 B 的生产部门,本国就会专门生产产品 B;

(3) 如果 $P_A/P_B = a_A/a_B$,即 $P_A/a_A = P_B/a_B$,两个产品生产部门的工资率一样,劳动力随机地流向两个产品生产部门,于是本国两种产品都生产。

---

① 机会成本表示采用一种生产机会而放弃另一种生产机会的代价。机会成本一般分为边际机会成本不变和边际机会成本递增两种情况。边际机会成本递增的原因有三种:a. 生产要素并非同质;b. 不同行业的生产要素的转移受到限制;c. 要素的替代能力有限。

显然,这里的相对单位劳动投入 a_A/a_B 是生产产品 A 的机会成本。因此,我们得到如下结论:

(1) 如果产品 A 的相对价格高于其机会成本,本国将专门生产产品 A;

(2) 如果产品 A 的相对价格低于其机会成本,本国将专门生产产品 B;

(3) 如果产品 A 的相对价格等于其机会成本,本国将同时生产产品 A 和产品 B。

三、单一要素的两国贸易模式与贸易影响

(一) 外国的生产可能性

为了便于下面的分析,首先简要介绍外国的生产可能性边界。假定外国的总劳动供给为 L^*,外国的产品 A 和 B 的产量分别为 Q_A^* 和 Q_B^*,单位产品 A 和 B 的劳动投入分别为 a_A^* 和 a_B^*。那么,外国资源对产出的限制,可以用下列不等式表示:

$$a_A^* Q_A^* + a_B^* Q_B^* \leqslant L^*$$

将上述不等式在图形中表示出来,即为图 1-2 中的直线与坐标轴围成的三角形面积。如图 1-2 所示,拥有单一生产要素的外国的生产可能性边界是一条直线。因此,用产品 B 来衡量的产品 A 的机会成本 a_A^*/a_B^* 是不变的,该机会成本等于生产可能性边界斜率的绝对值。

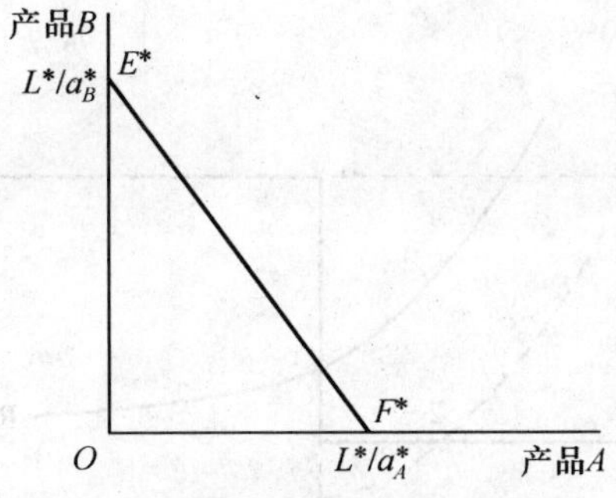

图 1-2 外国的生产可能性边界

(二) 比较优势、国际贸易与相对价格

一般来说,不同产品生产的单位劳动投入在各个国家是不同的。不妨假定,本国的产品 A 的生产部门的相对劳动生产率高于产品 B 的生产部门的相对劳动生产率,即

$$a_A/a_B < a_A^*/a_B^*$$

或者

$$a_A/a_A^* < a_B/a_B^*$$

即本国在产品 A 生产方面具有比较优势,而外国则在产品 B 生产方面具有比较优势。

根据上面的假定,显然外国的生产可能性边界比本国的陡。如果没有国际贸

易，两国产品的相对价格由它们各自的相对单位产品的劳动投入来确定。这样，本国产品 A 的相对价格是 a_A/a_B，外国产品 A 的相对价格是 a_A^*/a_B^*。

如果进行国际贸易，产品价格将不再单纯由国内的因素决定。假如外国的 A 产品的相对价格比本国高，将 A 产品从本国运到外国，或者将 B 产品从外国运到本国，将是有利可图的。当然，这种流动不会是无限制地进行下去的。随着本国 A 产品的出口，本国 A 产品的相对价格会提高，外国 A 产品的相对价格会降低；而本国 B 产品的相对价格则会随进口的增加而降低，最终使得两国产品的相对价格相等，这时产品在两国之间的流动才会停止。那么，是什么因素决定了这一均衡的相对价格水平呢？下面利用相对供给曲线和相对需求曲线来进行分析。

（三）贸易后相对价格的决定

像其他商品一样，国际贸易中的产品的相对价格也是由供求关系决定的。由于国际贸易涉及两个国家的供给和需求的数量关系，因此这里用两国的两种产品的相对供给（relative supply）和相对需求（relative demand）来进行分析。

1. 相对供给与相对供给曲线

世界的产品 A 相对于产品 B 的相对供给量为 $(Q_A+Q_A^*)/(Q_B+Q_B^*)$，它是相对价格 P_A/P_B 的函数。相对供给曲线（RS）的形状是一个由一条垂直线连着两个平台的"台阶"，如图 1-3 所示。

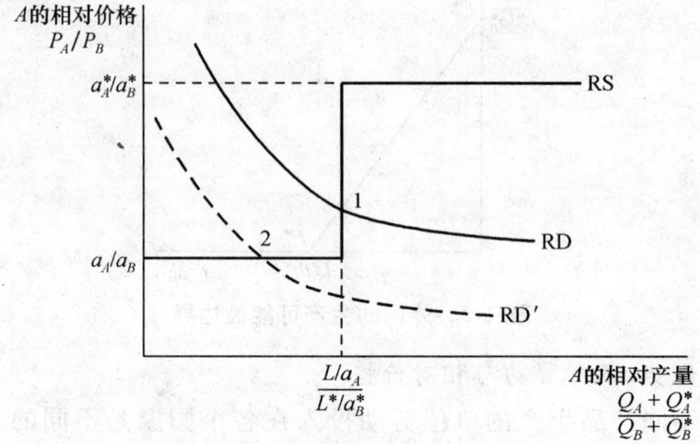

图 1-3　世界相对供给与相对需求

RS 曲线之所以会呈现这样的台阶形状，是因为下列的原因：

（1）如果 $P_A/P_B<a_A/a_B$，本国不会生产产品 A，外国更不会生产，因为前面已经假定 $a_A/a_B<a_A^*/a_B^*$。

（2）如果 $P_A/P_B=a_A/a_B$，本国会愿意以同比例生产任何数量的两种产品，使相对供给曲线成为水平线。

（3）如果 $P_A/P_B>a_A/a_B$，本国专门生产产品 A。这时，只要 $P_A/P_B<a_A^*/a_B^*$，外

国仍会继续专门生产产品 B。前者生产产品 A 的产量为 L/a_A，后者生产产品 B 的产量为 L^*/a_B^*。因此，产品 A 的相对供给为 $(L/a_A)/(L^*/a_B^*)$。

（4）如果 $P_A/P_B = a_A^*/a_B^*$，外国会同时生产两种产品，这时 RS 又变为水平线。

（5）如果 $P_A/P_B > a_A^*/a_B^*$，本国和外国都将专门生产产品 A 而不愿生产产品 B。这时，产品 A 的相对供给无限大。

2. 相对需求与相对需求曲线

世界的产品 A 相对于产品 B 的相对需求量为 $(Q_A + Q_A^*)/(Q_B + Q_B^*)$，它是相对价格 P_A/P_B 的函数。相对需求曲线（RD）的形状为一个呈下降趋势的曲线，它反映了相对价格的替代效应。RD 曲线之所以呈下降趋势，是因为当产品 A 的相对价格上升时，消费者会减少产品 A 的消费，增加产品 B 的消费，因此产品 A 的相对需求减少了（如图 1-3 所示）。

3. 均衡相对价格的决定

均衡相对价格由相对供给曲线 RS 和相对需求曲线 RD 的交点决定，即图 1-3 中的点 1 决定，该点的相对价格位于两国贸易前的相对价格之间。在这种情况下，各国都只生产自己具有比较优势的产品，本国只生产产品 A，外国只生产产品 B，然后进行交换。

当然，上述的均衡点 1 并非唯一可能的结果。如果相对需求曲线是 RD′，那么，相对供给曲线和相对需求曲线就会交于点 2，即相对供给曲线 RS 的水平段上的一点。在点 2，产品 A 的相对价格为 a_A/a_B，与本国生产产品 A 的机会成本相等。这时，本国会同时生产 A 和 B 两种产品。但是，由于 a_A/a_B 低于外国生产产品 A 的机会成本，外国仍会专门生产产品 B。

假如暂时不考虑两国中可能有一国不是完全专业化生产的情况。那么，一般来说，国际贸易的结果是，一种贸易产品（如产品 A）对另一种贸易产品（如产品 B）的相对价格位于贸易前的两国的相对价格之间。这一结果使得各国只专门化生产单位产品劳动投入相对低的产品。对本国来说，产品 A 的相对价格的提高，导致本国专门生产产品 A，如图 1-4(a)所示，在点 F 进行生产；而对外国来说，产品 A 的相对价格的下降，导致外国专门生产产品 B，如图 1-4(b)所示，在点 E^* 进行生产。

（四）贸易利得

根据上面的分析，产业间相对劳动生产率不同的国家会进行专业化分工，这种专业化分工能够使各国都获益。下面用间接生产方式和消费可能性扩大两种方法来衡量贸易的互利性。

首先，国际贸易可以视为一种间接的生产方式。本国可以直接生产产品 B，但是本国与外国之间的贸易使本国通过生产并出口产品 A 来换取产品 B。这种间接的生产方式要比直接生产的效率高。比如，同样使用 1 小时劳动，本国如果用这 1 小时

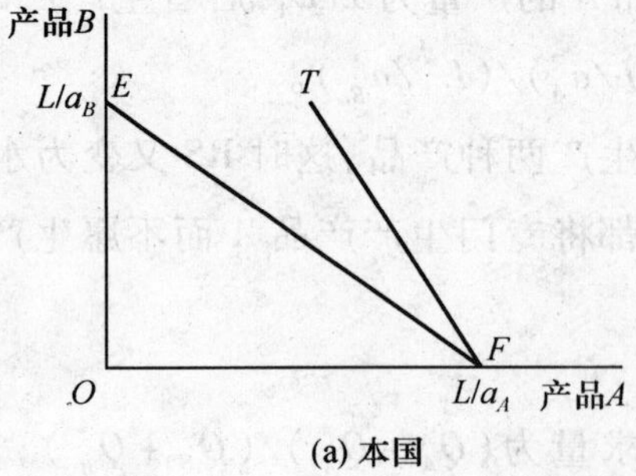

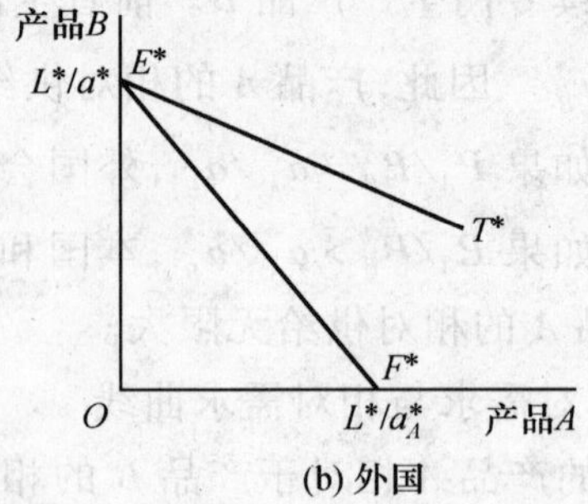

图 1-4　贸易使消费可能性扩张

劳动直接生产产品 B，可以生产 $1/a_B$ 单位的产品 B；但是如果用这 1 小时生产 $1/a_A$ 单位的产品 A，然后用产品 A 去交换产品 B，每单位产品 A 可换到 P_A/P_B 单位的产品 B，因此原来的 1 小时劳动就可以得到 $(1/a_A)(P_A/P_B)$ 单位的产品 B。只要以下条件成立，通过出口产品 A 来间接生产产品 B，比直接生产的产品 B 要多：

$$(1/a_A)(P_A/P_B) > 1/a_B$$

或

$$P_A/P_B > a_A/a_B$$

我们知道，在世界市场均衡时，如果没有一个国家同时生产两种产品，就一定有 $P_A/P_B > a_A/a_B$。因此，本国通过出口产品 A 来换取产品 B 的间接生产方式，比直接生产产品 B 的效率高。同样，外国可以直接生产产品 B，并用它来交换而间接生产产品 A。

其次，国际贸易可以有效扩大各国的消费可能性。如图 1-4 所示，贸易前，本国和外国的消费可能性曲线和生产可能性曲线是一致的，分别为 EF 和 E^*F^*。通过国际贸易，两国实行专业化生产，本国在 F 点生产，消费可能性曲线变为 FT；外国在 E^* 点生产，消费可能性曲线变为 E^*T^*。可见，贸易扩大了各国消费选择的范围，也即提高了各国的福利水平。

（五）相对工资

国际贸易对两国的相对工资率有重要的影响。一般来说，开展国际贸易后，由于本国 1 小时劳动可以生产 $1/a_A$ 单位的产品 A，本国的工资率（w）就是每个人时 $1/a_A$ 单位产品 A。同样，由于外国 1 小时劳动可以生产 $1/a_B^*$ 单位的产品 B，因此外国的工资率（w^*）就是每个人时 $1/a_B^*$ 单位产品 B。

假设产品 A 和产品 B 的价格相等，都是 P（即 $P_A = P_B = P$），则本国工人每小时将赚 P/a_A 单位价值，外国工人将赚 P/a_B^* 单位价值。因此，本国工人每小时的工资与外国工人每小时的工资的比率，即本国工人的相对工资是 a_B^*/a_A。[①] 该相对工资率位于两国的两个生产部门的相对劳动生产率之间，即：

$$a_B^*/a_B < a_B^*/a_A < a_A^*/a_A$$

或

$$a_B^*/a_B < w/w^* < a_A^*/a_A$$

这里，a_A^*/a_A 是本国产品 A 的相对劳动生产率，a_B^*/a_B 是本国产品 B 的相对劳动生产率。

两国的相对工资率处在两国的相对劳动生产率之间，使得两国各自在一种产品上拥有成本优势。尽管本国的工资率比较高，但是本国的产品 A 生产仍有成本优势，这是因为高劳动生产率远远超过高工资率的影响。同样，尽管外国生产产品 B 的劳动生产率不如本国，但由于工资率比较低，外国就具有生产产品 B 的成本优势。

四、理论的一般化

上面我们考察了只有两个国家、两种产品的简单国际贸易模型。为了使问题的分析更切合实际，我们将李嘉图的理论推广到多产品的情形。[②]

仍然假定世界上只有本国和外国两个国家，但是现在每个国家都能消费和生产多种产品（不妨假定一共有 N 种不同的产品，每种产品从 1 到 N 进行编号）。每一国家的技术水平可以用每种产品的单位产品劳动投入（即单位产品所需的劳动时间）来表示。设本国第 i 种产品的单位产品劳动投入为 a_{Li}，外国第 i 种产品的单位产品劳动投入为 a_{Li}^*（$i=1,2,\cdots,N$）。

现在将每一种产品的本国和外国的单位产品劳动投入之比计算出来，并按照比值由小到大的次序排列。为简单起见，假设比值越小，产品的编号也越小，即将产品按照下面的不等式重新进行编号：

$$a_{L1}/a_{L1}^* < a_{L2}/a_{L2}^* < \cdots < a_{LN}/a_{LN}^*$$ [③]

或按本国和外国的相对劳动生产率进行编号排序，即：

$$a_{LN}^*/a_{LN} < \cdots < a_{L2}^*/a_{L2} < a_{L1}^*/a_{L1}$$

那么，本国和外国究竟应该生产哪种产品呢？这将取决于本国和外国的工资率比率。假设用 w 表示本国的小时工资率，用 w^* 表示外国的小时工资率，两国的工资

---

① 假如本国工人每小时生产产品 A 的工资率是 w，外国工人每小时生产产品 B 的工资率是 w^*，则有 $w=1/a_A$，$w^*=1/a_B^*$，本国工人的相对工资是 $w/w^*=a_B^*/a_A$。

② 具体可以分为两种商品和 M 个国家、N 种商品和 M 个国家两种情况。为了简单起见，这里只讨论两个国家和 N 种产品的情形。其他情形可以类推。

③ 这是按照本国和外国的相对劳动成本大小进行的排列，越往右边本国的相对劳动成本越高。如果是按照本国和外国的相对劳动生产率进行排列，排列顺序则相反，即变成下面的排列顺序，它表示本国劳动生产率的相对优势的排列顺序。

率之比是 w/w^*。对于产品 i，在本国生产的成本是 wa_{Li}，在外国生产的成本是 $w^*a_{Li}^*$。商品总是在生产成本最低的地方生产，因此，如果

$$wa_{Li} < w^* a_{Li}^*$$

或

$$a_{Li}^* / a_{Li} > w/w^*$$

即本国生产产品 i 的劳动生产率高于工资率，那么，本国生产产品 i 的成本就比较低。

相反，如果

$$wa_{Li} > w^* a_{Li}^*$$

或

$$a_{Li}^* / a_{Li} < w/w^*$$

即外国生产产品 i 的相对成本低于工资率，或相对劳动生产率高于工资率，那么，外国生产产品 i 的成本就比较低。

由此，我们得到专业化分工的法则：将产品根据两国的相对劳动生产率 a_{Li}^*/a_{Li} 的大小进行编号，再依据两国的相对工资率将按编号排序的产品从中断开，右边的所有产品就由本国来生产，左边的所有产品则由外国来生产。如果相对工资率恰好等于相对劳动生产率，则两个国家都可以生产这种产品。

由上面的分析可见，两个国家各自生产什么是由两国的工资率比例决定的。本国会生产那些相对劳动生产率大于相对工资率的具有成本优势的产品。然而，两国的相对工资率又是如何决定的呢？显然，主要是由两国的相对劳动供给和相对劳动需求共同决定的。一般来说，只要本国对外国的相对工资率提高，对本国的产品的相对需求就会减少，对本国的相对劳动需求也会相应地减少。所以，本国的相对劳动需求曲线是一条向右下方倾斜的曲线。假定经济处于充分就业状态，即社会所提供的全部劳动并不因工资而变化，因此工资对劳动供给没有影响，劳动的相对供给仅由本国和外国的劳动力规模决定，所以相对劳动供给曲线为一条垂直线。如图1-5 所示，RS_L 为劳动的相对供给曲线，RD_L 为劳动的相对需求曲线，这两条曲线的交点决定了均衡的相对工资。

综上所述，李嘉图模型的基本思想是非常简洁的，它对我们探讨国际贸易产生的原因及其福利影响是非常有用的。但是，由于李嘉图模型是对真实世界高度抽象的理论，因此也存在着一定的局限性。首先，李嘉图模型讨论的是世界各国通过国际贸易进行完全专业化的国际分工，而这在现实世界几乎是不可能发生的。其次，李嘉图模型忽略了国际贸易对国内收入分配的影响，并据此认为国家作为一个整体始终能够从国际贸易中获利，实际上国际贸易对国内的收入分配有重要的影响。再次，李嘉图模型假设生产中只有一种生产要素且不考虑要素的影响，实际上各国资

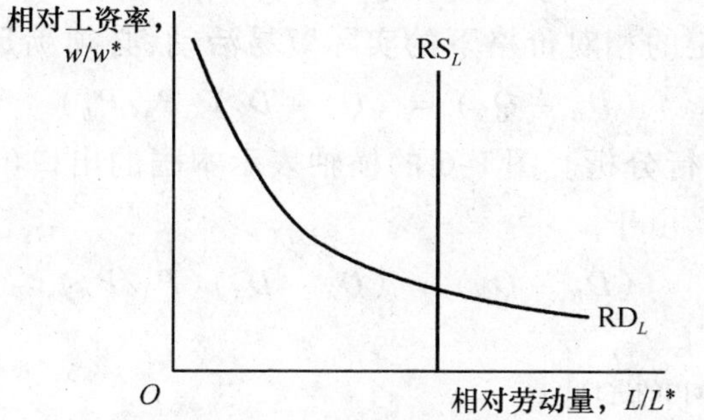

图 1-5　相对工资率的确定

源的不同也是国际贸易产生的一个原因。最后，李嘉图模型忽略了规模经济在国际贸易中的作用，这就很难解释非常相似的国家之间为什么会发生大量的国际贸易。①

第三节　相互需求与国际均衡

李嘉图模型仅仅讨论了国际贸易的供给和成本方面，而忽视了决定国际贸易的需求方面。穆勒和马歇尔将需求因素导入国际贸易理论中并提出了相互需求理论，对李嘉图的比较优势理论做了重要的补充和完善。相互需求理论的核心思想是，两国互惠贸易的范围由两国两种产品的国内交换比率所决定，而具体的国际交换比率则取决于两国对各自产品的需求强度。下面主要利用提供曲线来简单地进行分析。

一、相互需求与提供曲线

相互需求(reciprocal demand)这一概念首先由约翰·斯图亚特·穆勒提出，马歇尔对它进行了完整的论述，并引入了提供曲线(offer curves)这一分析工具。② 相互需求的基本含义是，在只有两个国家的世界里，本国的进口需求就是外国的出口供给；同时，外国的进口需求就是本国的出口供给。因此，每个国家的进口价值和出口价值是相等的。

假设用 Q_A 和 Q_B 分别表示本国产品 A 和产品 B 的生产量，D_A 和 D_B 分别表示本国对产品 A 和产品 B 的需求量。那么，$D_B - Q_B$ 是本国对产品 B 的超额需求，这部分超额需求将构成从外国的进口。同时，$Q_A - D_A$ 为本国对产品 A 的超额供给，这部分超额供给将出口到国外，以换取从国外的进口。如果产品 A 的价格为 P_A，产品 B 的价格为 P_B，由于一国的进口价值和出口价值是相等的，因此可以得到：

① 详细分析请参见：保罗·克鲁格曼著，海闻等译，《国际经济学》(第五版)，中国人民大学出版社，2002年版，第 11—36 页。

② 提供曲线又称为相互需求曲线，或需求—供给曲线。

$$(D_B - Q_B)P_B = (Q_A - D_A)P_A$$

可见,在任何给定的相对价格下的实际贸易活动,必须满足:

$$(D_B - Q_B) = (Q_A - D_A)(P_A/P_B)$$

下面用图形来进行分析。图 1-6 的横轴表示本国的出口($Q_A - D_A$),纵轴表示本国的进口($D_B - Q_B$)。由于

$$(D_B - Q_B) = (Q_A - D_A)(P_A/P_B)$$

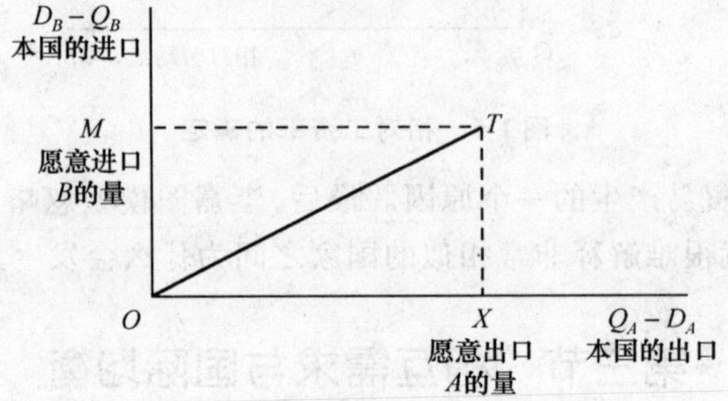

图 1-6　给定相对价格时本国理想的贸易量

图 1-6 中的原点和点 T 所连接的直线的斜率等于(P_A/P_B)。点 T 是在一定的相对价格(P_A/P_B)下本国的提供点。在这个相对价格下,本国愿意用出口($Q_A - D_A$)单位的产品 A 换取进口($D_B - Q_B$)单位的产品 B。计算出不同的相对价格下本国的提供点,就可以得到本国的提供曲线。如图 1-7 所示,图中的 OF 曲线即为本国的提供曲线。

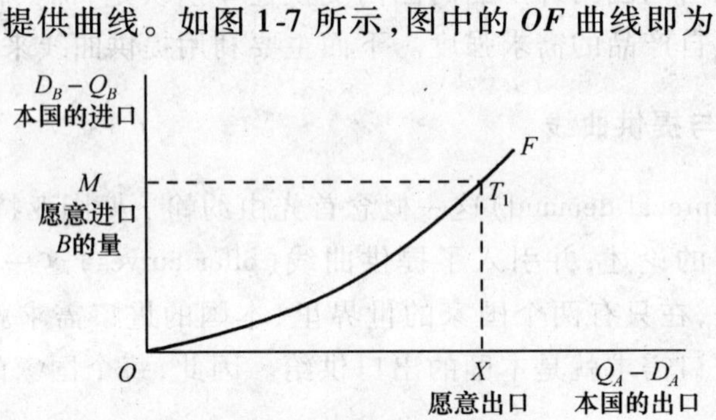

图 1-7　本国的提供曲线

本国的提供曲线 OF 上的任一点都表示出口和进口的一对组合,而该点和原点 O 连线的直线的斜率,则表示本国的出口和进口的相对价格。因此,提供曲线是在不同的相对价格下,一国为了获取一定数量的进口品而愿意提供的出口品数量的不同的出口和进口组合的点的轨迹。

用同样的方法,可以得到外国的提供曲线。如图 1-8 所示,OF^* 曲线就是外国的提供曲线。

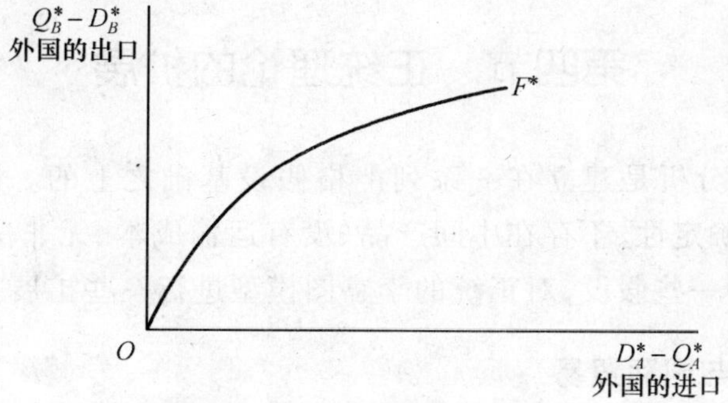

图 1-8　外国的提供曲线

二、国际均衡

在均衡时，必然有 $Q_A - D_A = D_A^* - Q_A^*$，以及 $D_B - Q_B = Q_B^* - D_B^*$。也就是说，产品 A 和产品 B 的两种产品的世界供给和需求必须相等。因此，我们可以将本国和外国的提供曲线放在一起，如图 1-9 所示。这样，本国提供曲线 OF 和外国提供曲线 OF^* 的交点 E，就是国际均衡点。在国际均衡点 E 上，产品 A 的相对价格等于直线 OE 的斜率。本国出口的产品 A 等于外国进口的产品 A，都为 OX；而外国出口的产品 B 等于本国进口的产品 B，都为 OM。①

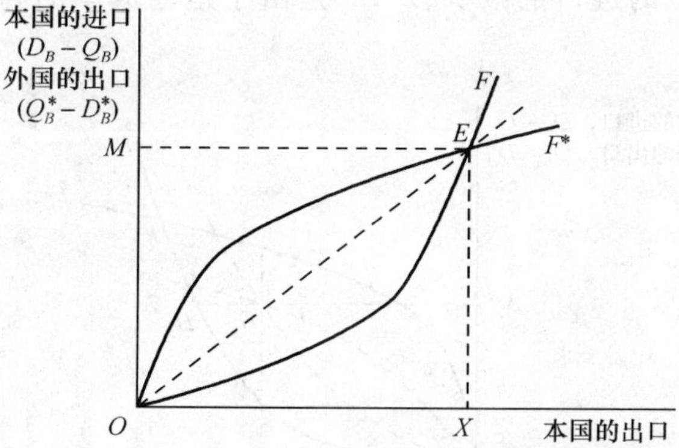

图 1-9　提供曲线的均衡

---

① 国际贸易对生产、消费及贸易利益的影响，在很大程度上取决于国际交换的相对价格（P_A/P_B），因此这个相对价格又被称为贸易条件。从这里的分析可以看出，进出口相对价格是由本国和外国之间的贸易均衡状况决定的。同时，相对价格对国际贸易又有重要的影响。

第四节　正统理论的扩展

李嘉图模型的分析是建立在一系列严格假设基础之上的。比如,完全竞争、生产要素供给给定、确定性、不存在中间产品、没有运输成本、无非法贸易,等等。下面我们将放宽其中的一些假设,对正统的李嘉图模型进行一些扩展。

一、运输成本与国际贸易

在正统的李嘉图模型中,假定没有运输成本。实际上,无论是产品出口还是进口,都会存在运输成本。由于运输成本的存在,一国的产品出口仅仅可以换回一部分的产品进口,运输消耗导致了产品出口与进口的差异。① 原因在于,运输成本会影响贸易品的价格,运输成本导致任何贸易品的价格在进口国都高于出口国。

首先我们用提供曲线来进行分析。由于存在运输成本,本国的提供曲线和外国的提供曲线都将发生变化。如图 1-10 所示,本国的提供曲线原先为 OF,由于运输成本的存在,本国的提供曲线上移到 OF';外国的提供曲线原先为 OF^*,由于运输成本的存在,外国的提供曲线下移到 $OF^{*\prime}$;两国的提供曲线的交点由原先的 E 变为 E'。显然,由于运输成本的存在,本国的出口和进口都减少了。图中的 $E'H_B$ 就是由于运输成本的存在而导致的进口的减少,$E'H_A$ 是由于运输成本的存在而导致的出口的减少。

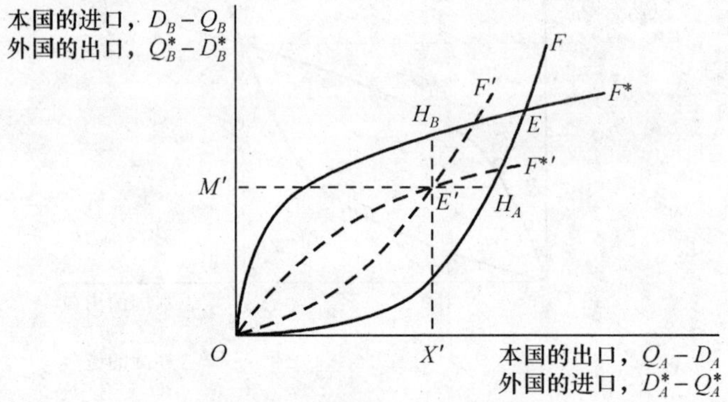

图 1-10　运输成本与提供曲线

其次我们再来利用生产可能性曲线和社会无差异曲线来进行分析。假设本国出口产品 A、进口产品 B,运输成本是唯一的交易成本。如图 1-11 所示,U^0 是贸易前本国的消费无差异曲线,VV^0 是贸易前产品 A 对产品 B 的国内相对价格线,与 VV^0

① 由此,可以根据产品出口与进口之差来计算运输成本,这种方法被称为冰山假定,意思类似于在海洋气流和风的作用下冰山从极地冰川漂往目的地时,会逐渐融化。

对应的产品 A 的国内相对价格为 $(P_A/P_B)^0$；U^1 是无运输成本情况下贸易后本国的消费无差异曲线，VV^1 是无运输成本情况下贸易后产品 A 对产品 B 的世界相对价格线，与该相对价格线对应的产品 A 的世界相对价格为 $(P_A/P_B)^1$；U^2 是存在运输成本情况下贸易后本国的消费无差异曲线，VV^2 是存在运输成本情况下贸易后产品 A 对产品 B 的世界相对价格线，与该相对价格线对应的产品 A 的世界相对价格为 $(P_A/P_B)^2$。

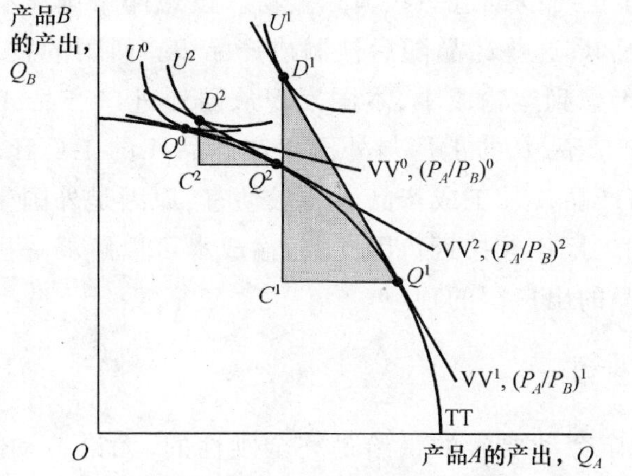

图 1-11　运输成本对贸易的影响

假定贸易前产品 A 的国内相对价格为 $(P_A/P_B)^0$，本国的生产和消费的均衡点皆为点 Q_0，这时生产点 (Q^0) 和消费点 (D^0) 是重合的。若世界的相对交换价格为 $(P_A/P_B)^1$，在不考虑运输成本的情况下，本国依据比较优势扩大产品 A 的产出，产出均衡点为世界的相对价格线 VV^1 与生产可能性边界 TT 相切的点 Q^1，消费均衡点由 $D^0(Q^0)$ 上升为 D^1（它是世界的相对价格线 VV^1 与社会无差异曲线 U^1 相切的点），这时的贸易三角形为 $\triangle C^1Q^1D^1$。

现在来考虑运输成本。假设产品 A 的单位运输成本为 TC，这样产品 A 的实际交易的国内相对价格变为 $(P_A+\mathrm{TC})/P_B$，这表明产品 A 的国内相对成本变大，相应的其比较优势也会下降。由于产品 A 的实际相对价格上升，世界上对产品 A 的相对需求会减少，随着对产品 A 的相对需求的减少，产品 A 的世界相对价格也会逐渐下降，直至最终下降为 $(P_A/P_B)^2$。此时，产品 A 的均衡世界相对价格变为 $(P_A/P_B)^2$，它必然小于无运输成本时产品 A 的均衡世界相对价格 $(P_A/P_B)^1$，它所对应的均衡的世界相对价格线变为 VV^2。这样，本国新的生产点变为新的世界相对价格线 VV^2 与生产可能性边界 TT 相切的点 Q^2，本国新的消费点变为新的世界相对价格线 VV^2 与社会无差异曲线 U^2 相切的点 D^2。在新的均衡条件下，贸易三角形变为 $\triangle C^2Q^2D^2$。显然，由于运输成本的存在，贸易三角形变小了。运输成本越高，贸易三角形越小，直至贸易终止。运输成本的存在，不仅导致了本国对产品 A 的产出和贸易规模的减少，也会导致本国的效用水平下降（在图 1-11 中表现为 U^2 低于 U^1）。①

可见，有些产品在没有运输成本的情况下，本来是可以在国际上进行贸易的，但是运输成本阻碍了国际贸易的发生。许多产品成为非贸易产品，有的是因为成本优势不够大，有的则是因为运输费用太高。在某些情形下，降低运输成本，可以使一种以前不可贸易的产品成为可贸易品。

当然，运输成本也可以创造一些国际贸易。设想两个国家有一条很长的共同边界，两国都生产产品 A，这些产品随后被制成产品 B。两国的技术、偏好与要素禀赋完全一样。然而，考虑到运输成本，本国发现从国外进口产品 A 加工成产品 B 更为便宜，因为本国生产产品 B 的工厂与外国生产产品 A 的工厂比较接近。同理，外国也发现从本国进口产品 A 加工成产品 B 比较便宜，原因是外国生产产品 B 的工厂与本国生产产品 A 的工厂比较接近。因此，运输成本可以解释一国家既是某种产品的进口国，又是该产品的出口国的现象。

二、弹性要素供给

李嘉图模型假定劳动要素的供给是完全刚性的，无论劳动报酬如何，劳动供给都是不变的。实际上，随着实际工资率的变化，劳动供给也会发生变化。根据微观经济学可知，劳动供给曲线在整个实际工资率的区间内不一定是向上倾斜的，当实际工资率上升到一定程度的时候，劳动供给曲线会出现向后弯曲的现象，即在实际工资率很低的情况下，随着实际工资率的提高，劳动供给会相应地增加。但是，当实际工资率提高到一定水平的时候，人们宁愿增加休闲时间而不愿意多工作。这时，劳动供给是内生的，而不是外生的。

在劳动供给可变的情形下，产品供给不一定随着相对价格的上升而增加，即产品供给也可能会出现异常的行为。根据前面的分析，相对价格上升会引起实际工资率增加。但是，如果此时是处于劳动供给函数的后向弯曲部分，那么，实际工资率的增加就会导致劳动供给的减少。这样，就会导致使用劳动要素生产的产品产出减少。由此，可能导致出现以下情形：进口产品的价格提高，反而有更大的进口需求；而进口产品的价格下降，反而出现更少进口需求。在这种情形下，提供曲线可能是异常的，国际均衡也可能不稳定。此时，基于提供曲线为正常情形的国际贸易理论

① 注意，这里的生产可能性边界 TT 是外凸的，因为不同产品组合的机会成本是不同的。而在李嘉图模型中，我们假定劳动是唯一的生产要素并且是同质的，同时假定机会成本不变，在这样的假定下，生产可能性边界是一条具有固定斜率的直线。但是，现实中这样的假设是不存在的。实际上，随着产品 A 对产品 B 的不断替代，生产产品 A 的机会成本是递增的。正是由于机会成本递增，生产可能性边界不可能是一条具有固定斜率的直线，而是一条外凸的光滑曲线。不过，这里的分析并没有改变李嘉图模型的基本结论。有关分析在后文还会涉及，这里只需初步了解即可。

的所有结论,都必须予以修正。

三、非贸易品

在李嘉图模型中,两国生产的两种产品都是贸易品。但是在现实世界中,每个国家都生产较多不以贸易为目标的产品。大量非贸易产品出现的原因很多,如禁止性进口关税、禁运和高运输成本等贸易壁垒,都可能导致众多产品无法进行国际贸易。如果这些贸易壁垒消除或减少,一些非贸易品就有可能成为贸易品。当然,由于偏好差异或产品本身固有性质的不同,有一些产品在任何情况下都是不可贸易的。因此,在大多数工业化国家中,非贸易品的数量在国民经济中都占有一定的比重。

由于非贸易品的存在,必须在标准的两商品模型中引入第三种产品——非贸易品,它与可贸易品使用相同的初级要素。一般认为,贸易品的价格是由世界市场确定的,而非贸易品的价格仅由国内的供给和需求条件决定。事实上,假如存在完全竞争和要素在国内自由流动,那么,非贸易品的价格也受国际相对价格的影响。因为国际贸易条件 $P_A/P_B=P^*$,可以决定产品 A 和 B 部门所使用的要素的相对价格,而在完全竞争和要素在国内自由流动的条件下,这一相对价格也适用于非贸易品部门。假设非贸易品部门中要素的相对价格与产品的相对价格也是一一对应的,据此就可以确定非贸易品的相对价格 P_N/P_B(这里的 P_N 表示的是非贸易品的价格)。因此,非贸易品的相对价格也要由贸易品的国际市场决定。

上面说的是非贸易品部门受到国外部门的影响。如果我们放弃小国假设,非贸易品部门对国外部门也有影响。因此,非贸易品部门的存在,对本国和国外的提供曲线有相当大的影响,它可以使提供曲线变得异常。例如,当贸易条件恶化时进口需求增加而非下降,而当贸易条件改善时进口需求下降而非增加。提供曲线行为异常,可能会导致国际均衡不稳定。实际上,非贸易品部门起着一种蓄水池的作用,在价格变化时它既可以向国际部门释放要素,又可以从国际部门吸取要素。①

四、基于偏好差异的国际贸易

李嘉图模型主要是从供给角度来探讨国际贸易问题的。现在我们假设两国的供给条件完全相同,但消费偏好存在差异,在这种情况下两国是否会产生国际贸易呢？下面的分析表明,即使两国的供给条件完全相同,只要消费偏好存在差异,同样能够产生互利性的国际贸易。

---

① 除了上述拓展外,还有中间产品、要素的国际流动、不确定性和非法贸易等方面的问题。由于有些问题涉及两要素模型或其他更深层次的理论,这里不再介绍。详细内容可参见:G. 甘道尔夫著,王小明等译,《国际经济学》(第一卷),中国经济出版社,1999 年版,第 211—254 页。

如图 1-12 所示，两国都能够同样地生产产品 A 和产品 B，有相同的生产可能性边界，但是各国对产品的偏好不同。本国人偏好产品 A，而外国人偏好产品 B。在无国际贸易的情况下，会导致本国产品 A 对产品 B 的相对价格高于外国，即 $(P_A/P_B) > (P_A/P_B)^*$。对于产品 B 则相反，本国人偏好产品 A，而外国人偏好产品 B，会导致 $(P_B/P_A)^* > (P_B/P_A)$。因此，在无贸易的情况下，本国在 Q 点进行生产和消费，该点是产品 A 的国内相对价格线 VV 与共同的生产可能性边界 TT 相切的点，此时的效用曲线为 U_1；而外国在 Q^* 点进行生产和消费，该点是产品 A 的外国相对价格线 VV^* 与共同的生产可能性边界 TT 相切的点，此时的效用曲线为 U_1^*。

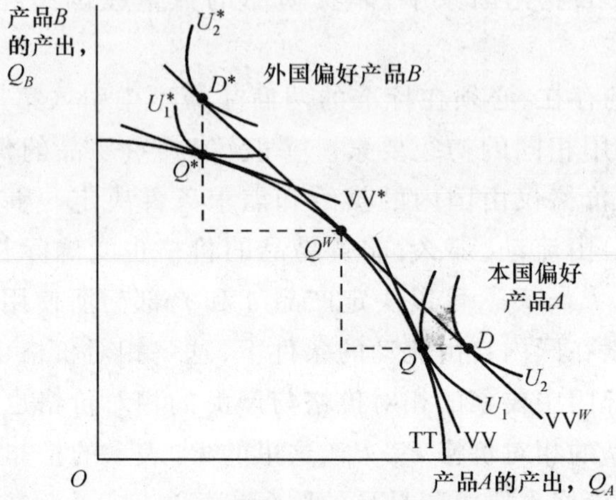

图 1-12　基于偏好差异的国际贸易

两国国内的相对价格不同，是贸易存在的基础。开展贸易后，本国的生产者将产品 B 销往外国以换取产品 A 且从中获利，而外国的生产者也会将产品 A 销往本国以换取产品 B 且从中获利。由于产品 A 在本国相对昂贵而在外国相对便宜，产品 B 在外国相对昂贵而在本国相对便宜，两国贸易的结果，是产品 A 对产品 B 的世界相对价格下降。在贸易达到均衡时，世界相对价格线介于贸易前本国和外国的相对价格线之间。图 1-12 中，贸易均衡时，世界相对价格线变为 VV^W，它与生产可能性边界相切的点 Q^W 是两国共同的生产点。但是，由于开展贸易，本国可以在点 D 处进行消费，该点是本国新的无差异曲线 U_2 与世界相对价格线 VV^W 相切的点。而外国可以在点 D^* 处进行消费，该点是外国新的无差异曲线 U_2^* 与世界相对价格线 VV^W 相切的点。显然，本国和外国都在更高水平的无差异曲线上消费。

可见，即使两国的供给相同，但只要消费偏好不同，仍然可以开展国际贸易，而且开展贸易后各国的消费水平都得到了提高。

第五节　特定要素与收入分配

李嘉图模型揭示了国际贸易对参与贸易的各国都有利的思想。但是,现实世界中各国政府几乎都曾对经济的某些部门进行保护以避免进口竞争。为什么会出现理论与现实的不一致呢?原因在于,国际贸易虽然有利于提高整个国家的福利,但同时它也会影响国内的收入分配。在李嘉图模型中,假定只有劳动力这个唯一的生产要素,而且它可以自由流动,因此个人的利益不可能受到损害。然而在现实世界中,产品的生产除了需要劳动力这个要素外,还需要资本、土地等其他要素。现实中某些生产要素在部门间是完全不能移动的,因为对某个生产部门来说,有些生产要素是属于该生产部门专用或特定的要素。由于特定要素的存在,国际贸易对国家内部的收入分配有着很大的影响。下面利用特定要素模型来简要探讨这个问题。

一、特定要素模型

现实世界中,有些生产要素在部门间可以自由流动;有些生产要素虽然可以在部门间流动但是需要付出一定代价;而有些生产要素几乎不能流动,因为它们只对某些生产活动有用,这种不可移动的生产要素通常被称为特定要素(specific factors)。保罗·萨缪尔森和罗纳德·琼斯将流动要素(mobile factors)和特定要素结合起来创建和发展了特定要素模型。

(一)模型假设

现在假设一个国家能够生产制造品和粮食两种产品。该国有劳动、资本和土地三种生产要素。其中,劳动是可流动要素,土地和资本是特定要素,每一种要素只能被用于一个生产部门。生产制造品需要投入劳动和资本,不需要土地;生产粮食需要投入劳动和土地,不需要资本。

根据上面的假设可以得到,制造品和粮食的生产函数分别为:

$$Q_M = Q_M(K, L_M)$$

$$Q_F = Q_F(T, L_F)$$

这里,Q_M 表示制造品的产出,Q_F 表示粮食的产出;K 表示资本存量,T 表示土地存量;L_M 表示在制造品生产中投入的劳动,L_F 表示在粮食生产中投入的劳动。

对整个经济来说,两个部门投入的劳动之和等于总的劳动供给量(L):

$$L_M + L_F = L$$

(二)生产可能性

由于资本和土地属于特定生产要素,只能被用于一个生产部门,只有劳动可以用于各个部门。假如总的劳动供给给定,那么,制造品部门劳动配置得越多,制造品的产出就越大,而粮食的产出就越小。同时,在资本给定的情况下,劳动投入越多,制成品产出也越多,但其增加的幅度是递减的。也就是说,由于边际报酬递减,随着劳动投入的增加,每一单位增加的劳动所能生产的制造品是逐步减少的。对于粮食生产部门,也存在类似的情况。

通过劳动力在两个部门的不同配置,可以得到本国的生产可能性边界,如图 1-13 所示。图 1-13 表明,某一部门配置的劳动越多,另一部门配置的就越少。如果增加制造品部门的劳动力,该部门的总产出增加,但其边际产品下降;相应地,另一部门的边际产品上升。这意味着,本国生产的制造品越多,以粮食表示的制造品的机会成本就越高。这就是图 1-13 中生产可能性曲线凹向原点的原因。

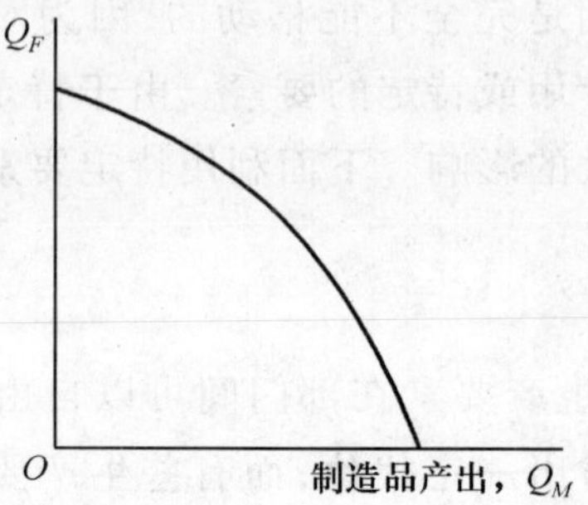

图 1-13 特定要素模型的生产可能性边界

(三) 价格、工资和劳动配置

一般来说,每个部门对劳动的需求取决于本部门产品的价格和工资率,而工资率又取决于各个部门对劳动的总需求。首先我们来分析劳动是如何在各个部门之间进行分配的。

在企业以利润最大化为目标的情况下,每个部门都会按照“劳动的边际产品价值等于劳动的边际成本”这个原则进行决策。劳动的边际产品价值(VMPL)等于劳动的边际产品(MPL)乘以每单位产品的价格(P),而劳动的边际成本则是劳动的工资率(w)。劳动力是可流动的,因此各个部门的工资率是相等的。因此,必然有:

$$\mathrm{MPL}_M \cdot P_M = w$$
$$\mathrm{MPL}_F \cdot P_F = w$$

这里,MPL_M 表示制造品部门的劳动边际产品,MPL_F 表示粮食部门的劳动边际产品,P_M 表示制造品的价格,P_F 表示粮食的价格,w 表示工资率。

同时,劳动的总需求等于劳动的总供给:

$$L_M + L_F = L$$

我们可以将上述三个方程用图 1-14 表示出来。横轴表示劳动总供给,从左到右衡量在制造品部门就业的劳动力,从右到左衡量在粮食部门就业的劳动力。纵轴表示不同部门的劳动边际产品价值,图左端的纵轴表示制造品部门的劳动边际产品价值,图右端的纵轴表示粮食部门的劳动边际产品价值。制造品的劳动边际价值曲线 $MPL_M \cdot P_M$,就是制造品部门的劳动需求曲线;粮食的劳动边际价值曲线 $MPL_F \cdot P_F$,就是粮食部门的劳动需求曲线。点 1 表示均衡时的工资率和劳动在两个部门之间的配置情况。从图中可以看出,当粮食和制造品的价格给定时,每个部门的工资率和就业即被共同决定了。

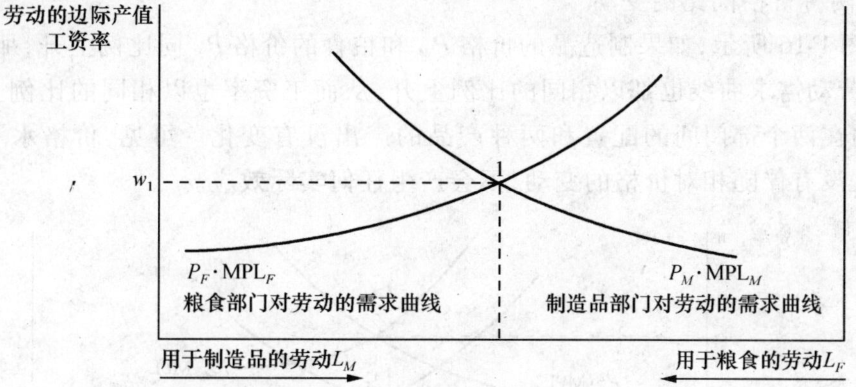

图 1-14　劳动的配置

当劳动在两个部门之间实现均衡配置时,可以得到如下相对价格和产出之间的关系式:

$$MPL_M \cdot P_M = MPL_F \cdot P_F = w$$

或改写为:

$$-MPL_F/MPL_M = -P_M/P_F$$

上式中,左边的 $-MPL_F/MPL_M$ 是生产可能性边界在某一特定生产点上的斜率,而右边的 $-P_M/P_F$ 的绝对值是制造品的相对价格。这一结果表明,在生产点上,生产可能性边界一定和一条斜率等于制造品与粮食的相对价格负值的直线相切。如图 1-15 所示,如果制造品的相对价格为 $(P_M/P_F)^1$,该国就在点 1 上进行生产。如果制造品和粮食的相对价格发生变化,劳动的配置和收入也会发生变化。

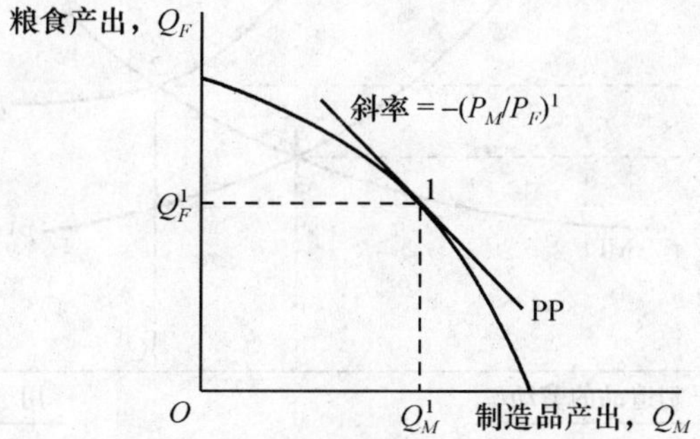

图 1-15　特定模型中的生产

(四) 价格和收入分配

前面我们已经提及，当制造品和粮食的相对价格发生变化时，劳动的配置和收入也会发生变化。对于价格的变化，我们可以从两个方面进行讨论：一是两种产品的价格以相同的比例变动，这时相对价格没有发生变化；二是只有一种产品的价格发生变化，这时相对价格发生了变化。

1. 两种价格同比例变动

如图 1-16 所示，如果制造品的价格 P_M 和粮食的价格 P_F 同比例上升，那么，两个部门的劳动需求曲线也都以相同的比例上升，从而工资率也以相同的比例上升。这样，劳动在两个部门间的配置和两种产品的产出没有变化。可见，价格水平的全面上涨，且没有伴随相对价格的变动，不会产生任何实际效应。

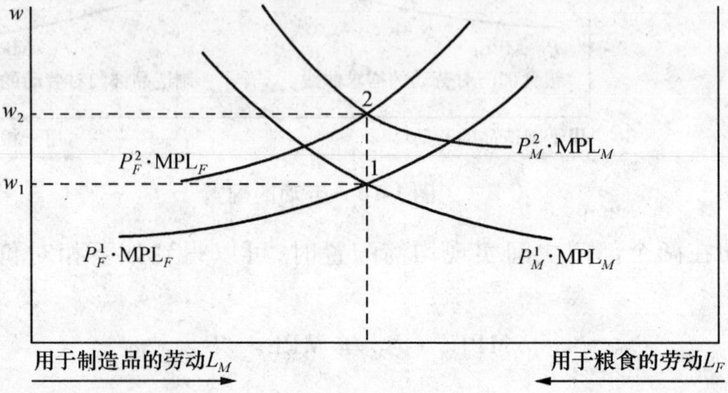

图 1-16 制造品和粮食价格同比例上升

2. 相对价格发生变化

假设制造品价格变动，粮食价格不变。如图 1-17 所示，制造品的价格 P_M 从 P_M^1 上升到 P_M^2，制造品价格 P_M 的上升使制造品部门的劳动需求曲线以相同的比例上移，均衡点从点 1 移到点 2。制造品部门的劳动需求曲线上移产生了两个重要的结

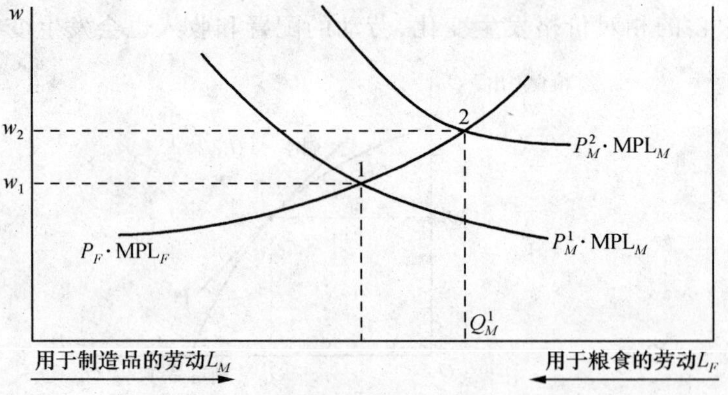

图 1-17 制造品的价格上升

果：一是虽然随着制造品价格的上升工资率也上升了，但是工资率上升的幅度小于制造品价格上升的幅度①；二是制造品价格单独上升的结果是劳动从粮食生产部门转移到制造品生产部门，从而使制造品的产出增加而粮食的产出减少。

图 1-18 表示了制造品的相对价格从 $(P_M/P_F)^1$ 上升到 $(P_M/P_F)^2$ 时所产生的影响。制造品的相对价格上升后，社会生产点即从点 1 移动到点 2。从图 1-18 可以看出，制造品相对价格上升的结果是，粮食产出减少而制造品产出增加。

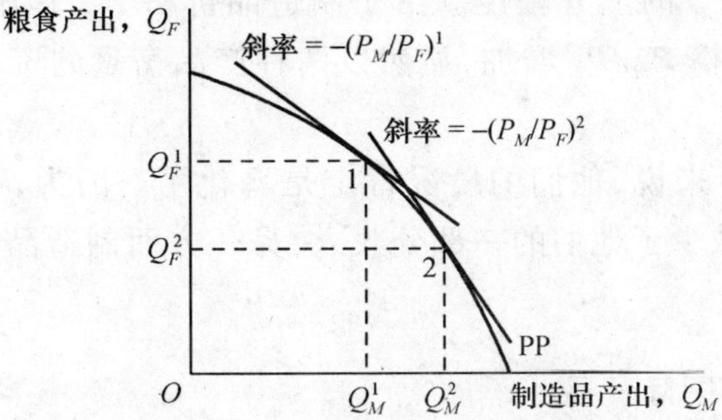

图 1-18　相对价格变化引起产出变动

根据上述分析，我们可以将制造品的相对产出 (Q_M/Q_F) 看成是相对价格 (P_M/P_F) 的增函数，因而可以得到相对供给曲线。如图 1-19 所示，曲线 RS 就是一条相对供给曲线。根据前面的知识，我们可以得到一条向下倾斜的相对需求曲线，即图 1-19 中的曲线 RD。曲线 RD 和曲线 RS 的交点 1 决定了均衡的相对价格 $(P_M/P_F)^1$ 和均衡的相对产出 $(Q_M/Q_F)^1$。

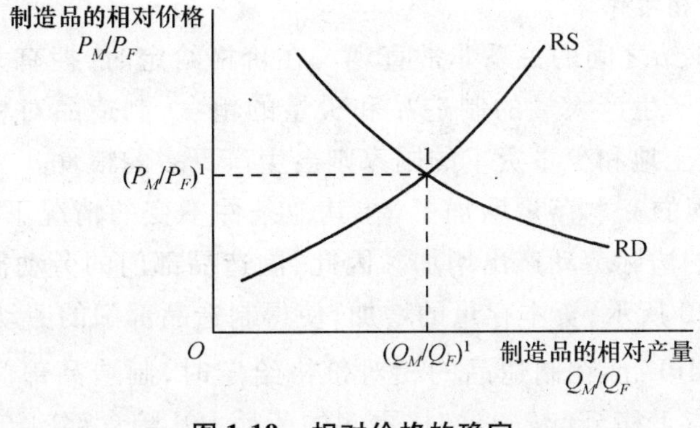

图 1-19　相对价格的确定

3. 相对价格与收入分配

相对价格的变化会对工人、资本所有者和土地所有者的收入分配产生不同的影

① 工资率上升的幅度之所以会小于制造品价格上升的幅度，是因为随着制造业部门劳动投入的增加，该部门的边际劳动产出下降。

响。对于工人来说，工人的工资率上升了，但是提高的幅度要比制造品价格低。因此，工人以制成品衡量的实际工资 w/P_M 下降了。但是，由于粮食价格没有变，工人以粮食衡量的实际工资 w/P_F 上升了。工人的福利状况是改善了还是恶化了，要看他们的偏好。

对于资本所有者来说，他们的境况是改善了。因为以制造品衡量的实际工资率下降了，因而以制造品衡量的资本所有者的收益增加，且资本所有者收益的上升幅度大于制造品价格 P_M 的上升幅度。由于制造品价格 P_M 上升而粮食价格 P_F 没有变，制造品的相对价格 P_M/P_F 增加，显然以两种产品衡量的资本所有者的收入都增加了。

对于土地所有者来说，他们的境况肯定是恶化了。因为，一方面以粮食衡量的实际工资率的上升减少了他们的一部分收入，另一方面制造品价格的上升降低了他们收入的购买力。

二、特定要素与国际贸易

上面分析的是单个国家的特定要素模型，现在来讨论特定要素模型中的国际贸易。前面我们曾经提及，只有当两国制造品的相对价格在贸易前存在差异时，两国之间才有可能发生国际贸易。然而，本国和外国制造品的相对价格不同，可能是由于各国对制造品的相对需求不同，也可能是由于相对供给不同。这里，我们假定在任何给定的相对价格下，两国的相对需求是相同的，仅考虑两国相对供给差异可能对国际贸易产生的影响。

（一）资源与相对供给

资源与相对供给之间的关系非常直观。在价格给定时，拥有大量资本和少量土地的国家，将倾向于生产大量的制造品和少量的粮食，制造品对粮食的相对产出比较大；而拥有大量土地和少量资本的国家则会生产更多的粮食。

不妨假设本国的资本存量增加了，在其他条件不变的情况下，资本存量的增加会使制造品部门的边际劳动产出增加。因此，制造品部门的劳动需求曲线将向右上方移动。如图 1-20 所示，资本存量的增加，使得制造品部门的劳动需求曲线从 $P_M \cdot \text{MPL}_M^1$ 移至 $P_M \cdot \text{MPL}_M^2$。在制造品的相对价格给定时，制造品部门的劳动需求的增加会使均衡点从点 1 移至点 2。这时，更多的劳动力从粮食部门流向制造品部门，制造品的相对产出增加了。相应地，土地供给的增加会使粮食产出增加，制造品产出减少。①

① 因为劳动力的增加对相对产出的影响不确定，所以这里不予讨论。

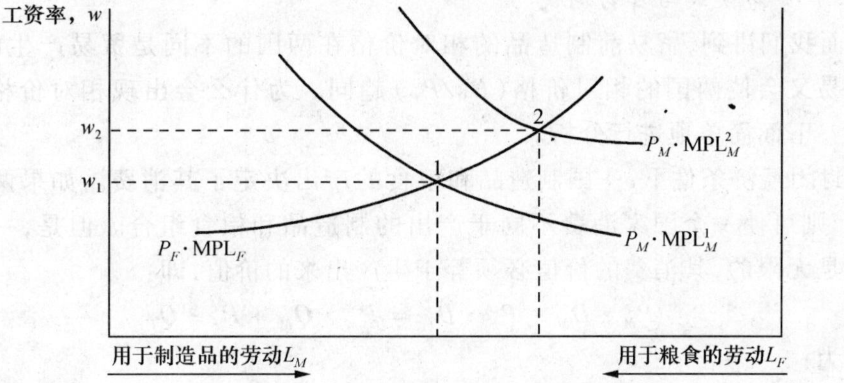

图 1-20　资本存量变动的影响

假设本国和外国的劳动资源相同，但是本国的资本拥有量比外国大，而外国的土地供给量比本国多。这时，本国的相对供给曲线位于外国的右下方。如图 1-21 所示，本国的相对供给曲线 RS_H 位于外国的相对供给曲线 RS_F 的右下方。这是因为，相对于外国来说，本国的资本丰富而土地匮乏，不管制造品的相对价格如何，本国都只能生产大量的制造品和少量的粮食，而外国则正好相反。

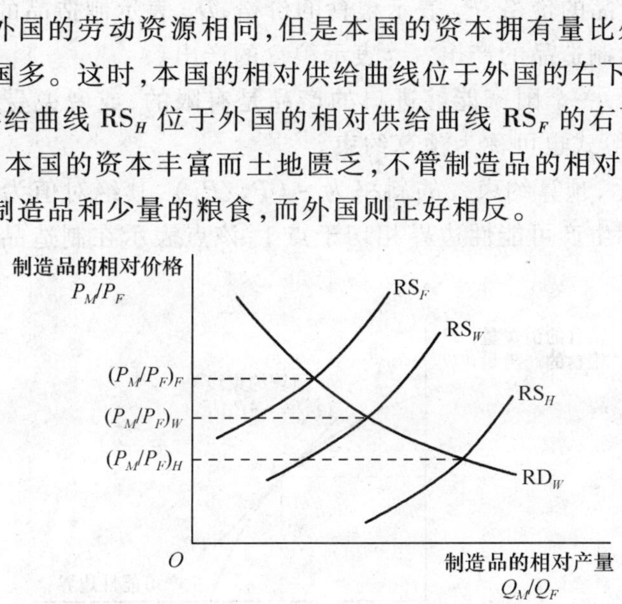

图 1-21　贸易和相对价格

（二）贸易与相对价格

在特定要素模型中，国际贸易导致了各国相对价格的趋同。如图 1-21 所示，曲线 RD_W 既是两国的相对需求曲线，又是世界相对需求曲线。曲线 RS_H 和 RS_F 分别表示本国和外国的相对供给曲线。贸易前，本国的制造品的相对价格$(P_M/P_F)_H$ 比外国制造品的相对价格$(P_M/P_F)_F$ 要低。

当两国进行国际贸易时，整个世界的制造品和粮食产出就是两国的产出之和。制造品的世界相对供给曲线（RS_W）位于两国的相对供给曲线之间。因此，制造品的世界相对价格$(P_M/P_F)_W$ 位于贸易前两国的相对价格之间。贸易使制造品在本国的相对价格上升，在外国的相对价格下降。

（三）贸易模式与贸易均衡

上面我们讲到，贸易前制造品的相对价格在两国的不同是贸易产生的根源，而国际贸易又会使两国的相对价格（P_M/P_F）趋同。为什么会出现相对价格（P_M/P_F）趋同呢？下面简单地进行分析。

在封闭经济条件下，一国制造品和粮食的产出决定了其消费。如果两国开展国际贸易，则可使一个国家消费不同于产出的制造品和粮食组合。但是，一个国家的消费不是无限的，其消费的价值必须等于生产出来的价值，即：

$$P_M \cdot D_M + P_F \cdot D_F = P_M \cdot Q_M + P_F \cdot Q_F$$

或改写为：

$$D_F - Q_F = (P_M/P_F) \times (Q_M - D_M)$$

这里，P_M 表示制造品的价格，P_F 表示粮食的价格；D_M 表示制造品的需求，D_F 表示粮食的需求；Q_M 表示制造品的产出，Q_F 表示粮食的产出。

这个等式表明，一个国家能够进口的产品是有限的，或者说受到其出口产品数量的限制，所以该等式也可称为预算约束。

如图 1-22 所示，预算约束线的斜率为 $-(P_M/P_F)$，其绝对值为制造品的相对价格。预算约束线和生产可能性边界相切于点 1，该点表示在制造品的相对价格给定时的产出组合。

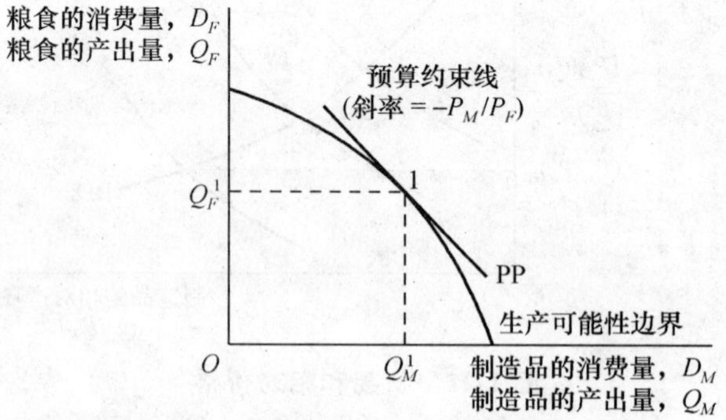

图 1-22　参与贸易国家的预算约束

现在我们用本国和外国的预算约束线来构造贸易均衡图。在均衡价格下，本国和外国的产出、预算约束线和消费选择如图 1-23 所示。在本国，粮食的相对价格下降，使得对粮食的相对消费增加，本国的粮食产出为 Q_F^H，粮食消费为 D_F^H，粮食消费大于粮食产出（$D_F^H > Q_F^H$），而制造品正好相反。因此，本国成为一个制造品出口国和粮食进口国。在外国，贸易后制造品相对价格的下跌导致制造品的相对消费增加，而相对产出减少。因此，外国成为一个制造品进口国和粮食出口国。

在贸易均衡时，本国的制造品出口量等于外国的制造品进口量，而本国的粮食进口量等于外国的粮食出口量。这些等量关系在图 1-23 中即表现为两个阴影三角

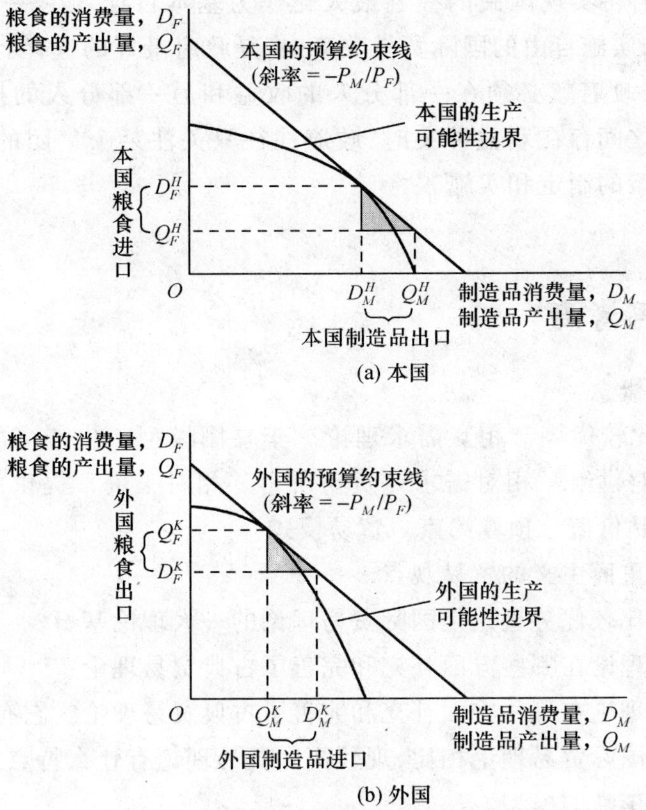

图 1-23　贸易均衡

形的面积相等。

三、收入分配、贸易所得与贸易政策

假定在没有贸易时，本国制成品的相对价格（P_M/P_F）比其他国家低。开展贸易后，由于贸易会使各种商品的相对价格趋于一致，本国制造品的相对价格 P_M/P_F 就上升了。本国制造品的相对价格上升，使本国的资本所有者受益，工人的情况不确定，土地所有者受损。而在外国，情况正好相反，制造品的相对价格下跌，使外国的土地所有者受益，资本所有者受损，工人的情况不确定。

综上所述，我们可以得出这样的结论：贸易使出口部门特定要素的所有者受益，进口产品竞争部门特定要素的所有者受损，对流动要素所有者的影响不确定。

贸易收益是否一定大于因贸易而导致的损失呢？回答是肯定的。国家总能从贸易中受益，其基本原因是贸易扩大了一个国家消费品的选择范围。而选择范围的扩大，意味着总能找到一种收入再分配办法，使每一个人都可能从贸易中受益。但是，必须指出的是，每一个人都可能获益，并不表明每一个人都能实际获益。在现实世界里，受损者和受益者同时存在。这就是贸易自由化难以实现的重要原因之一。

现在假定政府将实现国民的福利最大化作为基本目标。在一个收入和消费偏好相同的经济中，实施自由的国际贸易政策，将是政府最好的选择。但是，如果人与人之间存在差异，政府就必须在一部分人的收益和另一部分人的损失之间进行权衡。不同的集团之间存在利益冲突时，政府往往只关注某个集团的利益，这样就会阻碍自由贸易政策的制定和实施。①

复习与思考题

1. 解释下列概念

绝对优势　比较优势　相互需求理论　李嘉图模型　生产可能性　机会成本　相对价格　相对供给　相对需求　贸易所得　相对工资　提供曲线　特定要素　劳动的边际产品价值　预算约束　贸易模式

2. 简要评述重商主义的贸易观点。

3. 为什么说比较优势理论是国际贸易理论的一大理论基石？

4. 相互需求理论在哪些方面补充和完善了古典贸易理论？

5. 要素禀赋理论在哪些方面补充和完善了古典贸易理论？它有哪些不足？

6. 与传统的国际贸易理论相比，现代国际贸易理论有什么特点？

7. 简要评述李嘉图模型。

8. 在单一要素下两国是怎样进行贸易的？

9. 国际贸易会给参加贸易的各国带来什么好处？

10. 按照李嘉图模型，参与国际贸易的各国应当怎样进行专业化分工？

11. 运输成本的存在对一国的国际贸易会产生什么影响？

12. 非贸易品的存在对一国的国际贸易会产生什么影响？

13. 如果要素供给存在弹性，对一国的国际贸易会产生什么影响？

14. 如果两国的供给条件完全相同但是消费偏好不同，在这种情况下两国能够开展国际贸易吗？

15. 在存在特定要素的情况下，国际贸易对一国的收入分配有何影响？

16. 假设本国和外国都生产并消费苹果、香蕉、鱼子酱、枣和烤饼五种产品。对这五种产品，本国的单位产品劳动投入分别是1、5、3、6和12，外国的单位产品劳动投入分别为10、40、12、12和9。再假设本国的工资率是外国的5倍。请问本国会生产哪些产品？外国会生产哪些产品？

---

① 保罗·克鲁格曼著，海闻等译，《国际经济学》(第五版)，中国人民大学出版社，2002年版，第37—63页。

17. 在本章我们讨论的主要是两国之间的贸易。现假定有许多国家都能生产两种商品,并且每个国家都只有一种生产要素——劳动。在这种情况下,贸易模式和生产模式会怎样?(提示:构造世界相对供给曲线。)

18. 在某些情况下,某一个贸易部门的繁荣可能会导致其他贸易部门的衰退,这种现象被称为"荷兰病"(Dutch Disease)。请解释其中的原因。

第二章 要素禀赋理论

内容提要

要素禀赋理论(又称要素比例理论或赫克歇尔—俄林定理)是传统国际贸易理论的又一大理论基石,它解释了比较优势产生的原因,弥补了李嘉图模型的不足,是对李嘉图模型的进一步补充和完善。因此,深入理解和掌握要素禀赋理论十分重要。本章共分为四节:第一节,赫克歇尔—俄林模型,主要介绍赫克歇尔—俄林模型的基本内容和要素禀赋理论的基本思想;第二节,国际贸易对两要素经济的影响,主要分析贸易对产品相对价格、收入分配和要素相对价格产生的影响;第三节,要素禀赋理论的检验,提出和解释"列昂惕夫之谜";第四节,标准贸易模型,将前面介绍的李嘉图模型、特定要素模型和赫克歇尔—俄林模型综合起来,建立一个更为一般的标准贸易模型,并利用标准模型来探讨经济增长、相对供给与贸易条件、国际收入转移与相对需求以及关税、出口补贴与相对供求等问题。

第一节 要素与国际贸易:赫克歇尔—俄林模型

赫克歇尔—俄林模型(Heckscher-Ohlin model,简称 H-O 模型)是建立在一系列基本假设条件基础之上的,本节先简要介绍模型的基本假设,接着讨论供给关系与要素结构问题,然后进一步讨论商品价格与要素价格的关系,最后在以上分析的基础上导出 H-O 定理。

一、模型的基本假定

赫克歇尔—俄林模型是在以下基本假设条件下进行分析的:

(1) 生产。2×2×2 模型,即两个国家(本国和外国)使用两种生产要素(劳动和资本)生产两种产品(产品 A 和产品 B),两国的初级要素供给一定且充分利用;每种产品的生产函数具有规模报酬不变的性质;两个国家的相同行业具有相同的生产函数;两国在生产中实行不完全专业化生产;每种产品的要素密集度不可逆。

(2) 需求。贸易是均衡的,整个经济的支出不超过其所获得的收益,两国的需求偏好相同。

(3) 贸易。无运输成本,贸易自由,要素可在国内自由流动但不能在国际间流动。

(4) 市场结构。两个国家的商品和要素市场都是完全竞争的。

二、供给关系与要素结构

(一) 要素不可替代情况下的生产可能性

为了便于分析,我们定义如下表达式:

a_{KA} = 生产每单位产品 A 所需要投入的资本;

a_{LA} = 生产每单位产品 A 所需要投入的劳动;

a_{KB} = 生产每单位产品 B 所需要投入的资本;

a_{LB} = 生产每单位产品 B 所需要投入的劳动;

L = 一国的劳动总供给;

K = 一国的资本总供给。

不妨假设 A 是劳动密集型产品,B 是资本密集型产品,因此有:

$$a_{LA}/a_{KA} > a_{LB}/a_{KB}$$

或

$$a_{LA}/a_{LB} > a_{KA}/a_{KB}$$

在两要素经济中,如果该经济生产 Q_A 单位的产品 A、Q_B 单位的产品 B,由于经济不可能使用超过现有的任何一种要素,因此经济中使用的劳动和资本分别受以下两个式子约束:

$$a_{LA}Q_A + a_{LB}Q_B \leqslant L$$

$$a_{KA}Q_A + a_{KB}Q_B \leqslant K$$

图 2-1 描述了劳动和资本的约束,图中的粗线表明两个约束一起决定了该经济的生产可能性。如果该经济生产的产品 B 比产品 A 的份额大,比如说在点 1 生产,则起作用的就是资本约束。如果生产产品 B 的份额小,比如说在点 2 生产,则起作用的就是劳动约束。可见,一国资源的变化对其生产不同产品能力的影响是不平衡的,一国资本的增加会提高该国资本密集型产品 B 的生产可能性,而劳动的增加会提高该国劳动密集型产品 A 的生产可能性。

图 2-2 表明了资本的增加是如何改变生产可能性的。当资本供给从 K_1 上升到 K_2 时,资本约束放松,生产可能性边界向外扩展,但它是有偏向的扩展,它扩大了资本密集型产品 B 的生产可能性,而对劳动密集型产品 A 的生产可能性不起作用。

资源的增加对生产可能性的偏向效应,对于理解各国资源的不同会导致国际贸

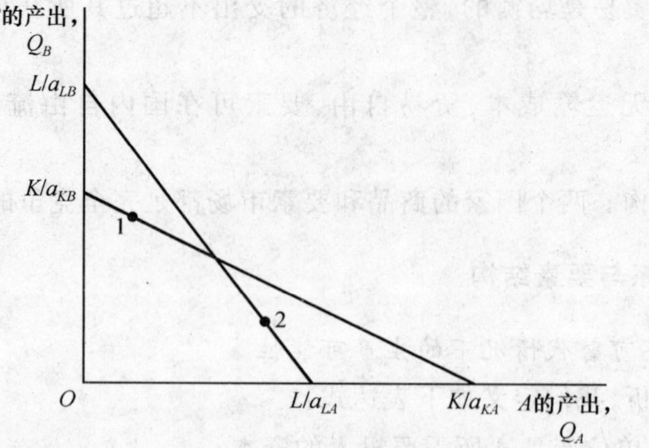

图 2-1 两要素经济中的生产可能性曲线

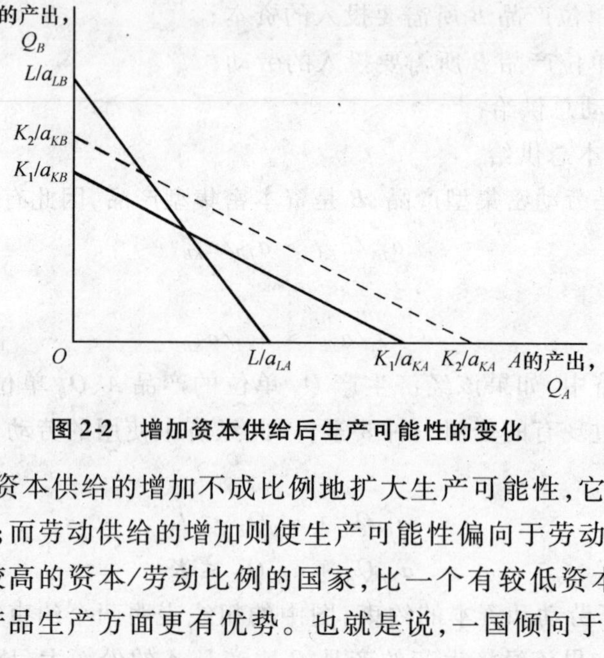

图 2-2 增加资本供给后生产可能性的变化

易是至关重要的。资本供给的增加不成比例地扩大生产可能性，它偏向于扩大资本密集型产品的生产；而劳动供给的增加则使生产可能性偏向于劳动密集型产品的生产。因此，一个有较高的资本/劳动比例的国家，比一个有较低资本/劳动比例的国家，在资本密集型产品生产方面更有优势。也就是说，一国倾向于生产密集使用其丰裕要素的产品。

（二）要素可替代情况下的生产可能性

上面讨论的是要素不可替代的情况，如果要素可替代则会得出不同的结论。在要素可替代的情况下，各种要素在生产中的比例是不固定的。随着各种要素的相对价格的变动，生产中使用的不同要素的比例也会相应地发生变化。因此，在这种情况下，如果我们说产品 *A* 是劳动密集型的，是指在两部门面临相同的要素价格时，生产产品 *A* 的劳动/资本比例要比生产产品 *B* 的高。

由于资本和劳动要素可相互替代，生产可能性边界就不是固定系数情况下的折线，而是平滑的曲线，如图 2-3 所示。尽管生产可能性的形状发生了变化，但是要素不可替代模型中的基本结论仍然有效，即一种生产要素的增加使生产可能性产生有偏向的扩展。如图 2-3 所示，劳动供给的增加使生产可能性边界从 T_1T_1 扩大到 T_2T_2，但它对劳动密集型产品 A 的生产可能性的扩大，要高于资本密集型产品 B。同样，资本供给的增加，使生产可能性向资本密集型产品生产扩大的幅度高于劳动密集型产品。

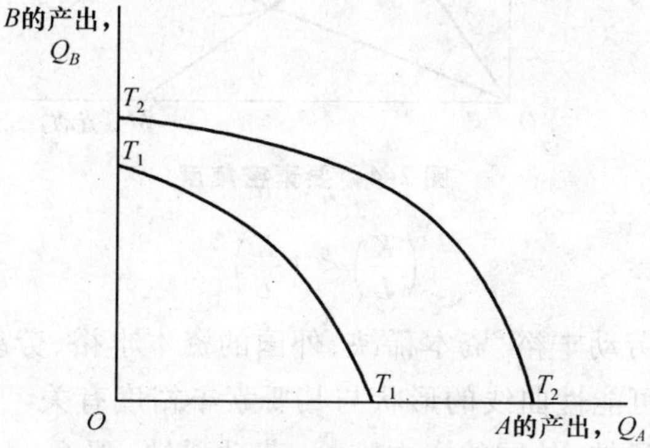

图 2-3　生产可能性边界有偏向的扩展

（三）要素密集度与要素丰裕度

要素密集度（factor intensity）与要素充裕度（factor abundance）是要素禀赋理论中的两个关键概念，下面进行简单介绍。

1. 要素密集度

假设生产产品 A 所需投入的资本量为 K_A，劳动量为 L_A；生产产品 B 所需投入的资本量为 K_B，劳动量为 L_B。K_A/L_A 和 K_B/L_B 分别代表产品 A 和产品 B 的资本/劳动比率。如果下列式子成立：

$$\frac{K_A}{L_A} < \frac{K_B}{L_B}$$

则称产品 A 是劳动密集型产品，产品 B 是资本密集型产品。

在竞争性经济中，生产者将选择其技术（如 K/L）以使成本最小化。因此，在一个共同的要素价格比率处，我们可以进行比较。如图 2-4 所示，在共同的要素价格比率 MN 处，产品 A 为劳动密集型，而产品 B 为资本密集型，两者的技术选择分别在 R 和 J 处（图中的 Q_A 和 Q_B 分别表示产品 A 和 B 的等产量线）。假如生产是固定系数的，产品 A 沿射线 OA 生产，产品 B 沿射线 OB 生产。射线的斜率代表产品的资本/劳动比率。

2. 要素丰裕度

假设有本国和外国两个国家，有资本和劳动两种要素且它们的拥有量分别为 K 和 L，如果下列式子成立：

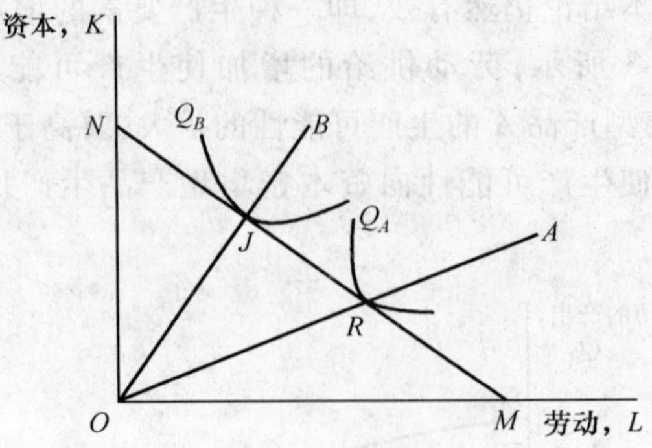

图 2-4　要素密集度

$$\left(\frac{K}{L}\right) < \left(\frac{K}{L}\right)^*$$

那么，我们称本国的劳动丰裕、资本稀缺，外国的资本丰裕、劳动稀缺。①

通常，一国生产可能性曲线的形状与其要素丰裕度有关。如图 2-5 所示，如果本国的劳动丰裕、资本稀缺，外国的资本丰裕、劳动稀缺，那么，本国的生产可能性曲线 *TT* 相对偏向于横轴（劳动，*L*），而外国的生产可能性曲线 T^*T^* 相对偏向于纵轴（资本，*K*）。

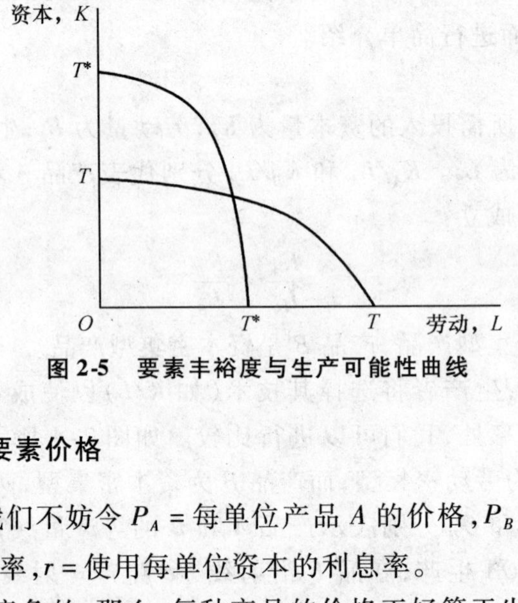

图 2-5　要素丰裕度与生产可能性曲线

三、商品价格与要素价格

为了便于分析，我们不妨令 P_A = 每单位产品 *A* 的价格，P_B = 每单位产品 *B* 的价格，*w* = 每小时的工资率，*r* = 使用每单位资本的利息率。

假定生产是完全竞争的，那么，每种产品的价格正好等于生产它的成本，即有：

---

① 也可以用两种要素的相对价格来定义。假设本国和外国的劳动价格即工资率分别为 w 和 w^*，资本的价格即利息率分别为 i 和 i^*，则 (w/i) 和 (w^*/i^*) 分别表示两国的要素相对价格。如果 $(w/i) < (w^*/i^*)$ 成立，则本国的劳动丰裕、资本稀缺，外国的资本丰裕、劳动稀缺。

$$P_A = a_{LA}w + a_{KA}r$$
$$P_B = a_{LB}w + a_{KB}r$$

上面两个式子的关系可用图2-6表示。由于我们假定产品A的生产是劳动密集型的，即$a_{LA}/a_{KA} > a_{LB}/a_{KB}$，因此图2-6中的产品$A$的线比产品$B$的线陡峭。在两条线的交点1处，两种产品的价格都等于成本，这时工资为w_1，利率为r_1。图2-6表明，给定产品的价格，就可以决定要素的价格。

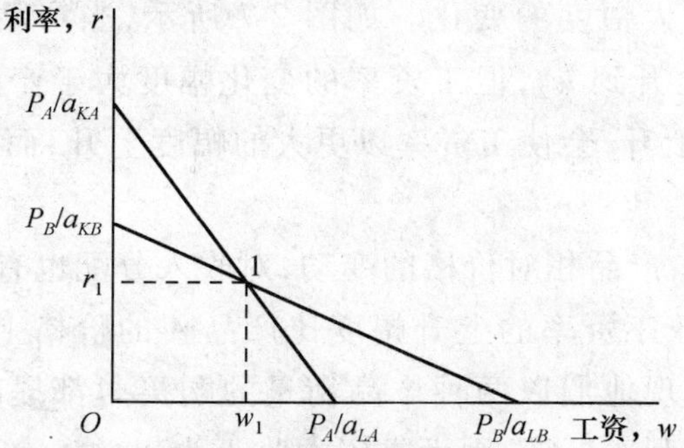

图2-6　要素价格的决定

当产品价格变动时，要素价格也会随之变动，但是不同要素价格变动的效应是不一样的。以产品A的价格变动为例，产品A的价格上升时，劳动的价格比资本的价格上升快。如图2-7所示，当产品A的价格从P_A^1上升到P_A^2时，产品A的线向外移动，要素的均衡价格点也从点1移动到点2。这一移动使工资率从w_1上升到w_2，但使利息率从r_1下降到r_2。同样，如果产品B的价格上升就会有相反的结果，使利率上升而工资率下降。

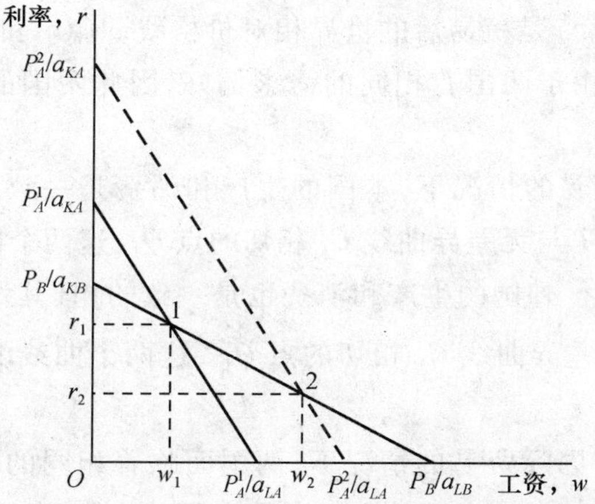

图2-7　产品A的价格上升对要素价格的影响

产品价格和要素报酬之间的这种关系，最初由斯图尔珀和萨缪尔森（Stolper and Samuelson, 1941）推出，因此被称为斯图尔珀—萨缪尔森定理（简称S-S定理）。该定理可更一般地表述为：产品相对价格的上升，会提高该产品生产中密集使用的要素的报酬，降低另一个要素的报酬。依据这个定理，劳动密集型产品的相对价格的提高，会导致劳动的相对和实际报酬上升，资本的相对和实际报酬下降；资本密集型产品相对价格的提高，会导致资本的相对和实际报酬上升，劳动的相对和实际报酬下降。

除了具有上述关系外，产品价格对要素价格还具有放大效应，即产品价格的变化会引起要素价格更大幅度的变化。如图 2-7 所示，当产品 A 的价格从 P_1 上升到 P_2 时，工资率从 w_1 上升到 w_2，但工资率的变化幅度大于产品价格的变化幅度。可见，产品 A 的价格的上升，会使工资率以更大的幅度上升，而使资本的利率实际上有所下降。

在两要素经济中，产品相对价格的变动，对收入分配也有很强的影响。以产品 A 的价格上升为例，由于工资率的上升幅度比产品 A 的价格上升幅度更大，因而收入来自于工资的人会发现他们以两种产品衡量的购买力都提高了。而由于产品 A 的价格上升会使资本的利率下降，因而靠资本收入为生的人会发现他们以两种产品衡量的购买力都下降了。

四、H-O 定理

如图 2-8 所示，曲线 TT 和 T^*T^* 分别是本国和外国的生产可能性曲线，外国的生产可能性曲线 T^*T^* 斜向纵轴（产品 B 轴），因为产品 B 是资本密集型产品，且外国的资本丰裕；本国的生产可能性曲线 TT 斜向横轴（产品 A 轴），因为产品 A 是劳动密集型产品，且本国的劳动丰裕。(P_A/P_B) 和 $(P_A/P_B)^*$ 分别是贸易前本国和外国的相对价格线，$(P_A/P_B)^W$ 是贸易后的世界相对价格线。① C_1 和 C_2 分别是贸易前和贸易后的无差异曲线，由于两国有相同的需求偏好，因此两国的无差异曲线是完全一样的。

在不发生国际贸易的情况下，本国的生产和消费是一致的，且其均衡点是本国的生产可能性曲线 TT 与无差异曲线 C_1 相切的点 Q_1，这两个曲线的切线即是本国的相对价格线 (P_A/P_B)。外国的生产和消费也是一致的，且其均衡点是外国的生产可能性曲线 T^*T^* 与无差异曲线 C_1 相切的点 Q_1^*，这两个曲线的切线即是外国的相对价格线 $(P_A/P_B)^*$。

但是在两国进行国际贸易的情况下，两国面临着相同的相对价格线，即世界相对价格线 $(P_A/P_B)^W$。这时，本国的生产点是本国的生产可能性曲线 TT 与世界相对

① 这里的 (P_A/P_B)、$(P_A/P_B)^*$ 和 $(P_A/P_B)^W$，实际上分别是贸易前本国的相对价格线、贸易前外国的相对价格线和贸易后世界相对价格线的斜率的绝对值。为了简单起见，就用它们来表示相应的相对价格线。

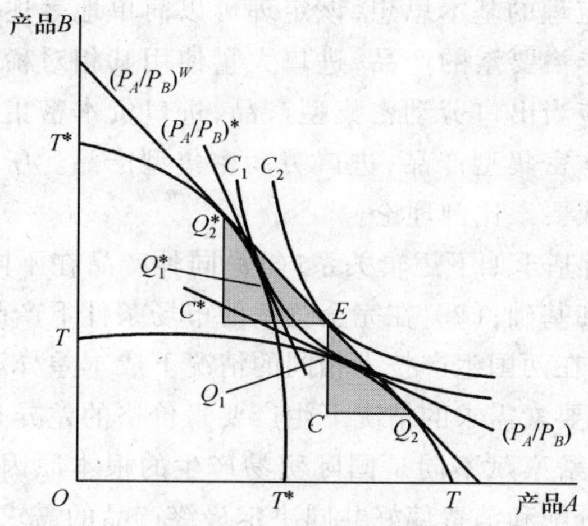

图 2-8　H-O 理论模型

价格线$(P_A/P_B)^W$相切的点Q_2，外国的生产点是外国的生产可能性曲线T^*T^*与世界相对价格线$(P_A/P_B)^W$相切的点Q_2^*。而两国的消费点都在世界相对价格线$(P_A/P_B)^W$与无差异曲线C_2相切的点E。

显然，对于本国来说，产品A的生产多于消费，图 2-8 中的CQ_2即为超额供给，这部分超额供给用于出口；而本国产品B的消费多于生产，图 2-8 中的EC即为超额消费，这部分超额消费要通过进口来满足。对于外国来说，产品B的生产多于消费，图 2-8 中的$C^*Q_2^*$即为超额供给，这部分超额供给用于出口；而消费的产品A比生产的多，图 2-8 中的EC^*即为多出的超额消费，这部分超额消费需要通过进口来满足。

从图 2-8 可以看出，本国对产品A的出口CQ_2等于外国对产品A的进口EC^*，外国对产品B的出口$C^*Q_2^*$等于本国对产品B的进口EC。因此，图中的两个贸易三角形$Q_2^*C^*E$和ECQ_2是全等的。通过国际贸易两国都获得了利益，这是因为贸易使它们都达到了更高的无差异曲线C_2。

从图 2-8 还可以看出，本国出口产品A和进口产品B，是因为贸易前本国生产劳动密集型产品A的相对价格(P_A/P_B)低于世界相对价格$(P_A/P_B)^W$，而这又是本国的劳动力资源丰裕，因而生产劳动密集型产品A具有比较成本优势的缘故。外国出口产品B和进口产品A，是因为贸易前外国生产资本密集型产品B的相对价格(P_B/P_A)低于世界相对价格$(P_B/P_A)^W$，而这又是外国的资本资源丰裕而劳动力资源缺乏，因而生产资本密集型产品B具有比较成本优势的缘故。①

---

① 在完全竞争的市场条件下，按照边际生产力分配原则，产品的相对价格与相对成本是相等的。因此，贸易前本国生产劳动密集型产品A的相对价格(P_A/P_B)要低于世界的相对价格$(P_A/P_B)^W$，说明本国在劳动密集型产品生产上具有比较成本优势，外国则相反。

以上就是H-O定理的基本思想,该定理可以简单地表述为:一国应当生产和出口大量使用其相对丰裕要素的产品,进口大量使用其相对稀缺要素的产品,即劳动力相对丰裕的国家应当出口劳动密集型产品,进口资本密集型产品;资本相对丰裕的国家应当出口资本密集型产品,进口劳动密集型产品。所以,这个定理一般被通称为要素禀赋理论或要素比例理论。

H-O定理的分析基于如下逻辑关系:(1)同种产品在不同国家的价格差异是国际贸易的直接动因和基础;(2)在完全竞争的市场条件下产品价格差异是由生产成本不同造成的;(3)在两国生产技术相同的情况下成本差异源自于生产要素价格的不同;(4)在不考虑要素需求的情况下生产要素价格的差异是由要素丰裕程度的不同造成的。因此,要素禀赋不同是国际贸易产生的根本原因。如图2-9所示,生产要素所有者的收入分配和消费偏好共同决定最终产品的需求,而对最终产品的需求导致了对生产要素的派生需求,要素的供给和需求则共同决定要素的价格,要素的价格和生产技术又决定了最终产品的价格,各国产品相对价格的差异决定了比较优势和贸易模式。因此,在两国的需求偏好、技术水平和收入分配相同的假设下,不同国家生产要素禀赋的差异,是导致产品相对价格差异的原因。

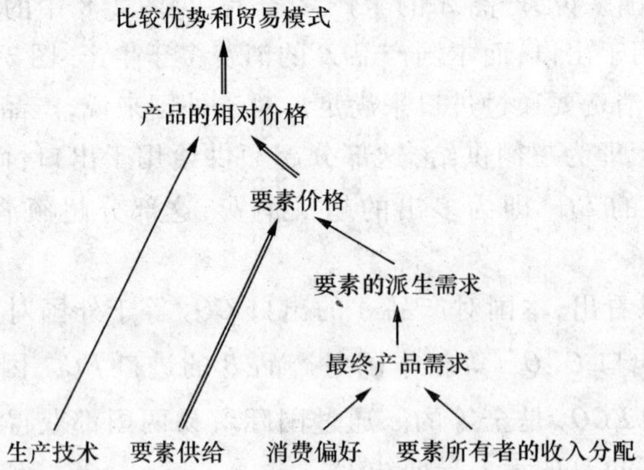

图2-9　H-O理论的一般均衡框架

H-O定理解释了比较优势产生的原因,是对李嘉图模型的补充和完善。但是,要素禀赋理论也存在明显的不足。赫克歇尔和俄林在分析中所做的一系列假设都是静态的,忽略了经济因素的动态变化。例如,H-O模型假定技术条件不变,而现实情况是技术不断进步,而技术进步也能够降低相对成本,产生比较优势;再如,H-O模型假定生产要素同质,实际上各国的生产要素是不可能同质的,即使在同一国家,不同时期的生产要素也是不同质的。此外,要素禀赋理论在现实中也没有得到证实,"列昂惕夫之谜"的存在说明,要素禀赋理论已不能对第二次世界大战后国际贸易发展的现实做出有力的解释,这也促使了现代国际贸易理论的诞生和发展。

第二节　国际贸易对两要素经济的影响

上面分析了两种要素禀赋的差异决定了比较优势和贸易模式,然而国际贸易对两要素经济也会产生影响。本节重点讨论三个问题:贸易对产品相对价格的影响,贸易对收入分配的影响,贸易对要素相对价格的影响。

一、相对价格和贸易模式

假定本国的劳动相对丰裕,而外国的资本相对丰裕。除此以外,两国的其他方面都相同。一个国家的资源充裕与否取决于劳动对资本的相对数量,而不是它们的绝对数量。要素的丰裕度是就两个国家两种要素的比例的相对性而言的,因此没有一个国家的所有要素都是丰裕的。

因为产品 A 是劳动密集型产品,本国的生产可能性边界向产品 A 方向伸展的程度比较大,因此,在其他条件相同的情况下,本国产品 A 对产品 B 的相对产出比较高。

由于开展国际贸易后产品的相对价格会趋同,两国的产品 A 与产品 B 的相对价格就会相等。由于两国的要素禀赋不同,对于任何给定的产品 A 和产品 B 的相对价格,本国产品 A 的供给相对较多,因而本国产品 A 的相对供给曲线就在外国的右下面。

如图 2-10 所示,曲线 RS 为本国的产品 A 对产品 B 的相对供给曲线,曲线 RS^* 为外国的相对供给曲线,曲线 RD 是两国都相同的相对需求曲线。在不发生国际贸易时,本国的均衡点在点 1,而外国的均衡点在点 3。显然,此时本国产品 A 的相对价格低于外国。

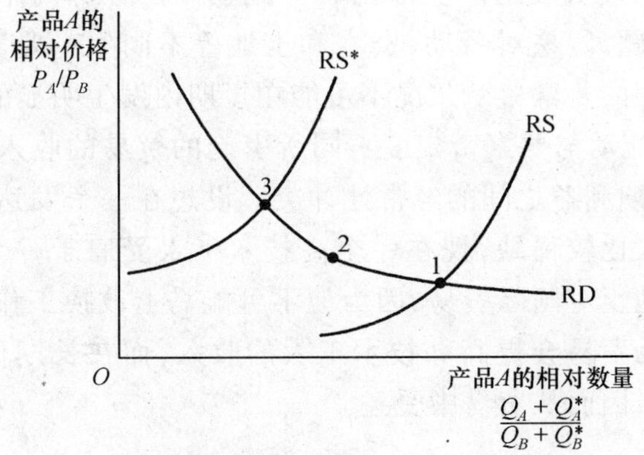

图 2-10　贸易使相对价格趋同

本国和外国发生国际贸易后,两国的相对价格趋于一致。本国产品 A 的相对价格上升，外国产品 A 的相对价格下降。新的世界市场的产品 A 的相对价格会位于两国贸易前的相对价格之间的某一点上，在图 2-10 中表示为点 2。在本国，产品 A 的相对价格的上升导致其生产量的增加和消费量的下降，从而使本国成为产品 A 的出口国和产品 B 的进口国。外国则正好相反，产品 A 的相对价格的下降使生产量减少和消费量增加，从而使外国成为产品 A 的进口国和产品 B 的出口国。

根据上述分析，我们可以得出一般性结论：各国倾向于生产和出口国内相对充裕的要素密集型的产品。这就是 H-O 模型的主要结论。

二、贸易和收入分配

国际贸易会导致产品的相对价格趋同，而相对价格的变动又会对不同阶层所有者的收入产生影响。产品 A 的相对价格的上升使以两种产品价格衡量的劳动收入的购买力都提高，而以两种产品衡量的资本收入的购买力都下降。产品 B 的相对价格上升产生的影响则正好相反。因此，国际贸易对收入分配的影响很大。在本国，产品 A 的相对价格上升时，靠劳动获取收入的人能够从国际贸易中获益，而以资本为收入来源的人却遭受损失。在外国，产品 A 的相对价格下降时，情况却相反，劳动者遭受损失而资本所有者获益。国际贸易对收入分配影响的一般结论可以表述为：一国丰裕要素的所有者会从贸易中得益，而稀缺要素的所有者会因贸易而受损。

注意，这里所得出的贸易对收入分配影响的结论，与特定要素模型所得出的结论类似。在特定要素模型中，进口竞争产业的特定要素的所有者会因为贸易而遭受损失。H-O 模型中进口竞争产业密集使用的要素所有者也会因为贸易而受损。但是，这两个结论有一个重要区别。在特定要素模型中，特定要素的不流动性只是短期的问题，只要有一定的时间，不流动的要素也会变为流动的要素。例如，生产服装的工人不可能在一夜之间成为制造计算机的工人，但是只要时间充足，产业结构发生转型，就可以使工人从衰退产业部门转移到朝阳产业部门中去。但是，H-O 模型的结论是个长期问题，贸易对劳动、资本和土地等不同生产要素的收入分配的影响相对持久，因为一国的要素禀赋状况不可能在短期内发生明显的改变。

区分要素不可流动与要素密集度不同所引起的贸易的收入分配效应，揭示了贸易的短期利益与长期利益之间的经常性冲突。设想在一个发达国家，高技术工人比较充裕，低技术工人比较稀缺，现在一个高技术工人受雇于一个低技术劳动密集型产业。从短期看，他反对国际贸易，因为他不可能马上改换工作。但是从长期看，他赞同国际贸易，因为贸易会提高高技术工人的收入，而在长期他可以改换到技术密集型产业部门工作，因而从贸易中受益。

三、要素价格均等化

本国的劳动充裕、资本稀缺，外国的资本充裕、劳动稀缺，因此，不进行国际贸易,劳动密集型产品 A 的相对价格在本国比在外国低。而两国间这种产品相对价格的差异,隐含着要素相对价格的更大差异。在贸易前,本国的劳动力价格(工资)相对较低,资本价格(利率)相对较高;外国的资本价格(利率)相对较低,劳动力价格(工资)相对较高。

开展国际贸易后,原来本国相对价格较低的产品 A,由于对方国家的需求,其相对价格趋于上升,同时拉动其密集使用的劳动生产要素的价格上升。① 于是,原来在本国相对便宜的劳动现在变得不那么便宜了,而原来在本国相对比较贵的资本现在也因贸易变得相对便宜了。而在外国则出现相反的情形,原来外国相对价格较低的产品 B,由于对方国家的需求,其相对价格也趋于上升,同时拉动其密集使用的资本生产要素的价格上升。于是,原来在外国相对便宜的资本现在变得不那么便宜了,而原来在外国相对比较贵的劳动现在也因贸易变得相对便宜了。

因此,随着国际贸易的开展,两国产品相对价格逐渐趋同,从而导致两国的生产要素相对价格的趋同,即国际贸易将使要素价格均等化(factor-price equalization)。② 因为两国进行贸易时,并不仅仅是产品的交换,在产品交换的背后,间接进行的是生产要素的交换。

下面用图形进行分析。不妨假设厂商生产价值为 1 单位货币(如 1 美元)的产品,这时厂商的生产成本也应当为 1 单位货币。再假设贸易前,本国和外国的工资率分别为 w_H 和 w_F,利率分别为 r_H 和 r_F,本国使用的劳动和资本分别为 L_H 和 K_H,外国使用的劳动和资本分别为 L_F 和 K_F;开展贸易后,两国的工资率和利率趋同,分别为 w_w 和 r_w,整个世界使用的劳动和资本分别为 L_w 和 K_w。那么,可以得到:

$$1 = w_H L_H + r_H K_H$$

$$1 = w_F L_F + r_F K_F$$

$$1 = w_W L_W + r_W K_W$$

将上述方程用图形描绘出来,即得到单位等成本线(unit-value isocost curve)。如图 2-11 所示,曲线 $L_H K_H$ 为贸易前本国的单位等成本线,曲线 $L_F K_F$ 为贸易前外国的单位等成本线,曲线 $L_W K_W$ 为贸易后世界的单位等成本线。③

贸易前,本国的单位等成本线 $L_H K_H$ 与产品 A 的单位价值等产量线(unit-value isoquant curve)Q_A 相切于点 E_H,因此本国可用点 E_H 表示的要素组合来生

① 为了适应出口的需要,本国将增加产品 A 的生产、减少产品 B 的生产,从而导致对劳动的派生需求增加,劳动的工资率开始上升;对资本的派生需求减少,资本的利率下降。外国则相反。

② 实际上,在前面的产品价格和要素价格部分,我们已经讲过,只要产品的相对价格给定,工资率和利率就可以确定,而不管两者的供给状况如何(如图 2-6 所示)。因此,只要本国和外国面临同样的产品相对价格,两国就会有相同的要素相对价格。

③ 假设本国的劳动要素丰裕、资本要素稀缺,外国的劳动要素稀缺、资本要素丰裕,所以贸易前 w_H/r_H 相对较小,w_F/r_F 相对较大。因此,在图 2-11 中,贸易前,本国的单位等成本线 $L_H K_H$ 较平坦(斜率为 $-w_H/r_H$),外国的单位等成本线 $L_F K_F$ 较陡峭(斜率为 $-w_F/r_F$)。

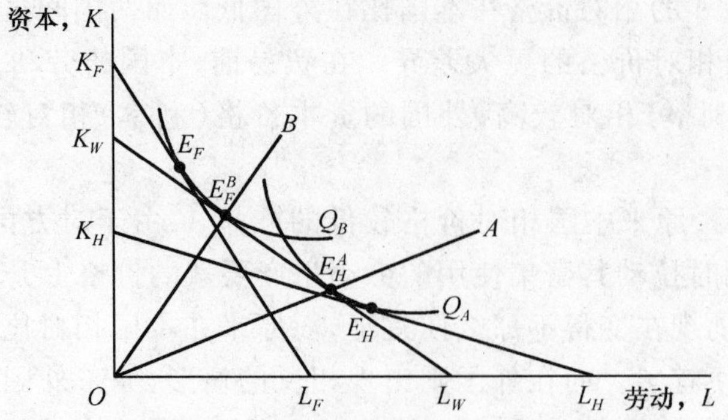

图 2-11　要素价格均等化

产 1 单位价值的产品 A，本国生产 1 单位价值的产品 B 则需要花费较多的成本。① 而外国的单位等成本线 L_FK_F 与产品 B 的单位价值等产量线 Q_B 相切于点 E_F，因此外国可用点 E_F 表示的要素组合来生产 1 单位价值的产品 B，外国生产 1 单位价值的产品 A 则需要花费更多的成本。②

随着国际贸易的开展，本国出口相对廉价的产品 A，外国出口相对廉价的产品 B。每个国家的生产除了满足国内消费，还要满足出口需要。因此，本国会扩大对相对丰裕的劳动要素的需求，而外国会扩大对相对丰裕的资本要素的需求。这样，本国会不断抬高劳动和资本的相对价格，在图 2-11 中表现为本国的单位等成本曲线 L_HK_H 顺时针逐渐转动；而外国则会不断压低劳动和资本的相对价格，在图 2-11 中表现为外国的单位等成本曲线 L_FK_F 逆时针逐渐转动。如果贸易不受任何阻碍，这个过程将持续下去，直至把两国的要素相对价格拉平为止，即达到图 2-11 中的贸易后世界的单位等成本线 K_WL_W 的位置。这时，曲线 L_HK_H 与曲线 L_FK_F 都和贸易后世界的单位等成本线 K_WL_W 重合。在达到最终均衡时，本国在产品 A 的单位价值等产量线 Q_A 与 K_WL_W 相切的点 E_H^A 处进行生产，而外国在产品 B 的单位价值等产量线 Q_B 与 K_WL_W 相切的点 E_F^B 处进行生产。③

要素价格均等化学说最初由赫克歇尔和俄林提出，后来萨缪尔森在此基础上做

① 从图 2-11 中可以看出，产品 B 的单位价值等产量线 Q_B 位于本国的单位等成本线 L_HK_H 的上方。

② 从图 2-11 中可以看出，产品 A 的单位价值等产量线 Q_A 位于外国的单位等成本线 L_FK_F 的上方。

③ 注意，贸易前本国生产产品 A 的均衡点为 E_H，贸易后本国生产产品 A 的均衡点为 E_H^A。从图 2-11 中可以看出，贸易后本国使用的劳动反而减少了，而使用的资本反而增多了，这似乎与要素禀赋理论相矛盾。实际上，这是不矛盾的。因为，图 2-11 中的内含假定是，生产 1 个单位价值产品 A 所需耗费的劳动和资本，由于贸易前本国的劳动力资源丰裕，所以劳动的相对价格较低，贸易后本国的劳动相对价格即相对工资率上升为世界的相对工资率，因此贸易后相对劳动需求的减少是由于“需求法则”作用的结果。尽管如此，贸易后本国的劳动总投入无疑增加了，因为出口的增加必然导致对产品 A 生产的增加，因而派生的劳动需求也会增加，这在图 2-11 中无法反映出来。对于外国，则出现贸易后外国使用的资本反而减少了，而使用的劳动反而增多了的情形，这与贸易后外国的资本相对价格上升（与此相对应的是劳动的相对价格下降）有关。

了系统的论证、补充和完善，所以这一理论被称为 H-O-S 定理。[①] 该理论可一般性地表述为：在满足 H-O 模型的假设下，自由的国际贸易通过产品相对价格的均等化，使同种要素的相对和绝对报酬趋于均等。

要素价格均等化学说的观点简单，具有一定的理论意义。但是，它所得出的结论与现实并不完全相符，在现实世界中要素价格并没有均等化。原因在于，要素价格均等化学说所得出的结论是建立在严格的假设基础上的，其中三个重要假设是：(1) 两个国家同时生产两种相同的产品；(2) 两国的生产技术水平相同；(3) 贸易使两个国家的产品价格相等。但是，在现实中这三个假设都不成立。要素价格均等是以产品价格均等为前提条件的，现实中由于运输成本和一些贸易壁垒的存在，各国产品的价格难以均等。再者，各国的生产技术不一定相同，两国也不一定同时生产两种相同的产品。除此之外，H-O 模型中的其他假设条件在现实中也都难以满足，这些都导致要素价格均等化学说所得出的结论与现实不符。

第三节　要素禀赋理论的检验

赫克歇尔和俄林的要素禀赋理论，虽然弥补了李嘉图的比较优势理论的不足，但是列昂惕夫等人通过对美国等国家的贸易实际研究却发现，要素禀赋理论所得出的结论与现实严重不符，这种现象被称为“列昂惕夫之谜”（Leontief paradox）。下面来简单地解释这种现象。

一、列昂惕夫之谜

根据要素禀赋理论，一国应出口密集使用本国丰裕要素生产的产品，进口密集使用本国稀缺要素生产的产品。美国是个资本丰裕而劳动力稀缺的国家，按照要素禀赋理论，美国应出口资本密集型产品，进口劳动密集型产品。然而，列昂惕夫 1953 年运用自己创立的投入产出分析法，通过对 1947 年美国 200 个行业的研究发现，美国进口品的资本密集度反而高于出口品的资本密集度，得出了与要素禀赋理论相反的结论。

如表 2-1 所示，1947 年美国每百万美元出口商品的国内资本/劳动比率为 13 911，而同量的进口商品的资本/劳动比率为 18 184。可见，出口品的资本密集度低于进口商品的资本密集度。列昂惕夫的发现引起了经济学界的极大关注，被称为列昂惕夫之谜。[②]

---

① Paul Samuelson, “International Trade and the Equalization of Factor Prices”, *Economic Journal*, 58, 1948, pp. 163—184; and “International Factor Price Equalization Once Again”, *Economic Journal*, 59, 1949, pp. 181—196.

② Wassily W. Leontief, “Domestic Production and Foreign Trade: The American Capital Position Re-Examined”, *Proceedings of the American Philosophical Society*, 97, 1953, pp. 331—349.

表 2-1　每百万美元美国出口商品和进口商品所需的国内资本和劳动(1947 年)

生产要素	出口品	进口替代品
资本(*K*)(美元,按 1947 年价格计算)	2 550 780	3 091 339
劳动(*L*)(人均年数)	182.313	170.004
资本/劳动(*K/L*)	13 911	18 184

资料来源:列昂惕夫著,《投入产出经济学》,商务印书馆,1980 年版,第 113 页。

列昂惕夫之谜在后来的许多研究中被证实。例如,哈利 · 鲍文等(Harry Bowen et al., 1987)三位经济学家利用 27 个国家和 12 种生产要素的样本,对要素禀赋理论进行了检验。他们的研究以“产品贸易实质上是间接的要素贸易”这个观点为基础,首先计算出每一个国家的各种生产要素占这种要素世界总供给的比例,然后将这一比例与各国收入占世界总收入的比例进行比较。如果要素禀赋理论是正确的,一个国家总是出口要素比例大于收入比例的生产要素,进口要素比例小于收入比例的生产要素。研究结果表明,有 2/3 的生产要素在不到 70% 的情况下符合要素禀赋理论的预测,如表 2-2 所示。[①] 这说明,列昂惕夫之谜在世界范围内仍然存在。

表 2-2　检验 H-O 模型

生产要素	预测准确率*	生产要素	预测准确率*
资本	0.55	服务工人	0.44
劳动	0.51	农业工人	0.67
专业人员	0.22	生产工人	0.40
管理人员	0.60	可耕地	0.71
文职人员	0.37	牧场	0.78
销售人员	0.44	森林	0.67

*净要素出口符合预测方向的国家比重。

资料来源:引自 Harry P. Bowen, Edward E. Learner, and Leo Sveikauskas, “Multicountry, Multifactor Tests of the Factor Abundance Theory”, *American Economic Review*, 77, December 1987, pp. 791—809。转引自:保罗 · 克鲁格曼著,海闻等译,《国际经济学》(第五版),中国人民大学出版社,2002 年版,第 79 页,表 4-4。

当然,也有一些实证研究结果支持了 H-O 模型的论断,如“南北贸易”就是较好的例证。[②] 但是,总体来说,这一模型仍缺乏广泛的实际支持。

二、对列昂惕夫之谜的不同解释与补充

列昂惕夫之谜提出后,经济学家们纷纷从不同角度进行了探讨,试图解释其产生的原因。其中,比较有代表性的观点包括人力资本差异论、贸易壁垒论、自然资源

① Harry P. Bowen, Edward E. Learner, and Leo Sveikauskas, “Multicountry, Multifactor Tests of the Factor Abundance Theory”, *American Economic Review*, 77, December 1987, pp. 791—809.

② 参见:Adrian Wood, “Give Heckscher and Ohlin a Chance!”, *Weltwirtschaftliches Archiv* 130, January 1994, pp. 20—49.

稀缺论和要素密集度逆转论等。

人力资本差异论从人力资本差异的角度来解释列昂惕夫之谜。这种解释认为，列昂惕夫计算的资本只考虑到了物质资本，而忽略了人力资本。如果将人力资本加总到物质资本中去，那么美国出口品中的资本/劳动比率就会高于进口品，因为美国的劳动力比外国的劳动力包含更多的人力资本。因此，人力资本在决定美国的贸易模式上起着重要的作用。

贸易壁垒理论认为，列昂惕夫之谜产生的原因在于市场竞争的不完全性。要素禀赋理论是建立在没有运输成本和各种贸易壁垒的严格假设条件之上的。但是，现实情况是，国际间的贸易往往会存在各种障碍。比如，当时美国的贸易政策倾向于限制高技术的资本密集型产品的出口，阻止技术落后的劳动密集型产品的进口，以保护本国的非熟练劳动。正是这些人为因素扭曲了美国的贸易模式。

自然资源稀缺论认为，H-O 模型仅考虑劳动和资本两种生产要素，而忽略了诸如土地、森林、矿藏等自然资源。实际上，有些产品既不是劳动密集型产品，也不是资本密集型产品，而是自然资源密集型产品。自然资源与资本之间具有一定的替代性，如果生产一种产品的自然资源不足，就必须采用更先进的设备，投入大量的资本。如果考虑到自然资源这个因素在美国进出口贸易结构中的作用，列昂惕夫之谜就可以得到很好的解释。一些研究结果表明，美国的多数进口品都是其自然资源稀缺的商品。列昂惕夫本人后来对美国的贸易结构进行检验时，在投入产出表中减去 19 种自然资源密集型产品，结果取得了与要素禀赋论相一致的结果。

要素密集度逆转论则从要素密集度发生变化的角度来解释列昂惕夫之谜。在 H-O 模型中，假设不存在要素密集度逆转的情况，即在任何要素价格下，产品 A 都是劳动密集型产品，产品 B 都是资本密集型产品。但实际上，有时同一种产品在劳动丰裕的国家是劳动密集型产品，在资本丰裕的国家则是资本密集型产品，即会发生要素密集度逆转的情形。当发生要素密集度逆转时，由于不同国家的生产要素间的替代弹性互不相同，随着要素相对价格的变化，在某种要素丰裕的国家，极易使用其丰裕的生产要素代替另一种相对稀缺的生产要素。也就是说，同样的产品，在不同的国家可能属于不同的要素密集型产品。以农产品为例，美国的农业机械化程度很高，对于美国来说农产品属于资本密集型产品，但是在落后的国家农产品则属于劳动密集型产品。因此，以美国的生产情形来衡量其进口的农产品生产中的要素密集度，不能真实地反映蕴涵在贸易品中的要素比例。正是因为现实经济中存在要素密集度逆转的情形，导致了列昂惕夫之谜的产生。

列昂惕夫之谜的存在说明，要素禀赋理论已不能对国际贸易发展的现实做出有力的解释，这也促使了现代国际贸易理论的诞生和发展。当然，经过修正的要素禀赋理论和比较优势理论一样，在传统的国际贸易理论中仍然占据主导地位，被誉为国际贸易理论的又一大基石。

第四节 标准贸易模型

李嘉图模型、特定要素模型和 H-O 模型分别从不同角度探讨了国际贸易问题，现在将所有模型综合起来，建立一个更为一般的标准贸易模型，并利用这个模型来探讨各种基本经济参数变化对世界经济的影响。首先介绍开放经济的标准贸易模型，在此基础上探讨经济增长、相对供给与贸易条件、国际收入转移与相对需求以及关税、出口补贴与相对供求等问题。

一、开放经济的标准贸易模型

（一）生产可能性边界、等价值线与相对供给

假定每个国家生产产品 A 和产品 B 两种产品，而且每个国家的生产可能性边界是一条外凸的光滑曲线，如图 2-12 中的 TT 曲线所示。生产可能性边界上的点代表社会实际产出的产品 A 和产品 B 这两种产品的组合，点的位置由产品 A 和产品 B 的相对价格 P_A/P_B 所确定。定义等价值线，它表示市场的产出价值，即：

$$P_AQ_A + P_BQ_B = V$$

这里，V 是产出价值；P_A 表示产品 A 的价格，P_B 表示产品 B 的价格；Q_A 表示产品 A 的产出，Q_B 表示产品 B 的产出。

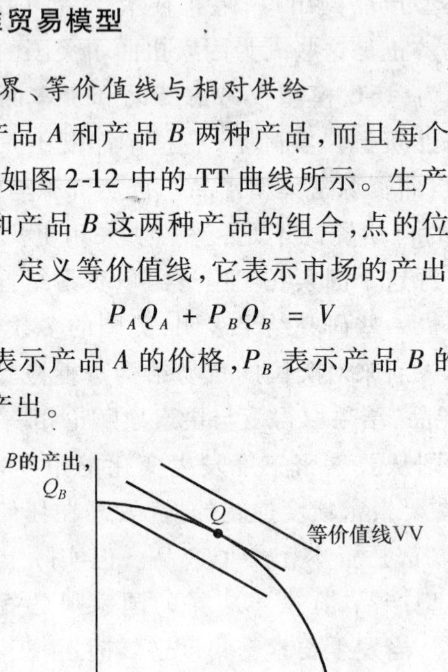

图 2-12 相对价格与社会产出

同一条等价值线的产出价值相等且不变，等价值线的位置离原点越远产出价值 V 越大。社会将尽可能地追求产出价值最大化，将在等价值线和生产可能性边界相切的点 Q 进行生产。这时，等价值线的斜率等于产品 A 的相对价格的负值。

假定产品 A 的相对价格 P_A/P_B 上升，等价值线会变陡。如图 2-13 所示，P_A/P_B 变化前与生产可能性边界相切的最高等价值线是直线 VV^1，与生产可能性边界相切的点是 Q^1。当产品 A 的相对价格 P_A/P_B 由 $(P_A/P_B)^1$ 上升到 $(P_A/P_B)^2$ 时，与生产可能性边界相切的点是 Q^2。随着社会生产点从 Q^1 转移到 Q^2，社会将生产更多的产品

A 和更少的产品 B。

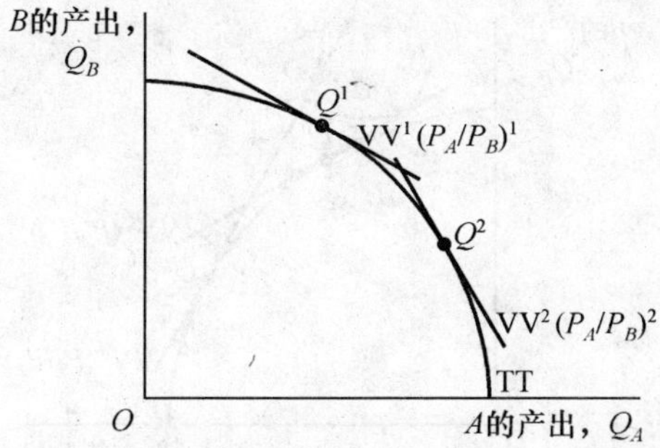

图 2-13　产品 A 的相对价格上升与相对供给

（二）社会无差异曲线、相对价格与相对需求

社会无差异曲线是在同一消费效用水平上产品 A 和产品 B 的社会消费组合的轨迹，它表示社会的消费倾向。在图 2-14 中，曲线 U 就是社会无差异曲线。

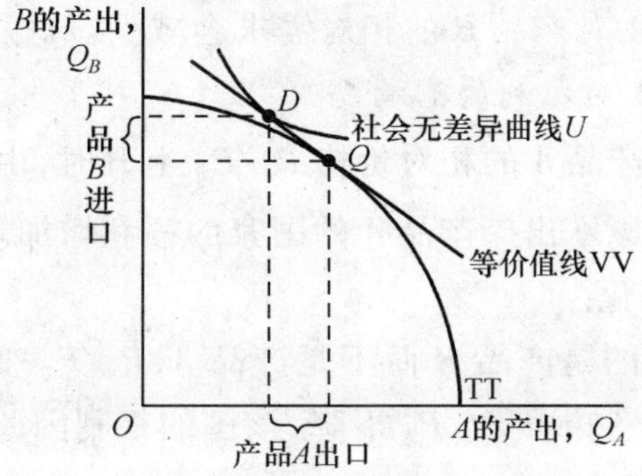

图 2-14　生产、消费与贸易

生产、消费和贸易之间存在着密切的联系。一般来说，社会的消费价值等于社会的生产价值，即：

$$P_A D_A + P_B D_B = P_A Q_A + P_B Q_B = V$$

这里，D_A 表示产品 A 的消费，D_B 表示产品 B 的消费。

社会将根据福利最大化的原则在等价值线上决定消费点，这一点就是等价值线和社会无差异曲线相切的点，即点 D。在这一点上，该国将出口产品 A，进口产品 B（如图 2-14 所示）。

如图 2-15 所示，现在假设产品 A 的相对价格 P_A/P_B 由 $(P_A/P_B)^1$ 上升到 $(P_A/P_B)^2$。这时，生产从点 Q^1 移到点 Q^2，产品 A 的产出增加，产品 B 的产出减少。这使得消费点所在的等价值线从 VV^1 移到 VV^2，消费点也从点 D^1 移到点 D^2。产品 A 的相对价格 P_A/P_B 上升，产生了两个结果：一是消费在更高的社会无差异曲线上进行，社会福利改善了；二是消费点随社会无差异曲线向产品 B 的方向靠近，而背离了产

品 A 的方向。

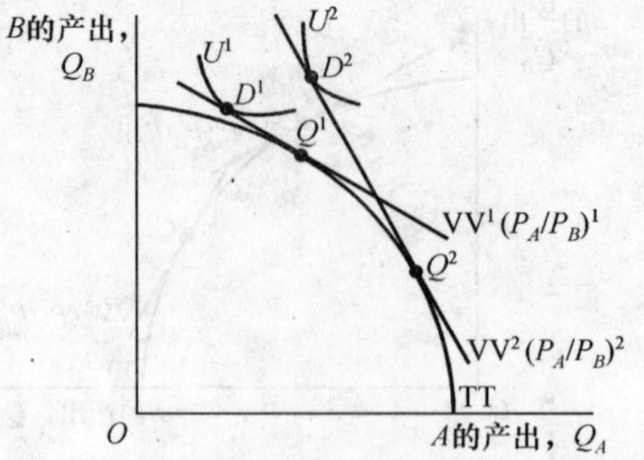

图 2-15　产品 A 的相对价格上升产生的影响

上述结果是产品 A 的相对价格 P_A/P_B 上升所导致的收入效应和替代效应共同作用的结果。福利的增加是由收入效应引起的，而消费点的移动则是替代效应的结果。一般来说，收入效应的影响相对较大，所以当相对价格 P_A/P_B 上升时，两种产品的消费都增加，但产品 A 对产品 B 的相对需求会减少。这从图 2-15 中可以看出。

（三）贸易条件改变对福利的影响

如图 2-15 所示，当产品 A 的相对价格 P_A/P_B 上升时，由于消费点从点 D^1 移动到更高效用水平的点 D^2，原本出口产品 A 的国家的福利增加。相反，如果 P_A/P_B 下降，则这个国家的福利会恶化。

如果一国原本出口的是产品 B 而不是产品 A，P_A/P_B 变动所产生的影响与上面正好相反。P_A/P_B 上升意味着 P_B/P_A 下降，该国的福利因此恶化。同理，如果 P_A/P_B 下降，则会改善该国的福利。

现在我们将一国出口产品的价格除以进口产品的价格定义为贸易条件（terms of trade），这样可以得出一个一般性的结论：一个国家的福利随着贸易条件的改善而上升，随着贸易条件的恶化而下降。

（四）相对价格的确定

假设世界由本国和外国两个国家组成，本国出口产品 A，外国出口产品 B；本国的贸易条件由 P_A/P_B 来衡量，外国的贸易条件由 P_B/P_A 来衡量；Q_A 和 Q_B 分别是本国生产的产品 A 和产品 B，Q_A^* 和 Q_B^* 分别是外国生产的产品 A 和产品 B。

产品 A 对产品 B 的相对价格 P_A/P_B，由世界的相对供给曲线和相对需求曲线共同决定。如图 2-16 所示，世界相对供给曲线 RS 是一条向上倾斜的曲线，这是因为相对价格 P_A/P_B 的上升使各国都增加产品 A 的生产，而减少产品 B 的生产。世界相对需求曲线 RD 是一条向下倾斜的曲线，这是因为相对价格 P_A/P_B 的上升使各国增加对产品 B 的消费而减少对产品 A 的消费。曲线 RS 和曲线 RD 的交点（图 2-16 中的点 1），决定了均衡的世界相对价格 $(P_A/P_B)^1$。

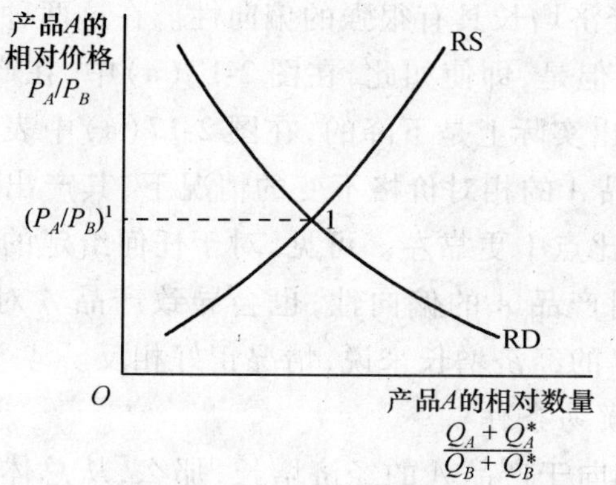

图 2-16　世界相对供求均衡决定相对价格

二、经济增长、相对供给与贸易条件

（一）经济增长与生产可能性边界

经济增长对国际贸易的影响，来自于经济增长对生产可能性边界作用的偏向性。所谓偏向性，是指受经济增长的影响，生产可能性边界在一个方向上的扩张幅度大于在另一个方向上的扩张幅度。如图 2-17 所示，图 2-17(a) 是偏向于产品 A 的经济增长，随着经济的增长，生产可能性边界整体向外推移，即一国两种产品的生产能力都提高了，但是向产品 A 方向的推移幅度要大于向产品 B 方向的推移幅度；图 2-17(b) 是偏向于产品 B 的经济增长，随着经济的增长，生产可能性边界整体向外推移，即一国两种产品的生产能力都提高了，但是向产品 B 方向的推移幅度要大于向产品 A 方向的推移幅度。

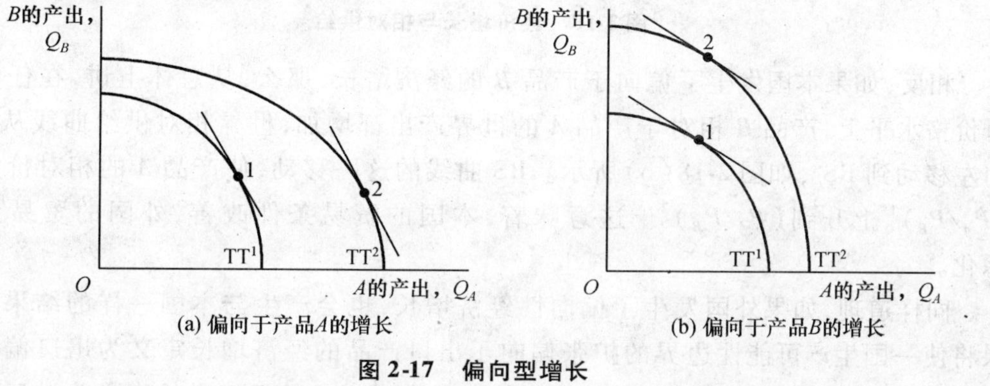

图 2-17　偏向型增长

经济增长发生偏向作用，既可能缘于技术进步，也可能缘于生产要素的增加。一个国家某个生产部门的技术进步，会使生产可能性边界向这个部门扩张的幅度大于向其他部门扩张的幅度。一个国家某种生产要素的增加，会使生产可能性边界发生向以这个生产要素为特定要素或者密集使用该要素的生产部门的偏向性扩张。

图 2-17 所描述的经济增长具有很强的偏向性。在这两种情况下，一国生产两种产品的能力都增强了。但是，即使如此，在图 2-17(a)中，在产品 A 的相对价格不变的情况下，产品 B 的产出实际上是下降的，在图 2-17(a)中表现为点 2 比点 1 更低；在图 2-17(b)中，在产品 A 的相对价格不变的情况下，其产出实际上是下降的，在图 2-17(b)中表现为点 2 比点 1 更靠左。可见，对于任何给定的产品 A 的相对价格，经济增长即使有轻微的对产品 A 的偏向性，也会导致产品 A 对产品 B 的相对产出增加。对于偏向于产品 B 的经济增长来说，情况正好相反。

（二）相对供给与贸易条件

假如本国出现了偏向于产品 A 的经济增长，那么，从总体上讲，在任何相对价格水平上，产品 A 相对于产品 B 的世界产出都是增加的。世界相对供给曲线从 RS^1 向右移动到 RS^2，如图 2-18(a)所示。RS 曲线的移动，使产品 A 的相对价格从 $(P_A/P_B)^1$ 下降到 $(P_A/P_B)^2$。这意味着，本国的贸易条件恶化，外国的贸易条件改善。

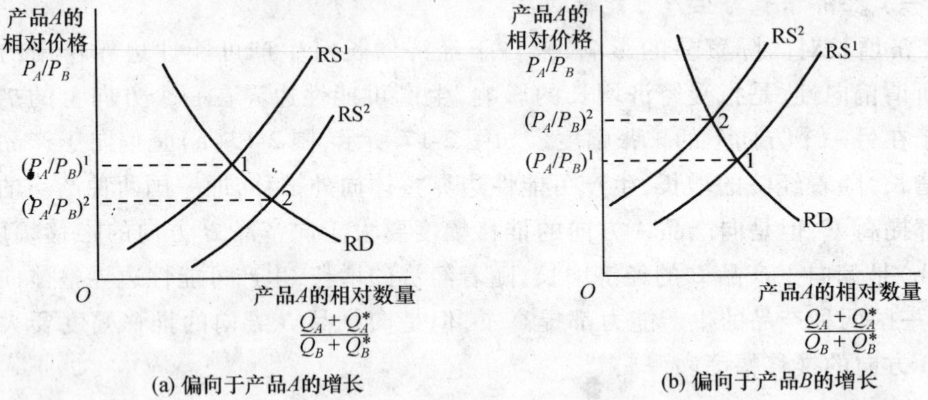

图 2-18　经济增长与相对供给

相反，如果本国发生了偏向于产品 B 的经济增长，那么，从总体上讲，在任何相对价格水平上，产品 B 相对于产品 A 的世界产出都增加，世界相对供给曲线从 RS^1 向左移动到 RS^2，如图 2-18(b)所示。RS 曲线的这一移动，使产品 A 的相对价格从 $(P_A/P_B)^1$ 上升到 $(P_A/P_B)^2$。这意味着，本国的贸易条件改善，外国的贸易条件恶化。

同样道理，如果外国发生了偏向性经济增长，也会产生与本国一样的结果。如果将使一国生产可能性边界的扩张偏向于出口产品的经济增长定义为出口偏向型增长，将使一国生产可能性边界的扩张偏向于进口产品的经济增长定义为进口偏向型增长，那么我们可以得出以下结论：出口偏向型增长会使本国的贸易条件恶化，但有利于改善世界其他国家的贸易条件[①];进口偏向型增长有利于改善本国的贸易条件,但会使世界其他国家的贸易条件恶化。[②]

三、国际收入转移与相对需求

上面讨论了供给变化对贸易条件的影响,现在来讨论需求变化对贸易条件的影响。产品的世界相对需求变化是由多方面原因引起的,如消费偏好变化、技术进步和国际收入转移等。其中,国际收入转移对世界相对需求的影响最重要,也是最具争议的问题之一。

如果本国将收入的一部分转移到国外,本国的收入和支出就会减少,外国的收入和支出就会相应增加。如果世界各国支出占世界支出总额的比例发生变动,世界相对需求也会随之变动,进而影响世界各国的贸易条件。

如果国际收入转移的结果只是引起世界收入重新分配,世界相对需求则不一定会发生变动。如果国际收入转移所引起的国外的额外收入在不同产品之间的分配比例与本国支出减少在不同产品之间的分配比例相同,两种产品的世界总支出就没有发生变动。

如果国际收入转移所引起的两个国家增加或减少的支出,在两种产品之间的分配比例不同,那么,世界总支出将会发生变动,具体变动的方向取决于各国的支出方式。假定本国对某种产品的边际支出倾向比外国高,那么,在相对价格给定时,从本国向外国的收入转移会使该种产品的相对需求减少,而对另一种产品的相对需求增加。反之,如果本国的边际消费倾向比外国的低,则会出现相反的结果。[③]

现假定本国产品 A 的边际支出倾向比外国高,那么,在产品的相对价格给定时,从本国向外国的收入转移会导致对产品 A 的相对需求减少,对产品 B 的相对需求增加。如图 2-19 所示,从本国向外国的收入转移,使 RD 曲线由 RD^1 向左移动到 RD^2,世界均衡点相应地从点 1 移动到点 2。这一变动,使产品 A 的相对价格从 $(P_A/P_B)^1$ 下降到 $(P_A/P_B)^2$。可见,国际收入由本国向外国转移使本国的贸易条件恶化,外国

---

① 一些学者据此提出,不发达国家的出口偏向型增长会使它们的贸易条件恶化,以至于福利水平比经济增长前还要低,所以不发达国家的经济增长是一种自残行为,这种情况称为福利恶化型增长(或贫困化增长)。巴格瓦蒂(Bhagwati,1958)曾发表文章指出,在一个严格设定的经济模型中这种经济增长的负效应会发生,不过产生福利恶化的条件非常极端,要求经济增长对出口产品的偏向非常强,在图形上表现为 RS 曲线和 RD 曲线必须非常陡。但在现实中,这种情况很少可能发生。参见:Jagdish Bhagwati, "Immiserizing Growth: A Geometrical Note", *Review of Economic Studies* 25, June 1958, pp. 201—205.

② 实际上,开放经济增长所产生的影响比较复杂。其他国家的经济增长一方面会为本国的出口开辟更大的世界市场;另一方面也意味着本国的出口产品将面临更加激烈的竞争。本国经济增长一方面意味着本国的生产能力增强,因而有能力向世界市场出口更多的产品;另一方面由此所导致的本国生产能力的增强,将会引起出口产品价格的降低,这部分收益将从国内生产者转移到国外消费者,而非本国所得。因此,经济增长的国际影响,取决于经济增长的偏向性。

③ 外国向本国转移收入,也会出现类似的结果,只不过作用的方向相反。这里不再赘述。

的贸易条件改善。①

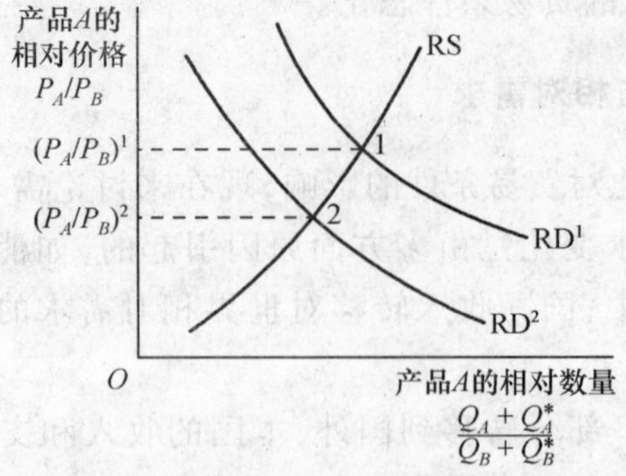

图 2-19　贸易条件变动产生的影响

当然,如果本国产品 A 的边际支出倾向比外国低,那么,在产品的相对价格给定时,从本国向外国的收入转移会导致对产品 A 的相对需求增加,对产品 B 的相对需求减少。这时,从本国向外国的收入转移,会使 RD 曲线向右移动,从而导致产品 A 的相对价格上升。在这种情况下,国际收入由本国向外国转移使本国的贸易条件改善,外国的贸易条件恶化。

综上所述,如果收入转出国对出口产品的边际支出倾向比转入国高,那么,收入转移使转出国的贸易条件恶化。相反,如果收入转出国对出口产品的边际支出倾向比转入国低,那么,收入转移使转出国的贸易条件改善。②

四、关税、出口补贴与相对供求

(一) 关税对相对需求与相对供给的影响

关税将产品的世界市场价格(外部价格)和国内市场价格(内部价格)分隔开来。假如一国对某种进口产品征收关税,那么,本国生产者和消费者面对该产品的国内相对价格就要比世界市场上的相对价格高。同样,本国居民面对的另一种产品的国内相对价格就要低于世界相对价格。在世界的相对价格给定时,本国就会多生产国内相对价格高的产品(进口征税产品),而减少生产国内相对价格低的产品(除进口征税产品外的其他产品)。同时,本国的消费者将会多消费国内相对价格低的产品(除进口征税产品外的其他产品),而少消费国内产品价格相对高的产品(进口征税产品)。这样,就会导致除进口征税产品外的其他产品世界相对供给下降,世界相对需求上升。

如图 2-20 所示,假如两国同时生产和消费产品 A 和产品 B,本国出口产品 A 和

① 国际收入转移不会引起资本和设备等物质资源的变动,因而不会引起相对供给的变动,所以 RS 曲线不会发生变化。

② 这一结论可以用于分析国际援助中的援助国和受援国的福利问题。

进口产品 B，外国出口产品 B 和进口产品 A。现在本国对进口产品 B 征收关税，这样就会导致国内产品 B 的价格上升，产品 A 的国内相对价格下降（或产品 B 的国内相对价格上升），进而导致产品 A 的世界相对供给下降（在图 2-20 中 RS 曲线从 RS^1 移动到 RS^2），产品 A 的世界相对需求上升（在图 2-20 中 RD 曲线从 RD^1 移动到 RD^2）。显然，产品 A 的世界相对价格会从 $(P_A/P_B)^1$ 上升到 $(P_A/P_B)^2$，本国的贸易条件改善，外国的贸易条件恶化。

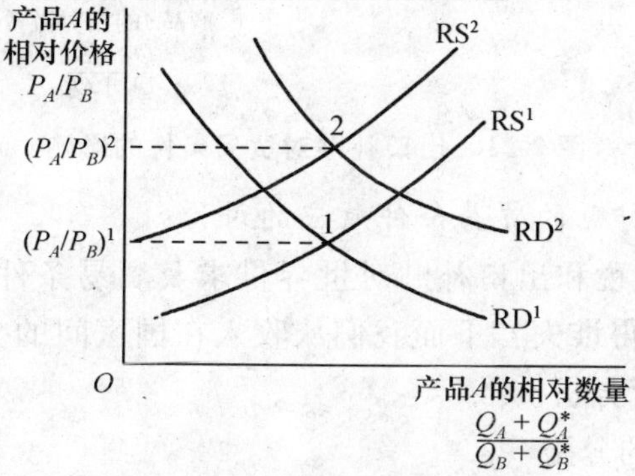

图 2-20　关税对贸易条件的影响

关税对贸易条件的影响程度，取决于制定关税的国家的大小。如果制定关税的国家是一个大国，那么它对世界的相对供给和相对需求的影响就大，从而对世界相对价格产生影响。如果制定关税的国家是一个小国，那么它对世界的相对供给和相对需求的影响就不大，对世界相对价格不会产生影响。

（二）出口补贴对相对需求与相对供给的影响

出口补贴也会将产品的世界市场价格（外部价格）和国内市场价格（内部价格）分隔开来。假设一国对出口产品提供补贴，那么，在世界相对价格给定时，出口补贴会鼓励厂商将供给由国内转移至国外，进而导致出口产品的国内价格上升，一国生产者和消费者面对该产品的国内相对价格就要比世界市场上的相对价格高，而另一种产品的国内相对价格要低于世界相对价格。这就，就会使一国的生产者生产更多的受补贴的产品，同时减少另一种产品的生产。而一国的消费者则会减少受补贴产品的消费，同时增加对另一种产品的消费。

如图 2-21 所示，假如本国为鼓励产品 A 出口而对其生产者进行补贴，就会导致产品 A 的国内价格上升，从而导致其国内相对价格上升（或产品 B 的国内相对价格下降）。产品 A 的国内相对价格上升的结果，就会导致产品 A 的世界相对供给上升（在图 2-21 中 RS 曲线从 RS^1 移动到 RS^2），产品 A 的世界相对需求下降（在图 2-21 中 RD 曲线从 RD^1 移动到 RD^2）。显然，产品 A 的世界相对价格会从 $(P_A/P_B)^1$ 下降到 $(P_A/P_B)^2$。本国的出口补贴，使本国的贸易条件恶化，外国的贸易条件改善。

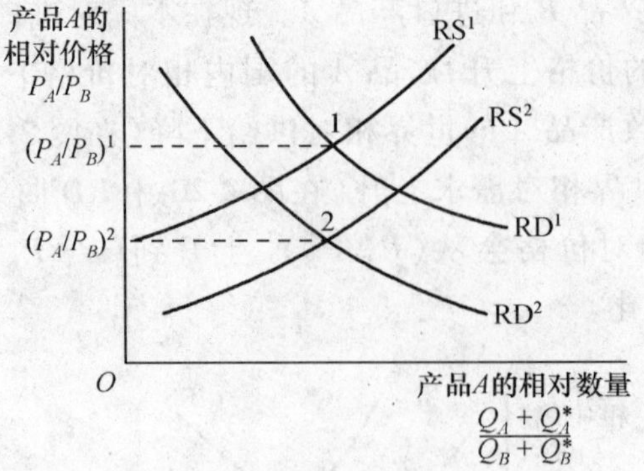

图 2-21　出口补贴对贸易条件的影响

(三) 关税与出口补贴的贸易条件效应的讨论

上面我们分析了关税和出口补贴对世界供求及贸易条件的影响。但是,在关税和出口补贴中,究竟谁得谁失?下面我们从收入在国家间的分配和收入在各国内部的分配两个方面来进行分析。

1. 收入在国家间的分配

本国征收关税会使本国的贸易条件改善,外国的贸易条件恶化。因此,本国征收关税使世界其他国家受损。但是,关税对本国的福利是否有利却是不确定的。因为关税可以改善本国的贸易条件,但也会造成本国生产和消费动机的扭曲,从而带来一定的成本。当然,只要关税不是太高,征收关税所带来的贸易条件改善效应就会超过动机扭曲的成本,这时本国的福利水平还是得到了提高。

出口补贴不仅会使本国的贸易条件恶化、外国的贸易条件改善和福利水平提高,同时,这一政策还会对本国产生其他扭曲作用。因此,出口补贴会对本国福利水平造成不利的影响。

那么,是否外国的关税总是对本国不利,而外国的出口补贴总是对本国有利呢?不一定。因为我们这里所分析的模型只包含了两个国家,一个国家的出口是另一个国家的进口。但是现实中存在着许多国家,在这种情况下,一国对其出口产品进行补贴就会增强其出口竞争力,显然会恶化竞争对手的贸易条件。

2. 收入在各国内部的分配

由于关税会提高本国进口产品的国内相对价格,所以关税对本国的进口产品竞争部门有利,对出口部门不利。而出口补贴的影响正好相反,对本国的出口产品部门有利，对进口部门不利。①

当然，无论是关税还是出口补贴，都具有双重作用。关税可能会大幅度改善一个国家的贸易条件，使该国出口产品在世界市场上的相对价格大幅度提高，以至于征收关税后进口产品的国内相对价格不是上升反而下降了。同样，出口补贴可能使一国的贸易条件大幅度恶化，以至于造成该国出口产品的国内相对价格不是上升反而下降了。② 如果这些相互矛盾的情况发生，关税和出口补贴对收入分配的影响可能与上面预期的正好相反。这些情况只有在极端的情况下才会发生，现实中一般不太可能出现。③

复习与思考题

1. 解释下列概念

赫克歇尔—俄林定理　要素密集度　要素充裕度　劳动密集型　资本密集型　生产可能性边界的偏向性扩张　斯图尔珀—萨缪尔森定理　雷布津斯基定理　要素价格均等化　单位等成本线　单位价值等产量线　列昂惕夫之谜　要素密集度逆转　标准贸易模型　社会无差异曲线　贸易条件　经济增长的偏向性

2. 为什么说要素禀赋理论是国际贸易理论的又一大理论基石？

3. 简要评述赫克歇尔—俄林模型。

4. 商品价格与要素价格之间存在什么关系？

5. 赫克歇尔—俄林定理分析的基本逻辑关系是什么？

6. 在两要素经济中，国际贸易对产品相对价格会产生什么影响？

7. 在两要素经济中，国际贸易对收入分配会产生什么影响？

8. 在两要素经济中，国际贸易对要素相对价格会产生什么影响？

9. 简要评述要素价格均等化定理。

10. “列昂惕夫之谜”现象为什么会产生？

---

① 正是由于这个原因，各国都反对其进口产品的出口国对出口产品进行补贴。比如，按照收入在国家间的分配部分的分析，如果美国从欧盟进口钢铁产品，美国应该欢迎欧盟对其出口到美国的钢铁产品进行出口补贴，这样有利于提高美国的福利水平，因此美国应该感谢欧盟而不是反对。但实际情况是，美国强烈反对欧盟对其出口到美国的钢铁产品进行补贴。原因在于，如果欧盟实行补贴，虽然美国的大多数居民从中受益，但美国钢铁部门的利益会受到严重损害。美国为了保护本国钢铁产业的发展，必然会反对欧盟实行补贴。一般情况下，一国在实际贸易政策制定中，通常会将收入在一国内部的分配看得比收入在国家间的分配更重要。

② 这种极端的情况被称为“梅茨勒之谜”或“梅茨勒悖论”（Metzler Paradox），它和福利恶化型增长与收入转移使转入国福利恶化的情况一样，在理论上都是可能发生的，但是只有在极端的情况下才会发生。参见：Metzler，“Tariffs，the Terms of Trade，and the Distribution of National Income”，*Journal of Political Economy* 57，February 1949，pp. 1—29.

③ 详细分析可参见：保罗·克鲁格曼著，海闻等译，《国际经济学》（第五版），中国人民大学出版社 2002 年版，第 89—114 页。

11. 经济增长对贸易条件会产生什么影响?

12. 国际收入转移对贸易条件会产生什么影响?

13. 关税对一国的福利会产生什么影响?

14. 出口补贴对一国的福利会产生什么影响?

15. 各国为什么都反对其进口产品的出口国对出口产品进行补贴?

16. "世界上一些最贫穷的国家找不到任何产品来出口。在这些国家里没有一种资源是充裕的,不用说资本和土地,甚至连劳动也不充裕。"请简要评析这段话。

17. 发达国家的工人运动总是支持政府限制从发展中国家进口产品。从工会成员利益的角度看,这是一种短视政策还是理性政策?

18. 美国国内的工资水平存在着很大的差异,要素价格均等化理论为什么不能用来解释上述现象?这个例子和美国与墨西哥工资率差异有何不同?

19. 经济增长有可能使一国的贸易条件改善,也有可能使之恶化。为什么大部分经济学家认为福利恶化型增长在现实中不太可能发生?

第三章　现代国际贸易理论

内容提要

20 世纪 50 年代初期“列昂惕夫之谜”产生之后，西方经济学界掀起了一个研究和探讨国际贸易基础理论的热潮。与此同时，以产业内贸易为特征的新的贸易现象的出现，也促使经济学家们对现实贸易问题进行研究和探讨。于是，产生了后 H-O 贸易理论、产业内贸易理论和国家竞争优势理论等众多现代国际贸易理论流派。本章将重点介绍这些理论的基本思想和内容，共分五节：第一节，现代国际贸易理论产生的背景及理论体系；第二节，产业内贸易引论，主要是对产业内贸易的一些基本问题进行概要的分析；第三节，后 H-O 贸易理论，主要介绍偏好相似理论、技术差距理论和产品生命周期理论；第四节，产业内贸易理论，主要是从规模经济、产品差异和不完全竞争方面来解释产业内贸易的成因和贸易模式；第五节，国家竞争优势理论，主要是分析国家竞争优势与国际贸易的关系，并概要地介绍国家竞争优势的决定因素与发展阶段。

第一节　现代国际贸易理论的产生背景及理论体系

现代国际贸易理论是一个庞大的理论体系，为了便于理解和掌握，这里首先来分析现代国际贸易理论产生的现实和理论背景，然后再对现代国际贸易的整个理论体系进行简要梳理和介绍。

一、现代国际贸易理论产生的背景

在 20 世纪 50 年代初期“列昂惕夫之谜”产生之后，西方经济学界掀起了一个研究和探讨国际贸易基础理论的热潮。与此同时，第二次世界大战后，新技术革命的影响和跨国公司的迅速发展，极大地促进了世界范围内的国际分工和经济全球化发展，全球多边贸易体制逐步形成和发展。这些都导致了国际贸易量、国际贸易的商品结构和地理方向发生了根本性变化。其主要表现在四个方面：一是贸易产品知识化，以知识密集型、技术密集型和资本密集型为特征的现代制成品贸易和高科技产品贸易在国际贸易总量中的比重不断上升并占据主导地位。二是公司内贸易迅速发展，大量国际贸易是由跨国公司内部贸易构成的，跨国公司成为国际贸易的主体。三是发达国家之间的贸易比重迅速上升，并在国际贸易中占据主导地位。四是工业国之间同类产品的双向贸易，即产业内贸易现象日益增多，并逐步成为主要的国际贸易形式。对于这些现象，传统的国际贸易理论无法做出令人信服的解释，这必然会推动新的国际贸易理论的产生。

第二次世界大战后，一些发达国家实施的战略性贸易政策也推动了现代国际贸易理论的产生。战略性贸易政策是指通过鼓励特定产品出口或限制其进口来改善经济绩效的政策，实质上是一种新贸易保护主义政策。许多国家特别是发达国家为了促进本国重要产业的发展，都制定和实施过战略性贸易政策。例如，从20世纪50年代起日本以钢铁为目标产业，制定和实施了一系列贸易干预和保护政策，直到20世纪70年代早期这项政策才被取消。[①] 新贸易保护主义的出现和实践，需要经济学家们从理论上进行解释，以便为政府制定政策提供支持。

第二次世界大战后，由于新技术革命和经济全球化发展，出现了全球产业集中和跨国垄断公司现象，加之各国政府采取新贸易保护主义政策，导致了世界市场的不完全竞争。这些现象的出现，颠覆了传统国际贸易理论的完全竞争假设条件，促使经济学家改变传统的理论分析视角，从规模经济和不完全竞争的新视角来开展对国际贸易问题的研究和探讨。

新的经济学理论工具的出现为现代国际贸易理论进入主流提供了技术支持。20世纪40年代兴起的产业组织理论，主要以不完全竞争的市场结构为考察对象，着重阐述市场结构、厂商行为和市场绩效三者之间的关系，并建立了不同类型的不完全竞争厂商行为模型。20世纪70年代中期博弈论方法被引入后，不完全竞争下厂商行为的研究取得了重大突破。正是这些新的经济学理论工具，为现代国际贸易理论研究提供了技术支持。

可见，现代国际贸易理论是在多种因素的共同作用下产生的。其中，既有现实的因素（新的国际贸易现象、新贸易保护主义和不完全竞争的世界市场结构），又有理论本身的因素（新的经济学理论和分析方法的发展）。

二、现代国际贸易理论体系

现代国际贸易理论没有一个统一的理论体系，它包含的内容和涉及的问题较多。但是，如果从其产生的根源和理论特点方面来说，主要可以分为后H-O贸易理论、新贸易理论和国家竞争优势理论三大体系和流派。

---

① 详细分析可参见：保罗·克鲁格曼著，海闻等译，《国际经济学》（第五版），中国人民大学出版社，2002年版，第277—279页。

后 H-O 贸易理论是在 H-O 理论基础上产生和发展起来的。20 世纪 50 年代初期“列昂惕夫之谜”的提出，掀起了经济学界对国际贸易基础理论研究的热潮，但是直到 20 世纪 70 年代之前研究和探讨的重点仍然是对 H-O 理论进行直接的修改和补充，以使其更趋于完善。比较有代表性的理论包括新生产要素理论、偏好相似理论和产品生命周期理论等。新生产要素理论和产品生命周期理论主要是从供给方面来探讨当时新的国际贸易现象，而偏好相似理论则主要是从需求方面来进行探讨。这些贸易理论的共同特点是突破 H-O 理论的某些脱离现实的严格假设，在更接近现实的假设前提下来进行分析论证。

例如，新生产要素理论将 H-O 理论中要素概念的内涵进行扩展，从自然资源、人力资本和技术差距等广义的生产要素方面对新的国际贸易现象进行解释和论证；偏好相似理论突破了 H-O 理论中两个国家需求偏好相同的假设，用两个国家的需求偏好相似来解释发达国家之间大量同类产品交换的现象；产品生命周期理论则突破 H-O 理论的信息充分、生产函数（技术）不变和各国消费结构相同等假定，着重从技术进步及由此导致的产品生命周期来解释新的国际贸易现象。

后 H-O 理论的产生和发展是对传统国际贸易理论的进一步补充和完善，它有力地解释了许多新的国际贸易现象。但是，20 世纪 70 年代末和 80 年代初期，世界市场进入了以跨国公司全球化竞争和垄断为特征的规模经济、不完全竞争和差异化产品贸易阶段，以克鲁格曼和赫尔普曼等为代表的经济学家用规模经济和不完全竞争来解释产业内贸易的成因，形成了目前最具有代表性和影响力的“新贸易理论”。① 新贸易理论完全突破了 H-O 理论的局限性，从规模经济和不完全竞争的角度，对新的国际贸易现象进行研究和探讨，使新国际贸易理论在继承传统国际贸易理论精髓的同时，提炼出各种不同模型中的共同要素，建立起自己的产业内贸易理论模型，将现代国际贸易理论推进到了一个新的发展阶段。

后 H-O 贸易理论与传统的国际贸易理论相比，更具有现实性。但是，由于不同模型各自假设的不同，它们只能解释现实现象中的某一个方面，相互之间缺乏有机的联系，因而不能像传统的国际贸易理论那样成为一般性的理论体系。1990 年美国哈佛大学商学院教授迈克尔·波特（Michel Porter）在其出版的《国家竞争优势》一书中提出了国家竞争优势理论，该理论试图利用“国家竞争优势”这个核心概念来归纳国际贸易新理论中各派的观点，通过对国际竞争力来源的全面综合阐述来对国际贸易模式进行解释，并初步形成新的统一的理论和政策框架体系，被认为是对国际贸易理论的重要综合和发展。

以上对现代国际贸易理论体系做了大体的梳理和分析，由于现代国际贸易理论

① 产业内贸易理论的概念有广义和狭义之分，广义是指一切探讨产业内贸易现象的理论，狭义则仅指克鲁格曼和赫尔普曼等人创立的“新贸易理论”，通常所说的产业内贸易理论即指这一理论。

包含的知识内容较多，本章余下部分将重点介绍后 H-O 贸易理论、产业内贸易理论和国家竞争优势理论中的一些重要流派。

第二节　产业内贸易引论

产业内贸易是第二次世界大战后出现的新的贸易现象，无论是从内涵还是测度方面，都与产业间贸易有很大的不同。本节将对产业内贸易现象及相关问题进行概要性分析，重点介绍产业内贸易的概念与类型、产业内贸易的测度、产业内贸易与产业间贸易的比较、产业内贸易的发展规律以及产业内贸易现象的理论解释，为后面的分析奠定基础。

一、产业内贸易的概念与类型

产业内贸易（intra-industry trade）是同一产业部门内部同类产品及其中间产品在不同的国家或地区间的双向贸易（two-way trade）现象。例如，美国向加拿大出口汽车的同时又从加拿大进口汽车，就是一种典型的产业内贸易现象。要理解这一概念，首先必须弄清同类产品的含义。一般来说，即使是同一类产品，由于不同厂商的生产工艺水平、技术水平和经营理念不完全相同，在产品的设计、材料、品质、性能、规格、商标、样式和外观等方面总会存在某种程度的差异，从而形成了各种各样的差异化产品。而各国由于资源、技术和市场条件的不同，不可能生产所有的差异化产品，只能专业化生产某一种或几种具有比较优势的产品，这就为不同国家或地区间开展同类产品的差异化产品贸易提供了可能。

关于同类产品的界定尚存争议，一般是按照“联合国国际贸易标准分类”（United Nations Standard International Trade Classification, SITC）和国际组织制订的“商品名称和编码协调制度”（Harmonized Commodity Description and Coding System, H. S. Code）的统计规则进行界定的。一般来说，至少在同类、同章、同组的商品之间进行的贸易才能界定为产业内贸易，这类产品之间具有相当程度的消费替代性和生产替代性。

与产业内差异产品贸易相关的是半制成品和零部件等中间产品的贸易。在生产全球化和跨国公司垄断化发展的背景下，厂商为了降低成本，往往将一种产品的不同部分通过国际经济合作的形式分散在不同的国家进行生产，以降低生产成本，由此极大地推动了中间产品的贸易。中间产品的贸易在产业内贸易中占有重要的地位。

产业内贸易具有多种类型，H. G. 格鲁贝尔（H. G. Grubel）和 P. J. 劳埃德（P. J. Lloyd）在他们所著的《产业内贸易：异质产品国际贸易的理论及测度》一书中，将产业内贸易分为同质产品的产业内贸易和异质产品的产业内贸易两大类。此外，根据贸易的不同市场途径,还可以将产业内贸易分为通过外部市场的产业内贸易和通过内部市场的产业内贸易两大类。具体情况如表 3-1 所示。

表 3-1 产业内贸易的类型

分类标准	类型	子类型	特性与原因
根据产品的差异性进行分类	同质产品的产业内贸易(其特性是产品可以完全相互替代、生产区位不同和制造时间不同)	边境大宗贸易	对于矿产品、钢材、水泥、木材等大宗交易产品,运输费用较大,从而使贸易半径缩小,消费者会从最近的原料生产地获得这些产品。而自然资源的可得性决定了这些产品生产的区位。因此会出现一个国家同时进口和出口这些产品的情况
		季节性贸易	有些产品的生产和市场需求具有一定的季节性,因此一国会因为季节性的原因而导致进口一些其他季节出口的产品
		转口和再出口贸易	一些国家和地区进行大量的转口贸易和再出口贸易,这种进出口贸易商品的基本形式没有发生变化,只是通过提供仓储、运输等服务来实现商品的增值,成为同质产品产业内贸易的一种形式
		相互倾销	不同国家生产同样产品的企业,为了占领更多的市场,有可能在竞争对手的市场上倾销自己的产品,从而形成了产业内贸易
		政策性贸易	一国政府实施出口退税和进口优惠的贸易政策时,一些国内企业可能会出现既出口又进口同类产品的行为。或者由于某项国际协定,一国从其他国家进口本身具有出口优势的产品。这些都可能造成产业内贸易
		其他贸易	由于合作生产和特殊的技术条件,一些完全同质的服务进行了国际贸易,如在金融全球化和服务贸易自由化中的金融部门经常同时“进口”与“出口”。此外,还可能会由于政府干预造成国内价格扭曲,而以利润最大化为目标的企业便同时从事进口和出口的活动
	异质产品的产业内贸易(其特性是产品间不能完全替代但要素投入具有相似性)	水平差异产业内贸易	水平差异是由同类产品相同属性的不同组合而产生的差异,即产品有着同样的质量,但其特色或特质不同。消费者的多样化需求和产业内的专业化、规模化,导致了水平差异的产业内贸易
		技术差异产业内贸易	技术差异(如技术创新等)导致新产品的出现,产品生命周期的变化导致了同类产品间的产业内贸易
		垂直差异产业内贸易*	垂直差异即在产品质量上的差异,如汽车行业等。为了占领市场,厂商不断提高产品质量,以满足不同层次的消费需求。于是,出现了收入水平相似国家间的同类产品的双向贸易现象

（续表）

分类标准	类型	子类型	特性与原因
根据贸易的市场途径进行分类	通过外部市场的产业内贸易（指在无跨国公司直接投资条件下，通过外部市场在各个独立的企业间进行的产业内贸易）	南北贸易	即发达国家和发展中国家之间的贸易，这反映了生产要素构成相异的产品间所进行的产业内贸易。例如，发展中国家将原料或原材料出口到发达国家，发达国家对原料进行加工，然后再出口到发展中国家。这类贸易大约占产业内贸易总体的30%—40%
		发达国家间贸易	主要反映的是生产要素禀赋程度相似、生产结构也比较接近的产品间的产业内贸易。该类贸易大约占产业内贸易总体的60%—70%
	通过内部市场的产业内贸易（指发生在跨国公司内部的产业内贸易）	垂直联合	在母公司与子公司或者子公司与子公司之间产生的包括零部件、中间产品以及加工品等方面的国际贸易。这种贸易有利于发挥垄断优势、使外部市场内部化、实现垂直一体化的规模经济和进行转移定价
		内部技术交易	为了防范技术泄露，跨国公司通常进行内部技术交易，以保持垄断优势。这导致了研发密集型产品通过内部市场的产业内贸易比重较高，一般占其总贸易的50%以上

注：* 实际上，差异产品往往既表现出垂直差异的特点，又表现出水平差异的性质。

二、产业内贸易的测度

1975 年格鲁贝尔和劳埃德在其论著中提出了产业内贸易的定义和测量方法。格鲁贝尔和劳埃德的产业内贸易指数的计算公式为：

$$B_i = 1 - \frac{|X_i - M_i|}{X_i + M_i} \tag{3-1}$$

式中，X_i 为一国 i 产品的出口额，M_i 为该国 i 产品的进口额，B_i 表示 i 产品的产业内贸易指数。B_i 在 0—1 之间变动，B_i 越接近 1，说明产业内贸易程度越高；B_i 越接近 0，则意味着产业内贸易程度越低。

一个国家的产业内贸易指数由各种产品的产业内贸易指数加权求得，它表示一国产业内贸易在对外贸易总额中的比重。其计算公式为：

$$B = 1 - \frac{\sum_{i=1}^{n} |X_i - M_i|}{\sum_{i=1}^{n} X_i + \sum_{i=1}^{n} M_i} \tag{3-2}$$

式中，B 表示一国所有产业的综合产业内贸易指数，n 表示该国产品的种类。①

产业内贸易指数显然是从一个产业部门的角度来研究产业内贸易程度的。所以，产业内贸易指数的大小受到三个主要因素的影响：一是与该产业部门的产品特性有关，因为有些产品的生产和消费具有明显的地域性，难以发生大规模的产业内贸易；二是与该产业部门的成熟程度有关，高度发达成熟的产业部门容易发生产业内贸易，幼稚工业部门就难以发生产业内贸易；三是与产业部门的划分有关，如果产业部门的划分过细，产业内贸易指数就比较小，如果产业部门的划分较粗，产业内贸易指数就比较大。

三、产业内贸易与产业间贸易的比较

（一）产业内贸易和产业间贸易的区别

（1）两者的发生条件不同。产业内贸易主要发生在要素禀赋、经济发展水平、技术水平、人均收入水平和需求结构相似的国家之间，贸易产品具有多样性、在消费上能够相互替代且生产这类产品的要素投入相似；产业间贸易则主要发生在要素禀赋、经济发展水平、技术水平、人均收入水平和需求结构差异较大的国家之间，贸易产品相对单一，在消费上不能相互替代且生产的要素投入不同。

（2）两者的发生机理不同。产业内贸易是产业内同类产品的交换，产品的流动具有双向性，产品的差异化是其发生的基础；而产业间贸易是不同产业间产品的贸易，同一产业的产品基本上是单向流动（即要么进口、要么出口），比较优势是其发生的基础。

（3）两者的理论基础不同。产业内贸易理论的基本假设是存在规模经济、差异化产品和不完全竞争的市场结构，而产业间贸易理论的基本假设是规模报酬不变、产品同质和完全竞争的市场结构。

（4）两者的利益分配不同。在产业内贸易中，贸易品之间不存在明显的优劣，贸易伙伴竞争的是差异化产品，因而贸易不会带来过大的要素配置代价，贸易的利益在两国之间的分配比较均衡；而在产业间贸易中，贸易品之间有明显的优劣之分，各国必须根据自身的要素禀赋状况和技术条件进行专业化分工，因而可能带来较大的要素重新配置的代价，贸易的利益在两国之间的分配可能是不均衡的。

（5）两者的发展趋向不同。产业内贸易并不是建立在现实的比较优势的基础上，因而无法对产业内贸易进行预测；而产业间贸易是建立在现实的比较优势基础之上的，因而在一定程度上是可以预测的。

---

① 实际计算中，由于各产业的进出口不平衡，当产业或国家存在较大的贸易顺差或逆差时，该指标反映的产业内贸易水平将偏低。于是，一些经济学家试图对该指数进行修正。可参见：喻志军编著，《国际贸易理论与政策》，企业管理出版社，2006 年版，第 143—146 页。也可参见：朱钟棣、郭羽诞、兰宜生主编，《国际贸易学》，上海财经大学出版社，2005 年版，第 92—94 页。

（二）产业内贸易和产业间贸易的联系

(1) 现实中的国际贸易是产业内贸易和产业间贸易有机结合的产物。在现实中，既不存在绝对的产业内贸易，也不存在绝对的产业间贸易。即使在产业内贸易中，也或多或少含有产业间贸易成分。产业内贸易与产业间贸易的相对重要性，取决于国家之间的相似性。

(2) 要素禀赋状况决定了一个国家对外贸易产品结构的范围和程度。在产业间贸易中，要素禀赋条件被绝对化。虽然在产业内贸易中，要素禀赋状况并非是贸易的主要条件，但是差异化产品的专业化生产和贸易仍然离不开要素禀赋这个基本条件，只是在这里要素禀赋被细化了。

(3) 产业内贸易是一个国家对外贸易产品结构高级化的反映。从世界各国的对外贸易发展规律看，一般来说，一国出口商品结构总是遵从"以产业间贸易为主→以垂直产业内贸易为主→以水平产业内贸易为主"的演进过程。但是无论如何，产业内贸易都不可能完全取代产业间贸易。①

四、产业内贸易发展的一般规律

与产业间贸易相比，产业内贸易产生的基础和条件是产品的差异性、规模收益递增、不完全竞争的市场结构、收入和需求偏好的相似性、消费者选择的多样化和专业化分工。因此，产业内贸易呈现以下的发展规律：

1. 两国的要素禀赋差异越小，产业内贸易比重越大

如果两个国家的生产要素禀赋差异小，这两个国家之间的产业内贸易比重就比较大。因为产业内贸易交换的是异质产品，而这种异质产品的生产主要取决于工艺技术水平和产品设计水平，即使两国的生产要素禀赋相似，由于采取的生产工艺和设计水平不同，仍然可以生产出差异化产品。这与产业间贸易必须以两国的生产要素禀赋差异为基础不同。正是因为两国的生产要素禀赋相似，两国才能够生产出同类但品质不同的差异化产品，于是导致了产业内贸易。一般来说，两国的要素禀赋越相似，两国发生产业内贸易的可能性就越大。

2. 两国收入水平和需求偏好越相似，产业内贸易比重越大

如果两个国家的人均收入水平较高且差异较小，两国间的产业内贸易比重就较大。因为一方面，高收入群体会追求多样化和个性化，从而表现出对异质产品的旺盛需求。另一方面，收入水平决定消费结构和需求偏好，两国的人均收入水平相似，两国间的需求结构也会有很大相似性。这样就会导致两国对对方的产品形成广泛的需求，从而产生大量的产业内贸易，这也是产业内贸易大量发生在发达国家之间

① 李月娥、李永编著，《国际贸易理论与政策》，立信会计出版社，2005 年版，第 126—128 页。

的原因之一。

3. 两国间的距离越近，产业内贸易比重越大

在地理位置上越相邻的国家，在生产特征、消费习惯和文化上越具有相似性，加之运输成本低廉和便于开展边境贸易，两国开展产业内贸易会比较有利。

4. 两国的产品和技术差异性越大，产业内贸易比重越大

产业内贸易交换的是差异性产品，因此具有异质性的产业内贸易的比重往往大于同质产品的产业。特别是存在大量中间产品的产业，相对于最终产品，中间产品的差异性更大，因此存在大量中间产品的产业比中间产品较少的产业，其产业内贸易比重大。此外，具有先进技术和技术进步较快产业的产业内贸易比重高于技术相对简单或停滞的产业。

五、产业内贸易的理论解释

第二次世界大战后，由于产业内贸易日益成为主要的国际贸易现象，西方经济学家们开始对产业内贸易进行大量卓有成效的研究，其研究大致经历了问题的提出与经验性研究（第二次世界大战后到20世纪70年代中期）、理论的创立与实证检验（20世纪70年代中期到70年代末期）以及多元化研究与理论拓展（20世纪80年代初至今）三个阶段。

（一）第一阶段：问题的提出与经验性研究

在这一阶段，经济学家们开展了许多经验性研究，这一阶段的研究结论为后来的理论创立奠定了坚实的基础。最早观察到产业内贸易现象的是P. J. 沃道姆（P. J. Verdoorm，1960），他在对“比荷卢经济同盟”集团内贸易状况进行统计分析时发现，集团内贸易产生于同种贸易类型之内，而不是异种贸易类型之间，这不同于H-O理论所揭示的贸易模式。① M. 米查利（M. Michaely）（1962）在研究国际贸易商品集中度和价格弹性之间的关系时，通过对36个国家五大类商品的进出口差异指数的计算，也得出了与沃道姆类似的结论。② B. 巴拉萨（B. Balassa）（1966）在对欧共体（现为欧盟）形成后各成员国的贸易状况进行分析后发现，欧共体各国的贸易增长主要发生在国际贸易商品标准分类的商品组内，而不是商品组之间，并将这种贸易现象称为“产业内贸易”，由此引发了学术界对这种新贸易现象的关注和研究。③

最早试图对发达国家之间的贸易和产业内贸易现象做出理论解释的是瑞典经济学家S. B. 林德（S. B. Linder）。他在1961年提出的偏好相似理论（Theory of Pref-

---

① P. J. Verdoorm (1960). “The Intra-Block Trade of Benelux”, in E. A. G. Robinson, *Economic Consequences of the Size of Nations*, St. Martin's Press Inc.

② M. Michaely (1962). *Concentration in International Trade*, Amsterdam: North-Holland Publish Company.

③ B. Balassa (1966). “Tariff Reductions and Trade in Manufactures among the Industrial Countries”, *American Economic Review* 56.

erence Similarity）中，首次从需求的角度来探讨国际贸易的成因。此外，M. V. 波斯纳（M. V. Posner）等人的“技术差距理论”和 R. 弗农（R. Vernon）的“产品生命周期理论”，也是这一时期解释产业内贸易现象比较著名的学说。

（二）第二阶段：理论的创立与实证检验

1975 年格鲁贝尔和劳埃德出版的《产业内贸易：异质产品国际贸易的理论及测度》一书，最早对产业内贸易现象从理论上进行了开创性和系统性的研究，它标志着产业内贸易理论正式创立。格鲁贝尔和劳埃德认为，产业内贸易是一种由各种复杂的原因导致的复杂现象，其中，技术差距、研究与开发、产品的异质性和产品生命周期的结合以及人力资本密集度与收入分配差异（或偏好差异）的结合，都有可能导致产业内贸易。

继格鲁贝尔和劳埃德之后，格雷（Gray）、戴维斯（Davies）、兰卡斯特（Lancaster）和克鲁格曼等许多经济学家对产业内贸易进行了大量研究。格雷和兰卡斯特主要从产品异质性的角度分析产业内贸易的形成，强调产品的差异性是产业内贸易的基础。戴维斯则从市场进入障碍和规模经济的角度解释产业内贸易的成因，指出规模经济可以在产业内形成互有竞争力的价格，从而导致产业内贸易的发生。克鲁格曼也强调规模经济是产业内贸易的基本原因，并认为各国的生产要素越相似，它们的产业结构差异越小，它们之间的贸易越具有产业内贸易的特征。

在早期产业内贸易理论研究中作出重要贡献的还有 A. K. 迪克希特（A. K. Dixit）和 J. E. 斯蒂格利茨（J. E. Stiglitz）（他们的研究成果被称为 D-S 模型）。他们 1977 年在《美国经济评论》上发表的《垄断竞争与最优产品多样化》一文，将差异产品和内部规模经济考虑在内，来分析产业内贸易问题，克服了一般均衡模型中研究内生递增规模经济的技术问题，为不完全竞争市场结构中的贸易和产业政策研究提供了分析工具，推动产业内贸易进入了从市场结构角度进行研究的理论探讨阶段。①

20 世纪 70 年代中期以后，在产业内贸易的理论研究不断丰富和深化的同时，对产业内贸易的经验性研究也在逐步深入。这一阶段的经验性研究，已经从以研究地区经济集团内同种贸易为主的格局，转向主要研究产业内贸易的程度和趋势以及在不同类型的国家和不同产业中的发展状况及原因。

（三）第三阶段：多元化研究与理论拓展

在前人的开拓性研究基础上，20 世纪 70 年代末期和 80 年代初期，以克鲁格曼为代表的众多经济学家开始从不同角度来对产业内贸易进行探索和研究，并建立了许多有价值的理论模型。

在这一阶段，克鲁格曼做出了开创性的研究工作。20 世纪 70 年代末期，克鲁格

① Avinash K. Dixit, Joseph E. Stiglitz (1977). “Monopolistic Competition and Optimum Product Diversity”, *American Economic Review*, No 3, pp. 297—308.

曼借用迪克希特和斯蒂格利茨的分析方法，突破了传统贸易理论中的完全竞争和规模报酬不变等假设条件，首次较为系统地将产业组织理论和市场结构理论嫁接到国际贸易理论中，运用规模报酬递增、垄断竞争和产品差异等范畴来构筑新的贸易理论模型，从而将产业内贸易理论的研究推进到了一个新的理论高度。

与此同时，其他经济学家也做出了大量开拓性的研究工作。由于不完全竞争理论缺乏统一的分析模式，因此建立在不同假设前提下的产业内贸易理论模型也各不相同。其中，比较有代表性的模型有新 H-O 模型、新张伯伦模型、兰卡斯特模型、布兰德—克鲁格曼模型、相互倾销模型和垂直差异性模型等。新 H-O 模型主要是在传统贸易理论框架下讨论垂直差异性产品的贸易问题，新张伯伦模型和兰卡斯特模型主要分析垄断竞争下的水平差异性产品的贸易问题，布兰德—克鲁格曼模型和相互倾销模型主要讨论寡头垄断下的无差异产品的贸易问题，垂直差异性模型主要讨论寡头垄断下的垂直差异性产品的贸易问题。①

第三节　后 H-O 贸易理论

后 H-O 贸易理论继承了 H-O 贸易理论的分析框架，仍然在完全竞争的假设前提下来解释发达国家之间贸易和产业内贸易现象。20 世纪 50 年代初期“列昂惕夫之谜”提出之后，西方经济学界掀起了一个研究和探讨国际贸易基础理论的热潮，产生了诸多贸易理论。其中，比较有影响的有偏好相似理论、技术差距理论和产品生命周期理论等。偏好相似理论主要是从需求和收入的角度解释发达国家之间的贸易和产业内贸易现象。技术差距理论和产品生命周期理论则主要从供给和动态技术差异方面来解释发达国家之间的贸易和产业内贸易现象，所以这两者又被统称为动态技术差异贸易理论。下面进行具体介绍。

一、偏好相似理论

偏好相似理论是由瑞典经济学家 S. B. 林德在 1961 年提出的。该理论首次从需求的角度来探讨国际贸易的成因，是最早试图对发达国家间贸易和产业内贸易现象做出理论解释的有影响的贸易理论。②

林德认为，要素禀赋论只适用于解释密集使用自然资源的初级产品贸易，而不适用于工业品的贸易。因为大多数工业品与初级产品不同，它们在世界各地都能进行生产，因此，工业产品的贸易以及这类产品的双向贸易的发生，不是由要素禀赋差

---

① 详细分析可参见：尹翔硕编著，《国际贸易教程》，复旦大学出版社，2001 年版，第 110—134 页。

② 该理论又称为重叠需求理论（overlapping demand theory）或代表性需求重叠理论，它是战后解释工业国之间贸易的著名理论。

异决定的，而是由相互重叠的需求决定的。两个国家的需求结构（即消费偏好）越相似，这两个国家的贸易量就越大。具体地说，该理论的主要论点是：

（1）产品出口的可能性取决于其国内需求（包括消费品和投资品的需求）。因为企业家对国内市场的熟悉程度大大高于国外市场，国内需求是企业决定生产的直接动因和技术与产品创新的直接动力，国内市场是产品开发设计、试制和改进的最好保障。同时，有国内需求的产品才会是本国具有优势的产品，只有当新产品发展到一定程度且国内市场有限时才可能出口到国外。

（2）两个国家的需求结构越相似，这两个国家之间的贸易量越大。如果两个国家的需求结构完全一样，那么，一个国家所有可能进出口的产品，也是另一个国家所有可能进出口的产品，因而产生了产业内贸易。

（3）平均收入水平是影响需求结构最主要的因素。因为平均收入水平的高低与消费品和资本品的需求类型密切相关，收入水平高的国家更多地需要档次高、质量好的消费品和高技术含量的资本品，而收入水平较低的国家一般需要较低档次的消费品和一般性资本品。因此，人均收入水平相近的工业发达国家之间相似的高档消费品和高技术资本品的贸易量很大，这些国家相互出口的往往是种类相同但品牌不同的产品。[①] 而高收入国家与低收入国家之间的工业制成品贸易取决于两国需求的重叠部分，因为高收入国家中存在低收入消费者，低收入国家中也有高收入消费者，这两部分人存在共同需求。因此，人均收入水平的相似程度，可以用来作为反映需求结构是否相似的指标。[②]

如图 3-1 所示，横轴代表人均收入（Y），纵轴代表产品档次（Q），直线 OA 和直线 OB 与原点所构成的锥形扇面表示一国对其所需求产品档次的变动范围。假设本国的人均收入为 Y_d，外国的人均收入为 Y_f；与人均收入 Y_d 和 Y_f 相对应的 $Q_d^1Q_d^2$ 和 $Q_f^1Q_f^2$ 分别表示本国和外国的需求产品档次范围；$Q_f^1Q_d^2$ 部分重合，表示两国会在此档次范围内进行贸易。两国的收入水平越接近（即 Y_d 越接近 Y_f），重合部分 $Q_f^1Q_d^2$ 的范围越大，表示需求结构越相似，贸易可能性就越大。

从实际情况看，人均收入水平相似的国家，通常都是在地理位置上邻近的国家，大量的贸易也可能反映出低廉的运输成本和文化的相似性。J. 丁伯根（J. Tinbergen）在 1962 年建立了贸易引力模型（Gravity Model of Trade），描述了阻力（地理距离）和引力（相似的需求模式）之间的相互关系。它可以简单地表述为：

$$X_{ij} = k\frac{(Y_i)^a(Y_j)^b}{(1+eD_{ij})^f} \tag{3-3}$$

① 在这里，林德实际上发现了产品差异化在国际贸易中的重要作用。

② S. B. Linder(1961). "An Essay on Trade and Transformation", Uppsala: Almqvist and Wiksells Boktryckeri AB.

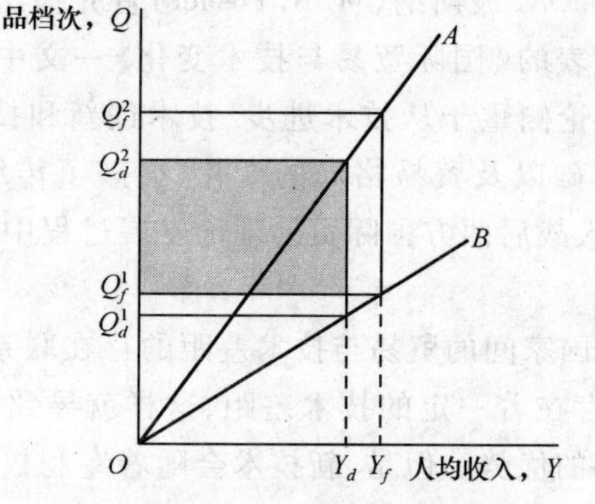

图 3-1　收入与产品档次重叠范围

这里，X_{ij}是 i 国向 j 国的总出口，Y_i 和 Y_j 分别是 i 国和 j 国的 GNP，D_{ij}是 i 国和 j 国之间的距离，k 和 e 为常数，a、b 和 f 为参数。①

方程(3-3)表明，两国之间的贸易量大小与两国的国民收入总量成正比，与两国之间的距离成反比。假如不考虑地理因素的影响，拥有相似需求模式的国家之间的贸易要比其他国家之间更多。从这个意义上讲，贸易引力模型证实了偏好相似理论的预测。

偏好相似理论的意义在于，它部分地解释了发达国家之间的贸易和产业内贸易现象。但是，它也存在一些值得思考的问题：首先，它关于一国企业的生产首先是满足国内市场需求的观点不符合实际。比如，跨国公司的产品开发与设计一开始就瞄准世界市场，甚至没有考虑国内市场需求问题。其次，林德的观点暗示着一个国家的进口产品和出口产品往往具有许多共同特征，而传统理论观点以及对各种比较优势理论的总结显示，一个国家的进口产品和出口产品往往具有许多相反的特征。事实上，要素禀赋差异决定的产品差异不仅反映在产业间贸易中，在要素禀赋相似的情况下（如在发达国家之间），产品差异也反映在占主导地位的产业内贸易中，只不过是大范围的求同存异。此外，即使在产业内贸易中，供给以及供给的基础条件——比较优势和要素禀赋仍然发挥着重要的作用，仅仅从需求方面来解释产业内贸易现象是不够全面的。

二、技术差距理论

技术差距理论（Technological Gap Theory）又称为创新与模仿理论（Innovation and

---

① 将引力模型引入社会科学领域的，最早可追溯至凯瑞（Carey，1858），他在其所著的《社会科学原理》中应用牛顿经典力学中的万有引力原理来解释社会现象。但是，直到 20 世纪 40 年代后，地理学家、社会学家和经济学家们才开始普遍地利用万有引力原理来解释社会、政治与经济现象。引力原理在国际贸易上的应用模型较多，其中较早和比较有代表性的是丁伯根创立的贸易引力模型。参见：Tinbergen，J.（1962）．"Shaping the World Economy，an Analysis of World Trade Flows"．New York：Twentieth Century Fund。

Imitation Theory)，由 M. A. 波斯纳（M. A. Posner）首先提出，他于 1961 年在《牛津经济论丛》10 月号上发表的《国际贸易与技术变化》一文中提出并论证了这一理论。波斯纳的技术差距理论侧重于从技术进步、技术创新和技术传播的动态角度，分析国际分工和贸易的基础以及贸易格局的变化，突破了传统贸易理论的静态分析方法，成为第二次世界大战后西方国际贸易理论发展过程中比较有影响的国际贸易学说之一。

技术差距理论把国家间的贸易与技术差距的存在联系起来，认为各国的技术创新进程不一致，因而存在着一定的技术差距，这样就导致了技术领先国家享有生产和出口技术领先产品的优势。但是，新技术会随着专利权转让、技术合作、对外投资和国际贸易等途径流传到国外，当一国创新的技术被外国模仿时，外国即可自行生产而减少进口。这样，原先的技术创新国渐渐失去创新产品的出口市场，由技术差距而产生的国际贸易逐渐缩小。随着时间的推移，新技术最终被技术模仿国掌握，技术差距随之消失，贸易也随之持续到技术模仿国生产的产品能够满足其全部需求时为止。然而，在动态的经济社会，科技发达的国家会不断创新技术，因而会出现再创新、再出口的循环往复现象，各国之间的贸易也会持续地进行下去。

波斯纳将技术差距产生与技术差距引起的国际贸易终止之间的时间间隔称为模仿滞后（imitation lag）时期，该时期又分为反应滞后（reaction lag）和掌握滞后（mastery lag）两个阶段。其中，反应滞后阶段初期又称为需求滞后（demand lag）阶段。反应滞后是指技术创新国开始生产新产品到其他国家模仿其技术开始生产新产品的时期，需求滞后则指技术创新国开始生产新产品到开始出口新产品的时期。掌握滞后是指模仿国开始生产到模仿国停止进口的时期。

波斯纳认为，需求滞后阶段一般短于反应滞后阶段，反应滞后阶段的长短主要取决于企业家的决定意识和规模利益、关税、运输成本、国外市场容量及居民收入水平高低等因素。如果技术创新国在扩大新产品生产中能够获得较多的规模利益，运输成本较低，进口国家的关税税率较低，进出口国家的市场容量及居民收入水平差距较小，就有利于保持其出口优势，延长反应滞后阶段。否则，这种优势就容易失去，反应滞后阶段将缩短。掌握滞后阶段的长短主要取决于技术模仿国吸收新技术能力的大小，如果模仿国吸收新技术的能力大则掌握滞后阶段就会较短。需求滞后阶段的长度主要取决于两国的收入水平和市场容量差距，差距越小长度越短。

如图 3-2 所示，图中 T 线的上方表示技术创新国 A 的生产和出口（B 国的进口）数量，T 线的下方表示技术模仿国 B 的生产和出口（A 国的进口）数量。从 t_0 点起，A 国开始生产新产品，t_0 至 t_1 阶段为需求滞后阶段，这时 B 国对新产品没有需求，因而 A 国不能将新产品出口到 B 国。过了 t_1 点，B 国模仿 A 国消费，开始对新产品有了需求，且随着时间的推移需求量逐渐增加，A 国向 B 国的出口量也开始从零逐渐增加。

这时，新技术会通过各种途径逐渐扩散到 B 国，到达 t_2 时，B 国掌握了新技术并开始模仿生产新产品，反应滞后阶段结束，掌握滞后阶段开始，此时 A 国的生产和出口达到极大值。过了 t_2 点，随着 B 国生产规模的扩大和产量的增加，A 国的生产和出口量不断下降。到了 t_3 点，B 国的生产规模和产量进一步扩大，新产品成本进一步下降，其产品生产不但可以满足国内市场的全部需求，而且可以用于出口。至此，技术差距消失，模仿滞后阶段结束。

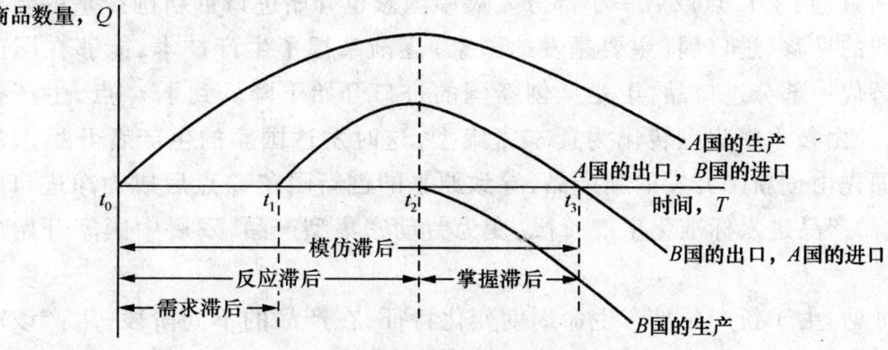

图 3-2　技术差距与国际贸易

技术差距理论认为国际间的技术差距是贸易产生的重要原因，较好地解释了技术先进国和落后国之间技术密集型产品的贸易周期问题。但是，该理论也存在局限性，它既没有解释技术差距的规模有多大，也没有解释技术差距为何会消失，因而无法充分说明贸易量的变动和贸易结构的改变。

三、产品生命周期理论

产品生命周期理论（Theory of the Product Life Cycle）最早由 R. 弗农（R. Vernon）于1966 年在《经济学季刊》5 月号上发表的《产品周期中的国际投资与国际贸易》一文中提出，后来经路易斯 · T. 威尔斯（Louis T. Wells）等人的不断补充和完善，成为第二次世界大战后从全新角度探讨工业品国际贸易的著名理论之一。

产品生命周期理论的核心思想是制成品贸易是由其产品的生命周期决定的，该理论认为，随着技术创新、成熟到标准化，使用该技术的新产品也相应地经历了产品创新、产品成熟和产品标准化三个阶段。在产品的不同阶段，产品的要素密集度会发生动态的变化，因而具有不同要素禀赋的国家在不同的阶段所拥有的比较优势也不相同。具体地说，在产品的创新阶段，研发人员和熟练工人在生产要素中占有很大比例，因而该阶段的产品是技术密集型产品，具有创新能力的国家拥有比较优势。在产品的成熟阶段，资本和管理要素的重要性上升，需要依靠资本的大量投入和大规模生产，因而该阶段的产品是资本密集型产品，资本丰裕的国家拥有比较优势。在产品的标准化阶段，技术和资本要素的重要性下降，因而该阶段的产品是劳动密集型产品，劳动力丰裕的国家拥有比较优势（详见表3-2）。由于不同类型的国家具有生产不同阶段产品的优势，因此当产品处于不同阶段时，各类国家都能找到发挥比较优势的机会，积极参与国际分工与贸易。如图3-3所示，创新国开发出新的产品，在初始阶段（t_0—t_1时期），由于产品的技术尚未成型，生产规模小，消费仅限于国内市场。到了t_1点后，开始有来自国外的需求，创新国开始出口。由于产品的品质和价格较高，早期（t_1—t_2时期）的进口国主要是一些收入水平与创新国接近的其他发达国家，到了t_2点以后一小部分发展中国家也开始进口创新国少量的新产品。随着时间的推移，进口国（主要是发达国家）逐渐掌握了生产技术，能够在国内进行生产并替代一部分进口品，于是从创新国的进口开始下降。到了t_3点，生产技术已经成熟，并由技术密集型转化为资本密集型，这时发达国家的生产者开始大量生产和出口原先由创新国开发的新产品，导致原来的创新国在t_4点后成为净进口国。到了t_5点后，产品进入标准化生产阶段，变为劳动密集型产品，发展中国家开始成为净出口国。

可见，由于新产品具有生命周期变化特征，在产品的不同阶段，生产该产品的比较优势也会在不同的国家间发生转移，不同国家之间的贸易结构和贸易利益随之呈现动态变化，产品的生命周期决定了制成品的贸易。

表3-2　产品的生命周期

产品特性分类	产品的发展阶段及其特征		
	产品创新阶段	产品成熟阶段	产品标准化阶段
产品的技术特性	创新国企业发明并垄断着制造新产品的技术，但技术尚需改进，工艺流程尚未定型	生产技术已经定型，且达到优势极限。由于出口增大，技术扩散到国外，仿制开始，技术垄断的优势开始丧失	产品已完全标准化，不仅一般发达国家已掌握产品生产技术，而且一些发展中国家也开始掌握技术
产品的生产地特性	新产品的设计及改进要求靠近市场和供应者，所以新产品生产地确定在创新国	创新国的新产品制造企业开始在东道国建立子公司进行生产	产地已开始向一般发达国家甚至发展中国家转移
产品的要素特性	产品设计尚需改进，需要科学家、工程师及其他高技术熟练工人的大量劳动，因而产品是技术密集型的	技术已成熟，研发要素已不重要，经营管理和营销日益重要，需要大规模生产，产品由技术密集型转为资本密集型	产品已标准化，劳动熟练程度已不是主要因素，甚至资本亦不甚重要，产品更具有劳动密集型特征
产品的成本特性	此时没有竞争者，产品成本对企业来说不是最主要的问题	由于出口增加及技术的扩散，其他发达国家也开始生产创新国的新产品。其他发达国家不需要支付国际间运费、关税和科研投入，因而成本要比进口产品低	其他国家的产量不断增加，生产经验不断积累，加之工资水平低，导致产品成本开始下降

（续表）

产品特性分类	产品的发展阶段及其特征		
	产品创新阶段	产品成熟阶段	产品标准化阶段
产品的价格特性	厂商数目少，技术含量高，产品没有替代品，价格较高	产品销售增长，竞争加剧，只有降价才能扩大销路	生产技术已成熟，市场供给能力充足，价格在相对较低的水平趋于稳定
产品的进出口特性	产品出口到与创新国收入水平相近的国家和地区	由于东道国的生产，创新国对东道国的出口有所下降，但对其他绝大多数市场的出口仍可继续，当然出口增长率要降低	其他国家开始在第三国与创新国竞争，并逐渐替代创新国产品而占领市场，甚至还能在创新国市场上与创新国产品竞争。这时，创新国成为该产品的净进口国

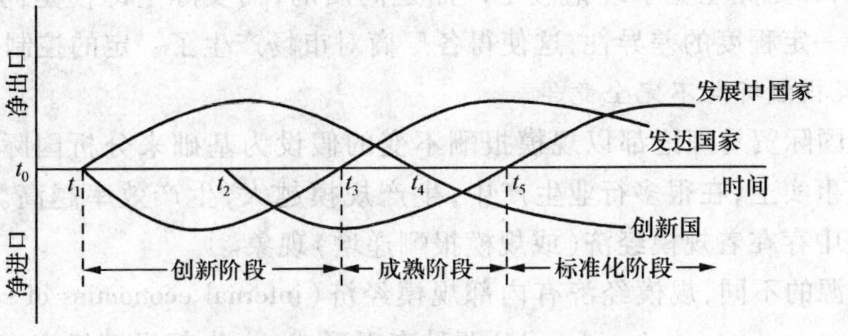

图 3-3　产品生命周期与国际贸易

产品生命周期理论将比较优势理论和要素禀赋理论从静态发展为动态，是对比较优势理论和要素禀赋理论的重要发展。产品生命周期理论最早将国际贸易和直接投资结合起来进行研究，在研究视角和方法上实现了创新。因此，产品生命周期理论在国际贸易理论中占有一定的理论地位。当然，该理论也存在一定的局限性。它对跨国公司早期的贸易和投资行为有较好的解释力，但是对当代跨国公司的全球投资行为、非替代出口的投资以及发达国家之间的产业内双向投资行为缺乏解释力。此外，在科学技术日益发达的今天，产品的生命周期缩短，甚至周期不完整已经成为越来越普遍的现象，对此无法利用产品生命周期理论进行解释。

第四节　产业内贸易理论

产业内贸易理论主要是从规模经济、产品差异和不完全竞争角度来解释产业内贸易的成因和贸易模式，是目前最具代表性和影响力的“新贸易理论”。产业内贸易理论体系比较复杂，这里首先简要地探讨规模经济、产品差异与不完全竞争的关系，然后讨论规模经济（含外部规模经济和内部规模经济）、不完全竞争（含垄断竞争和寡头垄断）和产业内贸易的关系，最后对产业内贸易理论做简要的评价。

一、规模经济、产品差异与不完全竞争

传统国际贸易理论中的完全竞争假设不仅脱离实际，而且无法解释第二次世界大战后普遍发生的产业内贸易现象。于是，一些经济学家开始引入更接近现实的不完全竞争假设来分析新的国际贸易现象。不完全竞争市场依照垄断程度的大小，可以分为完全垄断（perfect monopoly）、寡头垄断（oligopoly）和垄断竞争（monopolistic competition）三种类型。其中，完全垄断市场在现实中近乎是一种纯理论假设，而垄断竞争市场和寡头垄断市场则比较普遍。

不完全竞争市场产生的原因可能是多方面的，其中主要有以下两方面：一是行业内存在内部规模经济使得大厂商比小厂商更具有成本优势，从而在市场上产生了一定的垄断；二是完全竞争理论假定产品是同质的，而实际上即使是同一类产品之间也存在着一定程度的差异性，这使得各厂商对市场产生了一定的控制力。

（一）规模经济与不完全竞争

传统的国际贸易理论都以规模报酬不变的假设为基础来分析国际贸易的动因和模式。但事实上，在很多行业生产中，生产规模越大，生产效率越高。也就是说，在这些行业中存在着规模经济（或规模报酬递增）现象。

根据来源的不同，规模经济有内部规模经济（internal economies of scale）和外部规模经济（external economies of scale）两种表现形式。[①] 内部规模经济产生于厂商内部，随着厂商生产规模的扩大和产量的增加，平均固定成本会越来越小，生产成本显著降低或生产效率显著提高。因此，一些固定成本高的行业，如飞机制造、汽车和钢铁等行业，就具有典型的内部规模经济特征。

外部规模经济产生于厂商外部，当厂商所在的整个行业规模扩大和产量增加时，往往会导致该行业内的各个厂商的平均生产成本下降。这是因为，生产相同产品或提供相同服务的厂商，如果它们在地理位置上接近，就可以在资源、技术、信息和公共设施等方面实现共享，从而降低平均生产成本。所以，存在外部规模经济的行业通常倾向于在地理位置上更集中，如美国的硅谷、好莱坞和华尔街等，它们各自集中了本领域的众多厂商，具有典型的外部规模经济特征。[②] 一般来说，外部规模经济依赖于行业中厂商数量的增加，而不是单个厂商规模的扩大。

外部规模经济和内部规模经济对市场结构具有不同的影响。一个只存在外部规模经济的行业一般由许多较小的厂商构成，且处于完全竞争的状态。在存在内部

---

① 内部规模经济首先由张伯伦提出，外部规模经济首先由马歇尔提出，所以它们又被称为张伯伦内部规模经济和马歇尔外部规模经济。

② 克鲁格曼认为企业在地理上集中有利于促进专业化供应商的形成，为同行业企业创造一个完善的劳动力市场，有助于知识外溢、提高劳动生产率和完善基础设施等。参见：保罗·克鲁格曼著，海闻等译，《国际经济学》（第五版），中国人民大学出版社，2002 年版，137—140 页。

规模经济的行业中,大厂商比小厂商更具有成本优势,从而形成了不完全竞争的市场结构。因此,产业内贸易理论根据规模经济的性质不同创建了两类模型:一类是高度竞争市场的外部经济模型;另一类是存在内部经济的不完全竞争模型。

(二) 产品差异、不完全竞争与国际贸易

所谓产品差异,指的是产品所具有的独特性质,包括物质差异、形象差异、售后服务差异以及消费者心中认定的差异等。造成产品差异的原因很多,质量或设计差异、信息闭塞或不完全、销售者的推销行为以及同类厂商的地理位置差异等因素,都可能导致产品差异的出现。追求产品差异化是厂商在激烈的市场竞争中求生存、谋发展的重要选择。

按照产业组织理论,产品差异是决定市场结构的重要因素,厂商控制市场的程度,取决于它们使自己的产品差异化的成功程度。如果两种产品是完全同质的,它们之间就具有完全的替代性,单个厂商就无法获得产品价格的控制权。因此,当厂商无法通过扩大生产规模来影响行业或同类产品的价格时,获得产品价格控制权的最好办法就是开发和生产差异化产品。由于差异化产品具有不完全替代的特性,拥有某种特定品质的差异产品的厂商,在一定程度上就获得了对该产品价格的控制权。因此,差异产品的存在必然会在一定程度上导致市场的不完全竞争。

从消费方面看,消费者也具有追求差异化产品的内在动机和要求。不同的消费者具有不同的偏好,因此产品的种类越多,满足不同消费者消费欲望的可能性就越大。随着消费者收入水平的提高,消费者追求个性化消费的欲望越强。消费者对产品选择的多样性,为厂商追求差异化产品生产创造了客观的市场需求。

然而,追求差异化生产与规模化生产是相互矛盾的。因为规模化生产的经济性要求生产规模大、批量大和标准化生产,从而达到节约成本的目的;而差异化生产则要求小批量、多品种和多样化,从而减少价格参照系,为生产者提供价格操纵的余地,这种小批量、多品种和多样化意味着单位产品的成本比较高,难以实现规模经济。因此,一国如果既希望获得规模经济,又希望满足生产者和消费者对差异产品的追求,最好的解决办法是进行国际贸易。因为一国的国内市场规模总是有限的,如果开展国际贸易,一国的生产和消费将面向世界市场,这将会促使市场规模迅速扩大,既能满足厂商追求差异化产品生产的要求,又可以保障厂商的生产达到规模化水平,同时还可以实现消费者选择的多样化。由此可见,产品的差异性是产业内贸易的重要基础和原因。

二、外部规模经济与国际贸易

为简单起见,假设贸易各国除了在外部规模经济方面存在差异外,其他方面都是相同的。

(一) 外部规模经济、比较优势与国际贸易

假如一个行业存在外部规模经济,那么随着行业产出水平的增加,行业内各厂商的平均成本会下降。如图 3-4 所示,假设点 1 表示外国同行业厂商的产出与平均成本的组合(Q_1,AC_1),点 2 表示本国同行业厂商的产出与平均成本的组合(Q_2,AC_2)。显然,外国厂商因无法获得外部规模经济,产出规模小,平均成本高;而本国厂商由于可获得显著的外部规模经济,产出规模大,平均成本低。因此,当两国同行业厂商在其他方面均相同时,由于彼此在利用外部规模经济方面存在差异,因此它们的比较优势是不同的。根据上面的假定,本国厂商比外国厂商有更多的生产优势。图 3-4 反映的是单个厂商的生产成本与外部规模经济的关系,也适用于整个行业。

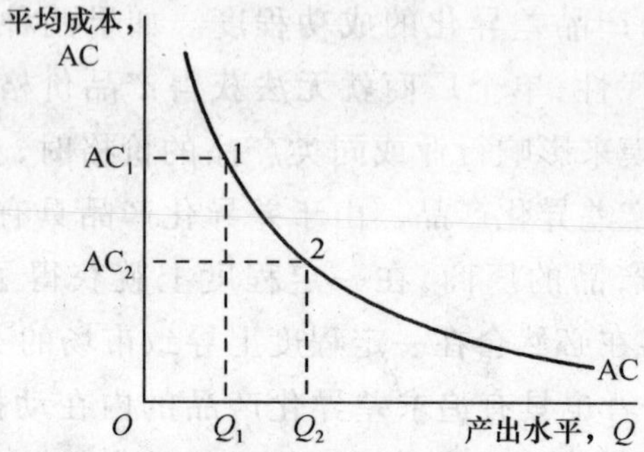

图 3-4 外部规模经济与平均成本优势

假设在一个存在外部规模经济的行业中,单个厂商的规模都不大,所有厂商生产同质产品,该行业是一个竞争性行业,外部规模经济使该行业面临一条向下倾斜的平均成本曲线。如图 3-5 所示,AC 为行业的平均成本曲线,D_1 与 D_2 分别表示贸易前后本国产品的总需求曲线,S_1 与 S_2 分别表示贸易前后本国产品的总供给曲线。在贸易前,由于国内需求有限,本国厂商无法充分利用外部规模经济,D_1 与 S_1 相交于点 1。这时,行业内所有厂商以 P_1 的价格和 AC_1 的平均成本生产产量为 Q_1 的产品。

现在两国开展贸易,贸易后由于国际市场的开拓创造了更大规模的社会需求,使产品的需求曲线由 D_1 右移到 D_2。如果厂商不存在外部规模经济,增加的需求就不能导致产品供给的增加,于是 S_1 与 D_2 的交点由点 1 推向点 3,这时产量增加但价格也更高。如果在需求的拉动下,厂商充分利用外部规模经济扩大供给,使产品的供给由 S_1 右移到 S_2,这时 S_2 和 D_2 的均衡点变为点 2,最终供求均衡时的价格为 P_2(这也是厂商的平均生产成本 AC_2),均衡产量为 Q_2。与贸易前的均衡点 1 相比,在贸易后的均衡点 2,价格和平均成本都下降,而产量却增加了。

贸易的发生对具有外部规模经济的行业产生了很大的影响。本国该行业的厂

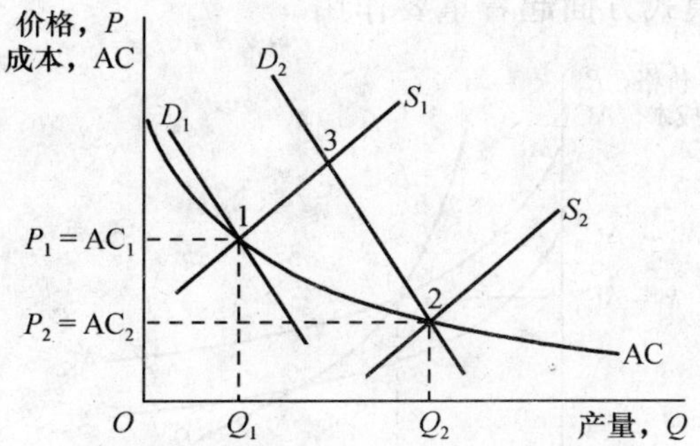

图 3-5 外部规模经济与国际贸易

商由于市场规模扩大和平均成本的降低获得了好处，本国的消费者则由于价格的下降而获益。外国同类产品的厂商因为进口产品冲击而受到损失，外国的消费者却从进口的廉价产品中获益。

（二）外部规模经济与贸易模式

外部规模经济的存在会影响一国的贸易模式。一国如果能够在一些行业中进行大规模的生产，致使产品价格变得更低，不管资源条件如何，这种外部规模经济都会驱使该国巩固已经存在的贸易格局，尽管这种贸易格局与比较优势原则是相悖的。也就是说，外部规模经济可能导致一国被“锁定”在某种低效率的专业化生产模式中，甚至可能导致该国因国际贸易而蒙受损失，尽管其他国家存在更廉价生产这种产品的可能性。

显然，在外部规模经济的影响下，真实的或潜在的平均成本不能确定贸易模式，而历史因素往往发挥着更重要的作用。这是因为某一个国家率先进入一个具有外部规模经济的行业后，由于大规模从事这个行业的生产，从而降低了生产成本，取得了更多的生产优势和大生产者的地位，而这与长时间的积累是分不开的。

以钟表业生产为例。假设中国的工资水平低于瑞士，则中国钟表业的成本曲线位于瑞士的下方，即在任何给定的条件下，中国生产钟表的成本都比瑞士的低。但是，由于历史的原因，瑞士较早地建立了钟表业，并成为世界市场主要的钟表供应国，并且随着出口的增加，钟表的生产成本进一步下降。而中国的钟表业建立较晚，初始平均成本高于瑞士，无法与瑞士竞争。如图 3-6 所示，AC_S 为瑞士钟表业的平均成本曲线，AC_C 为中国钟表业的平均成本曲线，D 为世界市场对钟表的需求曲线。显然，如果按照平均成本，无疑中国能够以远低于瑞士的价格向市场供应钟表。但是，由于瑞士的钟表业建立较早，现在能够以 P_1 的价格向市场供应钟表 Q_1，而这一价格低于中国钟表业的初始成本 AC_0。这时，如果中国的钟表与瑞士的钟表没有差异，也没有政府等外力介入，那么，中国就不会进行钟表生产，而是从瑞士进口钟表，尽管中国有以更低的价格生产钟表的潜力。可见，在存在外部规模经济的情况下，历史因素在决定贸易模式方面起着重要作用。

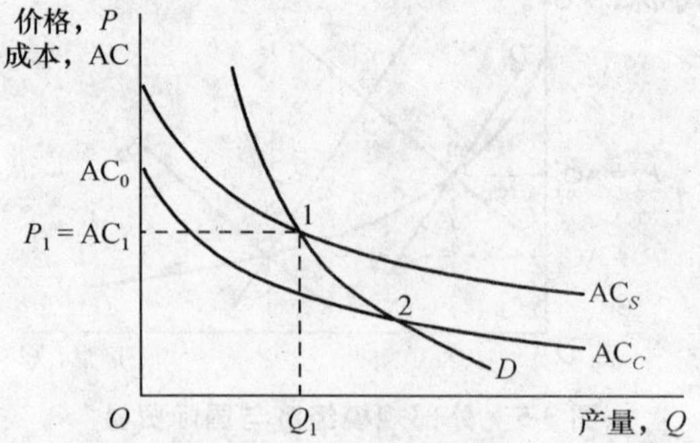

图 3-6　外部规模经济与贸易模式

从上面的分析可以看出，以外部规模经济为基础的贸易有可能通过产业集中给世界经济带来好处，但同时也可能会使一国的福利水平下降，导致不利的专业化生产和贸易模式。仍以上面的钟表业为例，显然，如果中国不参与贸易而自己生产钟表的话，其价格反而比现在进口钟表的价格更低。如图 3-7 所示，D_C 是中国国内对钟表的需求曲线，如果中国自己生产来满足国内需求，其均衡点为 3，点 3 对应的中国钟表的价格 P_3 要低于点 1 对应的瑞士钟表的价格 P_1。可见，参与国际贸易使中国的消费者为使用钟表付出了更高的价格，贸易使中国的社会福利恶化。因此，参与贸易比中国自己生产更加不利。如果中国政府意识到这一点，就会产生保护钟表行业的动机，于是采取各种限制进口或者鼓励生产和出口的保护措施。上述观点也为产业落后的发展中国家保护幼稚工业提供了理论依据，但是实践中政府要想对类似图 3-7 所示的情形做出正确判断往往是很困难的，这正是人们反对政府干预贸易政策的主要理由之一。

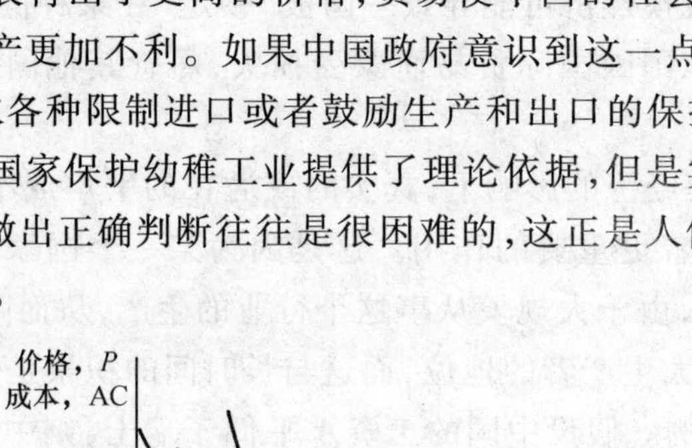

图 3-7　外部规模经济与贸易损失

必须指出的是，在存在外部规模经济的条件下，国际贸易模式是不确定的。与传统贸易理论中供给因素是贸易模式的决定力量不同，在外部规模经济条件下，贸易模式的决定力量是需求因素，即由国内和国际的需求状况决定外部规模经济的利用程度。由于需求的不确定，在外部规模经济条件下国际贸易模式也具有不确定性。对于一些具有外部规模经济的高科技行业，哪个国家应该生产具有外部规模经济的产品，是实行完全专业化生产还是不完全专业化生产，取决于各国如何开拓市场需求和发掘销售途径。

（三）外部规模经济与贸易福利

在存在外部规模经济的行业，其生产可能性边界是一条凸向原点的曲线。这意味着，对于任何一种产品而言，随着产量的增加，产品的相对成本逐渐下降。当一国专业化生产一种产品时，生产成本达到最低。如图 3-8 所示，MN 为在外部规模经济下产品 A 和产品 B 的生产可能性边界。

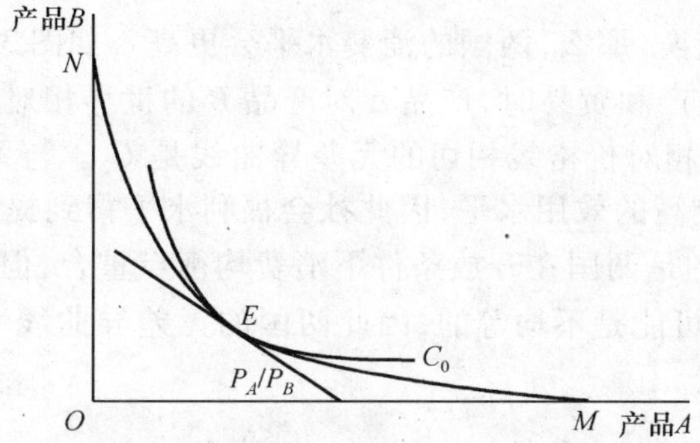

图 3-8　外部规模经济下产品 A 和 B 的生产可能性边界

不妨假设本国和外国在生产技术、资源禀赋和需求偏好方面都相同，因此两国的生产可能性边界和无差异曲线也相同。在没有贸易的情况下，任何一国都必须依据本国的生产能力和消费偏好来决定两种产品的生产数量。图 3-8 中，两国各自的无差异曲线 C_0 与生产可能性边界 MN 相切的点 E，即为两国生产和消费的均衡点。在这一点上，两国都生产和消费一定量的两种产品，此时社会效用水平为 C_0。

现在假定本国有更多的人从事产品 A 的生产，外国有更多的人从事产品 B 的生产。如图 3-9 所示，在本国，由于产品 A 的生产规模扩大，本国的生产点由 E 点移动到 H 点，在 H 点上产品 A 的机会成本下降，产品 B 的机会成本上升。对于外国，由于产品 B 的生产规模扩大，生产点从 E 点移动到 K 点，在 K 点外国的产品 B 的机会成本下降，而产品 A 的机会成本上升。此时，两国的生产成本发生了变化。本国产品 A 的相对价格低于外国，而外国产品 B 的相对价格低于本国。于是，两国有了贸易的动力。本国会出口一部分产品 A，进口一部分产品 B；外国则相反。两国在产品 A 对产品 B 的相对价格 P_A/P_B 下进行交换，结果两国都能在 F 点消费（该点是贸易后世界相对价格线 HK 与无差异曲线 C_1 相切的点），社会福利水平从 C_0 上升到 C_1。

以上是两国实行不完全专业化分工下生产和贸易的情形。如果两国实行完全的专业化分工，即两国都集中生产一种产品，本国在 M 点生产产品 A，外国在 N 点生

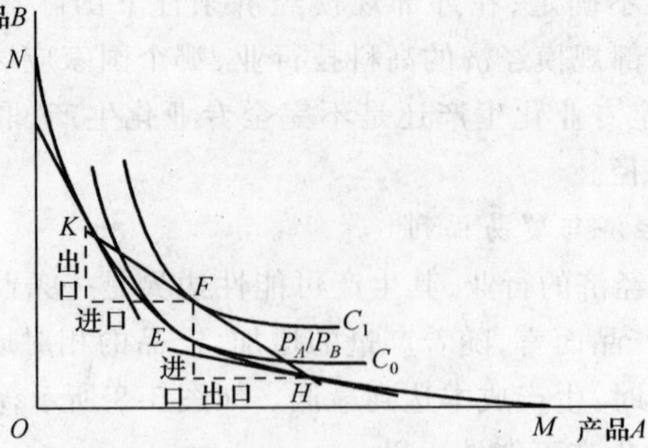

图 3-9　外部规模经济与不完全专业化国际分工

产产品 B,然后进行交换,那么,两国的消费水平会更高。如图 3-10(a)所示,当两国分别在 M 点和 N 点生产和贸易时,产品 A 对产品 B 的世界相对价格线由 HK 移动到直线 MN,这时与世界相对价格线相切的无差异曲线是 C_2。与无差异曲线 C_1 相比,无差异曲线 C_2 处于更高的效用水平,因此社会福利水平得到提高。

图 3-10(a)描述的是两国在开放条件下消费均衡点重合,但在一般情形下,贸易利益在两国间的分配可能是不均等的,因此两国的无差异曲线不一定都切于 MN 线上,如图 3-10(b)所示。

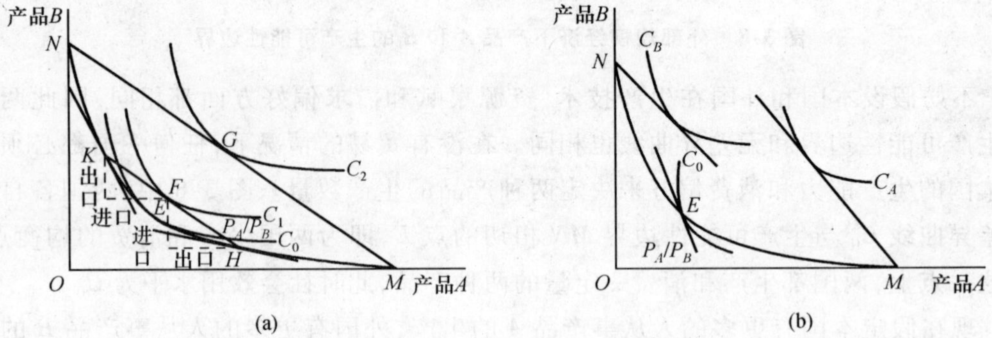

图 3-10　外部规模经济与完全专业化国际分工

最后再来进一步分析世界产出与世界福利。在存在外部规模经济条件下,将两个国家的生产可能性边界相加总可以得到世界生产可能性边界,它是由两段相接于点 E 的凹形曲线构成的,如图 3-11 所示。假如两国都生产产品 A,那么均衡点在 $2M$。假如两国都生产产品 B,那么均衡点在 $2N$。假如两国实行完全专业化生产,那么均衡点将在 $E(M,N)$ 上,如果世界的无差异曲线 C_W 通过该点,那么整个世界将得到具有外部规模经济的最优解。点 E 与点 $2M$ 和点 $2N$ 之间弧线上的点,如 I 点,表示一国专业化生产而另一国同时生产两种产品时的世界产量组合。凹形曲线 $2M$-E-

$2N$ 以内的其他点表示两国均未实行专业化生产时的世界产量组合。①

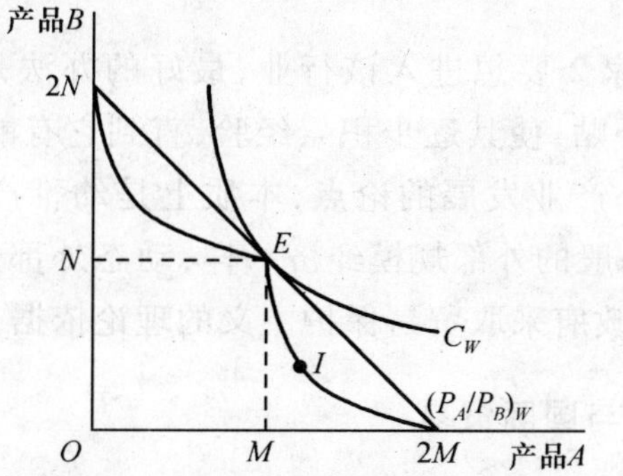

图 3-11　外部规模经济与世界福利

（四）动态外部规模经济与学习曲线

上面的分析仅仅假设平均成本依赖于当前的产量，所以是一种静态外部规模经济情形。实际上，随着时间的推移，行业内的一些厂商在生产过程中逐渐积累经验而使其产品质量或生产技术不断提高，其他厂商可能从模仿中受益，从而导致整个行业的平均成本下降。这种随着时间的推移，行业的累积产量增加，平均成本随之下降的情形，被称为动态外部规模经济（或动态收益递增）。

动态外部规模经济通常用学习曲线（learning curve）来表示。学习曲线表示累积产量与成本之间的关系。随着时间的推移，累积产量不断增长，平均成本下降，所以学习曲线是向右下方倾斜的（如图 3-12 所示）。

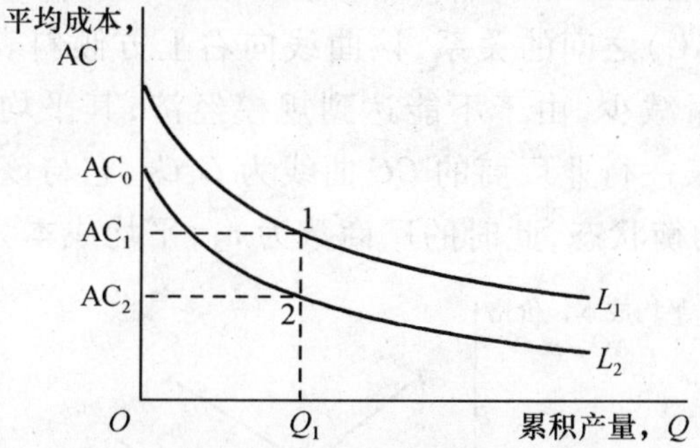

图 3-12　学习曲线

与静态外部规模经济一样，一国也能够通过先进入某一个行业而保持其动态外部规模经济，使其他国家即使有低成本优势但由于缺少经验，在没有外力介入的情况下很难进入该行业。在图 3-12 中，L_1 是国家 1 的学习曲线，L_2 是国家 2 的学习曲线。国家 1 进入该行业较早，累积产量已经达到 Q_1；而国家 2 尽管生产成本低于国

① 李月娥、李永编著，《国际贸易理论与政策》，立信会计出版社，2005 年版，第 132—137 页。

家1，但由于缺乏经验，进入该行业的初始成本 AC_0 高于国家1在累积产量为 Q_1 时的成本 AC_1。

在上述情况下，国家2要想进入该行业，最好的办法是政府对本国的该行业给予暂时的贸易保护或补贴，使其逐步积累经验，直到它有能力参与国际市场的竞争。这种通过政府支持幼小产业发展的论点，本质上是幼稚产业保护论（Infant Industry Argument）。所以，与一般的外部规模经济一样，动态外部规模经济潜在地支持贸易保护主义，有可能成为政府采取贸易保护主义的理论依据。

三、内部规模经济与国际贸易

内部规模经济的实现依赖于厂商自身生产规模的扩大和产出的增加。在具有内部规模经济的产业中，大厂商比小厂商更具有成本优势，因而能够迫使小厂商退出市场，从而控制市场，导致不完全竞争的市场结构。在封闭经济条件下，由于国内的市场规模有限，内部规模经济的存在必然会导致经济的竞争性下降，从而导致产品价格上升、种类减少和生产效率下降等。然而，如果允许开展国际贸易，就可以有效地解决内部规模经济和经济竞争性之间的矛盾。因为与国内市场相比，世界市场可以容纳更多的厂商存在，同时单个厂商的规模也可以扩大，这样各国就可以摆脱狭小的本国市场的限制，较好地解决规模经济与竞争性之间的矛盾。

如图3-13所示，PP 曲线表示某一行业的厂商数（n）和价格（P）之间的关系，该曲线向右下方倾斜表明，厂商数目（n）越多，厂商间的竞争越激烈，各厂商的定价（P）越低。CC 曲线（这里画出 C_1C_1 和 C_2C_2 两条曲线）表示某一行业的厂商数（n）和它们的平均成本（AC）之间的关系，该曲线向右上方倾斜表明，随着厂商数（n）的增多，单个厂商的产量减少，由于不能达到规模经济，其平均成本（AC）上升。在封闭经济条件下，假设某一行业厂商的 CC 曲线为 C_1C_1，它与该行业厂商的 PP 曲线相交于点1，点1代表均衡状态，此时的厂商数为 n_1，平均成本为 AC_1，价格为 P_1。

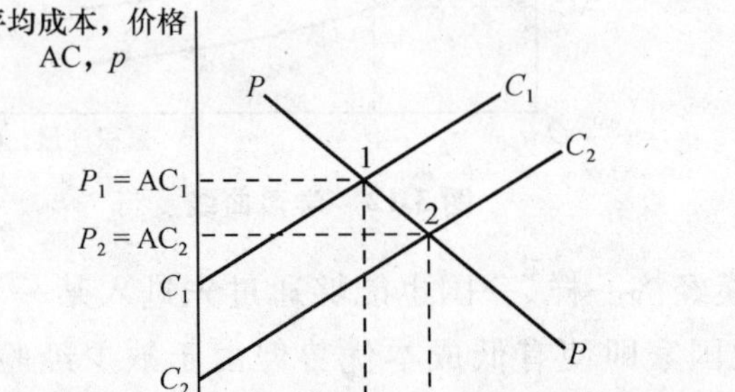

图3-13　国际贸易与内部规模经济

现在假定一国开展国际贸易，这时厂商将面对世界市场进行生产，由于世界市场比国内市场需求大，不仅进入世界市场的厂商数目可以更多，单个厂商的生产规模也可以扩大，这样就会降低厂商的平均成本，导致 CC 曲线向下移动。比如，在图 3-13 中，CC 曲线由 C_1C_1 向下移动到 C_2C_2。这时，均衡点变为点 2，与点 2 对应的厂商数为 n_2，平均成本为 AC_2，价格为 P_2。可见，与封闭经济相比，开展国际贸易后，厂商的数目增加（由 n_1 变为 n_2），平均成本下降（由 AC_1 变为 AC_2），产品的价格也下降了（由 P_1 变为 P_2）。这样就解决了规模经济与竞争性的矛盾。

在一些具有典型内部规模经济特征的行业，一国往往在一个比贸易前产品种类更窄的范围内从事某些产品的规模化、专业化生产。同时，通过从国外进口来满足国内对自己不生产的产品的需求。因此，国际贸易不仅能够使生产者获得规模经济的好处，也可以使消费者以更低的价格消费种类更丰富的产品。

以美国和日本的轿车贸易为例。假设两国都可以生产两厢轿车和三厢轿车，两种轿车的生产都具有规模经济特征。两国轿车的生产技术相同，生产成本曲线也相同。贸易前，两国同时生产两种小轿车供应本国市场，由于各自的国内市场需求小，产品成本和价格都高。现在两国开展轿车贸易，由于面向世界市场，两国的轿车生产规模扩大，在产量增加的同时，生产的平均成本下降，轿车的价格也下降了。为了充分利用世界市场，使规模经济效应充分发挥，两国往往会根据自身的条件调整自己的产业和产品结构，进行专业化分工。比如，美国专门生产两厢轿车，除了满足美国本国的市场需求之外，还向日本出口；日本专门生产三厢轿车，除满足日本本国的市场需求外，还向美国出口。结果，两国各自的生产规模都比专业化分工前明显扩大，两国的生产成本和价格也会明显下降。从世界来看，两国总的产量虽然都和贸易前一样，但是由于实行贸易和专业化分工，生产成本大大降低，两国的生产者都获得了利益。两国消费者可以用比贸易前更低的价格购买两种轿车，而且可选择的轿车种类比贸易前更丰富，所以消费者的利益也大大提高。

对于一些具有高度内部规模经济的行业，由于它们的研究和开发费用等固定成本比较高，必须进行规模化生产才有可能降低单位产品的固定成本。如果没有国际贸易，这类行业可能无法生存下去。如图 3-14 所示，D_d 表示某产业的国内需求曲线，MR_d 表示国内的边际收益曲线；AC 表示该产业中代表性厂商的平均成本曲线，MC 表示厂商的边际成本曲线。显然，如果仅有国内市场，厂商在任何产量水平上的平均成本 AC 都高于需求曲线 D_d 和边际收益曲线 MR_d，所以厂商不可能盈利，只会亏损。而如果厂商面对的是世界市场，需求曲线将上移到 D_w 的位置，这样厂商在世界边际收益曲线 MR_w 和边际成本曲线 MC 决定的均衡产量 Q_e 处进行生产，均衡的价格为 P_e，高于相应的平均成本 AC_e，就可以获利。可见，国际贸易使厂商实现了内部规模经济，保证了高额研发费用得到回报。①

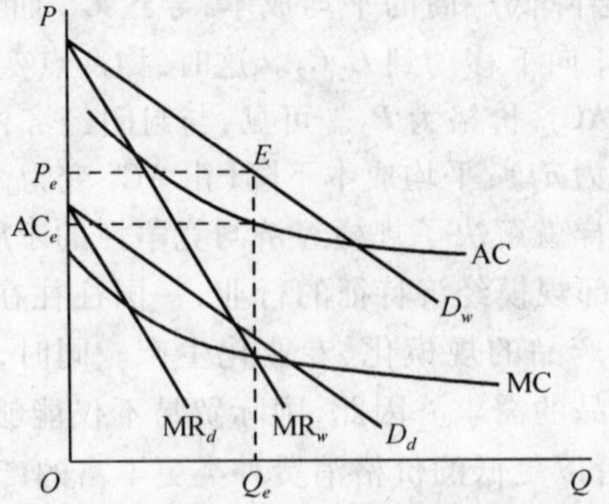

图 3-14　国际贸易对内部规模经济的影响

两国开展国际贸易，除了能够为厂商带来内部规模经济外，还能直接增加贸易国双方的福利。如图 3-15 所示，假如两个国家在各个方面完全相同，因而具有相同的生产可能性曲线和社会无差异曲线。由于存在内部规模经济，生产可能性曲线 MN 凸向原点。在不发生贸易的情况下，生产可能性曲线 MN 和社会无差异曲线 C_1 相切于点 1（切线的斜率为 P_A/P_B），两国都生产 Q_A^1 单位的产品 A 和 Q_B^1 单位的产品 B。在开展国际贸易的情况下，一国专门生产产品 A，产量为 OM；另一国专门生产产品 B，产量为 ON。然后，两国进行交换，专业化生产产品 A 的国家，将生产的 OM 产量中的 Q_A^2 部分用于国内消费，其余的（OM-Q_A^2）部分用于出口以换取产品 B 的进口；而专业化生产产品 B 的国家，将生产的 ON 产量中的 Q_B^2 部分用于国内消费，其余的（ON-Q_B^2）部分用于出口以换取产品 A 的进口。两国贸易使各自的效用达到无差异曲线 C_2 上的点 2，此时两国的效用都得到了提高，因为 C_2 代表的效用水平高于 C_1。可见，贸易增加了两国的福利，这种福利水平的提高来自于专业化生产所产生的规模经济。

四、垄断竞争与国际贸易

与完全竞争行业不同，在垄断竞争行业中，不同厂商所生产的产品具有一定的差异性。这种产品上的差异性导致了两个经济问题的出现：其一，差异产品的生产受规模经济制约，如果一个厂商生产一个产品的全部品种，它就不可能获得规模经济带来的好处，这样厂商就失去了竞争优势，所以受规模经济的制约，厂商往往会选择少数自己有比较优势的差异产品进行专业化生产；其二，由差异产品所导致的垄

① 这里讨论的是短期情况，在长期，如果其他厂商可以自由进出世界市场，那么，在行业存在超额利润的情况下，该厂商面临的剩余需求曲线将会向下移动，最终在与平均成本曲线相切时达到长期均衡。此时，虽然超额利润消失，但是厂商的生产规模却增加了，生产成本下降，产品价格也会下降。与短期相比，福利增加了。

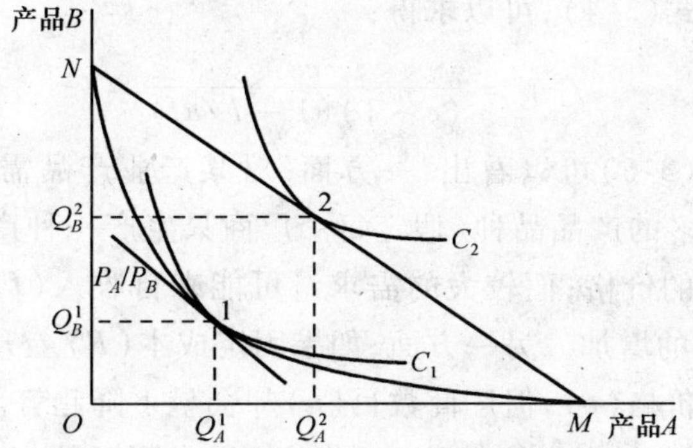

图 3-15 内部规模经济与贸易福利增加

断竞争,使该行业中的厂商数目及定价受市场规模的影响,一般来说,在较大的市场中,通常会有更多的厂商,且每个厂商的销售量和生产规模会更大,而在较小的市场中却不可能出现这种结果。

正是由于上述问题的存在,两国之间必须开展国际贸易,创造出一个比任何国内市场都要大的世界市场。面对更大的市场规模,各国生产者可以选择少数最能反映国内大多数人消费偏好的差异产品进行生产,以充分利用规模经济优势,降低产品的单位生产成本;同时,进口差异产品来满足国内少数人的偏好。这样,发达国家在工业制成品上的专业化分工和产业内贸易格局就形成了。通过开展产业内贸易,各国生产的产品种类减少,但生产规模扩大,从而提高了生产效率和降低了生产成本,消费者也能获得较低的价格和更丰富的产品。

垄断竞争行为与消费者行为密切相关,因此在不同的消费者行为假设下所得出的垄断竞争模型也表现出一定的差异性。下面分消费者具有偏好多样性和消费者偏好具有差异性两种情况,进一步讨论不同的垄断竞争行为与国际贸易的关系。

(一)基于消费者偏好多样性的垄断竞争模型

消费者具有偏好多样性,即消费者对于不同种类的产品都具有偏好,并且偏好均匀分布。在这种情况下,产品的价格可以表示为:

$$\frac{p-c}{p}=\frac{1}{e-\dfrac{e-1}{n}} \tag{3-4}$$

其中,p 表示产品的价格,c 表示厂商的边际成本(这里假设各厂商的边际成本相同且不变),n 表示厂商数目,e 表示异质产品之间的替代弹性。

用 I 表示一国所有居民的总收入,a 是消费者收入中用来购买某种产品的比例,F 表示固定成本。生产这种产品的代表性厂商的产出量为 aI/pn。当超额利润为零时,可以得出厂商的数目(n)为:

$$n=\frac{(p-c)aI}{pF} \tag{3-5}$$

将式(3-5)代入式(3-4),可以求得:

$$p = \frac{ce}{(e-1)(1-F/aI)} \tag{3-6}$$

从式(3-5)和式(3-6)可以看出,一方面,对某产业产品需求量(aI)越大,意味着有更多的厂商、更多的产品品种(假定每个厂商只生产一种产品,故品种和厂商数目一样多)以及更低的价格;而较大的需求量可能来自收入(I)的增加,也可能来自对某种产品消费(a)的增加。另一方面,如果固定成本(F)上升,厂商为了保证利润不为负值,必须提高价格(p),但厂商数目(n)却会呈下降趋势。

以上分析是建立在封闭经济的基础上的,如果本国开放市场,实行自由贸易,世界市场上的收入(I)就会明显增加,从而导致产品种类的增加和价格的下跌。这正是自由贸易给世界带来的两大影响。

上面的分析假设各国的情况完全相同。实际上,各国在技术或要素禀赋方面的不同,必然导致边际成本的不同,这样,在实行自由贸易的情况下,某个行业就会集中在边际成本较低的国家,而边际成本较高的厂商则会退出该行业,进入其他具有比较优势的行业,各国都能够从自由贸易中获利。①

(二)基于消费者偏好差异性的垄断竞争模型

消费者偏好具有差异性,即消费者的偏好是不同的,消费者仅选择众多差异产品中的某一种理想(或最偏好)的产品进行消费。假设有多个厂商存在,每个厂商仅生产某类产品中的一种,某类产品的各种不同模式能用单位圆周上的点来表示。当每个消费者被提供一定数量的某种产品并可以自由选择任何潜在可能的模式时,不管被选择的产品类型有多少,他都将选择理想的模式。当一个消费者面临两种不同的模式选择时,他宁愿选择距理想模式较近的一个。

如图3-16所示,假定市场中有 n 个厂商均匀分布于单位圆周上,各厂商之间的距离为 $1/n$。再假设有一个消费者处在 M 点的位置,与附近的一个厂商 A 的距离为 x,厂商 A 的产品定价为 p_1。那么,消费者距离另外一个厂商 B 的距离为 $(1/n-x)$,厂商 B 的产品定价为 p_2。如果单位距离的运输成本为 t(这里用的是一个比喻性概念,它实际上表达的是消费者选择不同模式的成本),那么,消费者从厂商 A 处购买产品的价格和运输成本之和为 (p_1+tx),从厂商 B 处购买产品的价格和运输成本之和为 $[p_2+t(1/n-x)]$。如果消费者对从厂商 A 和厂商 B 两处购买无所谓的话,必然要求:

$$p_1 + tx = p_2 + t(1/n - x) \tag{3-7}$$

解式(3-7),得:

---

① 此部分的分析与外部规模经济部分类似,实际上外部规模经济必然会导致垄断竞争,这里侧重于分析垄断竞争市场环境下的贸易及其福利影响。

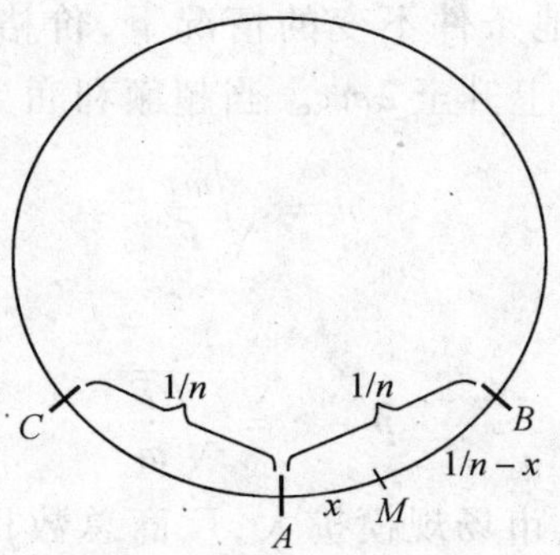

图 3-16　消费者的选择模式

$$x = \frac{p_2 - p_1 + t/n}{2t} \tag{3-8}$$

显然，这里求出的 x 为厂商 A 的市场最大边界。根据对称性原理，与厂商 A 相邻的另一边的厂商 C 也应定价为 p_2。为简单起见，假设所有的厂商都具有相同的边际成本 c 和固定成本 F，任何厂商都是在假定其他厂商定价的情况下来确定自己的价格的。

现在用距离(x)来代表厂商的产量，则厂商 A 的产量应为 $2x$，单位利润可以表示为 $p_1 - c$，超额利润可以表示为 $2x(p_1 - c) - F$。将式(3-8)代入 $2x(p_1 - c) - F$，可得厂商 A 的超额利润(π)为：

$$\pi = \frac{(p_2 - p_1 + t/n)(p_1 - c)}{t} - F \tag{3-9}$$

假设价格 p_2 既定，对式(3-9)求极大值(即厂商利润最大化)，可得价格 p_1。同理，也可以求得价格 p_2。由于对称性，$p_1 = p_2$，因而可得：

$$p_1 = p_2 = c + t/n \tag{3-10}$$

令超额利润为零，即令 $\pi = 0$，根据式(3-9)可解得厂商的数目为：

$$n = \sqrt{\frac{t}{F}} \tag{3-11}$$

将式(3-11)代入 $p - c$，又可得到：

$$p - c = \sqrt{tF} \tag{3-12}$$

根据式(3-11)和式(3-12)可知，消费者选择的成本(t)越大，厂商的数量会越多；固定成本(F)越高，初期投入越大，每个厂商都希望通过扩张规模来分摊成本。当 t 和 F 都很大时，产品定价会很高。当 t 很大而 F 很小时，厂商数目(n)很大，近乎完全竞争的情形。

上面的分析是建立在封闭经济基础上的，如果允许一些相似的国家进行自由贸易，那么，由于市场规模的扩大，厂商数目(n)会增加。不妨假设开放市场上的国家

数目为 m，在 c、t 和 F 等其他条件不变的情况下，价格方程 $p_1 = p_2 = c + t/n$ 保持不变，但是厂商的产量却由 $2x$ 上升至 $2mx$。当超额利润为零时，均衡厂商的数目变为：

$$n = \sqrt{\frac{mt}{F}} \tag{3-13}$$

这时，$p - c$ 变为：

$$p - c = \sqrt{\frac{tF}{m}} \tag{3-14}$$

可见，开展国际贸易后，市场规模扩大，厂商总数目（n）增加，产品品种增多，成本和价格下降。所以，在开放经济条件下，厂商能够以更大的规模和更低的成本来生产产品，消费者则能够以更低的价格和更大的选择空间来消费产品，整个社会的福利水平得到了提高。①

五、寡头垄断与国际贸易

在寡头垄断市场下，分析的假设条件和寡头厂商间的竞争方式不同，因而其福利效应和贸易模式也不同。下面主要讨论寡头垄断下的厂商竞争方式、同质产品贸易及异质产品贸易三个问题。

（一）寡头垄断下的厂商竞争方式、国际贸易及其福利效应

首先假设国内市场被一家厂商完全垄断，且该厂商的产品仅在国内销售。为简单起见，假设国内的需求曲线是线性的，垄断厂商的边际成本固定不变。如图 3-17 所示，D 为国内市场需求曲线，MR 为边际收益曲线（斜率为 D 曲线的一半），c 为边际成本，a 为需求曲线在价格轴上的截距。如果完全竞争下的均衡产量为 $2x$（图中 MC 曲线和 D 曲线的交点所对应的产量），垄断厂商的均衡产量为 x，均衡价格为 $(a+c)/2$。② 此时，国内的社会福利状况如下：

消费者剩余为：$\frac{a-c}{4}x$，即图中的阴影部分 A；

生产者剩余为：$\frac{a-c}{2}x$，即图中的阴影部分 S；

整个社会福利为：$\frac{3(a-c)}{4}x$，即图中的阴影部分 A 和 S 之和。③

现在假设本国开放国内市场，一家国外厂商进入本国市场，该厂商的边际成本也是 c。那么，本国在开放市场条件下的福利变化情况，要取决于两家厂商的竞争

① 这里的分析借用了现代产业组织理论中的区位模型思想，详细分析可参见：尹翔硕编著，《国际贸易教程》，复旦大学出版社，2001 年版，第 116—125 页；李月娥、李永编著，《国际贸易理论与政策》，立信会计出版社，2005 年版，第 151—152 页。

② 注意：该均衡价格根据[$(a-c)/2+c$]求得，请根据几何原理进行思考。

③ 注意：这里假设政府的税收收入为零，否则整个社会福利中要加入政府的税收收入。

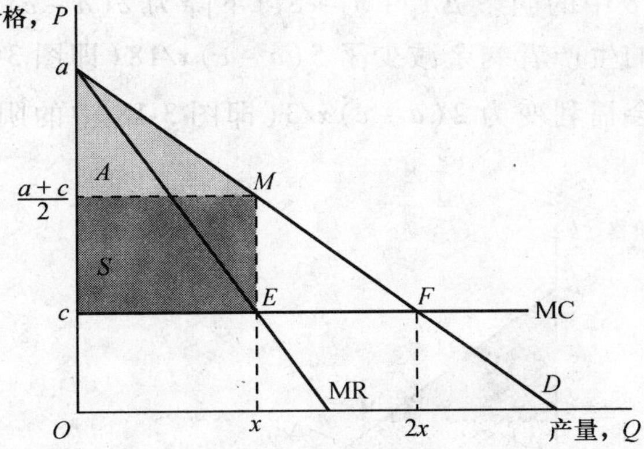

图 3-17 寡头垄断模型

方式：

(1) 第一种方式：两家厂商合谋平分国内市场。在这种情况下，均衡价格和两家厂商的总产量不会发生变化。因此，消费者剩余不会发生变化，但是本国厂商的超额利润（即生产者剩余）会减半，另一半被国外厂商得到。本国的整个社会福利水平变为$(a-c)x/2$。在合谋的情况下，开放市场（或者说自由贸易）使本国的社会福利损失了$(a-c)x/4$。但是，从整个世界看，外国厂商的生产者剩余增加了$(a-c)x/4$，世界的整体福利水平并没有发生变化。

(2) 第二种方式：两家厂商进行价格竞争。在价格竞争的过程中，双方都将对方的价格视为不变来确定自己的价格，以实现利润最大化。根据伯兰德模型（Bertrand Model），两家厂商价格竞争的结果是使价格一直降到边际成本 c 为止。此时，两家厂商的超额利润都为零，整个市场类似于完全竞争状态，价格等于边际成本（即 $p=c$），产量由原来的 x 上升至 $2x$。在这种情况下，生产者剩余为零，但消费者剩余增加至$(a-c)x$（即图 3-17 中需求曲线 D、边际成本曲线 MC 和价格轴围成的三角形面积）。在价格竞争的情况下，开放市场（或者说自由贸易）使本国的社会福利增加了$(a-c)x/4$。从整个世界看，由于外国厂商的生产者剩余为零，本国福利的增加意味着世界的福利也在增加。

(3) 第三种方式：两家厂商进行数量竞争。根据古诺模型（Cournot Model），每个厂商都将对方的产出视为不变，并以此确定自己的产量以实现利润最大化，最终每家厂商各自生产市场总容量的 1/3。由于市场总容量为 $2x$，每家厂商的产量为 $2x/3$，两家厂商的总产量为 $4x/3$，这时价格由原来的$(a+c)/2$ 下降为$(a+2c)/3$。在这种情况下，消费者剩余由原来的$(a-c)x/4$（即图 3-18 中的阴影 A）增加为$4(a-c)x/9$（即图 3-18 中的阴影 $A+\Delta A_1+\Delta A_2$），消费者剩余增加了$7(a-c)x/36$（即图 3-18 中的阴影 ΔA_1 和 ΔA_2 的总和，其中，ΔA_1 是由本国厂商转移给消费者的利益，ΔA_2 是本国消费者从外国厂商那里获取的利益）；本国厂商的生产者剩余由原来的

$(a-c)x/2$（即图3-18中的阴影 $\Delta A_1+S_d+S_f^1$）下降为 $2(a-c)x/9$（即图3-18中的阴影 S_d），本国厂商的生产者剩余减少了 $5(a-c)x/18$（即图3-18中的阴影 $\Delta A_1+S_f^1$）；本国的整个社会福利变为 $2(a-c)x/3$（即图3-18中的阴影 $A+\Delta A_1+\Delta A_2+S_d$）。

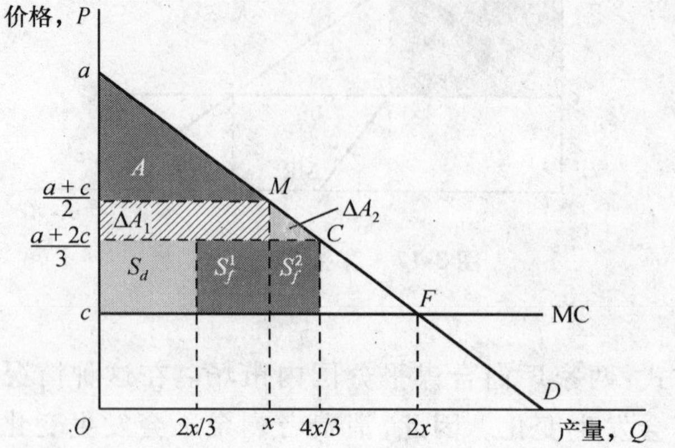

图3-18　古诺模型

可见，在数量竞争的情况下，开放市场（或者说自由贸易）使本国的社会福利比完全垄断时下降了 $(a-c)x/12$（即图3-18中的阴影 $S_f^1-\Delta A_2$）。从整个世界看，外国厂商的生产者剩余为 $2(a-c)x/9$（即图3-18中的阴影 $S_f=S_f^1+S_f^2$），所以，尽管本国的社会福利下降了，如果将外国厂商的生产者剩余考虑在内，世界的总福利水平还是增加了 $5(a-c)x/36$（即图3-18中的阴影 ΔA_2 加上阴影 S_f^2 之和）。①

综上所述，在价格竞争和数量竞争的情况下，国际贸易提高了世界的福利水平。必须指出的是，以上分析是建立在局部均衡基础上的，如果将分析扩大到一般均衡，寡头垄断对社会福利的影响将发生变化。比如，当本国厂商的生产成本较高时，开放本国市场会导致本国厂商退出，使资源流向有比较优势的产业，这样有利于提高本国的生产率，最终可能增加本国福利。

在国际寡头垄断的条件下，一国能否成为净出口国，既取决于比较优势、技术优势和要素的丰裕程度，也取决于国内的需求量和国内某产业中厂商数目的多少。在两国的其他因素都相同的情况下，如果国内需求较少，厂商就倾向于直接出口；如果本国某产业中厂商的数目多于外国，那么本国的产量也高于外国，这样本国也必然会成为净出口国。实际上，在国际寡头垄断模型中，两国之间的贸易是双向的。如

① 当然，在古诺竞争的情况下，虽然本国的福利水平下降了，但是如果本国厂商也可以进入国外市场，就可以抵消外国厂商在本国取得的利润，从而使本国的福利水平净增加。此外，如果有多家外国厂商进入本国市场，更多厂商的竞争会导致产品价格下降，这时消费者剩余会提高，如果增加的消费者剩余超过了本国厂商减少的生产者剩余，本国的福利水平也会净增加。但是，如果国内需求水平相对较高，或本国在世界范围内经营的厂商较少，或者本国厂商的生产成本较高，开放市场必然会导致本国福利的净损失。

果产品是无差异的，那么，每个国家都要进入外国市场，否则盈利机会就会丧失。[1]

（二）寡头垄断下的同质产品贸易

1. 早期的解释

同质产品的产业内贸易现象发生后，出现了很多解释这种现象的理论。比较早的理论是用运输成本来进行解释，该理论认为高昂的运输成本会导致同质产品的产业内贸易。如果一国从邻国进口某种产品比从本国更远的地区购买该产品更便宜，同时该国也能通过边境出口该产品到邻国，两国同质产品的产业内贸易就发生了。

较系统地研究同质产品产业内贸易现象的是格鲁贝尔和劳埃德。他们认为，同质产品的产业内贸易产生的原因有多种，如边境大宗贸易、季节性因素、转口贸易、相互倾销、政府政策和法律限制等。此外，收入水平和需求结构差异也可能导致同质产品产业内贸易的发生。

下面具体介绍由布兰德和克鲁格曼建立的相互倾销模型。

2. 相互倾销模型

布兰德和克鲁格曼建立了一个简单开放条件下的古诺模型。该模型假定两个国家在所有方面都完全一样，每个国家有一个厂商以同样的成本生产同样的产品，并且两国国内对该产品的需求函数也一样，两国采取的是“古诺行为”。与经典的古诺模型不同的是，两个厂商是在不同的国家里。开展贸易前，各国国内的垄断厂商面临着一条向下的国内需求曲线，据此来确定垄断价格和垄断利润。开展贸易后，两国厂商均可自由进入另一国市场，这样每个厂商将面临一个弹性更大的需求曲线，于是整个产业的产量将随之扩大，价格也随之下降，两国的福利都会因为垄断扭曲的减少而增加。可见，即使没有其他动因，寡头垄断的相互作用也可能导致两国发生贸易。[2]

以上分析没有考虑运输成本。如果将运输成本引入寡头模型，每个厂商在国内市场销售的价格，必然高于它在出口市场销售减去运输成本的价格。原因在于，运输成本的存在，使外国厂商对本国市场的出口减少了，而本国厂商的销售增加了，但是外国厂商对本国出口的减少必然大于本国厂商销售的增加，其结果是本国市场的价格必然上升。

图 3-19 显示了本国市场上国内厂商和国外厂商的两个反应函数。其中，R 是本国厂商的反应函数，它表明在面临国外厂商（竞争者）在本国市场的任何销售量的情况下，本国厂商为了实现利润最大化而选择的在国内的销售量；R^* 是外国厂商的反应函数，它表明在面临国内厂商（竞争者）在本国市场的任何销售量的情况下，外国厂商为了实现利润最大化而选择的在本国市场上的销售量。由于假设两国在所有

---

① 这种相同产品的双向贸易现象，被形象地称为“交叉搬运”（cross-hauling）。

② 这个开放的古诺模型，被称为布兰德—克鲁格曼模型（Brander and Krugman's Model）。

方面都完全一样，这两个反应函数是对称的。两个反应函数曲线的交点（点1），就是本国市场上的均衡点。此时，两家厂商在本国市场上的销售量相同，都为 Q_1^e（即 $Q_1^* = Q_1 = Q_1^e$，Q_1^* 是均衡时外国厂商在本国市场的销售量，Q_1 是本国厂商的销售量）。

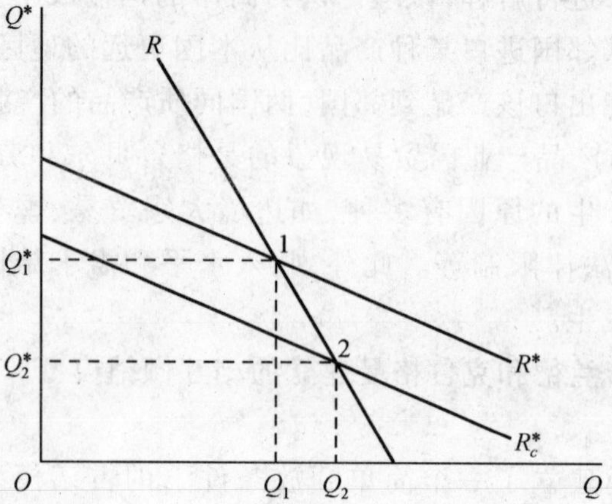

图 3-19　开放条件下本国市场的古诺均衡

以上分析的是不存在运输成本时的情形。当存在运输成本时，外国厂商在本国市场的销售量必然会减少，从而使外国厂商的反应函数曲线向原点方向移动（在图3-19 中，从无运输成本时的 R^* 移动到 R_c^* 的位置）。从图 3-19 中可以看出，外国厂商对本国出口和销售的减少（$\Delta Q^* = Q_1^* - Q_2^*$）必然大于本国厂商销售的增加（$\Delta Q = Q_2 - Q_1$）。同样，对于外国市场，也会出现类似本国市场的情形。①

可见，运输成本的存在，使得每个国家的市场中由本国厂商所满足的需求份额总是大于外国厂商的份额。因为每一个厂商在外国市场占有的份额要低于国内市场，所以厂商在外国市场的边际收益相对于国内市场要高一些。② 在这种情况下，由于寡头垄断的相互作用，国内外两个厂商都会倾向于限制国内市场的销售量，都有“挤占”对方市场的动力。为此，厂商的决策是将产品以高于边际成本但低于本国市场的价格“倾销”到国外。因此，即使两国的初始条件相同，最终也会发生贸易，极端情况下就会导致同种产品的双向贸易。布兰德和克鲁格曼将这种产业内贸易称为相互倾销。

必须指出的是，出口倾销是垄断厂商为了实现利润最大化，在垄断国内市场并维持垄断高价的前提下，以低于国内市场价格的方式大量出口产品，争夺外国市场

① 详细解释可以参见：尹翔硕编著，《国际贸易教程》，复旦大学出版社，2001 年版，125—131 页。

② 根据公式 $MR = P(1 - 1/|e_d|)$，由于国外市场的需求弹性相对较大，相对于国内市场，在同样的价格下国外市场的边际收益要大于国内市场。正因为如此，即使在国外市场实行低价政策，厂商仍然能够取得不低于国内市场的边际收益。

的行为。然而,垄断厂商成功实施出口倾销策略,必须具备三个基本条件:一是国内必须具备不完全竞争的市场环境,倾销出口厂商在国内具有垄断地位,能够操纵价格;二是国内市场与国外市场必须相互分隔,倾销到国外的产品不可能再以低价的形式回流到国内市场;三是垄断出口厂商面临的国内需求弹性小于国外需求弹性,即国内需求曲线比国外需求曲线更加陡峭。

如图3-20所示,假定垄断出口厂商面临着不变的边际成本条件MC;国内需求曲线为D_d,与此对应的国内边际收益曲线是MR_d;国外进口需求曲线是D_f,与此对应的国外市场的边际收益曲线是MR_f。国内需求弹性小于国外进口需求弹性,即D_d的斜率大于D_f的斜率,这是因为垄断出口厂商在国外市场上面临着更多相似产品的竞争。垄断厂商为了实现利润最大化,必须将国内的生产量和销售量确定在边际成本等于边际收益的水平上,此时,国内产销量是Q_d。如果垄断出口厂商以低于国内市场价格P_d,但高于边际成本MC的价格水平P_e出口产品,出口数量为Q_e,那么,在国外市场上,该垄断厂商就可以获得阴影部分S的额外利润。

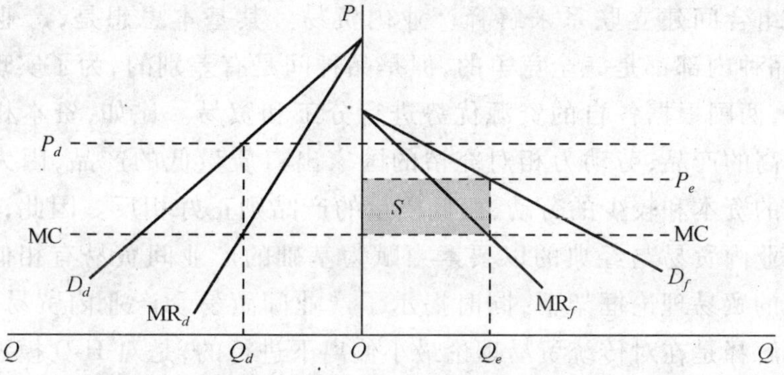

图3-20　垄断厂商的倾销行为

在相互倾销贸易模型中,各国开展国际贸易的原因在于垄断或寡头厂商的市场销售策略,与两国的产品成本是否存在差异无关,也与两国是否存在要素禀赋差异无关。显然,即使各国产品不存在任何差异,寡头垄断厂商出于对利润最大化的追求,仍然有可能开展国际贸易。当然,由于厂商的市场策略或利润最大化的标准不确定,贸易的结构和模式也是不确定的。

相互倾销可能会消除封闭市场条件下的纯粹垄断现象,导致某种程度的竞争。但是,竞争带来的收益可能被运输过程中的资源消耗所抵消。所以,相互倾销对社会福利的影响是不确定的。

(三)寡头垄断下的异质产品贸易

异质产品包括水平差异性产品和垂直差异性产品两种类型。水平差异性产品的情况下,产品的质量相同但花色品种不同,所以产品的种类较多,各个厂商对产品的垄断程度相对较弱,适于使用垄断竞争模型来进行分析。克鲁格曼创立的新张伯伦模型(neo-Chamberlinian model)和兰卡斯特创立的兰卡斯特模型(Lancaster's Model)就是在垄断竞争框架下分析水平差异性产品的产业内贸易的。当然,如果某些行业的厂商进入受到限制,这时的水平差异性产品贸易则接近于寡头垄断的情形。但是,与水平差异性产品不同,垂直差异性产品在花色品种方面相同但质量不同,由于不同质量的产品在研究、开发和生产上需要有较大的投入,市场上仅有少数厂商可以进行垂直差异性产品的生产,因此它适用于寡头垄断模型。在垂直差异性产品贸易方面作出重要研究贡献的有 R. E. 费奥维(R. E. Falvey)、H. 凯克斯基(H. Kierzkowski)、费莱姆(Flamand)、赫尔普曼(E. Helpman)、谢克德(Shaked)和萨顿(Sutton)等人。

首先对垂直差异性产品的产业内贸易进行研究的是费奥维。他认为,有许多不同厂商生产质量不同的产品,而这些产品的生产又都没有实现规模经济,这时可能会导致垂直差异性产品的产业内贸易。费奥维的模型对 H-O 模型的假定条件进行了适当的变动,在保留完全竞争的假设条件下,试图在产品特性和劳动、资本等基本要素的不同组合间建立联系来解释产业内贸易。其基本思想是,产业内有多个品种,每一个品种内部都是完全竞争的,但是品种间是有差别的,为了实现规模效应和利润最大化,两国根据各自的资源优势进行分工和贸易。比如,资本相对充裕的国家出口质量高的产品,劳动力相对充裕的国家出口质量低的产品,因为高质量的产品需要较多的资本和较少的劳动,而低质量的产品则正好相反。因此,在这里,垂直性产品的产业内贸易与经典的以要素禀赋为基础的产业间贸易有相似之处。该理论是在传统的贸易理论框架下,同时揭示了产业间贸易和产业内贸易,所以它对产业内贸易的解释是在对传统贸易理论最小偏离下进行的,是对 H-O 模型的进一步扩展。因此,该模型被称为新 H-O 模型。

与费奥维以完全竞争的市场结构为前提进行分析不同,谢克德和萨顿的垂直差异性模型是以寡头垄断市场假定为前提来展开分析的。谢克德和萨顿(Shaked & Sutton, 1984)假定:① 某产品有垂直差异性的许多品种,这种垂直差异反映在不同品种的质量上;② 厂商要开发和生产一个质量较高的品种,需要投入大量的研究和开发费用,它构成了产品生产的固定成本,而产品的平均可变成本是不变的;③ 假定消费者都具有同样的偏好,因而消费者会对产品的质量有一个共同的排列顺序;④ 消费者的收入水平不同,并且收入水平的高低和消费产品的质量相对应;⑤ 产品市场是只有两家厂商进行生产的寡头垄断市场。

在上述假定条件下,现在利用图形分析一种垂直差异产品的双寡头垄断均衡情况。如图 3-21 所示,$F(v)$ 是开发质量为 v 品种的产品所需要的研发成本。假定厂商 1 先进入市场并生产质量较低的品种 v_1,总收益曲线为 TR。厂商 2 后进入市场,生产质量较高的品种 v_2,总收益为 TR_2。从图 3-21 可以看出,厂商 1 生产品种 v_1 为最佳选择，因为此时的边际收益（TR_1 曲线上的斜率）与边际成本（$F(v)$ 在 v_1 点上的斜率）正好相等。如果生产高质量的品种 v_2，则其总收益为零。虽然厂商 1 可以通过生产质量较低的品种得到收益，但是他不可能通过一直降低生产的质量来提高收益，因为质量下降到某一点消费者就会转向购买质量较高的品种。厂商 2 的情况和厂商 1 相反，在生产 v_2 质量的产品品种上，其边际收益（TR_2 曲线上的斜率）与边际成本（$F(v)$ 在 v_2 点上的斜率）相等，是收益最大化的选择。如果厂商 2 生产质量较低的品种 v_1，其总收益为零。但是，他也不可能一直通过提高质量来增加收益，因为质量提高到某一点，消费者就会转向消费质量较低的品种。

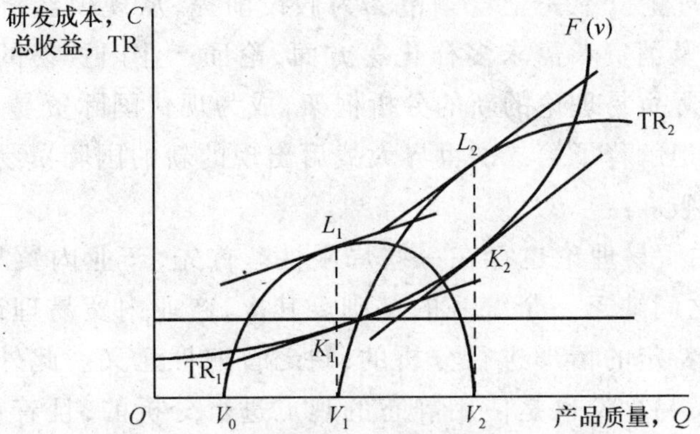

图 3-21　垂直差异产品的双头垄断均衡

假定有两个完全一样的国家。在封闭条件下，两个国家各自有两个厂商生产同一种垂直差异产品。如果允许自由贸易，一个国家的厂商就会直接面临另一个国家生产同样质量产品的竞争。竞争的结果是一个品种只在一个国家生产，每个生存下来的厂商会面对由国内和国外相加后扩大了的市场。扩大了的市场会导致规模经济，规模经济又会导致产品的生产成本和销售价格下降，消费者因此而获益。显然，如果撤出的两个厂商分别属于不同的国家，产业内贸易就可能发生，并且是一个国家出口质量较高的产品，另一个国家出口质量较低的产品。从长期看，消费者会由于更高质量产品的开发而得益。在图 3-21 中，贸易后市场的扩大会导致两家厂商的总收益曲线向上移动，在质量给定的情况下总收益曲线上的切线必然变陡，这意味着开发新的质量更高的产品会增加收益。因此，在新的长期均衡中，两家厂商都会改进产品的质量。

在此模型中，产业内贸易是否会发生取决于撤出的两个厂商是否属于同一个国家。如果属于同一国家，则不会发生产业内贸易；如果是两个国家各自撤出一个，则产业内贸易可以发生。

如果放松该模型中两个国家的收入分布完全一样的假定，即两个国家的收入水平不相同，那么，这种产业内贸易的不确定性就消除了。如果一个国家的平均收入水平比另外一个国家高，则该国在封闭经济条件下生产的产品质量也会比另一个国家的高。两国开展国际贸易后，可供给的产品品种比收入相同模型中的要多。这样，高收入国家会专门生产质量高的品种，并出口其中的一部分，同时从低收入国家进口某些质量较低的品种。低收入国家的生产和贸易模式与高收入国家正好相反。自由贸易会导致价格下降，这样有些质量较低的产品可能会消失，产品的质量总体上可能会得到改进。

六、产业内贸易理论的简要评价

产业内贸易理论以不完全竞争市场为假设前提，从规模经济、产品差异性与不完全竞争市场以及消费者需求多样化等方面，论证产业内贸易的基础和模式，得出了不同于传统国际贸易理论的新的分析框架，成为现代国际贸易理论的重要组成部分。它不仅较好地解释了第二次世界大战后出现的新的国际贸易现象，而且在理论上取得了重大突破。

但是，产业内贸易理论也存在一些局限性。首先，产业内贸易理论的内容比较繁杂，不同理论之间缺乏一个统一的基础。其次，产业内贸易理论中的一些代表性的模型都是针对特定的情形进行分析的，缺乏普遍性意义。此外，与传统的贸易理论一样，产业内贸易理论也是使用静态的观点进行分析的，且着重于贸易结构的分析，忽视了对生产关系的剖析。[①]

第五节　国家竞争优势理论

国家竞争优势理论是一种超越了传统贸易理论的新理论。由于该理论的内容十分丰富，这里仅简要地介绍其中一些基本知识。首先简要地分析国家竞争优势与国际贸易的关系，其次概要地介绍国家竞争优势的决定因素与发展阶段，最后对这一理论做一简要的评价。

一、国家竞争优势与国际贸易

20 世纪 80—90 年代，美国哈佛大学商学院教授迈克尔·波特（Michel Porter，1947—）陆续出版了《竞争战略》（1980 年）、《竞争优势》（1985 年）和《国家竞争优势》（1990 年）三本著作，分别从微观、中观和宏观三个层面论述了企业竞争、产业竞争和国家竞争问题，系统地提出了国家竞争优势理论。

与其他贸易理论立足于贸易活动本身不同，波特从中观层面的产业经济入手，

① 关于产业内贸易理论方面的比较高深的分析，请参见：程大中编著，《国际贸易》，格致出版社、上海人民出版社，2009 年版，第 156—204 页。

结合微观层面的企业和宏观层面的国家来综合论证竞争优势在一国对外贸易中的决定作用。波特认为,一国的竞争优势是微观企业竞争优势、中观产业竞争优势和宏观国家竞争优势的有机结合和统一,生产要素、技术、需求状况、产业结构、企业战略和政府政策等诸多因素都会影响一国的国际竞争力,从而影响一国参与国际分工的程度和对外贸易状况。

按照波特的观点,国际竞争优势反映的是一个国家或地区在全球市场上超越竞争对手而获取财富的综合能力,一国在国际贸易中的竞争力取决于其生产力的发展水平。一些出口成本低的国家、有大量贸易顺差的国家以及在世界出口贸易总额中比重不断上升的国家,并不一定就具有强大的国际竞争力。例如,有的国家实行货币贬值,或被动地采取低成本、低价格的出口方式,短时间内扩大了出口规模,但是却不能认为其拥有很强的国际竞争优势。

波特指出,一个国家的竞争优势就是企业与行业的竞争优势,一国兴衰的根本原因在于它能否在国际市场中取得竞争优势。而竞争优势的形成有赖于主导产业是否具有优势,其中关键在于能否提高劳动生产效率。波特认为,提高劳动生产效率的源泉在于国家是否具有适宜的创新机制和充分的创新能力。为此,波特从以下三个层面阐述了一国的创新机制:

(1) 微观竞争机制。国家竞争优势的基础是企业内部活力,企业缺少活力,不思进取,国家就难以树立整体优势。能够使企业获得长期盈利能力的创新,应当是在研究、开发、生产、销售和服务诸环节上都使产品增值的创新。企业要在整个经营过程的升级上下工夫,在强化管理、研究开发、提高质量和降低成本等方面进行全面的改革。

(2) 中观竞争机制。企业的创新不仅取决于企业内部要素,还要涉及产业及区域。企业经营过程的升级,有赖于企业前向、后向和侧向关联产业的辅助与支持。企业追求长远发展,需要有产业空间战略,可以把企业的研发部门、生产部门和销售部门按一定的方式组合与分割,分别置于最适宜的地区,利用产业链构建一个最优的区域组合,以达到降低成本和提高快速反应能力等目的。

(3) 宏观竞争机制。个别企业、产业的竞争优势并不必然导致国家竞争优势。因此,一国的宏观机制对其可否形成国家竞争优势具有决定性作用。

波特还把产业集群纳入竞争优势理论的分析框架,创立了产业集群的新竞争经济理论。他认为一个国家的产业竞争力集中表现在这个国家以集聚形态出现的产业上。也就是说,许多具有国际竞争力的产业都与产业集群的形式分不开,产业集群在产业区域竞争优势的培养中具有不可替代的作用。产业集群之所以能够引起人们的高度关注,关键在于它具有较强的持续竞争优势。产业集群竞争力不仅体现在市场占有率上,而且体现在增长速度、生产率和结构转化方面,尤其是在创新能力方面。波特还从技术创新维度探讨了集群经济的竞争优势。

二、国家竞争优势的决定因素与发展阶段

(一) 国家竞争优势的决定因素

波特认为,一国的国内经济环境对企业构建其竞争优势的制约作用极大。在一国的众多行业中,最有可能在国家竞争中取胜的是国内“四因素”环境特别有利的那些行业。因此,一国的竞争优势实质上是生产力发展水平上的优势。一个国家的竞争力和竞争优势主要取决于以下几个方面:

(1) 生产要素。生产要素是一个国家在特定产业竞争中有关生产方面的表现,包括自然资源、资本资源、人力资源、知识资源和基础设施等。这些要素可以分为基本要素和高级要素两类,基本要素是一国先天拥有或不用太大的代价就能得到的要素,如自然资源、地理位置、气候、非熟练或半熟练劳动力等;高级要素则需通过长期投资或培育才能创造出来,如现代化的基础设施、高质量人力资源、高新技术等。基本要素在许多行业对企业的竞争优势具有决定性的影响,如中东的石油业、智利的铜矿业和新加坡的修船业等。但随着世界贸易结构向以制成品为主的转化以及基本要素的普遍可供性,基本要素对竞争优势形成的重要性正日趋减弱,取而代之的则是高级要素。当然,高级要素的创造不仅需要长期、大量的人力资本投资,而且要有适宜其生长的社会经济、政治法律环境。但是,毋庸置疑,高级要素的优势已成为企业国际竞争力在未来持续可靠的源泉。

(2) 需求状况。国内需求状况的不同会导致各国竞争优势的差异。国内需求可分为细分的需求、老练挑剔的需求和前瞻性需求三类。一国在某一个细分市场上的需求量大,就会产生规模经济,这个国家在细分市场上将占有优势。老练挑剔的需求对企业构成经常性的压力,消费者的这种需求是企业所不能回避的,只能通过不断的技术创新来生产出适应消费者需求的产品。一国的前瞻性需求若能在国外市场上迅速铺开,则该国产品就具有别国产品所不可比拟的竞争优势。国内需求对竞争优势最重要的影响是通过国内买方的结构和买方的性质体现的。

(3) 相关及支持产业。一个国家的产业要想获得持久的竞争优势,就必须在国内建立具有国际竞争力的支持产业和相关产业。支持产业可以以最有效的方式及时地为国内企业提供最低成本的投入;不断地与下游产业合作,促进下游产业创新;促进信息在产业内传递,加快整个产业的创新速度。一个国家如果有许多相互联系的有竞争力的产业,该国就很容易产生新的有竞争力的产业。因此,有竞争力的相关产业往往同时在一国产生。

(4) 企业战略、组织结构与竞争。企业战略、组织结构与竞争包括企业建立、组织和管理的环境及国内竞争的环境。各个国家由于环境不同,需要采取的管理体系

也不同,适合一国环境的管理方式能够提高该国的国家竞争优势。一个国家内部市场的竞争结构也会对该国企业的国际竞争力产生重大影响,激烈的国内竞争是创造和保持竞争优势的最有力的激励因素。国内竞争会迫使企业不断更新产品、提高生产效率,以取得持久、独特的优势地位。此外,激烈的国内竞争还会迫使企业走出国门,在国际市场上参与竞争。因此,经过国内激烈竞争锻炼的企业往往更加成熟,更具有国际竞争力,更容易在国际竞争中取胜。

上述四个要素并不是彼此独立的,而是一个相互制约、相互强化的系统,如图3-22 所示。因其形似钻石,通常被称为国家竞争优势的"钻石模型"。

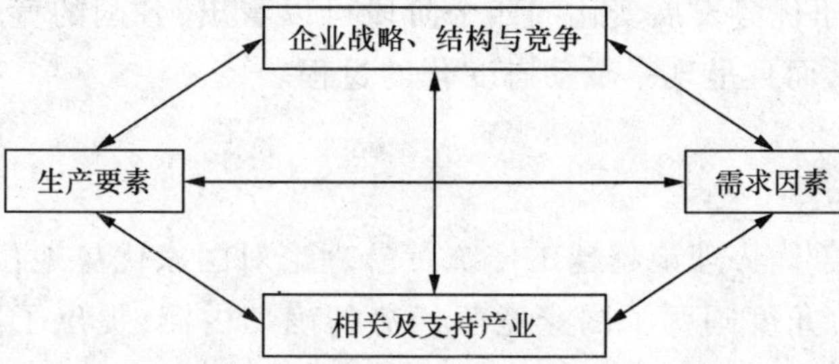

图 3-22　国家竞争优势的决定因素

除了上述四种主要因素外,还有两个重要变量可能对国家竞争优势产生重要影响,那就是机遇和政府。机遇包括重要的发明、重大技术革新、投入成本的剧变、外汇汇率的突然变化、突发的世界性或地区性需求、外国政府的政治决定和战争等。机遇的重要性在于它可能打断事物发展变化的进程和规律,改变一个国家在一个产业中的国际竞争地位,使原来处于领先地位的企业的竞争优势失效,落后国家的企业若能顺应局势的变化,利用新机遇便可能获得竞争优势。但是,机遇对竞争优势的影响不是决定性的,同样的机遇可能给不同企业带来不同的影响,能否利用以及如何利用机遇最终取决于四种基本因素。政府对国家竞争优势的作用主要体现在对四种因素的引导和促进上。政府可以通过补贴、对资本市场干预或制定教育政策等影响各类要素,通过确定地方产品标准、制定规则等影响买方需求,也可以以各种方式决定相关产业和支持产业的环境,影响企业的竞争战略、结构和竞争状况等。可见,政府的作用十分重要。

(二)国家竞争优势的发展阶段

波特认为,一国国际经济地位上升的过程就是其竞争优势加强的过程。一国竞争优势的发展可以分为四个阶段:

(1)要素驱动(factor-driven)阶段。在这个阶段,竞争优势主要来源于基本要素。产业竞争主要依赖国内自然资源和劳动力资源的拥有状况,具有竞争优势的产业一般是资源密集型产业。在该阶段,产业技术水平层次较低。

(2)投资驱动(investment-driven)阶段。在这一阶段,竞争优势主要来源于资本要素，具有竞争优势的产业一般是资本密集型产业。持续、大量地投资，可以更新设备、提高技术水平、扩大生产规模和增强企业竞争力。

（3）创新驱动（innovation-driven）阶段。在这一阶段，竞争优势主要来源于企业的创新，具有竞争优势的产业一般是技术密集型产业，如高新技术产业或被高新技术改造过的传统产业。在该阶段，企业已具备各种研究和开发的条件，能够在广泛的领域成功地进行市场竞争并实现技术升级。

（4）财富驱动（wealth-driven）阶段。在这一阶段，竞争优势主要依靠过去的长期积累，企业的创新竞争意识明显下降，经济发展缺乏强有力的推动。

从上述国家竞争优势发展变化的四个阶段可以看出，各国的竞争优势是诸多因素综合作用的结果，而且呈现一个动态变化的过程。

三、简要评价

波特的国家竞争优势理论超越了传统贸易理论对国家优势地位的片面认识，首次从多个层面、多个角度阐明了国家竞争优势的确切内涵，提出了国家优势形成的根本在于竞争、在于产业的确定等观点。同时，该理论还强调竞争优势的动态变化，强调国内因素对形成竞争优势的重要性，强调企业创新在优势产业建立中的基础地位，重视国内市场需求的作用，这些都具有重要的理论和现实意义。该理论试图归纳国际贸易理论各个学派的观点，较为全面和综合地阐述了国际竞争力的主要来源，从而对国际贸易的解释更具有统一性和说服力，并形成了一个新的政策框架体系，是对国际贸易理论的重要综合与发展。

当然，波特的国家竞争优势理论也存在一定的局限性。该理论尽管研究角度新、理论框架较为完整，但基本上是一般经济学原理的重新组合，缺乏有深度的新理论。此外，其产业结构的分析方法也略显不足。①

复习与思考题

1. 解释下列概念

产业内贸易　重叠需求　贸易引力模型　产品生命周期　模仿滞后　内部规模经济　外部规模经济　产品差异　学习曲线　水平差异性产品　垂直差异性产品　国家竞争优势

2. 产业内贸易与产业间贸易的本质区别是什么？

3. 简述偏好相似理论的主要观点。

① 详细分析可参见：喻志军编著，《国际贸易理论与政策》，企业管理出版社，2006 年版，第 163—185 页。

4. 简要比较技术差距理论与产品生命周期理论的异同。

5. 简述产品差异与产业内贸易的关系。

6. 为什么外部规模经济可以成为国际贸易产生的原因?

7. 简述内部规模经济与产业内贸易的关系。

8. 以外部规模经济为基础的国际贸易和以内部规模经济为基础的国际贸易有何异同?

9. 简述垄断竞争条件下产业内贸易发生的原因。

10. 寡头垄断模型是如何解释产业内贸易的?

11. 规模经济和产品差异为什么会成为现代国际贸易理论的基础?

12. 简述国家竞争优势理论的基本思想。

13. 简要比较竞争优势与比较优势的异同。

第 二 篇

国际贸易政策

第四章　国际贸易政策工具

内容提要

国际贸易政策需要一定的手段和工具来实施。总体来说，国际贸易政策工具主要可以分为限制进口的政策和管理出口的政策两大类。其中，限制进口的政策工具又分关税措施和非关税壁垒措施两大类。本章共分三节：第一节，关税，先重点介绍关税的概念、作用和种类等基本内容，然后分析关税的征收和关税的保护程度问题；第二节，非关税壁垒，先简要介绍非关税壁垒的概念、特点、作用和类型，然后重点介绍几种主要的非关税壁垒措施；第三节，管理出口措施，主要介绍出口鼓励和出口管制政策措施。

第一节　关　　税

关税是最主要的贸易政策工具之一，本节首先对关税做概要分析，重点介绍关税的概念、作用和种类等基本内容；然后分析关税的征收和关税的保护程度问题。

一、关税概述

关税（customs duties or tariff）是一国政府设置的海关依据国家制定的关税税法和税则，对进、出关境的货物征收的一种税收。关税是一个古老的税种，是国家收入的重要来源之一，历史上在内地关卡和边境关卡征收的税种都曾被称为关税。目前大多数国家实行的是关境关税（customs territory or customs frontier），即货物只有在进出关境时，才被视为进出口货物而征收关税。一般情况下，关境和国境是一致的。但是，有些国家设置了自由港、自由贸易区、出口加工区和保税区等，进出这些区域的货物可以免征关税。这时，关境就小于国境。另一种情况是，有些国家相互间缔结关税同盟，对同盟内成员国的货物不征收关税，而对非同盟成员国的货物征收统一的进出口关税。此时，关境就大于国境。

同其他税收一样，关税也具有强制性、无偿性和固定性的性质。除此之外，关税还具有区别于其他税收的特点：一是关税的征收对象是进出境的货物和物品；二是关税具有涉外性，是实现对外贸易政策的重要手段；三是关税是一种间接税，关税主要是对进出口商品征税，其税负先是由进出口商垫付，而后作为成本的一部分加在货价上，最终负担将转嫁给消费者。

关税在促进一国对外贸易和国民经济发展等方面具有重要作用，它一直是世界各国进行对外经济与贸易管理的重要手段。关税的主要作用是增加本国的财政收入和保护本国的产业与国内市场。其中，以前者为目的而征收的关税称为财政性关税（revenue tariff），以后者为目的而征收的关税称为保护关税（protective tariff）。

征收关税的最初目的主要是获得财政收入。财政关税在资本主义发展初期占有重要地位。当时经济不发达，其他税收的来源有限，关税便成为一国财政收入的重要组成部分。随着资本主义经济的发展，发达国家的财政收入最终演变成以直接税为主，关税作为财政收入的作用逐渐减弱。目前，发达国家的关税仅占其财政收入的2%—3%。对于发展中国家而言，由于国内经济不发达，直接税源有限，关税仍然是国家财政收入的重要来源。但是，总体来说，随着经济的不断发展，发展中各国的关税占财政收入的比例逐渐减少，关税的财政收入作用正在逐渐减弱。

关税在保护本国产业和国内市场方面的作用却一度明显增强。保护性关税可以通过调整税率和实行差别关税来调节进出口贸易和生产领域的发展方向，从而达到保护本国产业和国内市场的目的。从资本主义经济发展过程看，许多发达国家在经济发展的初期，都曾以保护性关税作为自由竞争的防卫手段，来保护本国的幼稚工业和竞争中的弱势产品。第二次世界大战以后，为了实现世界贸易自由化发展，经过国际社会多方面的努力，最终成立了“关税和贸易总协定”（General Agreement on Tariffs and Trade，简称 GATT）。GATT 在消除关税壁垒方面做出了巨大的努力，经过多轮国际多边贸易谈判，各国的关税税率普遍大幅度下降，关税的保护作用被大幅削弱。但是，GATT 并没有取消关税，而是允许各国将关税作为唯一合法的经济保护手段。1995 年 1 月 1 日，在 GATT 的基础上，正式成立了“世界贸易组织”（World Trade Organization，简称 WTO）。WTO 成立的宗旨是为成员国贸易建立规则，扩大国际贸易，促进世界经济增长。WTO 积极倡导并致力于推动世界贸易自由化，要求通过互惠互利安排，使关税和其他贸易壁垒大量减少，消除国际贸易关系中的歧视性待遇，并取得了明显成效。但是，总体来看，目前关税仍然发挥着不可替代的作用，世界各国仍然不同程度地将关税作为保护本国经济的重要手段。

除财政作用和保护作用外，关税还具有调节国际贸易差额和贸易结构、调节产业结构和引导生产要素合理流动、培育和提高国际竞争力、维护国家主权和利益、改善国际经济和外交关系等方面的作用。

关税的种类繁多，按照不同的分类标准有不同的关税类别。例如，按征收对象或商品流向分类，可以分为进口税（import duties）、出口税（export duties）和过境税

(transit duties);按征税目的分类,可以分为财政关税(revenue tariff)和保护关税(revenue tariff);按差别待遇和特定的实施情况分类,可以分为普通关税(normal duties)、优惠关税(preferential duties)和差别关税(differential duties);按征税计算方法或征税标准分类,可以分为从量税(specific duty)、从价税(ad valorem duty)、混合税(compound/mixed duties)和选择税(alternative duties),等等。具体内容见表4-1。

表4-1　关税的种类

分类标准	类型	内涵与特征
按征收对象或商品流向分类	进口税	海关在外国商品输入时,对本国进口商所征收的关税。它是关税中最主要的一种,各国通常使用进口税来调节或限制国外货物的进口
	出口税	海关对本国商品输往国外时,对出口商所征收的一种关税。目前大多数国家已不再征收出口税或将出口税压缩到最小范围
	过境税	海关对通过本国关境的外国货物所征收的关税。目前大多数国家都不征收过境关税,在外国商品通过其领土时只征收少量的准许费、印花费、登记费和统计费等
按征税目的分类	财政关税	又称为收入关税,是以增加国家财政收入为目的而对进口商品征收的关税。征收财政关税必须具备三个条件:一是征税的进口货物必须是国内不能生产或没有代用品的商品,以避免对国内市场形成冲击;二是征税的进口商品必须在国内有大量的消费需求;三是关税税率必须适中,否则就达不到增加财政收入的目的
	保护关税	以保护本国工业或农业发展为主要目的而对进口商品征收的关税。保护关税的税率越高越能达到保护目的,有时税率达到100%以上。保护关税达到保护目的的条件是:一是进口税必须高于国内的消费税,以提高进口商品价格,保护国内工业;二是进口量及消费的减少能减小外国商品对本国生产的压力;三是国内有与进口商品相同的生产品存在
按差别待遇和特定的实施情况分类	普通关税	对与本国没有签署贸易或经济互惠等友好协定的国家或地区原产的货物征收的非优惠性关税
	优惠关税	对来自与本国签订双边或多边国际互惠贸易协定(或条约)的国家(或地区)的进口货物所征收的带有优惠性质的关税。其税率低于普通关税税率。它又包括:(1)特惠关税(preferential duties),是对来自特定国家或地区的进口货物征收的优惠关税,其他国家不得根据最惠国待遇条款要求享受这种优惠关税。(2)普惠关税(generalized system of preference,简称GSP),是发达国家对进口原产于发展中国家的工业制成品、半制成品和某些初级产品给予降低或取消进口关税待遇的一种优惠关税,普惠关税具有普遍性、非歧视性和非互惠特性。(3)最惠国关税(most favorable duties),是对来自享受最惠国待遇(即缔约国双方相互间现在和将来所给予第三国在贸易上的优惠、豁免和特权,同样给予缔约对方)的国家或地区的进口货物所征收的优惠关税,通常低于普通关税税率但高于特惠关税税率
	差别关税	对同一种商品由于输出国或生产国情况的不同而使用有差别的进口关税。主要形式有:(1)反倾销税(antidumping duty),对外国倾销商品所征收的进口附加税,目的是抵制外国倾销。(2)反补贴税(anti-subsidy duty),对直接或间接地接受出口补贴或任何资金的外国商品所征收的进口附加税。(3)报复关税(retaliatory tariff),当别国对本国贸易实行歧视性待遇或违背贸易法规或拒绝接受WTO裁决后,为报复别国的这种行为而征收的额外关税

（续表）

分类标准	类型	内涵与特征
按征税计算方法或征税标准分类	从量税	按商品的重量、数量、容量、长度和面积等计量单位所计征的关税。其计算公式为：从量税税额 = 货物计量单位数量 × 从量税率。在确定重量时，又有毛重（gross weight）、半毛重（semigross weight）和净重（net weight）三个标准。从量税具有计税方法简单、税额固定、对低档低价的进口商品限制作用强等优点，但是存在税率不公平、对高档高价进口品的限制作用不大、税额不能随价格变动进行调整和各国的计量标准存在差异等缺点
	从价税	按进口商品的价格而征收的关税。其计算公式为：从价税税额 = 进口货物总值 × 从价税率。在征收从价税时，确定完税价格（dutiable value）很重要，通常有 FOB、CIF 和法定价格（进口国的官方价格）三种征税价格标准。从价税具有税负公平合理、征收方法简单、容易普遍实施和便于各国关税水平比较等优点，但是它具有完税价格难以审定等不足之处
	混合税	对某种进口商品同时使用从价、从量两种标准计税，以两者之和作为应税额而征收的一种关税。其计算公式为：混合税税额 = 从量税额 + 从价税额
	选择税	在海关税则中对同一税目的商品订有按从价标准和按从量标准计征税款的两种税率，可根据需要选择其中一种计算应征税款

二、关税的征收

关税是依据海关税则，由贸易商按照纳税程序进行缴纳的。海关税则（customs tariff）又称为关税税则，是一国海关对进出口商品计征关税的规章和对进出口应税与免税商品加以系统分类的一览表。海关税则一般包括两个部分：一部分是海关征课关税的规章条例及说明；另一部分是关税税率表，又包括税号（tariff No. or heading No. or tariff item）、货物分类目录（description of goods）和税率栏目（rate of duty）三部分。

税号是为了便于查找货物的编码代号，不同的货物分类目录有不同的编号方法。货物分类目录主要是根据进出口货物的构成情况，对不同商品使用不同的税率以及便于贸易统计而进行的系统分类。为了统一各国的商品分类，减少税则分类的矛盾，海关合作理事会制定并颁布了《商品名称和编码协调制度》（*The Harmonized Commodity Description and Coding System*, H. S. Code），并于 1988 年 1 月 1 日正式生效。[①] 我国自 2002 年起开始采用 H. S. 编码，并根据编码制定了《海关进出口税则——统计目录商品及品目注释》，作为海关对进出口商品进行税则归类或统计目录归类的法律依据之一。税率栏目则是用来反映关税水平高低的。

关税税则按照不同的分类标准又有不同的类型。从关税的栏目设置方面看，关

① H. S. 编码将国际贸易商品分为 21 类、97 章、1 241 税目、5 019 子目，分类比较科学系统，便于查找使用。详细内容可直接阅读该编码制度文本或其中文翻译本。

税税则有单式税则(single tariff)和复式税则(complex tariff)之分。单式税则又称一栏税则,在单式税则下一个税目只订有一个税率,适用于来自任何国家的商品。复式税则又称为多栏税则,在复式税则下一个税目下订有两个或两个以上的税率,分别适用于不同的国家或地区。目前大多数国家都实行复式税则,基本税率主要有普通税率、最惠国税率、普惠制税率和特惠税率四种。

从关税的制定权限方面看,关税有自主税则(autonomous tariff)和协定税则(conventional tariff)之分。自主税则又称国定税则,是一国立法机构根据关税自主原则单独制定而不受对外签订的贸易条约或协定约束的税率。自主税则又有单式税则和复式税则两类。协定税则是一国与其他国家或地区通过贸易与关税谈判,以贸易条约或协定方式确定的关税。这种税则是在本国原有的国定税则以外,另行规定的一种税则,税率通常要比国定税率低。

征收关税的程序即通关手续(或报关手续),通常包括申报(declaration)、审核(verification)、查验(inspection)、征税(levy)和放行(release)等基本环节。具体地说,进出口商在进出口商品时,首先要向海关申报出口或进口,申报时需向海关提交相关单证、证明及填写相关表格;海关收到进出口商提交的相关文件后,按照海关法令与规定进行审查和核对;单证审核通过后,海关人员对进出口货物进行查验,核实单、货是否相符;海关在审核单证、查验货物后,照章办理收缴税款等费用;一切海关手续办妥后,海关在有关单证上盖章,货物就可以通关放行了。

三、关税的保护程度

关税对一国经济具有显著的保护作用。因为关税直接增加了交易的成本费用,间接地影响了对方的出口;同时,由于关税税额会转移到进口商品的价格中去,直接提高了进口商品的价格,又起到了削弱进口商品竞争力的作用。因此,一国征收关税有利于保护国内相关产业的发展。

衡量关税保护程度的指标有关税水平(tariff level)和关税保护率(rate of tariff protection)两种。关税对整体或部门经济的保护程度通常用关税水平来衡量,对某一类商品的保护程度通常用关税的保护率来衡量。

(一)关税水平

关税水平是指一个国家进口关税的平均税率,它反映了一国征收关税对该国各种不同商品的价格水平的平均影响程度,是衡量一国进口关税对本国经济保护程度的重要指标。关税水平的计算方法有简单平均法和加权平均法两种。①

① 根据这两种方法计算出的平均关税税率,分别被称为非加权平均关税税率和加权平均关税税率。

1. 简单平均法

简单平均法是根据一国税则中的税率来计算的,具体计算公式为:

$$关税水平 = \frac{税则中所有税目的税率之和}{税则中的税目数} \times 100\% \tag{4-1}$$

简单平均法的优点是计算简单,只要将税则中的税率加总平均即可。不足之处是不能真实全面地反映一个国家的关税保护程度。首先是因为这种计算方法没有考虑各种货物进口总值不同的影响,甚至根本不进口的商品也被考虑进来了;其次,用这种计算方法计算出的关税水平受税则中税目设置的影响较大,即使商品的税率没有变化,但是如果税则分类与结构发生变化,计算出的结果也可能不一样。

2. 加权平均法

加权平均法是用一国各种进口商品的价值在进口总值中的比重为权数进行平均来计算的。根据统计口径或比较范围的不同,又分为全额加权平均和取样加权平均两种。

(1) 全额加权平均。以一定时期内所征收的进口关税总金额占所有进口商品价值总额的比率来进行计算,其计算公式为:

$$关税水平 = \frac{进口关税总额}{进口总值} \times 100\% \tag{4-2}$$

这种计算方法的不足是,在进口总值的计算中既包括实际征税的进口商品价值,也包括一些税率为零的进口商品价值,因而难以真实地反映关税的保护程度。为了解决这一问题,可以将其修正为按有税商品进口总值作为权数来进行计算。其计算公式为:

$$关税水平 = \frac{进口关税总额}{有税商品进口总值} \times 100\% \tag{4-3}$$

(2) 取样加权平均。选取若干有代表性的商品,按一定时期内这些商品的进口关税总税额占进口商品总值的比率来进行计算,其计算公式为:

$$关税水平 = \frac{若干有代表性的商品进口关税总额}{若干有代表性的商品进口总值} \times 100\% \tag{4-4}$$

如果各国选取的计算样本相同,那么,利用取样加权平均方法计算出的关税水平就可以在各国之间进行比较了。这样就避免了全额加权平均计算方法的不足。①

(二) 关税保护率

关税保护率衡量的是关税对某一个行业的保护程度,又分为名义保护率(nominal rate of protection, NRP)和有效保护率(effective rate of protection, ERP)。

---

① 从关税水平方面看,关税税率结构的一般规律是:资本品税率较低,消费品税率较高;生活必需品税率较低,奢侈品税率较高;本国不能生产的商品税率较低,本国能够生产的商品税率较高;制成品税率高于中间产品税率,中间产品税率高于初级产品税率。这种关税结构现象,被称为关税升级或阶梯式关税结构(escalated tariff structure)。

1. 名义保护率

名义保护率是由征收关税而引起的国内市场价格超过国际市场价格的差额与国际市场价格的比率。用公式表示为：

$$\text{NRP} = \frac{\text{进口商品的国内市场价格}(P') - \text{进口商品的国际市场价格}(P)}{\text{进口商品的国际市场价格}(P)} \times 100\% \tag{4-5}$$

名义保护率实际上就是一国海关税则中所规定的关税税率，也称为名义关税。名义保护率对保护完全由本国原材料生产的产品是适用的，但是对用进口原材料或中间产品等投入要素生产的制成品则不适用。因此，需要引入有效保护率概念。

2. 有效保护率

有效保护率又称为实际保护率，是指由征收关税所引起的国内加工增值与国外加工增值的差额占国外加工增值的比率。用公式表示为：

$$\text{ERP} = \frac{\text{国内加工增值}(V') - \text{国外加工增值}(V)}{\text{国外加工增值}(V)} \times 100\% \tag{4-6}$$

注意，公式中的国内加工增值是考虑关税后最终产品的增值额，即按国内价格衡量的增加值，它等于考虑关税后的最终产品的价值减去考虑关税后原材料的价值；而国外加工增值则与关税无关，它等于以国际价格衡量的最终产品价值减去原材料价值。可见，有效保护率的真正含义是，关税使保护对象的单位产出增加值在征税后所提高的百分比。所以，有效保护率受到进口国进口产品的名义关税率、进口原材料的名义关税率和所用原材料在产品中所占比重的影响。

例如，假设国际汽车市场上汽车的售价为每辆 10 000 美元，整套汽车散件的售价为每套 8 000 美元。显然，汽车的国外增加值为 2 000 美元（10 000 美元 - 8 000 美元）。现在考虑以下几种情形：

（1）对进口的汽车征收 10% 的关税，对汽车散件实行自由贸易。这样，征收关税后国内的汽车价格将提高到 11 000 美元（10 000 美元 + 10 000 美元 × 10%）。因此，关税对汽车的有效保护率为：

$$\text{ERP} = \frac{V' - V}{V} \times 100\% = \frac{(11\,000 - 8\,000) - 2\,000}{2\,000} \times 100\% = 50\%$$

（2）对进口的汽车征收 10% 的关税，同时对汽车散件也征收 10% 的关税。这样，征收关税后国内的汽车价格将提高到 11 000 美元（10 000 美元 + 10 000 美元 × 10%），国内整套汽车散件的售价将提高到 8 800 美元（8 000 美元 + 8 000 美元 × 10%）。关税对汽车的有效保护率为：

$$\text{ERP} = \frac{V' - V}{V} \times 100\% = \frac{(11\,000 - 8\,800) - 2\,000}{2\,000} \times 100\% = 10\%$$

(3) 对进口的汽车实行自由贸易，对汽车散件征收10%的关税。这样，征收关税后国内整套汽车散件的售价将提高到8 800美元（8 000美元 + 8 000美元 × 10%）。因此，关税对汽车的有效保护率为：

$$\mathrm{ERP} = \frac{V' - V}{V} \times 100\% = \frac{(10\,000 - 8\,800) - 2\,000}{2\,000} \times 100\% = -40\%$$

可见，与名义保护率着重于被保护产品的市场价格不同，有效保护率将保护的重点放在生产增值过程上。[①] 一般来说，当最终产品的名义税率大于其原材料或中间投入品的名义税率时，对最终产品的有效保护率大于名义税率；当最终产品的名义税率等于其原材料或中间投入品的名义税率时，对最终产品的有效保护率等于名义税率；当最终产品的名义税率小于其原材料或中间投入品的名义税率时，对最终产品的有效保护率小于名义税率；当对进口投入品征收的税率过高时，则会出现负的保护率。

第二节　非关税壁垒

非关税壁垒是关税以外的各种限制商品进口的措施，目前已成为世界各国实施贸易保护的主要措施。

一、非关税壁垒概述

非关税壁垒(non-tariff barrier)是指除关税以外的各种限制商品进口的措施。第二次世界大战后，随着国际社会的多轮多边贸易谈判，关税对贸易的干预作用减弱，非关税壁垒却与日俱增，名目繁多的非关税壁垒措施已成为当前国际贸易发展的主要障碍，也是多边贸易体制关注的焦点之一。

与关税相比，非关税壁垒具有更大的灵活性与针对性、更强的有效性、隐蔽性和更直接的歧视性。一般来说，各国的关税税率必须通过立法程序来确定，相对稳定。非关税壁垒主要通过行政机制限制进口，制定程序简便，因而更具灵活性和针对性。关税主要通过影响价格来限制进口，如果出口国采取出口补贴或商品倾销等办法来降低出口成本和价格，关税的作用就会被抵消。但是，非关税壁垒可以通过规定进口数量和金额的限额来直接禁止进口，因而更具有效性。关税的税率往往以法律的

---

① 实施关税保护需要成本，贸易保护成本可以用国内资源成本(domestic resource cost, DRC)来衡量。其计算公式为：

$$\text{国内资源成本(DRC)} = \frac{\text{用本国货币以国内价格衡量的附加值}(V')}{\text{用外国货币以世界价格衡量的附加值}(V)} \times 100\%$$

国内资源成本反映了一国保护某一产业的代价以及由其他扭曲（包括市场失灵和政府干预等）造成的福利损失。如果要素市场是竞争的，那么，国内资源成本就等于有效保护率加1，即国内资源成本 = 有效保护率 + 1。

形式公布,毫无隐蔽性。而一些非关税壁垒的措施往往不公开,或者规定极为烦琐复杂的标准和手续,它既能以正常的海关检验的名义出现,又可以借用进口国的有关行政规定和法令条例,更具隐蔽性。关税的税则适用于所有国家,而非关税壁垒可以针对某个国家的某种商品采取相应的限制性措施,因而更具歧视性。这些特点使得非关税壁垒逐渐取代关税而成为贸易保护的主要手段。

目前,非关税壁垒已经成为世界各国实现其贸易政策目标的主要工具。就发达国家而言,非关税堡垒的作用主要表现在三个方面:一是作为防御性武器限制外国商品的进口,以保护国内脆弱的产业,或者维持国内的超额垄断利润;二是在国际贸易谈判中作为筹码,逼迫对方妥协让步,以争夺国际市场;三是作为对其他国家实行贸易歧视甚至实现政治利益的手段。

对于发展中国家来说,实行非关税壁垒的主要目的是:一是限制非必需品进口,以节省外汇;二是限制外国进口品的强大竞争,以保护民族工业和幼稚工业;三是发展民族经济,以摆脱发达资本主义国家对本国经济的控制和剥削。发展中国家与发达国家经济发展水平的差距较大,所以设置非关税壁垒有其合理性和正当性。为此,WTO 给予发展中国家更大的灵活性,允许其为维持基本需求和谋求优先发展而采取适度的贸易保护措施。

非关税壁垒的种类繁多,按照不同的分类标准有不同的类别。联合国贸易与发展会议(United Nations Conference on Trade and Development, UNCTAD)曾将非关税壁垒措施分为三类:为保护国内生产不受外国竞争而采取的商业性措施,除商业性政策以外的用于限制进口和鼓励出口的措施,以及为促进国内替代工业的发展而实行的限制进口的措施。每种类型又分为 A、B 两组,其中 A 组为数量限制,B 组为影响进口商品的成本。目前比较通行的分类方法是将非关税壁垒分为直接限制进口和间接限制进口两大类。直接限制进口的非关税壁垒主要是指进口国直接对进口商品的数量、品种或金额加以限制,或通过施加压力迫使出口国自己限制商品出口的各类措施,如进口配额制、自动出口配额制和进口许可证制等。间接限制进口的非关税壁垒主要是指对进口国商品制定严格的条例或规定,间接限制商品进口的措施,如外汇管制、歧视性政府采购政策、进出口国家垄断、最低限价与禁止进口、进口押金制度、国内税与国内法规、海关程序与特定要求,以及过于苛刻的有关健康、卫生、安全、环境等标准,如技术性贸易壁垒等。具体内容见表 4-2。

表 4-2　非关税壁垒的类型

类型	子类型	含义与特征
直接限制进口的非关税壁垒	进口配额制	进口配额又称为进口限额,主要有绝对配额和关税配额两种
	自动出口配额制	自动出口配额制又称自动出口限制,包括单方自动出口限制和协议自动出口限制两种形式
	进口许可证制	进口许可证制是指一国政府规定某些商品的进口必须申领许可证,否则一律不准进口的制度。从进口许可证与进口配额的关系看,进口许可证分为有定额的进口许可证和无定额的进口许可证两类。对于有定额的进口许可证,进口国预先规定有关商品的进口配额,然后在配额的限度内,根据进口商的申请给每笔进口货物发放一定数量或金额的进口许可证,配额用完即停止发放。而对于无定额的进口许可证,则不与进口配额相结合,即预先不公布进口配额,只是在个别考虑的基础上颁发有关商品的进口许可证。 从进口货物的许可程度看,进口许可证可分为公开一般许可证和特定货物进口许可证两种。公开一般许可证又称为公开进口许可证、一般许可证或自动进口许可证,它对进口国别或地区没有限制,凡列明属于一般许可证的货物,进口商只要填写一般许可证后,即可获准进口。因此,这一类商品实际上是可"自由进口"的商品。填写许可证的目的不在于限制进口,而是为了管理进口。而对于特定货物进口许可证(又称为非自动进口许可证),进口商必须向政府有关部门提出申请,经有关政府部门逐笔审查批准后才能进口。特定货物进口许可证适用于特殊货物以及特定目的的申请,如烟、酒、军火武器、麻醉品或某些禁止进口货物。大多数国家在使用这种许可证时都指定进口国或地区,具有一定的歧视性,并且对进口的限制作用很强
间接限制进口的非关税壁垒	外汇管制	外汇管制是一国政府通过法令对国际结算和外汇买卖加以限制,以平衡国际收支和维持本国货币汇价的一种制度。在外汇管制下,有外汇收入的单位或个人必须将其所得外汇按官方汇率出售给外汇管理机构,有外汇支出的单位或个人所需外汇必须向外汇管理机构申请进口用汇,本国货币的出入境也受到严格的限制。 外汇管制有数量性外汇管制、成本性外汇管制、混合性外汇管制和利润汇出限制等几种方式。在数量性外汇管制方式下,国家外汇管理机构对外汇买卖的数量进行直接限制和分配。在成本性外汇管制方式下,国家外汇管理机构对外汇买卖实行复汇率制度,利用外汇买卖成本的差异来间接影响不同货物的进出口,从而达到限制或鼓励特定货物进出口的目的。在混合性外汇管制方式下,国家外汇管理机构同时采用数量性和成本性外汇管制的方法,对外汇实行更为严格的控制,以影响货物进出口。在利润汇出限制方式下,一国对外国企业在本国经营获得的利润汇出加以管制,包括规定最高利润汇出比例或拖延批准利润汇出时间等
	歧视性政府采购政策	歧视性政府采购政策是指一国通过制定法令和政策,规定政府机构在采购货物时必须优先购买本国产品的做法。有的国家虽未明文规定,但优先采购本国产品已成惯例。歧视性政府采购政策的主要做法包括规定优先购买本国的产品与服务、规定产品与服务必须达到的国产化程度、倾向于国内企业的招标、直接将标授予国内的特定企业

（续表）

类型	子类型	含义与特征
间接限制进口的非关税壁垒	进出口国家垄断	进出口国家垄断也称为国营贸易，是指一国在对外贸易中对某些货物的进出口直接由国家来经营，或者由国家委托的企业来经营。各国由国家垄断贸易的产品通常包括烟酒、农产品、军火和石油等
	最低限价与禁止进口	最低限价是指一国政府规定某种进口货物的最低价格，凡进口货物的价格低于规定的最低价格，就征收进口附加税或禁止进口。当实施数量限制或最低限价仍然不能达到目的时，一些国家往往颁布法令禁止某些商品的进口
	进口押金制度	进口押金制度又称进口存款制度或进口担保金制度，是指进口商在进口货物前必须预先按进口额的一定比率和规定的时间，在指定的银行无息存储一笔现金的制度。这种制度无疑会加重进口商的资金负担，从而起到了抑制进口的作用
	国内税与国内法规	国内税是一国政府对本国境内生产、销售、使用或消费的货物所征收的各种税收，包括流转税、销售税、营业税和消费税等。一个国家对进口货物不仅要征收关税，还要征收国内税，通过实施差别税率增加进口商品的纳税负担，削弱其与国内产品竞争的能力，从而达到限制进口的目的。由于国内税的制定和执行完全属于本国政府，通常不受贸易条约与协定的约束，因此使用国内税作为贸易壁垒会比关税更灵活、更隐蔽。此外，还存在国内法规对外国产品使用的规定问题，这也会构成贸易壁垒
	海关程序与特定要求	海关程序是指进口货物通过海关的程序，一般包括申报、征税、查验和放行四个环节
	技术性贸易壁垒	主要内容包括技术标准、卫生检疫规定、安全规定以及商品包装与标签的规定等

注：以上各类措施都有国际性的约束性协议或条款，如《保障措施协议》《进口许可程序协议》《政府采购协议》《海关估价协议》《装运前检验协议》《原产地规则协议》《实施卫生与植物卫生措施协议》《技术性贸易壁垒协议》，以及 GATT/WTO 条款中的第 3 条“国内税和国内法规的国民待遇”、第 11 条“普遍取消数量限制”、第 13 条“数量限制的非歧视管理”、第 15 条“外汇安排”、第 17 条“国营贸易企业”等。各协议或条款的具体要求和规范，可直接查读相关协议或条款的原文。

二、主要的非关税壁垒措施

表 4-2 对非关税壁垒措施做了全面简要的介绍，下面再对进口配额制、自动出口限制、国产化程度与原产地规则、海关程序与特定要求以及技术性贸易壁垒等几个比较重要的问题做进一步的分析和论证。

（一）进口配额制

进口配额又称为进口限额，是一国政府在一定时期内对某些商品的进口数量或金额加以直接的限制。在规定的期限内，配额以内的货物可以进口，超过配额不准进口，或者征收较高的关税或罚款后才能进口。它是实行进口数量限制的重要手段之一。进口配额制主要有绝对配额（absolute quota）和关税配额（tariff quota）两种形式。

1. 绝对配额

绝对配额是指在一定时间内对某些商品的进口数量或金额规定一个最高限额,达到这个限额便不准进口。绝对配额按照实施方式的不同,又分全球配额和国别配额两种形式。

全球配额属于世界范围内的绝对配额。通常一国政府对某种货物的进口规定一个总的限额,对来自全球任何国家或地区的货物一律适用。主管当局通常按进口商的申请顺序或过去某一时期内的实际进口额发放配额,直至总配额发放完为止,超过总配额就不准进口。全球配额不限定进口国别或地区,因而进口商取得配额后可以从任何国家或地区进口,这样邻近的国家或地区因地理接近,到货较快,比较有利,而较远的国家或地区常处于不利地位。因此,全球配额使得进口国在限额的分配和利用上难以贯彻国别政策,导致一些国家转而采用国别配额。

国别配额是在总配额内按照国别或地区分配固定的配额,超过规定的配额便不准进口。为了区分不同的国家或地区,在进口商品时进口商必须提供进口商品的原产地证明书。与全球配额不同,实行国别配额可以很方便地贯彻国别政策,具有很强的选择性和歧视性。国别配额又有自主配额(autonomous quotas)和协议配额(agreement quota)之分。自主配额是由进口国自主地、单方面地强制规定从某个国家或地区进口某种商品的配额,这种配额无需征求输出国的同意。由于自主配额由进口国自行制定,往往因分配额度差异引起出口国或地区的不满或报复。因此,有些国家便采用协议配额,以缓和矛盾。协议配额属于双边配额,是由进口国和出口国政府或民间团体之间通过协商来确定的配额。协议配额如果是通过双方政府协议达成的,一般需将配额在进口商或出口商中进行分配;如果是双边的民间团体达成的,应事先获得政府许可,方可执行。协议配额是双方协商确定的,因而较易执行。

2. 关税配额

关税配额是对商品进口的绝对数额不加限制,而对在一定时期内,在规定配额以内的进口商品,给予低税、减税或免税待遇;对超过限额的进口商品则征收较高的关税,或征收附加税甚至罚款。

关税配额按商品进口的来源不同,可分为全球性关税配额和国别关税配额。它们分别类似于数量配额(即绝对配额)中的全球配额和国别配额。所不同的是,关税配额用完后仍可以进口,只是要征收较高的关税、附加税或罚款;而数量配额在配额用完后,则不允许进口。

关税配额按征收关税的目的不同,还可分为优惠性关税配额和非优惠性关税配额。优惠性关税配额对关税配额内进口的商品给予较大幅度的关税减让,甚至免税,而对超过配额的进口商品则按原来的最惠国税率征收。非优惠性关税配额对关税配额内进口的货物仍征收原来的进口税，而对超过配额的进口商品征收较高的附加税或罚金。

关税配额与绝对配额的不同之处在于，绝对配额规定一个最高进口额度，超过额度就不准进口。而关税配额在商品进口超过规定的最高额度后，仍允许进口，只是超过部分被课以较高的关税。可见，关税配额是一种将征收关税与进口配额结合在一起的限制进口的措施。①

（二）自动出口配额制

自动出口配额制又称自动出口限制（voluntary export restraint，VER），是出口国或地区在进口国的要求或压力下，“自动”规定某一时期内（一般为3—5年）某些商品对该国的出口限制，在规定的配额内自行控制出口，超过配额即禁止出口。其目的在于避免因这些商品出口过多而严重损害进口国生产者的利益，招致进口国采取严厉措施限制从该国的进口。

自动出口配额制主要有非协定的自动出口配额和协定的自动出口配额两种形式。在非协定的自动出口配额下，出口国政府并未受到国际协定的约束，而是在进口国的压力下自行规定出口限额。出口商必须向政府主管部门申请配额，在领取出口授权书或出口许可证后才能出口；或者出口商在政府督导下，“自愿”控制出口。在协定的自动出口配额下，进出口双方通过谈判签订“自动限制协定”（self-restraint agreement）或“有秩序销售协定”（orderly marketing agreement，简称OMA），来规定一定时期内某些商品的出口配额。出口国据此配额发放出口许可证或实行出口配额签证制（export visa），自动限制商品出口，进口国则根据海关统计进行监督检查。目前，自动出口配额大多属于这一种情形。

自动出口配额协定的内容日趋复杂，各种协定的内容不尽相同，但一般都包括以下内容：(1) 配额水平，即规定有效期内各年度“自动”出口的限额，通常以签约前一年的实际出口量或原协议最后一年的配额为基础，商定协定第一年限额，并确定其他各年度的增长率，有总限额、组限额、个别限额和磋商限额之分。(2) 自动限制出口的商品分类和细目。为了更有效地限制和管理自限商品，进口国对受协议限制的商品实行较细化的分类。(3) 限额的融通，即各种“自限”商品限额的相互融通，主要有水平融通和垂直融通两种做法。水平融通是同一年度内组与组、项与项之间在一定百分率内的融通使用，替换率一般为1%—15%，有些品种禁止移用。垂直融通是同组同项水平在上下年度间的融通，即在协定中规定留用额（carry-over）和预用额（carry-in）。留用额指当年未用完的配额拨入下年度使用的额度和权限，预用额是

① 从上面的分析可以看出，配额与关税有很大的不同。首先是两者的作用机制不同，关税是通过价格机制发挥作用的，而配额则通过行政机制来发挥作用。其次是配额的限制作用更强，其对进口量的限制结果是确定的，而关税对进口量的限制结果具有一定程度的不确定性。但是，相对于关税，配额的管理效率较低，而且可能会产生寻租行为和官员的权力滥用。

指当年配额不足而预先使用下年度的额度的权限(一般不超过5%),两者的使用一般都有一些限制条件。(4) 保护条款,即进口国有权通过一定程序限制或停止进口某些"扰乱本国市场"或使本国生产者蒙受损害的商品。这实际上是扩大了进口国限制进口的权限。(5) 出口管理规定,即在协定中规定出口方应对自限商品执行严格的出口管理,以保证不超过出口配额水平。另外,协定还要求双方定期协调和磋商有关事宜。(6) 协定有效期。一般为3—5年。

"自动"出口配额制带有明显的强制性。进口国往往以商品大量进口使其有关工业部门受到严重损害、造成所谓的"市场混乱"为理由,要求有关国家的出口实行"有秩序的增长","自动"限制商品的出口。否则,就单方面强制限制进口。在这种情况下,一些国家不得不实行自动出口配额制。

自动出口配额制最早出现于20世纪30年代的美日纺织品贸易中,后来又延伸到钢铁业、汽车业、彩电、电子元件和船舶等,甚至涉及一些农产品如奶酪、苹果和肉类等。自动出口配额制属于GATT的"灰色区域措施",无明确适用条款,其法律地位不明,既不是合法的也不是非法的贸易限制措施。自动出口配额制正是利用GATT中的这种不明确的、不全面的特点,采取双边的、不透明的隐蔽形式实行贸易限制。根据WTO规则,进口配额制和自动出口配额制要逐步取消。除非因特殊情况,不能再重新设置。①

(三) 国产化程度要求与原产地规则

1. 国产化程度要求

国产化程度要求(local content requirement)指的是要求在最终产品中必须有一定比例的原材料和零部件是在本国购买或生产的。其目的是限制外国的原材料和零部件的进口,保护本国的相关产业。发展中国家广泛使用这一规则,试图以此来促进本国的制造业由组装转变为制造中间产品,从而摆脱简单加工组装进口零部件的国际分工地位。

与进口配额不同,国产化程度要求并不限制进口,它允许厂商大量进口,只要这些厂商在本国也大量采购。这就意味着,这些厂商在生产投入中支付的实际价格是进口投入和国产投入价格的平均值。在很多情况下,进口零部件的价格要低于国产零部件,因此国产化程度要求会导致最终产品的成本上升,而成本上升的结果最终将在产品的价格中体现出来。可见,国产化程度要求既没有产生政府收入,也没有

---

① 自动出口配额制和进口配额制都是通过数量限制来抑制进口,但是两者存在很大的差异:(1) 配额的控制主体不同。进口配额制中的配额由进口国直接控制,而自动出口配额制则由出口国直接控制。(2) 配额表现形式不同。自动出口配额制表面上是自愿的,但是实际上并非出于自愿,而是遭受到出口国的强大压力。(3) 配额的影响范围不同。进口配额通常适用于一国的大多数供应者,而自动出口配额仅限于少数特定的出口者,具有明显的选择性。(4) 配额适用时限不同。进口配额适用时限较短,往往为1年,而自动出口限额则较长,往往为3—5年。

产生配额的“租”，而是将成本和价格负担转嫁给了消费者。

2. 原产地规则

原产地规则(rules of origin)是各国政府为了确定商品的原产地而采用的法律和规章制度的总称。货物的原产地是货物的“国籍”，一般是指货物的产生地、生产地、制造地或加工地。在国际贸易实践中，产品的原产地通常为完整地生产某项产品的国家或地区。当产品的生产涉及多个国家或地区时，产品的原产地是产品最后发生“实质性改变”的国家或地区。

由于生产和销售的全球化发展，许多原产品生产的原材料或零部件都包含一定的进口成分，因此各国在实践中逐渐以“实质性改变”作为原产地的判断标准。“实质性改变”主要有三种不同的具体判定标准：一是税目改变标准，指产品的进口成分(如原材料和部件等)经过加工后的制成品，如税目分类编号发生变化，即可认为发生了实质性改变，这时以最后一道加工工序的发生地作为制成品的原产地；二是加工制造工序标准，指以清单具体列出的产品，使用的具体原材料必须经过清单中规定的加工制造工序才能认为构成实质性改变，获得原产地资格；三是从价百分比标准，指以产品进口成分的价值或本国加工制造增值在产品总值中所占的百分比作为确定是否发生实质性改变的依据，各国在百分比的确定上有不同的规定，一般最低要求为25%，也有的国家要求达到60%以上。2005年我国《进出口货物原产地条例》正式实施，其中也对确定货物原产地的方法做了规定。

原产地规则在反倾销、反补贴、地区经济一体化以及进口国别配额分配等方面具有潜在的贸易保护作用，客观上对国际贸易形成了阻碍。事实上，从实践上看，原产地规则的作用就在于实施歧视性的贸易政策和保护措施，以利于各国对贸易伙伴国进行贸易限制、报复和制裁等。为此，国际社会经过长期不懈的努力，最终达成了《原产地规则协议》。该协议由9个条款和2个附件组成，主要内容包括协议的适用范围、原产地规则的协调、实施原产地规则的有关纪律和机构设置等。这是第一个协调原产地规则的多边协议，适用于WTO的所有成员。

(四) 海关程序与特定要求

海关程序(customs procedures)是指进口货物通过海关的程序，一般包括申报、征税、查验和放行四个环节。海关程序本来是正常的进口货物通关程序，但是如果滥用，比如烦琐的海关手续、苛刻的要求和拖延通关时间等，却可以起到歧视和限制进口的作用，从而成为一种有效的、隐蔽的非关税壁垒措施。海关程序与特定要求通常表现在以下几个方面：

(1) 海关对申报表格和单证等做出严格要求。比如，要求进口商出示商业发票、原产地证书、货运提单、保险单、进出口许可证和托运人报关清单等，缺少任何一种单证，或者任何一种单证不规范或不相符，都会使货物不能顺利通关。有些国家故意在表格、单证及其所用语言上做文章，给进口商制造不必要的麻烦，以此来阻碍进口。

(2) 通过货物归类提高税率。海关武断地把进口货物归类在税率高的税则项下，以增加进口货物的关税负担，从而达到限制进口的目的。

(3) 通过海关估价制度限制进口。进口货物的完税价格可以有不同的确定方法，而不同方法得出的进口货物价格高低不同。海关可以采用高估的方法进行估价，然后征收从价税。这样，就可以提高进口货物的应税额，增加其关税负担，达到限制进口的目的。①

(4) 通过进口商品查验限制进口。进口商品查验包括装运前检验、原产地查验以及卫生与植物卫生检验等。装运前检验是在国际贸易中，一些国家政府通过政府授权或政府合约的方式，指定专业检验机构在进口产品装运前，由出口方对产品的质量、数量、价格(包括汇率和融资条件)以及产品的海关分类等进行检验，以确信产品符合合同中规定的条件，或符合进口方对产品的安全要求。原产地查验是查验货物的"国籍"，以确定进口货物是否符合原产地规则。卫生与植物卫生检验主要是为了保护人类、动植物的生命或健康而采取的相关检验、检疫措施与程序。因为在这些检验中有些规定十分复杂而且经常变化，而有些规定本身比较模糊，这就为一些国家利用进口商品查验措施来限制进口创造了条件。

(五) 技术性贸易壁垒

技术性贸易壁垒是指一国以维护生产、消费安全和人民健康为理由，制定一些苛刻繁杂的标准、程序或规定，使外国产品难以适应，从而起到限制外国产品进口的作用。其主要内容包括技术标准、卫生检疫规定、安全规定以及商品包装与标签的规定等。

(1) 技术标准。主要适用于工业制成品。发达国家普遍规定了严格、繁杂的技术标准，商品必须符合这些标准才能进口。

(2) 卫生检疫规定。主要适用于农副产品及其制品。随着国际间贸易竞争的加剧，各国在卫生检疫方面的规定越来越严格，涉及的商品范围越来越广泛。

(3) 安全规定。为了保护消费者的人身安全，各国都对进口商品提出了复杂严格的安全规定，并逐步走上法制轨道。

(4) 商品包装与标签的规定。这一规定适用的范围很广。许多国家对进口商品规定了各种包装和标签条例，要求进口商品必须符合这些规定，否则不准进口或禁止在市场上销售。这样就增加了商品成本，削弱了商品的竞争力。

---

① 《海关估价协议》明确规定了应按顺序实施的六种估价方法：(1) 进口商品的成交价格；(2) 同类商品的成交价格；(3) 类似商品的成交价格；(4) 倒扣法，即以进口货物或相同进口货物或类似进口货物在进口国内的销售价格为基础，扣除有关费用后得出的一种价格；(5) 计算价格法，即将待估货物的生产成本、生产商利润和商业成本合计构成海关估价；(6) 其他合理的估价方法。

（六）非关税壁垒的新趋势

加入 WTO 后，各成员国之间的关税壁垒将不复存在，传统的非关税壁垒措施也将受到 WTO 规则的约束。在这种情况下，一些新的非关税壁垒措施越来越成为许多国家保护国内市场的手段，如绿色贸易壁垒、社会责任壁垒和知识产权壁垒等。这些措施以其外表的合理性和内在的隐蔽性，成为当前国际上最有效和被广泛利用的非关税壁垒措施。

1. 绿色贸易壁垒

绿色贸易壁垒又称为环境贸易壁垒，是指各国为了保护本国市场，以保护有限资源、生态环境和国民健康为由，通过制定严格的环境保护标准，来限制外国产品进口。

由于各国经济发展水平不同，对环境标准要求也不一样，发达国家的环保标准高，发展中国家的环保标准低，各国环保标准的不一致造成了实际上的贸易障碍。目前，发达国家先后在空气、噪音、电磁波、废气物等污染防治，化学品和农药管理，自然资源和动植物保护等方面制定了多项法律法规和产品的环保标准，大大阻碍了发展中国家对发达国家的产品出口。绿色贸易壁垒措施主要有：

（1）绿色关税和市场准入。一些国家以保护环境为由，对一些污染环境和影响生态的进口产品征收进口附加税，或者限制甚至禁止进口。

（2）绿色技术标准。一些国家（主要是发达国家）制定了较高的环保技术标准，涉及的产品越来越多，并且标准越来越高，分类越来越细。这些国家通过制定高水平的环保技术标准，并在测试和检验上设置障碍，来限制外国产品的进入。

（3）绿色环境标志。绿色环境标志是指在产品或包装上用图形表明该产品的研制、生产、使用、消费和处理过程符合环保要求，对生态环境和人类健康均无损害。但是，由于绿色环保标志所要求的标准比较高，一些国家（特别是发展中国家）的厂商很难达到要求，这一规定在一定程度上就成为一种变相的贸易壁垒。

（4）绿色包装制度。绿色包装制度要求包装必须节约能源、减少废气物，用后易于回收、再用或者再生，易于自然分解，不污染环境。许多发达国家都有相关的法律要求。这在无形中加大了进口商品的成本，甚至起到了禁止某些商品进口的作用。

（5）绿色检疫制度。各国特别是发达国家在通关检验检疫中对食品等进口产品的安全卫生标准日趋严格，特别对农药残留量、放射性残留、重金属含量等指标进行了严格的规定，防止超标产品进入国内市场。过于苛刻的检验检疫标准阻止了越来越多产品的进口。

（6）绿色补贴制度。由于发展中国家的环境和资源成本较高，为了保护环境和资源，将资源和环境费用计算在成本内，使资源环境成本内在化，由政府给予财政补贴，鼓励出口。发达国家认为发展中国家的"补贴"违反了WTO的规定，并以此为理由限制其产品进口。

2. 社会责任壁垒

社会责任壁垒是以劳动者的劳动环境和生存权利为理由而采取的贸易保护措施。一些西方发达国家经常以贸易伙伴提供的相关产品不符合国际公认的最低劳工权利标准为理由，将一些发展中国家的产品拒之于国门之外。国际公认的最低劳工权利标准包括：不使用或支持使用童工；为劳工提供安全、健康的工作环境；尊重劳工的集体谈判权；遵守工作时间的规定；保证达到最低工资标准，等等。这项标准的实施，无疑会增加发展中国家出口产品的成本。

关于对企业的社会责任约束，目前还没有一个真正的国际标准，较为引人注目的是美国经济优先准入权认证机构理事会制定的社会责任认证标准SA8000，它是继ISO9000、ISO14000之后出现的又一个重要的国际性标准，该标准最终有可能发展成为一个覆盖道德、社会和环境等范围广泛的国际性标准。

3. 知识产权壁垒

知识产权壁垒是指知识产权拥有国以保护知识产权的名义，对含有知识产权的产品实行进口限制，或者凭借其拥有的知识产权优势，实行不公平贸易。随着国际贸易重心由货物贸易向服务贸易和知识产权贸易转移，与知识产权有关的贸易摩擦愈演愈烈，知识产权壁垒已经成为发达国家和垄断性跨国公司占领国际市场的有利武器。

第三节 管理出口措施

各国除了利用关税和非关税壁垒措施限制进口外，还采取各种措施管理出口。具体措施主要可以分为出口鼓励和出口管制两大类。

一、出口鼓励

出口鼓励措施的方式很多，包括通过经济、行政和组织等各方面的措施。目的是促进本国商品出口，开拓国外市场。它和限制进口构成了"奖出限入"贸易政策的两个方面。下面主要介绍出口信贷、出口补贴、商品倾销、外汇倾销、促进出口的组织与服务措施以及设立经济特区等几个主要措施。

（一）出口信贷

出口信贷是出口国政府为了促进本国商品出口，提高本国商品的国际竞争力，而对本国出口商或外国进口商提供的贷款。其中，出口方银行向出口商（卖方）提供的信贷称为卖方信贷，直接向进口商（买方）或进口方银行（代替进口商支付货款）

提供的贷款称为买方信贷。

有时，国家并不直接提供出口信贷，而是对本国出口商或商业银行向国外进口商或银行的贷款提供信贷担保。这实际上是一种间接出口信贷，被称为出口信贷国家担保制。这项措施是国家代替出口商承担出口风险，它和直接的出口信贷一样，是扩大出口和争夺国外市场的重要手段之一。

政府提供出口信贷的目的是促进那些金额较大、期限较长的产品，如大型成套机械设备等的出口。贷款的利率一般低于相同条件资金贷放的市场利率，利差由国家补贴。许多国家都设立了专门的金融机构或信贷担保机构来办理此项业务。我国于 1994 年 7 月 1 日成立了中国进出口银行，这是一家政策性银行，专门从事出口信贷业务。

（二）出口补贴

出口补贴（export subsidy）是一国政府给予商品出口厂商的现金补贴或财政上的优惠待遇。其目的是降低出口成本和销售价格，提高商品在国外市场上的竞争力，扩大出口。

政府对出口商品可以提供的补贴范围非常广泛，主要有直接补贴和间接补贴两种方式。在直接补贴方式下，政府直接给予出口商现金补贴，其金额一般为国内价格和出口价格的差额，主要来自财政拨款，是一种传统的奖励出口措施。在间接补贴方式下，政府对某些商品的出口给予财政上的优惠，如退还或减免出口商品的各种国内税（如国内销售税、消费税、增值税和所得税等）、退还出口制成品进口原材料等的进口税、免征出口关税、给予运输上的优惠、提供信贷补贴、提供汇率补贴等。

（三）商品倾销

商品倾销（dumping）是出口商以低于产品的国内市场价格或产品正常价值的价格，在国外市场上大量抛售商品的行为。其目的是打击竞争对手，占领或巩固国外市场，或者推销过剩产品以转嫁经济危机。

从倾销的目的或时间差异方面看，商品倾销有多种形式。其中一种是偶然性倾销，通常是因为销售旺季已过或因厂商改营其他业务，不能在国内市场上出售“剩余货物”，只能以较低的价格在国外市场上抛售。这种倾销一般较少引起进口国的反倾销。另一种方式是间歇性或掠夺式倾销，厂商以低于国内价格甚至低于成本的价格在国外市场销售商品，挤垮竞争对手后再凭借垄断力量提高价格，以获取高额利润。这种倾销的目的在于占领、垄断和掠夺竞争对手市场，严重地损害了进口国的利益，因而许多国家都采取反倾销措施进行抵制。还有一种是持续性或长期性的倾销，即无限期地、持续地以低于国内市场的价格在国外市场销售商品。这种倾销一般主要发生在具有规模经济效益的垄断企业，或受到政府出口补贴、出口奖励的企业。

厂商出口倾销策略的成功实施必须具备一定条件,详见第三章第四节的分析。

(四) 外汇倾销

外汇倾销是一国通过本国货币对外贬值的方式来提高出口商品的竞争力和扩大出口的行为。这是因为,一国货币对外贬值后,出口商品用外国货币表示的价格降低;同时,进入该国的外国商品以该国货币表示的价格上涨,进而起到鼓励出口、限制进口的双重作用。

实行外汇倾销必须具备一定的条件。首先,本国货币对外贬值的幅度要大于国内物价上涨的幅度,否则难以发挥促进出口的作用。其次,其他国家不同时实行同等程度的货币贬值或采取其他报复性措施。此外,本国货币对外贬值迟早会推动国内通货膨胀,所以不宜在国内通货膨胀严重的背景下贸然采取外汇倾销措施。外汇倾销会恶化本国的贸易条件,有时甚至会引起国内经济的混乱,所以必须慎用这一措施。

(五) 促进出口的组织与服务措施

为了扩大出口,许多国家除了在财政、金融和汇率等方面采取措施外,还不断加强出口组织和服务措施。例如,成立专门的组织研究和制定出口战略,建立商业情报网为出口商提供各种商业信息,设立贸易中心和组织贸易博览会,组织贸易代表团出访和接待来访以加强国际间的经贸联系,组织出口商的评奖活动以鼓励出口,等等。

(六) 设立经济特区

经济特区是一个国家或地区在其关境以外划出一定的区域,在区域内实行各种特殊的优惠政策,以吸引外商从事贸易和出口加工等业务活动。其目的是促进对外贸易发展,鼓励转口贸易和出口加工贸易,繁荣本地区和邻近地区的经济,增加财政收入和外汇收入。

目前,许多国家和地区均设置有经济特区,主要有自由港、自由贸易区、保税区、出口加工区、自由边境区、科学园区和综合型经济特区等。具体内容见表4-3。

表4-3　经济特区的类型

类型	内容和特点
自由港	自由港又称自由口岸,是一国在关境以外,准许全部或绝大部分外国商品豁免关税进出口的港口
自由贸易区	自由贸易区由自由港发展而来,它是以自由港为依托,将关税豁免范围扩大到自由港的邻近地区。在自由贸易区,除免交关税外,一般还可以在港区内进行改装、加工、挑选、分类、长期储存或销售
保税区	保税区又称保税仓库,是由海关设置的或经海关批准设置的特定地区和仓库。在保税区允许外国货物不办理进口手续就可以连续长时间存储,外国商品进入保税区无须缴纳进口关税,在区内进行储存、改装、分类、展览、加工后再出口也不必缴纳出口税。但若进入国内市场,则须向海关纳税

（续表）

类型	内容和特点
出口加工区	出口加工区是一个国家或地区在其港口或邻近港口、国际机场的地方划出一定区域，提供免税等各种优惠待遇，以鼓励外资企业在区内投资设厂，生产或加工以出口为主的制成品。一般来说，自由贸易区以转口贸易为主，保税区以仓储为主，而出口加工区则以发展出口加工工业为主
自由边境区	自由边境区按照出口加工区的优惠措施，吸引国内外厂商投资，以发展该地区的经济。它也是一种工贸型的自由经济区，通常设在边境地区。与出口加工区不同，外国商品在自由边境区内加工制造后主要用于区内使用，仅少数用于出口
科学园区	科学园区又称为工业科学园、科研工业区、高技术园区等，是一个国家或地区为了实现产业结构改造和促进高科技产业发展而在本国境内划出的，以新兴工业产品的研究和开发、高科技产业的生产为主要内容的区域
综合型经济特区	综合型经济特区是在贸易型和工贸型经济特区的基础上发展起来的，它既提供自由贸易区的某些优惠待遇，又提供发展工业生产所必需的基础设施，在这种区域中还可以发展商业、金融、旅游和交通通信等各种事业。我国设立的深圳、珠海、汕头和厦门等经济特区即属于综合型经济特区

二、出口管制

出口管制是出口国政府通过法令和行政措施对本国特定商品的出口实施管制。出口管制的目标商品主要包括：战略物资、先进技术设备、武器及有关尖端技术与先进技术产品的出口；国内紧缺物资，包括国内生产所需的原料、半制成品及国内供应不足的商品等；历史文物、艺术珍品、黄金、白金等特殊商品；需要“自动”限制出口的商品；受经济制裁的出口商品。

出口管制的主要措施有国家专营（或国家垄断）、出口税、出口配额、出口禁运和出口许可证等。具体的管制形式有单边出口管制和双边出口管制两种。单边出口管制完全由一国自主决定，不对其他国家承担义务。在单边管制方式下，一国根据本国的出口管制法案，设立专门的执行机构，对本国某些商品的出口进行审批和颁发许可证，实行出口管制。双边出口管制涉及多个国家，相关国家出于共同的政治和经济目的，通过一定的方式建立国际性的多边出口管制机构，商讨和编制多边出口管制货单和出口管制国别，规定出口管制的办法等，以协调彼此的出口管制政策和措施。

复习与思考题

1. 解释下列概念

关税　从量税　从价税　普遍优惠制　非关税壁垒　关税水平　关税保护率　自愿出口限制　进口配额　进口许可证　国产化程度要求　原产地规则　技术性贸易壁垒　绿色贸易壁垒　社会责任壁垒　商品倾销　外汇倾销　经济特区　出口补贴　出口信贷

2. 关税在经济中的主要作用是什么?

3. 名义保护关税与有效保护关税的区别是什么?

4. 发达国家的关税结构有何特点？这种关税结构对发展中国家有何影响?

5. 非关税壁垒的特点是什么？为什么非关税壁垒日趋以“灰色区域”措施的形式出现?

6. 自动出口配额制与进口配额制有何差异?

7. 技术性贸易壁垒有何特点？国内企业如何应对其他国家技术性贸易壁垒的挑战?

8. 实施商品倾销的条件是什么？我国企业应如何应对国际上的对华反倾销案件?

9. 简述外汇倾销对进出口贸易的影响及其限制条件。

10. 中国应如何应对国际绿色贸易壁垒?

11. 鼓励出口的措施有哪些?

12. “关税能够为政府带来收入,并且能够为国内产业提供保护。因此,关税的税率越高,政府的收入越多,并且对国内产业保护得越好。”请对此观点进行评价。

第五章　国际贸易政策的影响

内容提要

关于贸易政策的影响主要有局部均衡和一般均衡两种分析方法。在局部均衡分析下，仅仅考虑贸易政策对一种产品（如进口品或出口品）的影响。而在一般均衡分析下，要同时考虑贸易政策对两种或两种以上产品（如既考虑进口品又考虑出口品）的影响。本章主要在完全竞争的市场假设下，分别采用局部均衡和一般均衡两种分析方法，来讨论小国和大国实施贸易政策的影响。本章共分三节：第一节主要讨论局部均衡下小国实施贸易政策可能产生的影响；第二节主要讨论局部均衡下大国实施贸易政策可能产生的影响；第三节主要讨论一般均衡下小国和大国实施贸易政策可能产生的影响。

第一节　局部均衡下的政策效应（Ⅰ）：小国的情形

关于贸易政策对经济影响的分析，主要有局部均衡分析和一般均衡分析两种。在局部均衡分析下，仅仅考虑贸易政策对一种产品（如进口品或出口品）的影响。而在一般均衡分析下，要同时考虑贸易政策对两种或两种以上产品（如既考虑进口品又考虑出口品）的影响。本节和下节主要是利用局部均衡分析方法来探讨贸易政策的影响，即假设其他条件不变，只考虑贸易政策对进口品或出口品一种产品产生的影响。

本节主要讨论小国的情形，小国的特点是不能通过改变其进口量或出口量来影响贸易品在世界市场上的价格。所以，一个进口小国面临的是一条完全弹性（水平）的进口供给曲线，而一个出口小国面临的是一条完全弹性的出口需求曲线。下面首先讨论进口调节政策的经济影响，主要分析进口关税、进口配额和进口补贴政策。然后讨论出口调节政策的经济影响，主要分析出口关税、出口配额和出口补贴政策。

一、进口调节政策的影响

一国可以实施多种贸易政策来限制或鼓励进口，这里主要讨论进口关税、进口配额和进口补贴三种贸易政策可能对经济产生的影响。

（一）进口关税的影响

假设有一个小国，它是国际价格的接受者。由于国际价格低于该国在封闭经济中的均衡价格，因此该国进口某种商品。如图 5-1 所示，进口国对某种商品的供给曲线和需求曲线分别是 S 曲线和 D 曲线。假如某种商品的世界价格是 P_w，由于这是一个小国，它能够在此价格上进口其所需的任何数量的某种商品。在自由贸易下，进口国的国内价格与国际价格是一致的，同样为价格 P_w，在此价格水平上，该国的国内供给为 S_0，但是国内需求为 D_0，国内的需求与供给差额（$D_0 - S_0$）就是需要的进口量。

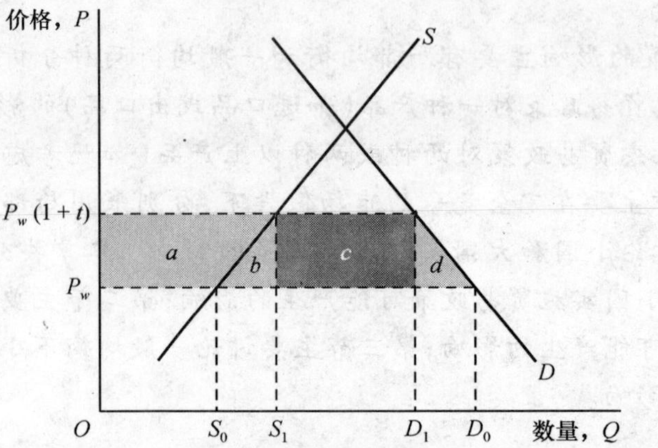

图 5-1　小国的关税效应

为了限制某种商品的进口，现假定该国对某种商品的进口征收税率为 t 的从价税，这时该商品的国内价格因征税而从 P_w 提高到 $P_w(1+t)$。国内价格的提高使该国的生产扩大到 S_1，需求减少到 D_1，进口下降到（$D_1 - S_1$）。

价格的上升和生产的扩大，使进口国生产者的生产者剩余增加了，增加的部分为图 5-1 中的面积 a。同时，价格的上升和消费的下降使消费者剩余减少了，减少的面积为（$a+b+c+d$）。但是，征收关税后，政府的收入增加了，增加的面积为 c。由于 a 是由消费者向生产者转移的收入，c 是由消费者向政府转移的收入，因此对于整个国家来说，征收关税所造成的净损失为：

$$\begin{aligned}\text{关税净损失} &= \text{消费者损失} - \text{生产者所得} - \text{政府收入} \\ &= (a+b+c+d) - a - c \\ &= b + d\end{aligned}$$

其中，b 表示生产扭曲损失，来自于关税所导致的国内过度生产；d 表示消费扭曲损失，来自于关税造成的消费下降。

通常对于一个小国来说，其最优关税税率就是零关税率。因为小国不能影响国际价格，也就不能通过征收关税来改善本国的贸易条件，因此征收关税必然会降低本国的福利。图 5-2 显示了这一点。

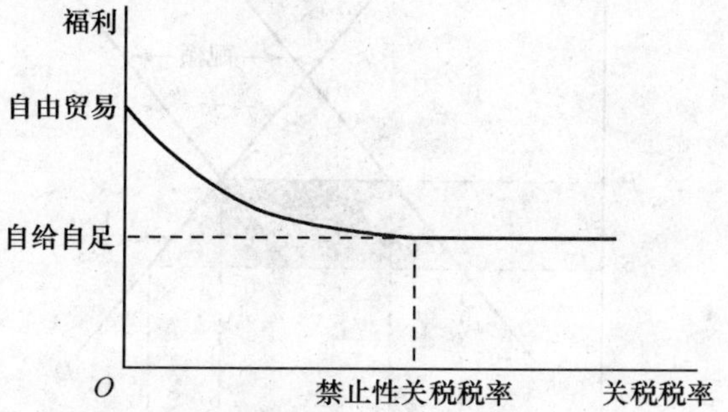

图 5-2　小国提高关税税率对福利的影响

综上所述,一国对进口商品征收关税可能会产生以下效应:

(1) 价格效应。征收关税会导致进口商品的国内价格上涨,继而引起国内进口替代部门的产品价格上涨,从而拉动整个国内市场价格的上升。

(2) 消费效应。征收关税会导致进口品的国内价格上涨,从而使消费者对进口商品支付较高的价格,减少了消费者剩余。

(3) 生产效应(或保护效应)。征收关税会导致进口品的国内价格上涨,从而促使国内厂商增加进口替代品的生产,增加国内的生产者剩余。这也是征收关税所要达到的主要目的之一,所以又被称为关税的保护效应。

(4) 财政收入效应。征收关税会增加政府的财政收入。

(5) 再分配效应。征收关税会导致收入从国内消费者向国内生产者和政府转移,从而导致收入的再分配。

(6) 福利效应。从整个社会来看,由于征收关税所导致的消费者剩余的减少,只是部分地被生产者剩余和政府收入的增加所抵消,整个社会的福利水平下降了。也就是说,关税导致了社会福利的净损失。

当然,征收关税所导致的各种效应的大小,取决于应税商品的供给与需求弹性以及关税税率的高低。对于相同的关税税率,需求弹性越大,消费效应就越大;同样,供给弹性越大,生产效应就越大。因此,一国对某种商品的供给和需求弹性越大,关税的贸易效应越大,财政效应越小。

(二) 进口配额的影响

关税是通过提高国内价格来限制进口量的。然而,许多国家通过配额的形式来限制国内市场的供给,从而间接地提高了国内市场价格,起到与关税类似的作用。

如图 5-3 所示,在自由贸易下,一国的进口为(D_0-S_0)。这时,如果政府实施进口量为(D_1-S_1)的配额,本国消费者面临的总供给曲线就是三段式的:在价格低于 P_w 时,它是供给曲线 S 上的一段;当价格等于 P_w 时,它就是水平的,也就是小国面临的世界供给曲线;在配额已满、价格高于 P_w 时,它是与 S 平行的曲线($S+S_q$)。

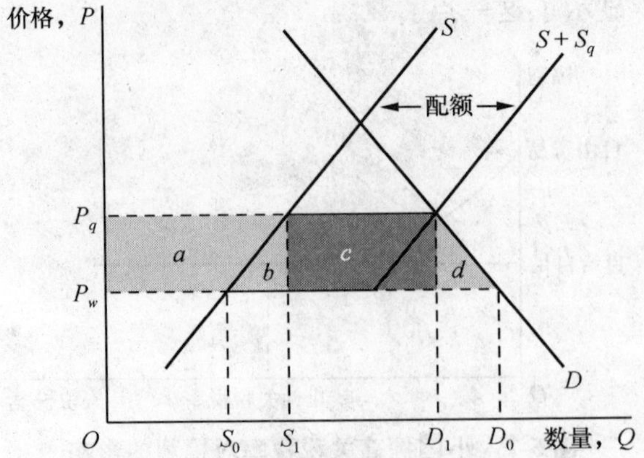

图 5-3　小国实施配额的效应

国内市场在价格为 P_q 时出清，此时的进口就是 $(D_1 - S_1)$，等于配额。可见，配额对消费者和生产者的影响，如同征收一定比例的关税使国内价格上涨到 P_q 时一样。消费者剩余减少了 $(a+b+c+d)$，生产者剩余增加了 a。但是，配额对福利的影响与关税有一个很大的不同，就是图 5-3 中的面积 c。在实施关税时，它构成了政府的关税收入。但是，在实施配额时，它就成了一种"租"，其归属完全取决于政府怎样分配进口配额。一般来说，政府可以采取以下几种方式来分配配额：

（1）公开拍卖。在竞争性拍卖中，政府将会以最高价格 $(P_q - P_w)$ 对进口许可证进行拍卖，而进口商愿意出的最高价格不会超过进口所能获得的利润 c。最终，c 部分由政府和进口商共享，整个社会利益的变动与征收关税时一样。这是一种最有效率、最合理的配额分配方式。

（2）将配额无偿分配给进口商。在这种方式下，政府通过免费发放进口许可证的方式，将配额分配给进口商。进口商以国际价格进口商品，在国内市场上按国内价格出售，所得利润正好等于政府的税收部分 c。在这种情况下，进口国的社会总利益变动与征收关税时一样，只不过 c 从政府转移到了国内的进口商或消费该产品的部分消费者手里。

（3）根据进口商或消费者的申请颁发许可证。在这种方式下，任何人都可以向政府申请进口许可证，经政府审批后颁发，申请和审批过程比较复杂。但是，由于申请者在申请过程中存在竞争行为，同时还存在审批官员"寻租"的可能性，申请者为了最终获得进口许可证必然要付出一定的代价，因此，最后获得许可证的进口商或消费者的利益会小于 c，整个社会的利益也会小于征收关税下的情形。

（4）政府设定配额后将分配权限交给出口国，由出口国自行分配。这等于将进口许可证免费给了外国的出口商，出口商按进口国国内市场上的高价出售商品，获得了本应属于进口国政府或进口商的利益部分 c。这对进口国来说是一种额外的损失，整个社会的净损失变为 $(b+d+c)$，大于征收关税时的净损失。

作为主要的进口限制手段之一，配额与关税有着很大的不同：

（1）两者的作用机制不同。关税通过影响价格来调节进口量，从而增加国内生产，其作用是间接的；配额是通过直接限制进口数量来增加国内生产。

（2）两者的作用效果不同。关税虽然可以起到限制进口的作用，但是其限制结果是不确定的，因为如果本国的进口需求是有弹性的，在征收关税下外国出口商仍可以通过降价来保持竞争力。但是，配额却不同，它可以明确地将进口量确定在限额所规定的水平上。

（3）两者的福利效果不同。关税的转移效应是消费者的福利被转移到政府（或纳税人）手中，而配额则是消费者的福利转移给了进口许可证持有者。由于后者的转移有可能导致更加不公平的收入分配，关税可能是优于配额的一种选择。

（4）两者的管理效率不同。配额如果采取直接颁发或申请颁发等非竞争方式进行分配的话，不仅可能产生官员寻租等腐败行为，而且烦琐程序本身也会造成资源的浪费。关税则比较规范，征收关税的成本较小。

（5）两者实施的灵活性不同。政府可以通过发放进口许可证随时调节进口数量，它是一种行政管理行为，运用起来相对灵活。而政府在关税调节方面，除非有某种例外，一般不能随意提高关税，而且多边国际贸易协定对关税的实施做了许多严格的限定。

综上，从福利效果看，关税优于配额。[①] 但是，由于 GATT 和 WTO 对关税的使用做出了明确的规定，特别是一般关税水平只能降不能升，因此关税措施在现实中的使用越来越困难。而配额的使用虽然也会受到诸多限制，但是由于其具有较大的灵活性，因此在一段时期内仍然会被政府所采用。

（三）进口补贴的影响

对于一些重要的原材料、投入品、机器设备以及其他本国不具备生产条件而需进口的商品，政府通常可以用进口补贴的办法来鼓励进口。通过补贴，国内消费者购买的进口商品的价格会低于世界市场价格。如图 5-4 所示，假设世界市场的价格为 P_w，现在政府以进口商品的世界价格的一定比例 s 对进口商品进行补贴，那么，该进口商品的国内价格就是 $P_w(1-s)$。价格由 P_w 下跌到 $P_w(1-s)$，使该国的生产从原先的 S_0 减少到 S_1，而消费则从 D_0 扩大到 D_1，从而使进口从 (D_0-S_0) 增加到 (D_1-S_1)。

显然，这种消费政策使消费者得益，此时消费者剩余增加了 $(a+b+c+d+e)$；但是，生产者受到了损失，生产者剩余减少了 $(a+b)$。同时，纳税人为补贴付出的代价是 $(b+c+d+e+f)$。因此，对于整个国家来说，实行进口补贴所造成的净损失为：

① 这里是就小国而言的，其分析的内含假定是贸易政策的实施不会改变市场条件。但如果是大国，情况会比较复杂，因为大国实施关税和配额等政策会影响世界价格。另外，这里的分析还内含假定国内需求不变，如果伴随着贸易政策的实施，国内需求曲线发生移动，也会得出不同的结论。

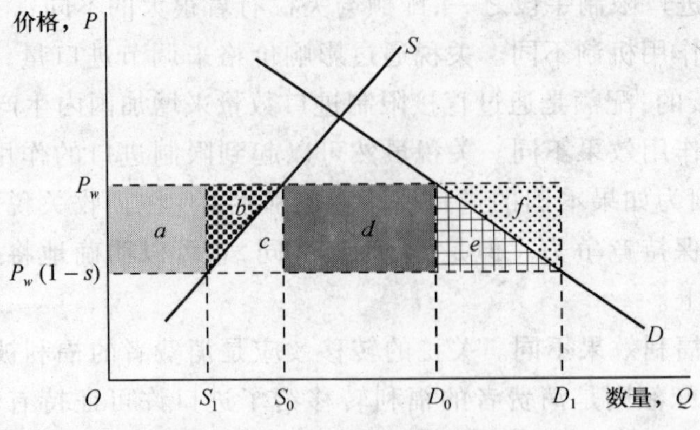

图 5-4　小国进口补贴的影响

进口补贴的净损失 =（纳税人为补贴所支付的税收 + 生产者损失）

$$
\begin{aligned}
&- \text{消费者获得} \\
&= [(b+c+d+e+f)+(a+b)]-(a+b+c+d+e) \\
&= b+f
\end{aligned}
$$

其中，b 表示生产扭曲损失，来自于因进口补贴所导致的国内生产减少；f 表示税收扭曲损失，来自于因纳税人为补贴而支付的税收。

可见，对于小国来说，进口补贴会像关税一样减少一国的福利。所以，最好的选择还是自由贸易。

（四）贸易政策与非贸易政策的比较

上述各种进口调节政策的主要目标是保护本国产业，以增加国内生产和生产者剩余。但是，贸易政策并不是实现这一目的的唯一手段。比如，政府可以用对国内生产进行补贴的办法代替关税和配额等贸易政策来扶持本国产业。这样，既可以促进国内生产，又可以使国内消费者仍以世界市场价格购买产品。下面以一个小国征收关税和给予生产补贴为例来进行比较分析。

如图 5-5 所示，在自由贸易下，国内的价格为 P_w，国内的生产和消费分别为 S_0 和 D_0，这时需要进口（D_0-S_0）。假如政府的政策目标是使国内生产扩大到 S_1，可以有两种办法：一是征收税率为 t 的从价税，这时国内价格上涨，国内需求减少，进口也从（D_0-S_0）下降到（D_1-S_1）；二是政府给予生产者相当于税率的补贴，使供给曲线向右移动到 S^*，此时国内价格没有发生变化，在价格不变的情况下需求也不会发生变化，从而使进口仅仅下降到（D_0-S_1）。

可见，由于给予生产补贴后国内价格不变，消费就不会发生变化，消费者剩余也不会变动。因此，消费者当然愿意政府给予生产补贴。对于生产者来说，他们得到的价格（包括生产补贴）与征收关税后一样，生产者剩余的增加也与实施关税时相同，为面积 a。因此，关税和补贴对于生产者来说是无差异的。政府的补贴是 a 和 b

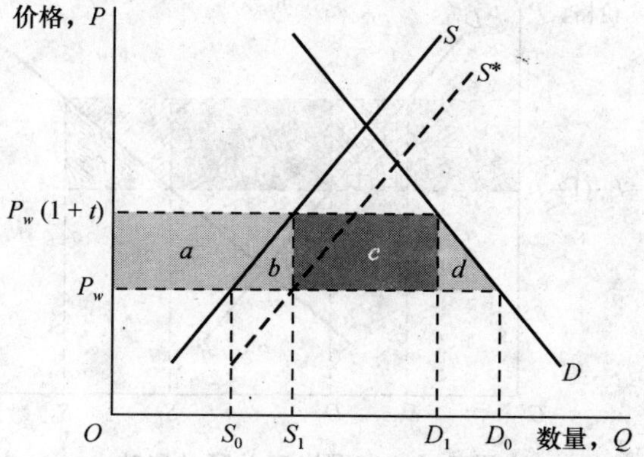

图 5-5　关税和生产补贴的影响

两块，由于政府的补贴来自纳税人，所以纳税人希望政府征收关税。该国实施生产补贴后的总福利效应是纳税人的负担$(a+b)$减去生产者的益得b，但是对生产补贴不会造成d的消费损失。因此，一般来说，如果政府的目标是使国内生产达到某个水平，生产补贴是比关税更好的政策选择。当然，生产补贴对收入分配的影响与关税也是不同的，但它一般不会比关税造成更大的不公平。

上述的分析具有一般性。与此类似，如果一个小国政府希望限制某一商品的国内消费，那么，虽然可以选择利用关税或者消费税，但是消费税可能是一种更好的选择。因为消费税不会导致低效率生产，与生产相关的损失就可以避免了。同样，如果要限制国内生产，则生产税要比进口补贴好；如果要鼓励国内消费，则消费补贴优于进口补贴。因此，我们可以得出一个一般的结论：如果一个小国政府希望实现某个国内生产或消费方面的目标，则针对这一目标的国内政策要优于贸易政策。如果是大国，则情况比较复杂，这一结论并不完全适用。

二、出口调节政策的影响

一国可以实施多种贸易政策来鼓励或限制出口，这里主要讨论出口关税、出口配额和出口补贴三种贸易政策可能对经济产生的影响。

（一）出口关税的影响

在某种产品的世界市场价格远高于国内均衡价格的情况下，国内生产者会尽力扩大该种产品的出口。为了保障国内消费，政府可以采取征收出口关税的方式来抑制出口，以降低国内价格、增加国内消费。

如图 5-6 所示，在自由贸易下，世界市场的价格为P_w，一国对某个产品的需求量为D_0，国内供给量为S_0，所以出口量为(S_0-D_0)。

现在假定该小国对出口产品征收税率为t的从价关税，国内价格会因此比世界价格P_w降低tP_w，即国内价格为$P_w(1-t)$。此时，国内生产从S_0减少到S_1，而国内

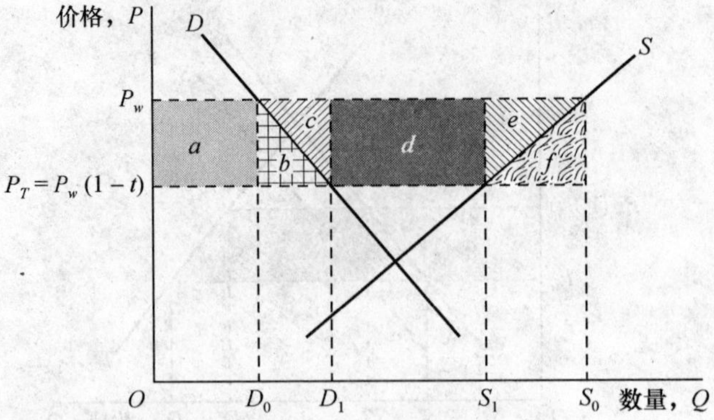

图 5-6　小国出口关税的影响

消费则从 D_0 增加到 D_1，出口量也从 (S_0-D_0) 下降到 (S_1-D_1)。

可见，出口关税使国内厂商将出口的一部分转向国内市场销售，出口下降但国内供给增加，从而使国内市场价格下降，消费者受益。消费者剩余增加了 $(a+b)$，政府得到的税收收入为 d。但是，生产者却受到了损害，生产者剩余减少了 $(a+b+c+d+e)$。于是，净福利损失为：$(a+b+c+d+e)-[(a+b)+d]=c+e$。因此，征收出口关税也会造成社会福利的损失。

（二）出口配额的影响

出口配额（即自动出口限制）对出口的影响与出口关税类似，主要差异在于福利效应不同。在实施出口配额的情况下，政府没有获得关税收入。这部分收入变为配额租，而配额租的获得取决于配额的分配方式。

如果采取竞争性的公开拍卖方式分配出口配额，那么，政府从拍卖配额中获得的收益（即配额租）与关税是相同的。

假如将配额直接分配给本国的出口商，那么，配额租将由他们获得，因为他们可以以比国内市场出清价格更高的价格在进口国出售商品，并获得国外市场出清价格与国内市场出清价格的差价。

假如配额直接分配给国外进口国的进口商，那么，他们可以以较低的市场出清价格从出口国购买商品，然后按进口国的市场出清价格在本国进行出售，这样配额租就由外国的进口商获得。

（三）出口补贴的影响

如图 5-7 所示，在自由贸易时，一个小国的国内价格就是世界价格 P_w。在此价格水平上，该国的生产为 S_0，国内需求为 D_0，两者的差额 (S_0-D_0) 就是出口量。现在假设政府以世界价格的一定比例 s 给予每单位出口补贴，国内价格就会提高到 $P_w(1+s)$。在此价格水平上，生产扩大到 S_1，消费降低到 D_1，这时出口从 (S_0-D_0) 增加到 (S_1-D_1)。

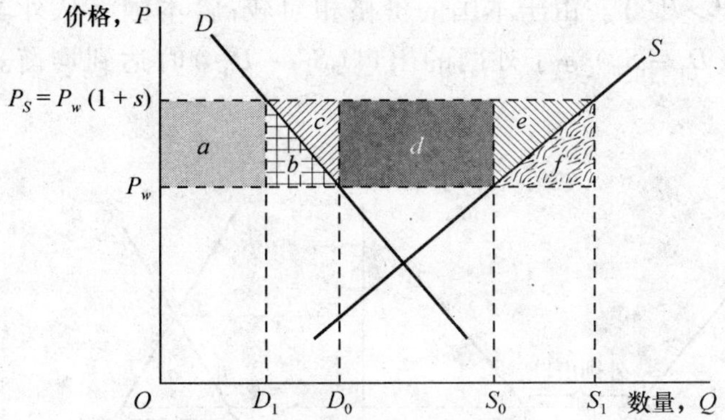

图 5-7　小国出口补贴的影响

由于实施出口补贴政策，消费者剩余减少了$(a+b)$，生产者剩余增加了$(a+b+c+d+e)$。但是，补贴使纳税人付出的代价为$(b+c+d+e+f)$。因此，总的来说，补贴造成的净损失为：$[(b+c+d+e+f)+(a+b)]-(a+b+c+d+e)=b+f$。其中，$b$ 为消费扭曲损失，f 为因补贴而引起的税收扭曲损失。显然，与自由贸易相比，出口补贴政策会造成福利的净损失。

第二节　局部均衡下的政策效应（Ⅱ）：大国的情形

与小国不同，大国可以通过改变其进口或出口量来影响贸易商品在世界市场上的价格。因此，对于大国来说，产品的国际价格是弹性的、可变的。本节首先简要地讨论供给、需求与两个大国之间的贸易问题；然后分析进口调节政策的经济影响，主要是分析一国实施进口关税和进口配额政策可能产生的经济影响；接着分析出口调节政策所产生的经济影响，主要是分析一国实施出口关税和出口补贴政策可能产生的经济影响；最后对几种主要的贸易政策影响做简单的总结。

一、供给、需求和两个大国之间的贸易

（一）自由贸易下两国的均衡

假设本国和外国都是大国，它们可以各自通过改变贸易量来影响商品在另一个国家的价格。同时，假定市场是完全竞争的，无运输成本，两国货币的汇率是固定的。这样，就可以用本国货币作为两国市场的计价基础。

如果没有贸易时两国某种产品的价格不一样，自然就会引发贸易。国内价格低的国家向价格高的国家出口，贸易的结果会使原先高价格国家的国内价格下降，原先低价格国家的国内价格上升，最终两国的价格趋于世界均衡价格。如图 5-8 所示，自给自足时，某种产品本国的均衡价格是 P，外国的均衡价格是 P^*，本国价格高

于外国价格（即 $P > P^*$）。由于本国的价格相对较高，本国将从外国进口，两国的价格在本国的进口（$D_1 - S_1$）等于外国的出口（$S_1^* - D_1^*$）时达到均衡。此时，世界均衡价格为 P_w。

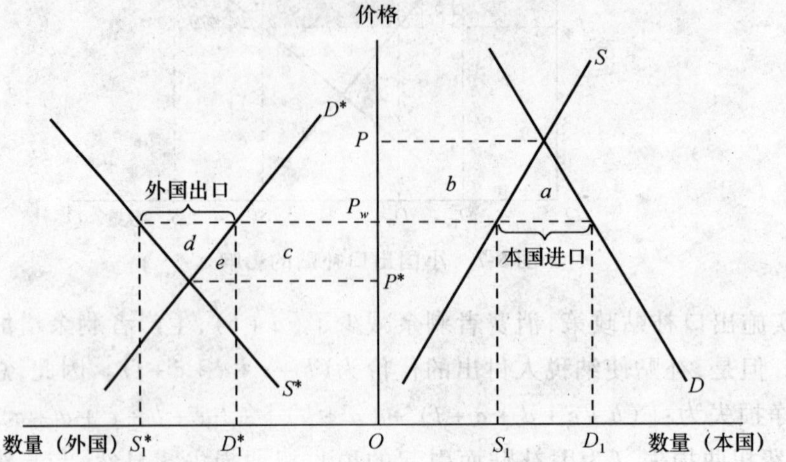

图 5-8　自由贸易下两国的均衡

国际贸易使两国的社会福利都发生了变化。对出口国家来说，价格的上升使生产扩大，生产者剩余增加了（$d+e+c$）；同时使消费减少，消费者剩余减少了（$e+c$）。总体来看，出口国获得的净剩余为 d，开展自由贸易使出口国的福利增加了。对进口国来说，价格的下降使消费者得益，消费者剩余增加了（$a+b$）；同时使生产者受损，生产者剩余减少了 b。总体来看，进口国获得的净剩余为 a，开展自由贸易使进口国的福利也增加了。开展自由贸易使整个世界的福利净增加（$d+a$）。因此，自由贸易有利于增加世界福利。

（二）进口需求、出口供给与世界供求均衡

从上面的分析可以看出，外国的出口供给和本国的进口需求都与世界市场价格有关系，它们都是世界市场价格的函数。因此，这里先来推导进口需求曲线和出口供给曲线，再利用它们来分析世界供求均衡问题。

1. 本国的进口需求曲线

本国的进口需求曲线可以从本国的需求曲线和供给曲线导出，本国的进口需求是本国消费需求大于本国生产供给的部分，即本国进口 = 本国需求 - 本国供给。

如图 5-9 所示，在价格为 P_1 时，本国消费者的需求量为 D_1，生产者的供给量为 S_1，进口需求量为（$D_1 - S_1$）。如果价格上升为 P_2，则本国消费者的需求量降为 D_2，生产者的供给量上升至 S_2，进口需求量降为（$D_2 - S_2$）。当价格继续上升到 P_A 时，本国的供给完全能够满足需求，因而进口量为零。这样，就可以推导出本国的进口需求曲线 MD，它是向右下方倾斜的曲线。

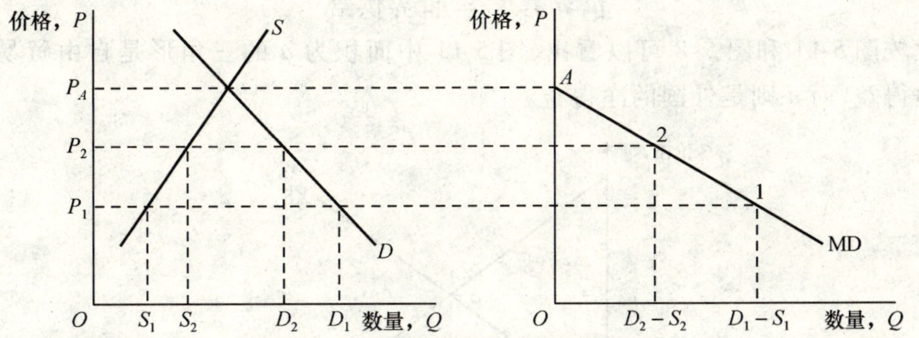

图 5-9　本国的进口需求曲线的推导

2. 外国的出口供给曲线

外国的出口供给曲线可以从外国的需求曲线和供给曲线推导出，外国的出口供给是外国生产供给大于外国消费需求的部分，即外国出口 = 外国供给 - 外国需求。

如图 5-10 所示，价格为 P_1^* 时，外国生产者的供给量为 S_1^*，消费者的需求量为 D_1^*，出口供给量为（$S_1^*-D_1^*$）。如果价格下降为 P_2^*，则外国生产者的供给量降至 S_2^*，消费者的需求量上升为 D_2^*，出口供给量降为（$S_2^*-D_2^*$）。当价格继续下降到 P_A^* 时，外国的需求和供给相等，因而出口供给量为零。这样，就可以推导出外国的出口供给曲线 XS，它是向右上方倾斜的曲线。

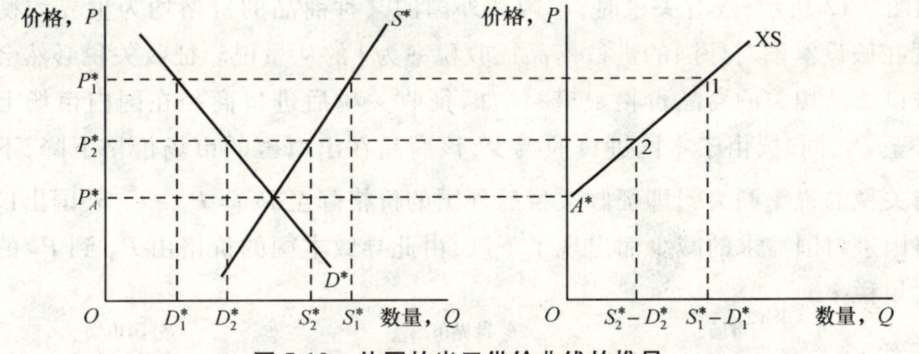

图 5-10　外国的出口供给曲线的推导

3. 世界供求均衡

当本国的进口需求等于外国的出口供给时，就实现了世界供求均衡。如图 5-11 所示，曲线 XS 和曲线 MD 的交点 1，对应的价格为 P_w。此时，世界供给等于世界需求。在均衡点 1 处，有：

本国需求 - 本国供给 = 外国供给 - 外国需求

通过整理，得：

本国需求 + 外国需求 = 本国供给 + 外国供给

即

世界需求 = 世界供给

比较图 5-11 和图 5-8 可以看出,图 5-11 中面积为 a 的三角形是自由贸易后本国的净得益,而 d 则是外国的净得益。

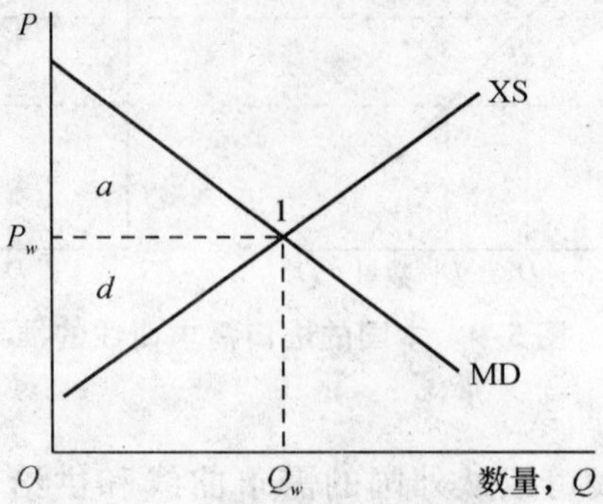

图 5-11　世界市场供求均衡

（三）大国情形下贸易政策对世界价格的影响

下面以关税为例来阐述大国实施贸易政策对世界价格的影响。

在大国的情形下,本国对外国的进口商品征收关税,会使进口品在本国市场上的价格上升,外国市场上的价格下降。这样,将使本国进口替代品的生产者在更高的价格水平上供应更多的进口替代品,而本国消费者对该种商品的需求量却减少了。

如图 5-12 所示,没有关税时,本国和外国的某种商品的价格均为世界均衡价格 P_w。现在假设本国对外国的进口商品征收税率为 t 的从量税。征收关税必然会使本国与进口商品相关的商品价格上升,例如,征收关税后进口商品在国内市场上的价格上升至 P_T,同时,由于本国进口的减少,该商品在出口国的市场价格下降,下降的幅度与关税的税率同为 t,即征收关税后外国的价格降至 $P_T^* = P_T - t$。外国出口商品的价格因进口国需求的减少而出现了下跌,由此导致本国的价格由 P_W 到 P_T 的增幅小于关税税率 t。

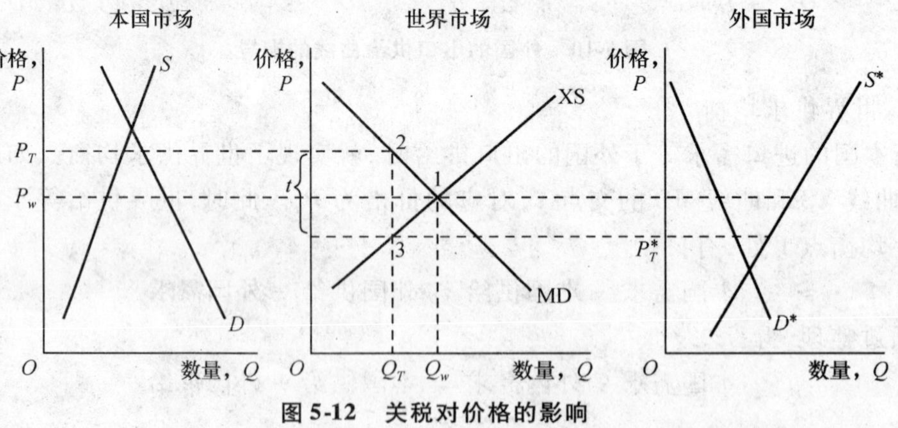

图 5-12　关税对价格的影响

二、进口调节政策的影响

一国可以实施多种贸易政策来限制或鼓励进口，这里主要讨论进口关税和进口配额两种贸易政策可能对经济产生的影响。

（一）进口关税的影响

如图 5-13 所示，在自由贸易下，某种产品的国内外价格相等，皆为世界均衡价格 P_w。在此价格下，一国对该产品的需求量为 D_0，而国内生产量仅为 S_0，这时需要的进口量为 $(D_0 - S_0)$。

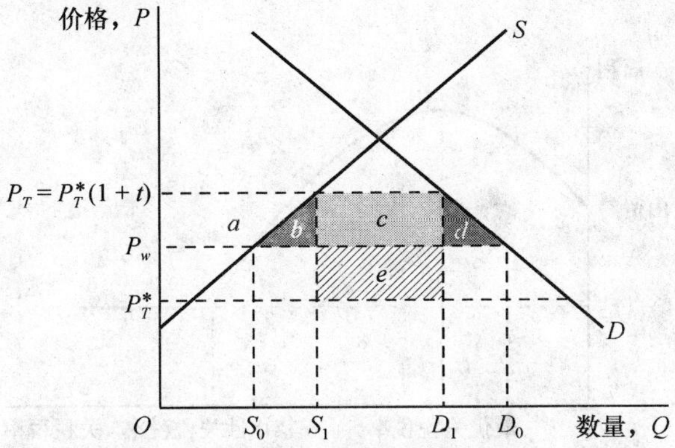

图 5-13　大国征收进口关税的效应

现假设该大国对进口产品征收税率为 t 的从价税，那么，关税将国内的价格由 P_w 提高到 P_T，却把外国出口价格由 P_w 降低到 P_T^*，并且两者关系为 $P_T = P_T^*(1+t)$。由于国内价格上升，国内的生产由 S_0 扩张至 S_1，而消费却从 D_0 下降为 D_1。由此产生了不同的效应。

从国内生产者方面看，他们得到了更高的价格，所以生产扩大和供给量增加，得到了更多的生产者剩余，即图 5-13 中的面积 a。从国内消费者方面看，由于面对更高的价格，导致需求量减少，从而使消费者剩余减少，减少的消费者剩余量为图中的面积 $(a+b+c+d)$。再从政府方面看，政府通过征收关税而从贸易中获益，收益为 $(c+e)$。其中，e 是因征收关税导致进口品国外价格下降而产生的贸易条件改善效应。显然，只有大国才能影响世界价格，而小国不具备这个能力，所以只有大国征收关税才能产生贸易条件改善效应。

综合上面的分析，关税造成的净损失为：

$$\begin{aligned}\text{关税的净损失} &= \text{消费者损失} - \text{生产者所得} - \text{政府收入} \\ &= (a+b+c+d) - a - (c+e) = b + d - e\end{aligned}$$

其中，b 表示生产扭曲损失，来自于关税导致的国内过度生产；d 表示消费扭曲损失，来自于关税造成的消费下降；e 表示贸易条件改善所得，来自于关税造成的外国出口商品价格的下降。

显然，关税收益的大小取决于征收关税的国家迫使外国出口价格下降的能力。外国价格下降越多，贸易条件改善效应越大，即 e 越大。如果贸易条件改善效应大于生产和消费的扭曲损失，即 e 大于 $(b+d)$，征收关税就有可能获益。

可见，与小国相比，大国征收关税，除了能产生价格效应、消费效应、生产效应、财政收入效应、再分配效应和福利效应，还能产生贸易条件改善效应。由于大国征收关税的获益取决于 e 和 $(b+d)$ 的比较，所以大国存在一个最优关税的问题。大国的最优关税，就是使贸易条件改善得益与效率损失之间的差达到最大时的关税，如图 5-14 所示。①

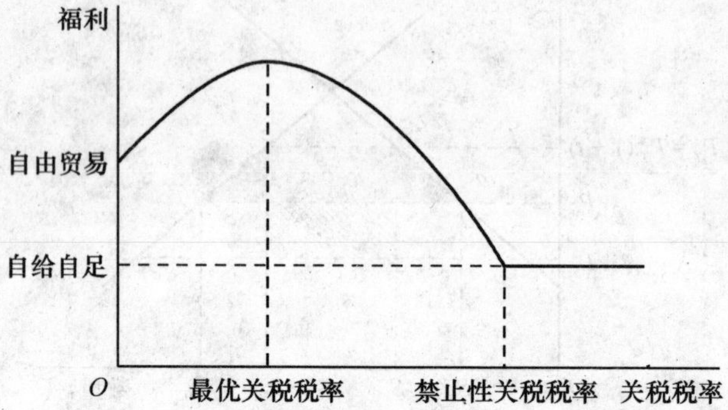

图 5-14　大国提高关税税率对福利的影响

（二）进口配额的影响

大国实施进口配额的影响类似于大国征收关税。不同的是，图 5-15 中的面积 $(c+e)$ 变为“配额租”。因此，进口配额与关税之间的差别在于政府没有了税收收入。

---

① 征收关税后的均衡也可以用进口需求曲线和出口供给曲线来分析，如图 5-13′所示。进口国的效率损失为 j，关税收入为 $(g+h)$，贸易条件得益为 h。进口国的净福利损失为 $(j-h)$，出口国的损失为 $(h+k)$，整个世界的福利损失为 $(j+k)$。

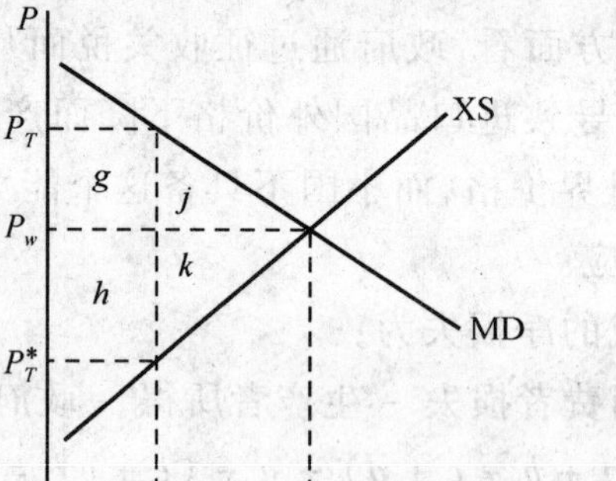

图 5-13′　征收关税后的均衡

进口配额的净福利状况，取决于谁获得了“配额租”。如果将在国内市场销售的权力给予出口国政府，“配额租”也就被转移到国外，致使配额的成本大大高于同等情况下关税的成本。

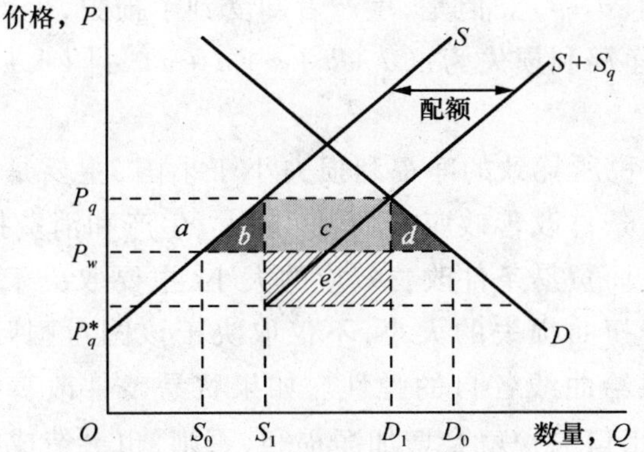

图 5-15　大国实施进口配额的效应

三、出口调节政策的影响

一国可以实施多种贸易政策来鼓励或限制出口，这里主要讨论出口关税和出口补贴两种贸易政策可能对经济产生的影响。

（一）出口关税的影响

如图 5-16 所示，自由贸易下世界市场的价格为 P_w，一国对某个产品的需求量为 D_0，国内供给量为 S_0，出口量为 (S_0-D_0)。

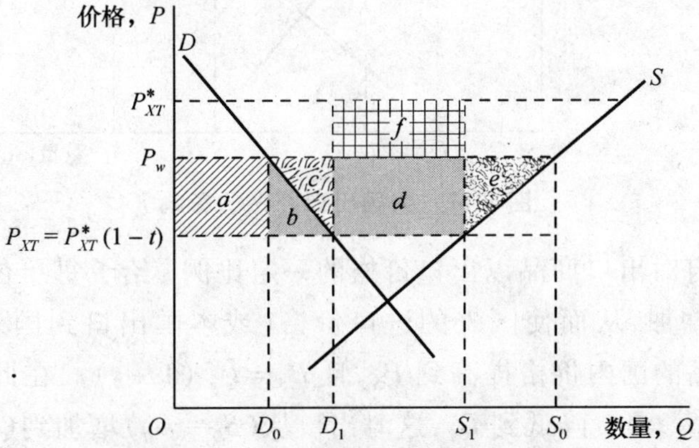

图 5-16　大国征收出口关税的影响

现在假定该大国对出口征收税率为 t 的从价关税，征税使国外进口的价格上升为 P_{XT}^*，国内价格因此比国外价格 P_{XT}^* 降低 tP_{XT}^*，即国内价格为 P_{XT} 且 $P_{XT}=P_{XT}^*(1-t)$。此时，国内生产从 S_0 减少到 S_1，消费从 D_0 增加到 D_1，出口量从 (S_0-D_0) 下降到

$(S_1 - D_1)$。

可见，出口关税使国内厂商将出口的一部分转向国内市场销售，出口下降但国内供给增加，从而使国内市场价格下降，消费者受益。消费者剩余增加了$(a+b)$，政府得到的税收收入为$(d+f)$。但是，生产者却受到了损失，生产者剩余减少了$(a+b+c+d+e)$。于是，净福利损失为：$(a+b+c+d+e)-[(a+b)+(d+f)]=c+e-f$。

大国征收出口关税所导致的净福利损失小于小国，主要是由于大国征收出口关税时可能会产生贸易条件改善效应f，而且f越大、生产和消费扭曲损失$(c+e)$越小，净福利的增加越多。而贸易条件改善效应的大小，主要取决于该国对国际价格的影响能力。生产和消费扭曲损失的大小，不仅取决于该国对国际价格的影响能力，还取决于需求曲线和供给曲线各自的弹性。如果贸易条件改善效应大于生产和消费扭曲损失，大国征收出口关税就会增加净福利，否则，也会造成社会福利损失。

（二）出口补贴的影响

如图 5-17 所示，自由贸易时，大国的国内价格就是世界价格 P_w。在此价格水平上，该国的生产为 S_0，国内需求为 D_0，两者的差额$(S_0 - D_0)$就是出口量。

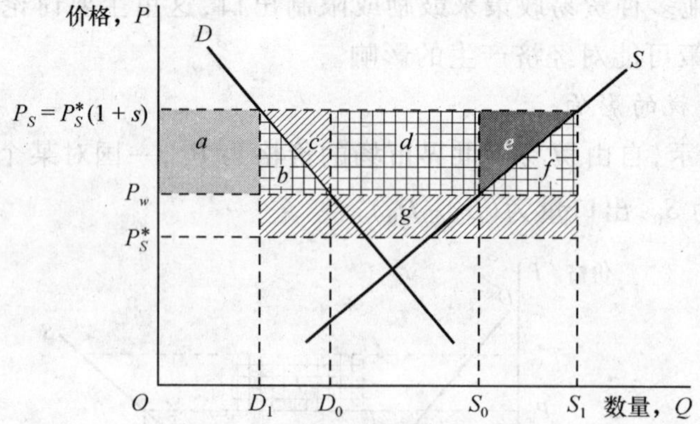

图 5-17　大国出口补贴的影响

现在假定政府对出口商品以出口价格的一定比例 s 给予每单位出口补贴。大国出口补贴使出口增加，从而使国外的进口价格（或本国出口到国外的价格）下跌到 P_S^*。同时，出口品的国内价格提高到 P_S，且 $P_S = P_S^*(1+s)$。在此价格水平 P_S 上，国内生产扩大到 S_1，消费降低到 D_1，这时出口从$(S_0 - D_0)$增加到$(S_1 - D_1)$。

出口补贴政策使消费者剩余减少了$(a+b)$，生产者剩余增加了$(a+b+c+d+e)$。但是，补贴使纳税人付出的代价为$(b+c+d+e+f+g)$。因此，总的来说，补贴所造成的净损失为：$[(b+c+d+e+f+g)+(a+b)]-(a+b+c+d+e)=b+f+g$。其中，$b$ 为消费扭曲损失，f 为因补贴而引起的税收扭曲损失，g 为贸易条件恶化损失。可见，与小国相比，大国补贴所导致的福利损失更大，因为大国实施出口补贴会导致出口价格下降，从而导致贸易条件恶化。

显然，与自由贸易相比，出口补贴政策会造成福利的净损失。由于出口补贴与进口关税对价格的影响正好相反，因此虽然大国征收关税有可能带来福利的增加，但实施出口补贴则无疑会导致福利净损失。

四、对各种贸易政策影响的总结

以上具体分析了几种主要的贸易政策工具对消费者、生产者、政府以及整个国家福利的影响。显然，几乎所有的贸易政策都比较有利于生产者，而损害了消费者的利益。对整个社会的福利而言，有的会导致净损失，有的具有不确定性。但是，小国实施贸易政策一般都会导致社会福利净损失，而大国有可能会带来社会福利的净增加。具体情况见表 5-1。

表 5-1　各种贸易政策的影响

	关税	出口补贴	进口配额	出口配额
生产者剩余	增加	增加	增加	减少
消费者剩余	减少	减少	减少	增加
政府收益	增加	减少 （政府开支增加）	没有变化 （许可证持有者获得“租”）	没有变化 （外国人获得“租”）
国家综合福利水平	不确定 （小国减少）	减少	不确定 （小国减少）	减少

资料来源：引自保罗·克鲁格曼著，海闻等译，《国际经济学》（第五版），中国人民大学出版社，2002 年版，第 195 页，表 8-1。①

第三节　一般均衡下的政策效应

以上讨论的是局部均衡下贸易政策的影响。在局部均衡的情况下，我们仅仅考虑贸易政策对一种产品（如进口品或出口品）的影响。实际上，对一种产品（比如进口品）直接实行某一种贸易政策（如征收进口关税），不仅会影响该产品本身，也会影响其他产品（如出口品）。因此，当涉及多产品、多部门时，需要对实施贸易政策后的效应做一般均衡分析。本节首先运用生产可能性边界分析方法来讨论关税的小国和大国效应，然后利用提供曲线分析方法来分析关税的小国和大国效应，最后利用提供曲线来分析大国实施进口配额和出口配额的效应。

① 原书表 8-1 中的“出口配额（自愿出口限制）”一列可能有错误，这里进行了纠正。

一、关税的效应（Ⅰ）：基于生产可能性边界的分析

（一）小国征收关税的效应

假设一国实行不完全专业化生产，即同时生产和消费 X 和 M 两种产品。产品 X 不仅部分用于国内消费，还有一部分用于出口。产品 M 满足不了国内消费，因此该国需要进口一部分产品 M。

如图 5-18 所示，生产可能性边界 TT 上的任一点表示国内出口品与进口品生产的组合，与生产可能性边界相切的任一切线的斜率表示出口品与进口品的相对价格。在自由贸易情况下，该国的生产点位于生产可能性边界上的 Q^0 点。此时，出口品与进口品的世界相对价格（P_X^*/P_M^*）与国内相对价格（P_X/P_M）相同，即 $P_X/P_M = P_X^*/P_M^*$。也就是说，国内的相对价格曲线（同时也是国内消费曲线）D^0 与世界相对价格曲线（实际上是贸易条件曲线）是重合的，它们都由 W^0 曲线表示，该曲线的斜率为（$-P_X^*/P_M^*$）。因此，在该国的生产点为 Q^0 的情况下，消费点是无差异曲线 I^0 与相对价格线 W^0 的切点 C^0。

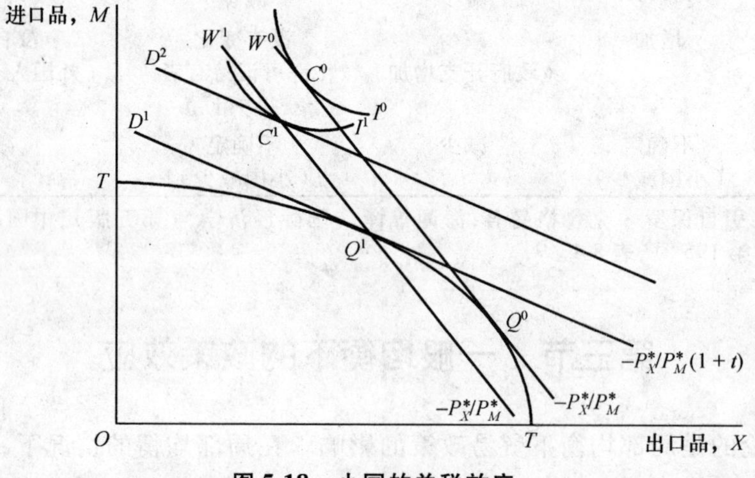

图 5-18　小国的关税效应

现假定该国政府对进口品（M）征收税率为 t 的从价税，则国内消费者和生产者面对的进口品价格上升至 $P_M^*(1+t)$，这时国内相对价格曲线的斜率变为$[-P_X^*/P_M^*(1+t)]$，即国内相对价格曲线变得更加平坦（如图 5-18 中的 D^1 曲线）。出口品（X）对进口品（M）的相对价格的下跌，对生产的直接影响是：国内进口品（M）的产出增加，出口品（X）的产出减少，从而使生产点由 Q^0 移到 Q^1。

然而，贸易必须以世界的比例进行。同时，贸易由生产决定，所以新的贸易曲线 W^1 必然要经过生产点 Q^1 并与原曲线 W^0 平行。贸易必然按 W^1 进行，消费也必然在 W^1 的某一点上。由于进口国的消费者面临的是新的国内相对价格$[P_X^*/P_M^*(1+t)]$，

因此新的消费点必然在 C^1 点。也就是说，新的消费点必然是消费价格曲线 D^2（它是与新的国内相对价格曲线 D^1 相平行的曲线）和无差异曲线 I^1 相切的点，同时又在曲线 W^1 上。只要进口品和出口品是正常的商品，新的消费点就是 C^1 点。显然，C^1 点的福利水平低于 C^0 点。

通过以上分析，我们可以得出以下结论：

（1）关税的积极效应是增加了本国进口品的生产，减少了本国进口品的消费，从而减少了进口。但同时也使本国出口品的生产和出口下降。

（2）关税破坏了小国在自由贸易下得以满足的一个帕累托最优条件。关税所造成的国内两个生产部门资源的转移，导致本国的进口品（M）与出口品（X）的边际转换率不再与世界市场上这两种产品的边际转换率相等。

（3）小国征收关税使国内福利水平比自由贸易时降低。但是，其他国家的福利水平并没有改变。

可见，世界作为一个总体由于关税而导致福利下降了。但是，这个下降部分完全由实施关税的进口国一国来承受。

（二）大国征收关税的效应

大国征收关税对国内价格比例的影响一般也是导致进口品的相对价格上升，从而使国内与进口品竞争的部门扩张，出口部门收缩。但是，大国征收关税、削减进口还会导致进口品的世界价格下降，同时出口品供给的减少又会使该产品的世界价格上升，从而有利于改善本国的贸易条件。因此，大国征收关税，一方面可以产生贸易损失效应；另一方面因关税而改善的贸易条件效应又会提高福利水平。实际效应取决于两者的对比关系。下面分两种情况来进行讨论。

1. 关税的贸易损失效应占主导地位

现在假设关税减少贸易的效应起主要作用，那么，关税的总效应是使一国的福利下降。如图 5-19 所示，在自由贸易时，一国的贸易条件由 W^0 曲线的斜率（绝对值）表示，该曲线就是世界相对价格曲线。此时，一国的生产点为 Q^0，消费点为 C^0。

假设一国对进口品（M）征收税率为 t 的关税（从价税），征收关税提高了进口品（M）的国内相对价格［$P_M^{T*}(1+t)/P_X^{T*}$］，或降低了出口品（X）的国内相对价格［$P_X^{T*}/P_M^{T*}(1+t)$］，国内的相对价格线变为 D^1，这时国内新的生产点移动到 D^1 与生产可能性曲线 TT 相切的点 Q^1。新的世界相对价格曲线 W^1 将经过新的生产点 Q^1，但由于大国征收关税会导致本国对出口品的供给减少和对进口品的世界需求减少，出口品对进口品的世界相对价格（P_X^{T*}/P_M^{T*}）会上升（$P_X^{T*}/P_M^{T*} > P_X^*/P_M^*$），所以关税使 W^1 变得比关税前的 W^0 更陡峭。

然而，贸易以新的世界相对价格进行，消费也必然在新的世界相对价格曲线 W^1 上。但是，消费又必须与新的国内相对价格比例一致。因此，新的消费点必然是无

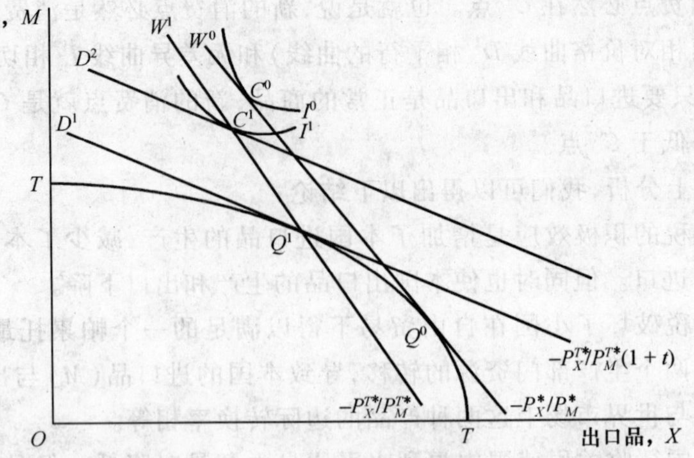

图 5-19　大国关税降低福利效应

差异曲线 I^1 与新的国内相对价格曲线 D^2（它与国内相对价格曲线 D^1 平行）相切的点，同时又在 W^1 上，即图 5-19 中的点 C^1。从图 5-19 中可以看出，虽然 W^1 比征收关税前更陡峭，但是由于变化有限，新的消费点 C^1 的福利水平仍然低于征收关税前的 C^0 点。也就是说，在这种情况下，大国征收关税仍然造成了福利恶化。

2．关税的贸易条件效应占主导地位

大国征收关税也有另一种可能性，即关税所导致的贸易条件效应很大并起主导作用。如图 5-20 所示，其他情况与上面的分析相同，但大国征收关税使世界相对价格（P_X^{T*}/P_M^{T*}）变化很大，即 W^1 变得十分陡峭。这时，征收关税后的消费点 C^1 的福利水平明显高于征收关税前的消费点 C^0。大国征收关税提高了该国的福利水平。

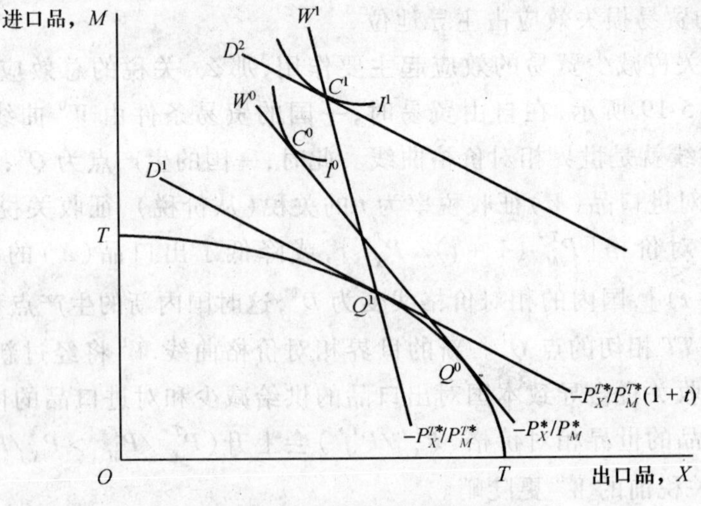

图 5-20　大国关税提高福利效应

综上所述，大国征收关税既可能导致本国的福利减少，也可能导致福利增加。

主要是因为大国征收关税在改变国内相对价格的同时，也会影响世界价格水平。显然，大国征收关税对世界相对价格的影响力越大，越有利于改善本国的贸易条件，从而提高本国的福利水平。当然，关税能否改善本国的福利状况，还取决于关税水平的高低。一般来说，较低的关税有可能增加福利，较高的关税则会减少福利。因此，存在一个最优关税的问题。

二、关税的效应（Ⅱ）：基于提供曲线的分析

在第一章我们曾分析过提供曲线，提供曲线上的任一点表示一国的出口品的出口量与进口品的进口量的组合，而提供曲线上任一点与坐标原点的连线的斜率表示出口品与进口品的相对价格（即国际贸易条件）。通常提供曲线凸向的那个轴代表该国的出口，凹向的那个轴代表该国的进口。下面利用提供曲线分别分析小国和大国征收关税所产生的效应。①

（一）小国征收关税的效应

假定本国是个小国，不能通过贸易影响世界价格。因此，在小国的情形下，外国的提供曲线是一条过原点的直线，即如图 5-21 中的直线 OT_1，这种提供曲线是完全弹性的。

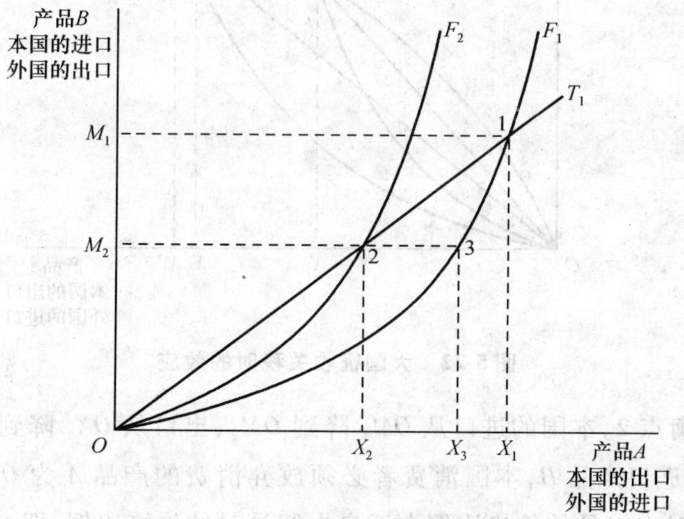

图 5-21　小国征收关税时的效应

假定本国征收关税，则提供曲线会向代表本国进口的轴的方向移动。如图 5-21

① 关于提供曲线，可以利用贸易无差异曲线和贸易条件来推导。贸易无差异曲线表明在该曲线上任何一种进口与出口的结合都对一个国家产生同样的福利水平，可以利用社会无差异曲线与生产可能性边界推导出。请参见本教材的配套辅导教材《国际贸易学教程学习指南》第五章的补充阅读资料 5-1 部分；或参见尹翔硕编著，《国际贸易教程》，复旦大学出版社，2001 年版，第 222—229 页。

所示，本国对进口品征收关税后，提供曲线由 OF_1 变为 OF_2。这时，贸易均衡点由点 1 变为点 2。本国面临的贸易条件并没有发生变化，因为在小国的情形下征收关税对世界价格没有影响，世界价格仍由 OT_1 的斜率给定。

可见，征收关税使本国的进口从 OM_1 减少到 OM_2，出口从 OX_1 降到 OX_2。但是，为了进口 OM_2，本国消费者必须放弃消费的出口品为 OX_3。本国国内进口品相对出口品的两种产品的价格比例为 OX_3/OM_2，它必然大于自由贸易下的价格比例 OX_1/OM_1，即 $OX_3/OM_2 > OX_1/OM_1$。也就是说，征收关税使得本国消费者消费进口品的机会成本增加了。显然，征收关税使本国的福利水平下降了。

（二）大国征收关税的效应（Ⅰ）：正常的情形

如图 5-22 所示，在大国的情形下，外国面临的是一条与本国相反的弯曲的提供曲线 OF_1^*。本国征收关税后，本国的提供曲线会内移，比如从 OF_1 移动到 OF_2，这时均衡点从点 1 变为点 2。相应地，本国的贸易条件也从 OT_1 变为 OT_2。

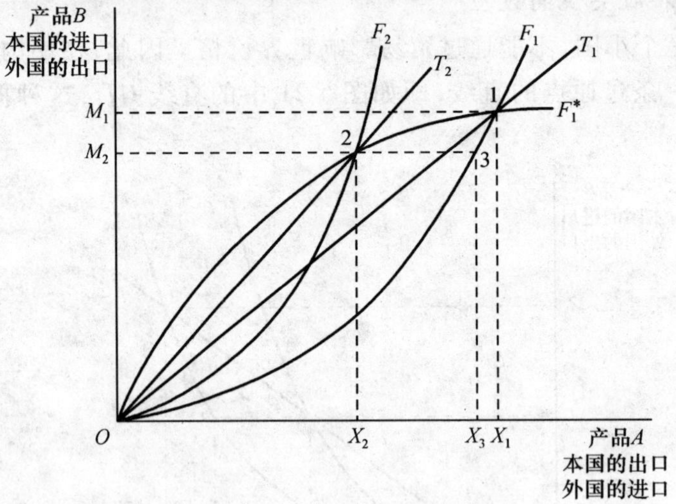

图 5-22　大国征收关税时的效应

在新的均衡点 2，本国的进口从 OM_1 降到 OM_2，出口从 OX_1 降到 OX_2。但是，为了购买 OM_2 的进口产品 B，本国消费者必须放弃消费的产品 A 为 OX_3。这时，本国国内的进口品对出口品的价格比例大于自由贸易时的价格比例，即 $OX_3/OM_2 > OX_1/OM_1$。征收关税使得本国消费者消费进口品的机会成本增加，本国的福利水平下降。同时，征收关税也使本国的贸易条件从 OT_1 变化为 OT_2，本国的贸易条件得到了改善。

从上面的分析可以看出，大国征收关税，既会提高进口品的国内相对价格（即关税的价格传递效应），又会改善本国的贸易条件。进口品的国内相对价格提高会导致本国的福利净损失，而本国贸易条件的改善又会增进本国的福利。一国最终的福利变化取决于两者大小的比较，而两者的大小又与关税的税率水平有关。可见，对于大国来说，有一个最优关税税率的问题。如何确定这个最优关税税率呢？

如图 5-23 所示，图中 U_1 和 U_2 为本国的贸易无差异曲线，U_1^* 为外国的贸易无差异曲线，OF_1 是本国自由贸易下的提供曲线，外国相应的提供曲线是 OF_1^*。自由贸易均衡点是两条提供曲线相交的点 1。在点 1 处，U_1 和 U_1^* 都与均衡的贸易条件曲线 OT_1 相切，且 U_1 与 U_1^* 也相切。征收关税后，本国的提供曲线移至 OF_2，与外国的提供曲线 OF_1^* 相交于点 2，该点也是本国贸易无差异曲线 U_2 与 OF_1^* 相切的点，它所对应的关税税率就是最优关税税率。为什么点 2 所对应的关税税率是最优的呢？因为从点 1 沿着 OF_1^* 向原点移动就可以达到更高的无差异曲线，其中最高的就是 U_2 与 OF_1^* 相切的点 2，该点是本国可能获得最高福利水平的点。这时，继续沿 OF_1^* 向原点移动就会降低本国的福利，其中点 3 的福利水平与自由贸易的点 1 相同。点 3 左边的福利水平就更低了。到达原点时贸易完全停止，这时的关税税率就是禁止性关税税率。

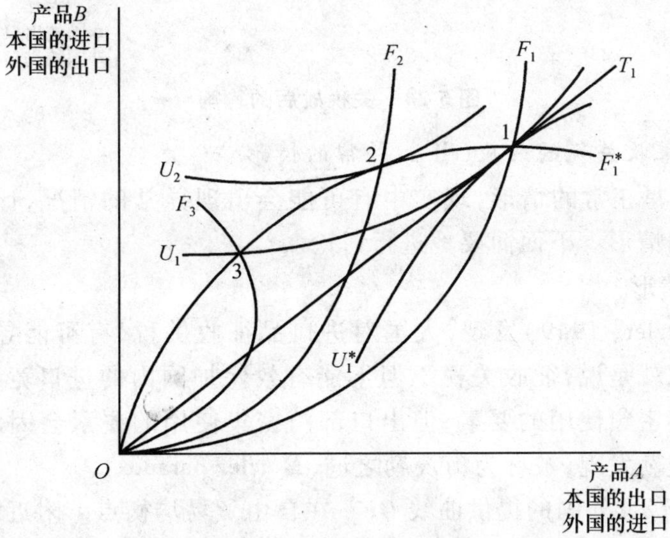

图 5-23　大国的最优关税

以上的分析假设不存在贸易伙伴国报复的问题。实际上，大国征收关税后，使本国的贸易条件改善、福利水平提高，却使贸易伙伴国的贸易条件恶化、福利水平下降。因此，贸易伙伴国很可能也采取征收关税的方式来进行报复，以补偿其损失。

如图 5-24 所示，点 E 为关税战后的均衡点，在该点上外国的贸易无差异曲线 U_3^* 与本国征收关税后的提供曲线 OF_2 相切，而本国的贸易无差异曲线 U_3 与外国征收关税后的提供曲线 OF_2^* 相切。这时，两国都达到了均衡。显然，两国的贸易量都下降了。本国因为遭到贸易伙伴国的报复，最终均衡时的贸易无差异曲线 U_3 必然低

于自由贸易时的 U_1。而外国的贸易无差异曲线 U_3^* 虽然也比自由贸易时的 U_1^* 低，但是高于图 5-23 中的均衡点 2 所对应的贸易无差异水平。与自由贸易相比，关税战必然使一个国家受损，另一个国家可能受损也可能得益。但是，从世界整体来看，必然出现福利下降。

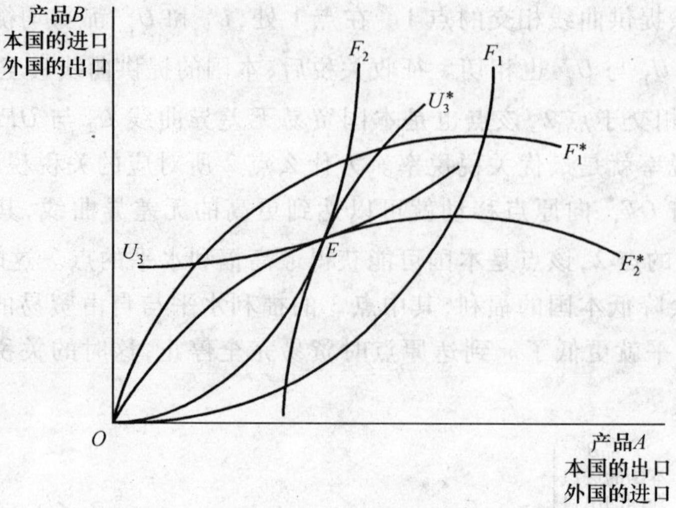

图 5-24　关税战后的均衡

（三）大国征收关税的效应（Ⅱ）：异常的情形

以上讨论的是正常的情形，现实中有可能会出现异常的情况，比较常见的有梅茨勒情形和勒纳情形。下面简要地进行讨论。

1．梅茨勒情形

梅茨勒（Metzler，1949）发现，大国对进口品征收关税，有可能导致进口品的国内价格下降。也就是说，征收关税不但不能有效保护国内的进口竞争部门，反而会伤害该部门及其密集使用的要素，但出口部门密集使用的要素会因此得益。① 这种现象最初由梅茨勒发现，被称为梅茨勒之谜（Metzler paradox）。

如图 5-25 所示，外国的提供曲线 OF_1^* 在自由贸易均衡点 1 附近缺乏弹性（注意与图 5-22 正常情形的比较）。本国征收关税后，提供曲线由 OF_1 内移到 OF_2，与外国的提供曲线 OF_1^* 重新相交于点 2。这时，本国出口 OX_2 的出口品 A，换回 OM_2 的进口品 B。同时，本国的贸易条件也从 OT_1 变化为 OT_2，由于外国提供曲线 OF_1^* 在这一区间的弹性较小，因此本国的贸易条件得到了很大改善。本国以较少的出口品 A 换回了更多的进口品 B。

在国内市场上（自由贸易下的本国提供曲线 OF_1 上与点 2 的高度相同的点 3 对

① Metzler L.，1949，“Tariffs，International Demand and Domestic Prices”，*Journal of Political Economy*，57，pp. 345—351.

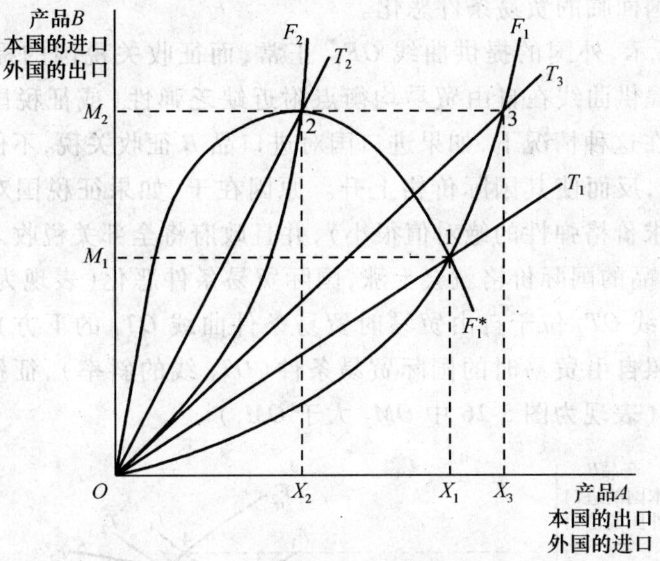

图 5-25　大国征收关税的梅茨勒情形

应的情形），进口品 B 的相对价格比国际市场高，本国消费者必须放弃 OX_3 的出口品 A 才能换回 OM_2 的进口品 B。但是，这时国内市场进口品 B 的相对价格仍然比自由贸易时低，因为与点 3 相对应的本国贸易条件 OT_3 高于自由贸易时的贸易条件 OT_1，从而 $OX_3/OM_2 < OX_1/OM_1$。因此，按照国内市场上的相对价格，本国以较少的出口品 A 换回了更多的进口品 B。

由于征收关税使进口品的相对价格下降，出口品的相对价格上升，出口品生产更加有利可图，资源就会从进口竞争部门转移到出口部门。这样，出口部门密集使用要素的报酬就会提高，收入分配就会有利于该国较丰裕的生产要素。

梅茨勒认为，如果下述条件得到满足，进口品的相对价格就会下降：

$$\eta < 1 - k$$

其中，η 表示外国对本国（征收关税的国家）出口品的需求弹性，$(1-k)$ 表示本国出口品的边际消费倾向。

那么，如何解释梅茨勒之谜呢？根据需求或消费理论，一国出口品的边际消费倾向越高，其关税收入中用于该出口品的开支就越大。这样，对进口品征税，就产生了对出口品的额外的消费需求。同时，如果外国对该国出口品的需求缺乏弹性，就意味着尽管出口品的国际相对价格提高，外国的需求也不会大幅度减少。在这种情况下，关税就创造了一种对出口品的额外需求，它使出口品的国内市场相对价格提高、进口品的国内相对价格下降。

2. 勒纳情形

勒纳（Lerner，1936）的研究发现，大国对进口品征收关税，该进口品的国际价格反而上升，即该国面临的贸易条件恶化。

如图5-26所示，外国的提供曲线 OF_1^* 正常，而征收关税国的提供曲线 OF_1 反常，即征税国的提供曲线在自由贸易均衡点附近缺乏弹性（或征税国对进口品的需求缺乏弹性）。在这种情况下，如果进口国对进口品 B 征收关税，不但不会使进口品的国际价格下降，反而使其国际价格上升。原因在于，如果征税国对进口品的需求是刚性的（即需求价格弹性的绝对值很小），并且政府将全部关税收入都用来购买进口品，那么，进口品的国际价格就会上涨，国际贸易条件恶化（表现为图5-26中征税后的贸易条件曲线 OT_2 位于自由贸易时贸易条件曲线 OT_1 的下方）。从图5-26可以看出，如果按照自由贸易时的国际贸易条件（OT_1 线的斜率），征税国对进口品 B 有一个超额需求（表现为图5-26中 OM_3 大于 OM_1）。

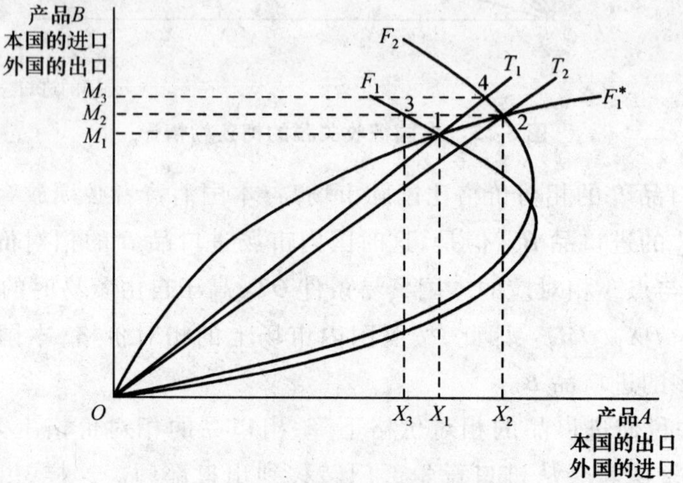

图5-26 大国征收关税的勒纳情形

三、基于提供曲线的大国实施配额效应的分析

（一）本国实施进口配额的效应

如图5-27所示，自由贸易的均衡点为点1。现在本国对进口品 B 实施进口配额，配额量为 OM_2，这时本国的提供曲线 OF_2 变为 ORM_2，即当进口量在配额 OM_2 以下时本国的提供曲线为 OR，达到配额 OM_2 时变为直线 RM_2。因此，进口国实施进口配额后，新的均衡点变为点2，该点是本国实施进口配额后的提供曲线 OF_2 与外国的提供曲线 OF_1^* 的交点。这时，本国的贸易条件由自由贸易时的 OT_1 变为实施进口配额后的 OT_2，本国的贸易条件得到改善。

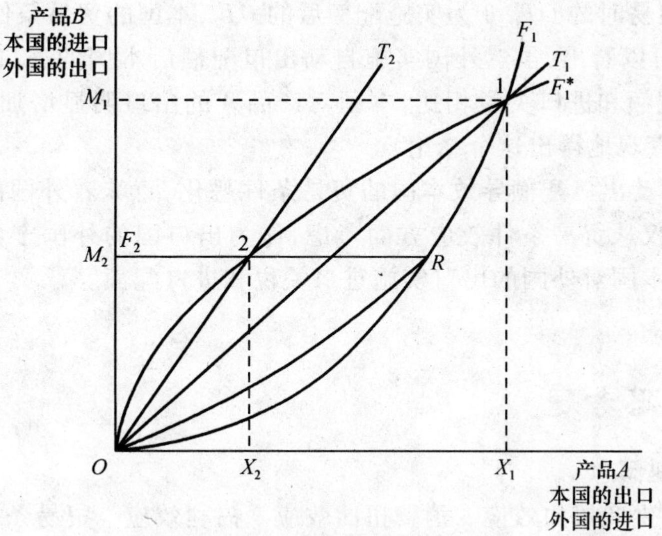

图 5-27　大国实施进口配额的效应

（二）外国实施出口配额的效应

如图 5-28 所示，自由贸易的均衡点为点 1。现在假设外国对本国的产品 B 的出口实施自动出口配额，配额为 OM_2（为了便于比较，这里假定正好等于上面所说的本国的进口配额）。由于外国实施自动出口配额，因此其提供曲线发生变化，由自由贸易时的 OF_1^* 变为 OSF_2^*。OSF_2^* 由两段组成，在配额 OM_2 以下为 OS，达到配额 OM_2 时变为直线 SF_2^*。因此，出口国实施出口配额后，新的均衡点变为点 2，该点是外国实施出口配额后的提供曲线 OSF_2^* 与本国的提供曲线 OF_1 的交点。这时，本国的贸

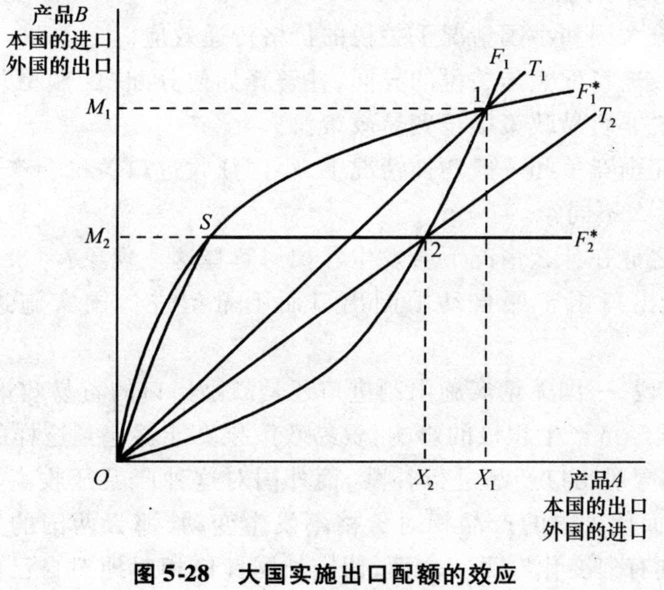

图 5-28　大国实施出口配额的效应

易条件由自由贸易时的 OT_1 变为实施配额后的 OT_2，本国的贸易条件恶化。

从图 5-28 可以看出，虽然外国实施自动出口配额后本国的进口仍为 OM_2，但与本国实施进口配额和进口关税相比，本国对产品 A 的出口明显增加了（对比图 5-27 和图 5-28 可以直观地得出这个结论）。

外国实施自动出口配额导致本国的贸易条件恶化，意味着外国的贸易条件得到改善。因此，仅仅从贸易条件效应方面考虑，作为出口国的外国宁愿实施自动出口配额，而不希望本国对外国的出口实施进口关税和进口配额。

复习与思考题

1. 解释下列概念

价格效应　生产扭曲效应　消费扭曲效应　福利效应　贸易条件得益　配额租金　最优关税税率　禁止性关税税率　出口供给曲线　进口需求曲线　贸易无差异曲线　梅茨勒之谜

2. 如果一个大国试图用最优关税来使自己得益，但是其贸易伙伴国进行报复，也征收关税，最后的均衡会怎样？这样的均衡对贸易和两国的福利会产生什么样的影响？

3. 从长期来看，征收进口关税对本国的出口部门和进口竞争部门不同要素所有者的报酬会有什么影响？

4. 在国内完全竞争和局部均衡情况下，小国征收进口关税会产生哪些效应？如果是大国又有什么不同？

5. 简要比较大国和小国情况下关税的价格传递效应。

6. 简要比较进口配额与关税的异同，并解释如何分配“配额租”。

7. 为什么说非贸易政策优于贸易政策？

8. 在国内完全竞争和一般均衡情况下，小国征收进口关税会产生哪些效应？如果是大国又有什么不同？

9. 梅茨勒之谜在什么情况下会发生？如何解释这一现象？

10. 为什么出口国宁愿自动限制出口而不希望进口国实施进口关税或进口配额？

11. 一般来说，一国无论实施限制进口还是鼓励出口的贸易政策，都希望这项政策实施后对本国经济产生积极的影响，贸易政策果真能够起到这样的作用吗？

12. 假定本国对出口产品进行补贴，而外国对这种产品征收高关税来抵消补贴产生的影响，从而使外国的产品相对价格不发生变动，那么两国的贸易条件如何变化？两国的福利有何变化？另一方面，假定外国针锋相对地对自己的出口产品进行补贴，其结果与上述情况有何不同？请对比分析。

第六章　国际贸易政策实践

内容提要

国际贸易政策实践往往会涉及很多问题。例如，国际贸易政策实施的条件和背景分析，国际贸易政策的设计与制定，国际贸易政策的实施及其效果评价，等等。本章重点探讨四个方面的问题：第一节，实践中的贸易政策问题，首先对国际贸易政策的概念、类型以及制定与执行的相关问题做概略性描述，然后简要地对不同的贸易政策观点进行分析；第二节，保护贸易政策的理论基础，主要是介绍传统的保护贸易理论和保护贸易新理论两大理论流派的基本思想；第三节，发展中国家的贸易政策，主要是从贸易条件、工业发展和二元经济三个方面来探讨发展中国家的贸易政策问题；第四节，发达国家的贸易政策，主要是从理想产业、外部性和不完全竞争三个方面来探讨发达国家的贸易政策问题。

第一节　实践中的贸易政策问题

在实践中贸易政策的制定和实施涉及诸多问题，十分复杂。这里首先对国际贸易政策的概念、类型和制定与执行的相关问题做概略性描述，然后简要地对不同的贸易政策观点进行分析。

一、国际贸易政策概述

一国的国际贸易政策又称为对外贸易政策，是一国根据本国的政治及经济状况所制定的管理对外贸易活动的条例、法律和法规等原则和制度的总和。各国制定对外贸易政策的目的在于，保护本国市场和发展民族工业，扩大本国产品与服务的出口市场，提高本国产品的竞争能力，积累资本或资金，促进本国产业结构调整和经济发展，维护本国对外政治经济关系。

一国的对外贸易政策大体上包括三个方面：一是对外贸易总政策，包括进口总政策和出口总政策。它是一国从整个国民经济出发，依据本国的经济发展战略制定的在一个较长时期内实行的政策。二是进出口商品政策。它是在对外贸易总政策指导下,根据本国产业与经济结构、国内外市场状况而分别制定的商品进口政策和商品出口政策。三是对外贸易国别政策。它是根据对外贸易总政策和对外政治、经济关系而制定的国别或地区政策。

对外贸易政策的类型很多,基本上可以分为自由贸易政策和保护贸易政策两大类型。在自由贸易政策下,国家对产品和服务的进出口不加干预和限制,取消对本国进出口商品的各种特权和优惠,允许产品和服务自由地输出和输入,使产品和服务在国内外市场上自由竞争,其实质是奉行"不干预政策"(即中性政策)。在保护贸易政策下,国家积极干预产品和服务的进出口,广泛地采用各种限制进出口和控制经营领域与范围的措施,保护本国产品和服务在本国市场上免受外国产品和服务的竞争,并对本国产品和服务的出口给予优惠和补贴,其实质是实行"奖出限入"的干预政策。当然,现实中纯粹的自由贸易政策并不存在,即使是标榜自由贸易政策的发达国家也会或多或少、或明或暗地对本国的某些产业进行保护。同样,在当今经济全球化和贸易自由化发展的大背景下,保护贸易政策的使用也会受到诸多限制。从总体上看,现实中各国实行的贸易政策总是表现为自由贸易政策和保护贸易政策的融合。例如,20世纪70年代后许多发达国家实行的管理贸易政策和战略贸易政策①,就是自由贸易政策和保护贸易政策的结合。

一国的对外贸易政策是该国经济政策和外交政策的重要组成部分,它既要维护本国的经济贸易利益,又要体现该国的政治外交原则。因此,各国在制定具体的贸易政策过程中,主要应考虑以下因素:(1) 本国的经济结构与比较优势;(2) 本国产品在国际市场上的竞争力;(3) 本国国内的物价、就业状况及国内市场的供求状况、国际收支状况;(4) 本国与别国在经济、投资等方面的合作情况;(5) 本国与别国的政治和外交关系;(6) 本国在世界经济、贸易制度中享有的权利与应尽的义务;(7) 各国政府领导人、决策者的经济思想与贸易理论;(8) 其他政治和社会因素,如西方国家的选民支持程度、国内利益集团的力量等。各国对外贸易政策的制定与修改是由国家立法机构进行的,最高立法机关所颁布的各项对外贸易政策,既包括对外贸易总政策、总方针和基本原则,又规定一些重要措施并给予行政机构一定的特定权限。

对外贸易政策一般的执行方式是:首先,通过海关对进出口贸易进行管理。其次,国家广泛设立各种机构,负责促进出口和管理进口。最后,政府出面参与各种国

① 管理贸易政策是指国家对内制定各种贸易法规和条例,加强对本国进出口的管理;对外通过协商签订各种对外经济协定,对本国与别国之间的双边贸易关系进行协调与管理的一种对外贸易政策。战略贸易政策是指在不完全竞争和存在规模经济的市场条件下,政府通过干预,扶持本国战略性产业的成长,使国际贸易有利于本国企业获取最大利润的一种对外贸易政策。后面有关部分还将做进一步的分析。

际经济贸易机构与组织，进行国际贸易、关税等方面的协调与谈判工作。①

二、贸易政策的不同观点：自由贸易与保护贸易之争

(一) 支持自由贸易的观点

在贸易政策的影响部分，我们已经得出结论：关税和其他贸易政策可能扭曲经济，给一国经济造成净损失。实行自由贸易最重要的好处就是，它能够消除各种贸易政策所造成的扭曲成本，增进整个社会的福利。

实行自由贸易还可以带来额外的收益，规模经济就是其中的一种。在一个受到保护的市场中，不仅生产和市场被与国际生产和国际市场分隔开来，而且这种受保护的市场竞争减弱、利润增加，会诱使较多的企业进入被保护的行业。在一个相对狭小的国内市场中拥挤着较多的企业，它们的平均生产规模必然较小。生产达不到规模经济的要求，就会导致低效率的生产。如果实行自由贸易，使国内市场扩大到世界市场，就可以很好地解决这个问题。

除了能够带来规模经济的好处，自由贸易还可以为企业提供较多的学习和创新机会。因为在管理贸易体制下，进出口大部分由政府支配，企业既没有与进口品竞争的压力，也难以寻求更好的出口途径，这就扼杀了企业的学习和创新动力。在实行自由贸易的情况下，企业为了生存和占领国际市场，必然会不断地积极寻求新的出口途径，同时还面临着进口产品的竞争。参与国际市场竞争，不仅为企业提供了创新的动力，也为企业提供了更多的学习和创新的机会。

此外，即使在理论上有一些贸易干预政策给国家带来的福利效果可能比自由贸易好，自由贸易仍然是一个较好的政策。这是因为，在实践中一些贸易干预政策的制定往往不是根据国家的利益，而是受到各种特殊利益集团的影响。因此，即使从纯经济角度看，自由贸易可能并非是最具说服力的政策，但是由于政治的原因，自由贸易仍然是最好的选择。

(二) 反对自由贸易的福利标准

与支持自由贸易的观点相反，反对自由贸易的人认为，积极的贸易干预政策会增进一个国家的总体福利，因为积极的贸易干预政策可以改善一国的贸易条件和解决国内市场失灵问题。

对于一个能够影响国际价格的大国来说，实施进口关税可以降低进口产品的世界市场价格，在本国出口价格不变的情况下，可以使本国的贸易条件得到改善。当然，实施关税也会有损失，那就是扭曲生产和消费。但是，如果关税的水平较低且达到一个最优进口关税税率，那么贸易条件改善的获益就会大于生产扭曲和消费扭曲

① 关于国际贸易政策的历史演变与发展方面的知识，请参阅本教材的配套辅导教材《国际贸易学教程学习指南》第六章的补充阅读资料部分。

的损失，从而使净福利增加。如果是出口部门应该采取什么样的政策呢？显然，出口补贴会使本国的贸易条件恶化、福利降低。因此，最优的政策必然是实行负补贴，即通过对出口产品征税来提高其出口价格。与最优进口关税率一样，最优出口关税税率也总是正值，但小于使人们不愿再出口的禁止性出口税率。然而，贸易条件改善论也存在重大的局限性。因为大多数国家在大部分贸易品方面都是小国，而小国无论是对进口还是出口产品的价格影响能力都是微小的。因此，贸易条件改善论缺乏现实意义。在实践中，经济学家更强调它作为一种理论主张的一面，而并不认为它是政府应当使用的合理贸易政策。

利用积极的干预贸易政策来解决国内市场失灵问题，是反对自由贸易的另一个重要论据。通常我们对关税等贸易政策的分析，是建立在消费者剩余和生产者剩余这两个概念的成本—收益分析基础之上的，而这种分析又是建立在完全竞争市场的假设条件下的。但是，现实中往往存在市场失灵的情形，如资本市场或劳动力市场存在缺陷使资源并不能向高回报部门迅速转移、新兴的或不断革新的行业可能出现技术外溢等，这样就会导致生产者剩余不能正确地反映整个社会收益的情况。以技术外溢为例，假设在某种产品生产中积累的经验可以提高一国总体的技术水平，但是该部门的厂商并不能获取这一收益，因此厂商在决定产量的时候就不会把它考虑在内。也就是说，增加该产品的生产可能会产生边际社会收益，而用生产者剩余的衡量方法却不能反映这一额外收益。这样，获取这种边际社会收益就成了实施关税或其他贸易政策的理由。国内市场失灵论实质上是经济学上所说的次优理论的特例。该理论认为，在任何一个市场上，只有所有其他市场都能正常发挥作用的情况下，对市场不干预才是最理想的政策。如果不是这样，那么政策干预所造成的对某一市场激励机制的扭曲，可能通过抵消其他市场失灵的影响而增进福利。按照这种观点，如果一国内部经济运作不完善，可以通过干预其对外经济关系而使其行为趋于合理。也就是说，这种观点虽然承认国际贸易不是问题的根源，但是认为贸易政策至少可以部分地解决这一问题。

现实世界中几乎没有一个国家不存在市场失灵的情形，因此以市场失灵论为依据的保护贸易政策观点一经提出，就对自由贸易观点构成了很大的挑战。但是，至少有两个观点仍可以为自由贸易辩护：其一，内部市场失灵应由直接针对问题根源的国内政策来修正，因为间接的政策可能会导致对社会其他部分行为的扭曲，它所造成的成本可能会高于可替代的国内政策的成本；其二，经济学家并不能在任何情况下都对市场失灵做出正确的诊断并开出对症的药方，如果贸易政策专家都无法确定应该选择什么样的非自由贸易政策，那么贸易政策太容易被一些特殊的利益集团所左右而忽视社会整体福利，在这种情况下实行自由贸易可能是更好的选择。

（三）现实中贸易政策制定的影响因素

上面的分析集中在贸易政策对社会福利的影响上。一些政策制定者总是声称他们制定的政策会使整个社会受益，而从西方发达国家的实际情况看，贸易政策的制定并非只考虑社会福利，政府的目标往往是追求最大的政治成功。

在西方国家，相互竞争的党派的政策选择往往会倾销于大多数选民。因此，中间选民的偏好对政治决策具有重要的影响。但是在有关贸易政策的制定中，中间选民模型似乎无法做出正确的解释。从实践中看，许多情况下贸易保护政策更有利于少数群体而不是大多数人。这主要是由集体行动的困境造成的。经济学家曼柯·奥尔森（Mancur Olson，1965）指出：代表团体利益的政治行为是一种利众的行为，也就是说，这种行为将有利于团体中的所有成员，而不仅仅有利于实施这一行为的个人。这种政治中的公共品特性，意味着那些虽然在总体上损失巨大，但是个人的损失都很小的政策，不会遭到有效的反对，这就是集体行动的难题。

集体行动难题最容易得到解决的是在规模较小的群体中或在组织良好的集团中。例如，美国对食糖进口实行进口配额制，这显然有利于美国的少数食糖生产者而对广大的食糖消费者不利，但是由于食糖的生产者形成了一个相当小而组织良好的团体，广大的食糖消费者则并不认为自己是一个共同的利益集团，这就使得这项使大部分人受损的政策得以推行。

一些有组织的强大的利益集团对政治决策过程有着重要的影响。政治家的成功竞选既需要广大选民的支持，又需要大量的资金来进行竞选活动。如果提供竞选经费的团体要求受资助的政治家采取某种政策，即使该政策违背了大多数选民的利益，他也会照办。因为用这些竞选经费所赢得的选票，也许会比因采取不受欢迎的政策而失去的选票更多。

究竟哪些行业在进口竞争中得到了保护呢？一般来说，在制造业具有比较优势的国家，农业和传统部门得到保护；而在农业或自然资源具有比较优势的国家，工业部门得到保护。所以，许多发展中国家的传统做法是运用进口替代工业化政策来对本国的制造业提供保护，而发达国家大部分保护集中在农业和服装业两个部门。

从上面的分析可以看出，现实中贸易政策的制定和实施总是被利益集团的政治意图所左右，所以要设计出可以增进整个社会福利的贸易政策是十分困难的。在实践中，实施贸易政策所产生的成本甚至远远超过其所带来的收益。基于此，各国都在一定程度上逐步推进贸易自由化。[①]

第二节　保护贸易政策的理论基础

保护贸易政策的理论基础是保护贸易理论，这一理论是从重商主义中分离出来

---

① 详细内容请参见：保罗·克鲁格曼著，海闻等译，《国际经济学》（第五版），中国人民大学出版社，2002年版，第206—239页；关于“中间（点）选民模型”、“竞选模型”和“特殊利益集团模型”等详细内容，请参见：程大中著，《国际贸易》，格致出版社、上海人民出版社，2009版，第361—365页。

的与自由贸易理论相对立的一种贸易理论流派。汉密尔顿的关税保护说的提出，标志着从重商主义中分离出来的西方国际贸易理论两大流派已基本形成。而李斯特的保护幼稚工业论的提出，则标志着自由贸易学派和保护贸易学派完全形成。保护贸易理论包括传统的保护贸易理论和保护贸易新理论两大类型，前者主要有汉密尔顿的关税保护说、李斯特的保护幼稚工业论和普雷维什的中心—外围论等，后者主要有管理贸易论和战略性贸易政策论。下面分别简要地进行介绍。

一、保护贸易的传统理论

（一）汉密尔顿的关税保护说

亚历山大·汉密尔顿（Alexander Hamilton，1757—1804）是美国独立后的第一任财政部长。美国独立战争结束后，经济遭到了严重的破坏，加之战后英国的经济封锁，经济十分萧条。当时摆在美国面前的路有两条：一条是实行保护关税政策，独立自主地发展本国工业，这是北方工业资产阶级的要求；另一条是实行自由贸易政策，继续向英国、法国、荷兰等国出售农产品和提供原材料，以换取所需的工业品，这是南部种植园主的愿望。

汉密尔顿站在工业资产阶级的一边，极力主张实行保护关税制度。1791 年他向国会递交了一份《关于制造业的报告》，阐述了保护和发展制造业的必要性和有利条件，提出了保护关税和以加强国家干预为主要内容的一系列措施。汉密尔顿认为，制造业的发展对国家利益关系重大，美国要想维护其经济和政治上的独立，就必须运用关税对基础薄弱的幼稚工业提供保护。否则，这些工业就无法与起步较早的英国、法国、荷兰等国的廉价商品进行竞争，从而难以成长和发展起来。为了达到保护和发展制造业的目标，政府可以采取如下措施：向私营工业发放贷款，扶持私营工业发展；实行保护关税制度，保护国内新兴工业；限制重要原材料出口，对进口本国急需的原材料进行免税；给各类工业发放奖励金，并为必需品工业发放津贴；限制改良机器及其他先进生产设备输出；建立联邦检查制度，保证和提高工业品质量；吸收外国资金，以满足国内工业发展需要；鼓励移民迁入，以增加国内劳动力供给。

汉密尔顿的上述主张，虽然仅有一部分被美国国会采纳，却对美国政府的内外经济政策产生了重大和深远的影响，促进了美国资本主义的发展，具有历史进步意义。

（二）李斯特的保护幼稚工业论

弗里德里克·李斯特（Friedrich List，1789—1846）是德国资产阶级政治经济学历史学派的先驱者、保护贸易的倡导人。1841 年李斯特出版了《政治经济学的国民体系》一书，系统地提出了保护幼稚工业论。

李斯特的保护幼稚工业论是建立在其生产力理论基础之上的。生产力理论认为,生产力是决定一个国家兴衰存亡的关键,而且最有决定意义的是国家的工业生产力。因为生产力本身是一个动态因素,可以造就竞争优势。李斯特依据他的生产力理论提出了经济发展阶段论,认为一国的经济发展可以划分为原始未开化时期、畜牧时期、农业时期、农工业时期、农工商业时期五个阶段,在不同的阶段应实行不同的对外贸易政策。在农业时期及其以前阶段,实行自由贸易是大有好处的。因为通过与先进的工业国进行自由贸易,输出本国的农产品和原材料,换取国外的工业品,不仅可以促进本国农业发展,而且可以培育本国的工业基础。在进入农工商业时期以后,实行自由贸易也是可取的,因为这时国内工业品已具备国际竞争力。唯有处于农工业时期才需要保护,因为本国农业已取得较大成就且工业已有发展,但是工业的竞争力还不强,难以与更先进的工业国竞争,必须采取贸易保护政策,创造有利于工业发展的环境,使本国新兴的幼稚工业逐步成长起来。如果实行自由贸易政策,就永远不可能发展到经济发达国家的水平。

李斯特认为,当时的葡萄牙和西班牙处于农业时期,德国和美国处于农工业时期,法国紧靠农工商业时期的边缘而尚未进入农工商业时期,只有英国实际达到了农工商业时期。所以,他提出德国应该采取贸易保护政策。

李斯特的保护幼稚工业论强调保护的对象是有较大发展前途但尚不具备竞争能力的幼稚工业,保护的手段应以关税为主,而且保护的时间是有限的。当被保护工业部门效率提高到足以和国外竞争的时候,便应放弃保护。或者有些工业被保护了一段时期之后仍不具备与外国产品竞争的能力,也应放弃保护,保护期限一般以30年为限。

保护幼稚工业论的许多观点是有价值的,在德国工业资本主义的发展过程中发挥过积极作用,对落后国家制定对外贸易政策有一定的借鉴意义。但是,这一理论也存在诸多缺陷。除了生产力理论和经济发展阶段论本身存在理论上的不足外,该理论在现实中的应用也要受到诸多现实条件的制约。

(三) 普雷维什的中心—外围论

劳尔·普雷维什(Raul Prebiisch)是当代著名的阿根廷经济学家,他的代表作是1950年出版的《拉丁美洲的经济发展及其主要问题》一书,即著名的“拉丁美洲经委会宣言”。

第二次世界大战后,新独立国家的民族经济发展受到了国际经济旧秩序的严重阻碍,普雷维什根据他的工作实践和对发展中国家问题的深入研究,站在发展中国家的立场上提出了中心—外围论。普雷维什将国际经济体系在结构上分为中心和外围两个部分:一部分是由发达工业国构成的中心,另一部分是由广大发展中国家组成的外围。中心和外围在经济上是不平等的:中心是技术的创新者和传播者,外围则是技术的模仿者和接受者;中心主要生产和出口制成品,外围则主要生产和出口初级品；中心在整个国际经济体系中居于主导地位，外围则处于依附地位并受中心控制和剥削。在这种经济关系下，中心国家享有国际贸易利益，而外围国家则享受不到这种利益。这是造成中心国与外围国经济发展水平差距加大的根本原因。

普雷维什利用英国1876—1938年这60多年的进出口价格统计资料推算了初级产品和制成品的价格指数之比。结果表明，外围国家的贸易条件出现长期恶化的趋势，此即著名的“普雷维什命题”。普雷维什认为，外围国家贸易条件的恶化是由以下原因造成的：一是技术进步利益分配不均。虽然中心国家因技术进步使其出口制成品的劳动生产率比外围国家出口的初级产品劳动生产率提高更快，但是中心国家的企业家利润和工人收入不断提高，而且提高的幅度大于劳动生产率的提高幅度，加之工业品价格具有垄断性，致使工业品价格非但不下降反而上涨。而外围国家的收入增长低于劳动生产率提高的幅度，而且初级产品垄断性较弱，价格上涨缓慢，而在价格下降时又比工业品降得更快。所以，外围国家的初级产品贸易条件必然恶化。二是工业制成品和初级产品需求的收入弹性不同。一般来说，工业制成品需求的收入弹性比初级产品大。随着人们收入的增加，对工业品的需求会有较大的增加，因而工业品的价格就会有较大幅度的上涨；相反，对初级产品的需求增加幅度较小，因而对初级产品价格不会有很大的刺激作用，初级产品价格上涨幅度很小，甚至下降。三是中心和外围工会作用的不同。中心国家的工人有强大的工会组织，它会使工资维持在一个较高的水平上，因而工业品价格较高。而外围国家的工会组织不健全，没有能力控制或影响工资，所以工资只能维持在一个较低的水平上，使外围国家初级产品价格较低。

普雷维什认为，为了改变贸易条件长期恶化的状况，外围发展中国家必须实行工业化。他根据拉美各国的实际情况，提出了进口替代工业化的发展战略，即采取限制工业品进口的措施，努力发展本国工业，使工业品逐步达到自给自足，改变工业品依靠从中心国进口的局面。随着世界经济形势的变化和拉美国家经济的发展，他又进一步提出了出口替代的发展战略，即大力发展本国工业品出口，改变出口商品结构，由出口初级产品为主向出口工业品为主转变。这样外围国家的工业品不仅能够满足本国需要，而且可以向中心国家出口，使外围国家的工业更趋成熟。

为了实现工业化，普雷维什主张外围国家实行保护贸易政策。在出口替代阶段，除了实行保护关税政策外，还应有选择地实行出口补贴措施，以增强发展中国家的制成品在世界市场上的竞争力。普雷维什指出，外围国家的保护政策与中心国家的保护政策性质不同。外围国家的保护是为了发展本国工业，有利于世界经济的全面发展；而中心国家的保护是对外围国家的歧视和扼制，不仅对外围国家不利，对整个世界经济发展也是不利的。因此，他呼吁中心国家对外围国家放宽贸易限制，减少对外围国家工业品的进口歧视，为外围国家的工业品在世界市场上的竞争提供平等的机会。

20世纪60年代后，鉴于世界工业品市场的激烈竞争和中心国家在世界市场上的垄断优势对外围国家发展工业品出口极其不利的状况，普雷维什主张发展中外围国家建立区域性共同市场，开展区域性经济合作，以便相互提供市场，促进发展中国家间的经济发展。

普雷维什从维护发展中国家的利益出发，对国际贸易问题进行了开拓性的探讨，对发展中国家的经济发展作出了重要贡献。但是，这一理论的某些观点和解释包含有不科学的成分，如关于制成品与初级产品的技术进步与各自价格关系的论述、关于工会组织对产品价格的影响的观点等。[①]

（四）主张保护贸易的其他学说

上述三种学说是比较有代表性的传统保护贸易理论。除此之外，还有保护就业论、改善国际收支论、贸易条件改善论、国际贸易失灵论、公平贸易论、经济调节论和非经济目标论等，分别从不同的角度阐述了保护贸易问题。

1. 保护就业论

保护就业论认为，实施关税保护或配额政策，可以减少进口，而进口的减少则意味着国内产出的增加，从而有利于提高本国的就业和收入水平。一些经济学家将凯恩斯的乘数理论引入对外贸易中，创建了对外贸易乘数理论。按照该理论，一国的进口和出口的变化会对国民收入产生乘数效应。因此，一国通过实行保护贸易来限制进口，有利于提高本国的就业和收入水平。

保护就业论对短期内缓和一国的失业压力具有一定的意义，尤其是严重失业时期。但是，它并非解决失业问题的最佳途径。首先，通过关税等措施限制进口从而达到增加就业的目的是一种“以邻为壑”的政策，因为本国削减进口会影响外国的出口行业，从而导致外国出口减少、失业增加。外国可能采取类似的手段来限制进口，甚至采取报复性关税措施，最终会影响本国出口行业的就业。即使外国不采取报复行为，本国限制进口所导致的外国出口减少也会影响其国民收入，进而降低外国对本国出口商品的需求和支出，使本国出口行业的出口减少和就业下降，这样本国通过保护所增加的就业就会在很大程度上被抵消。所以，由贸易保护所带来的就业和收入的提高只是暂时的。其次，从长期看，一个国家必须有进口才能维持出口的扩张，真正增加就业。而保护只是使就业从出口产业转移到保护产业，这样不仅总体就业水平难以有效提高，还会降低资源使用效率和福利水平。

2. 改善国际收支论

改善国际收支论主张通过关税和配额等贸易保护措施来限制进口，减少外汇支

---

① 详细分析可参见：陈宪等，《国际贸易——原理·政策·实务》，立信会计出版社，1998年版，第151—163页。

出，从而达到迅速有效改善国际收支的目的。限制进口作为临时性的紧急措施，对于短期内改善国际收支会起到一定的积极作用，这也是许多国家特别是发展中国家经常求助于关税等措施以减少逆差的原因。

但是，国际收支差额是进口和出口共同作用的结果，仅仅依靠减少进口并不能从根本上改善国际收支。首先，本国限制进口会影响到本国的出口，因为本国进口减少意味着外国出口减少，导致外国的国民收入下降并削弱外国购买本国产品的能力，这样本国的出口必然会下降，由此抵消了减少进口的作用。如果外国采取报复性措施限制对本国商品的进口，本国商品出口减少将会更多。其次，如果被限制进口的产品是本国其他部门的投入品，就会影响到使用进口投入品部门的生产和出口。再次，由于本国进口减少，外汇需求会相应减少，这样会引起本币升值，从而不利于本国的出口。最后，如果本国已处于充分就业状态，那么限制进口可能会增加国内通货膨胀的压力，因为限制进口将导致国内市场上供给减少，同时对进口品的需求会转向国内产品，在国内处于充分就业状态下必然会引致价格上涨。如果出现通货膨胀，将会降低本国产品的竞争力，使出口更加困难。

由此可见，限制进口并不是改善国际收支的好办法。改善国际收支的最有效办法是改善经济结构和提高要素生产力，以增强本国产品的国际竞争力，提高出口创汇能力，吸引外资流入，而不是消极地限制进口。

3．贸易条件改善论

贸易条件改善论认为，在一定条件下一国通过对进口品征收关税和限制出口等措施，可以达到改善贸易条件和提高福利水平的目的。其实质是通过贸易政策来使出口品的国际价格上升、进口品的国际价格下跌，这样用同样的出口品可以换回更多的进口品，使贸易条件得到改善，社会福利水平得以提高。但是，只有贸易大国才具有通过本国进出口量的变动来影响国际市场价格的能力。同时，即使贸易条件得到改善，关税等贸易措施也会带来生产和消费的扭曲。所以，只有贸易条件改善效应大于扭曲效应，才能使一国福利水平净提高。

贸易条件改善论在静态条件下是成立的。但是，若外国采取报复性措施，本国的贸易条件不仅无法改善，还有可能恶化。此外，实施关税等贸易政策措施有可能使贸易利得减少的损失大于贸易条件改善的收益，这样虽然本国的贸易条件改善了，但福利水平反而下降了。因此，通过限制贸易来改善贸易条件并非良策。

4．国内市场失灵论

国内市场失灵论认为，一国的国内市场往往存在不完善的情况，这种情况就会造成生产扭曲和消费扭曲等低效率现象，应采取征税或提供生产补贴等保护措施来矫正或消除扭曲，增进社会福利。

当国内市场存在扭曲时，应针对扭曲的根源采取相应措施。例如，要素市场不完善时,可以采取税收和补贴的方式来消除部门间存在的工资差异;产品市场不完善时,可以通过生产补贴来消除生产存在外部性所引起的生产扭曲;消费市场不完善时,可以通过消费税来矫正消费存在外部性所形成的消费扭曲;对外贸易市场存在垄断情形时,可以采取关税等措施进行矫正。

现实中,任何国家都很难避免市场失灵情况,这就为保护贸易思想提供了理论支持。但是,反对干预政策者认为,应该采取直接而非间接的政策来处理市场失灵问题,因为间接的贸易政策总会无意中造成其他扭曲行为,贸易政策不是解决国内市场失灵的最有效对策。

5. 公平贸易论

公平贸易论认为,国际贸易中存在诸如倾销、补贴等许多不公平的竞争行为,这些行为破坏了公平贸易的规则,必须用反倾销、反补贴税等手段来进行抵制,以维护国际贸易的公平竞争。在WTO及许多国家的贸易立法中,都对公平贸易问题做出了明确的规定。当一国遭受对手国的出口补贴、倾销或以其他不正当手段进行的不公平竞争时,可以采取征收反补贴税或反倾销税等措施来抵消不公平贸易的影响。

但是,在实践中,维护公平贸易论常常被滥用。一些国家往往以公平贸易为由采取贸易保护措施,使国际贸易偏离公平贸易更远。

6. 经济调节论

保护贸易政策也常常被用于调节经济活动,如调节政府收入、调节收入再分配和实现经济多样化等,以便国家实现宏观经济运行目标。

一些落后的发展中国家因缺乏其他税源或无法征得足够的税收,往往以征收简单易行的关税作为政府收入的主要来源,以解决国防、治安、教育和卫生等基本公共服务所需的支出。该论点通常被称为政府收入论或关税收入论或幼稚政府论。通过征收关税来增加政府收入,实际上是一种利益行为,是政府实行贸易保护的动力之一。但是,以增加政府收入为目的的关税往往存在偏高和不当的问题,可能导致资源配置严重扭曲,阻碍经济发展,削弱进出口能力,最终导致关税收入减少。所以,这是一种杀鸡取卵的做法,应谨慎使用。

关税和配额等贸易保护措施有时被一国用来对收入进行再分配,以保护国内生产,或矫正不合理的分配,或缩小贫富差距。例如,通过关税、配额等限制措施,可以增加生产者剩余、减少消费者剩余,使部分社会收入由消费者转移至生产者,以便保护国内特定产业的发展;通过对奢侈品进口征收高关税,增加富人对奢侈品消费的支出,不仅有利于增加政府税收,也有利于缩小贫富差距,等等。贸易限制措施虽然可以实现社会收入在不同利益集团之间的再分配,使特定利益集团收入增加,但是并未减轻公众的负担。因此,对于收入分配不均问题最好采用有针对性的国内政策,而不是间接的贸易政策。

一些经济高度专业化的国家,可以通过关税保护等措施来推动本国生产活动的多样化,以减少国际市场波动对本国经济的影响。当然,由于资源禀赋和技术条件的限制,通过贸易保护政策来实现多样化可能导致资源利用效率降低,造成不必要的代价。

7. 非经济目标论

保护贸易的非经济目标主要是保障国家安全、维护国家荣誉和对外政策需要。保障国家安全是保护贸易的最重要的非经济目标。一些重要的战略物资,如粮食、能源等重要的国计民生产业和国防工业,必须由国内生产,而不能完全依赖进口,以便遇到诸如战争等特殊情况时,不至于陷入受制于人的被动境地。

维护国家荣誉也是保护贸易政策的重要非经济目标之一。在国内生产某种商品有可能是出于为国争光的目的,就像赢得奥林匹克金牌一样。在这种情况下,生产这种商品的国内产业就会受到保护,即使国内的生产成本较高。

许多国家经常运用援助、关税、禁运等保护贸易措施,来开展外交、国际政治和经济活动。贸易政策成为对外政策的一个重要组成部分。

从严格的经济角度看,上述做法并没有什么好处。但是,这也绝不是非理性的行为。因为在社会福利函数中,除了经济变量外,还存在国家安全和国家荣誉等变量,它们的重要性甚至超过了经济性的变量。

二、保护贸易的新理论

保护贸易的新理论主要是管理贸易论和战略性贸易政策论,分别产生于20世纪70年代和80年代,它们共同构成了新贸易保护主义的理论基础。与保护贸易的传统理论主要产生于发展中国家不同,保护贸易的新理论主要盛行于工业发达国家。

(一) 管理贸易论

管理贸易论产生于20世纪70年代,它在一定程度上遵循自由贸易原则,同时又要求实现一定的贸易保护,它将贸易保护制度合法化、制度化,是兼顾自由贸易政策和保护贸易政策的新贸易理论。该理论主张国家通过对内制定各种贸易政策法规和条例,加强对本国进出口贸易有序发展的管理;对外通过谈判签订各种双边、多边或区域贸易协定,来协调与其他贸易伙伴在经济贸易方面的权利和义务,缓和与各国的贸易摩擦,以促进出口、限制或减少某些产品的进口,从而达到促进对外贸易发展的目的。所以,它实质上是“有组织的自由贸易”和“协调管理贸易”的制度。

管理贸易论将贸易保护制度化、合法化,通过各种巧妙的进口管理办法和合法的贸易协定来实现保护。例如,国际贸易领域中的商品综合方案、国际商品协定、多种纤维协定、自动出口配额协定和有秩序的销售安排等,都是管理贸易措施的具体反映。管理贸易不仅盛行于发达国家，也为发展中国家所采用。

（二）战略性贸易政策论

20 世纪 80 年代中期，针对国际市场上不完全竞争的市场结构和规模经济的存在，以 E. 赫尔普曼（E. Helpman）和克鲁格曼等为代表的新贸易理论学者，提出了战略性贸易政策的观点。该观点认为，一国政府可以通过补贴或保护国内市场来扶持本国战略性产业的成长，增强其在国际市场上的竞争力，以获得规模经济收益，并取得市场份额。

实施战略性贸易政策主要可以从以下两个方面来改善本国的福利：其一，是实现利润转移。在存在垄断及垄断利润的情况下，通过实施适当的保护性措施可以促使垄断利润更多地流向本国。其二，是获得外部经济。对于具有明显外部经济性的产业进行适当的保护与扶持，可以克服市场调节的不足，避免因外部经济性致使该产业在市场调节下难以发展壮大。

该理论的政策主张是可以通过以补贴促进出口、以进口保护促进出口和以关税抽取垄断租金三种方式来实现利润转移。补贴促进出口方式是由 J. A. 布兰德（J. A. Brander）和 B. J. 斯宾塞（B. J. Spencer）提出的，他们认为在不完全竞争特别是寡头垄断市场条件下，产品的价格一般高于边际成本，即存在垄断利润。这时，政府为本国企业提供出口补贴（包括直接补贴和减税），可以使本国企业实现规模经济，降低产品的边际成本，从而使产品在与国外对手的竞争中获取更大的市场份额和垄断利润。只要新增利润能够抵消出口补贴成本，就可以实现本国福利增加的目标。

进口保护促进出口方式由克鲁格曼提出。他认为在寡头垄断市场和规模收益递增的条件下，政府通过关税和非关税壁垒来限制国外商品进入，可以为本国产业创造有利的发展条件，使之迅速扩大生产规模，降低成本，并以低成本优势扩大其国际市场份额，提高本国的净福利。

关税抽取垄断租金方式最早也是由布兰德和斯宾塞提出的。他们认为，当某一产业被少数垄断寡头控制后，垄断利润是普遍存在的。进口国可以利用关税措施，将一部分垄断利润转化为本国的关税收入，以减少经济租金的外流。很显然，进口国进口商品的需求弹性越大，以关税来抽取垄断利润的效果越好。

战略性贸易政策论以更符合现实的规模经济与不完全竞争市场为分析基础，探讨了国家适度干预对一国产业和贸易发展的积极影响，是对传统的自由贸易政策的修正，具有一定的理论和实践应用价值。当然，该理论也存在一定的不足。首先，该理论以本国利益为最高目标，有可能会对世界经济带来不利的影响。其次，该理论的政策主张是保护所谓的“战略性产业”，即保护那些技术含量高、外部效应明显、动态规模效益突出的理想产业，但是在具体实施过程中存在着如何甄别和保护措施如何选择等问题，如果甄别不当、保护措施选择不当，会使政策效果大打折扣。最后，从本质上看，它仍然是一种以邻为壑的贸易政策，如果大多数国家都实行这种政策，其政策效果在很大程度上会相互抵消。①

第三节　发展中国家的贸易政策

发展中国家由于经济落后，需要利用贸易政策来改善贸易条件，支持工业特别是制造业发展，解决国内的不平衡发展或二元经济问题。下面首先来讨论贸易条件与贸易政策问题，然后讨论工业发展与贸易政策，最后分析二元经济与贸易政策。

一、贸易条件与贸易政策

贸易条件恶化对一个国家是不利的，它将使一国的贸易利得减少。一般来说，发展中国家主要出口初级产品、进口制成品，从长期来看这种做法对其贸易条件是不利的。

从供给方面看，发展中国家的技术水平低，要素生产率也低。而发达国家的技术水平高，要素生产率也高。一般来说，技术水平和要素生产率高，要素的收入也会提高，从而导致产品价格上升。因为尽管技术进步有利于提高劳动生产率，但是在发达国家对发展中国家的贸易中，发达国家出口制成品生产率的提高并不主要表现为产品价格的降低，而是体现在要素收入增加上，其结果是生产成本的上升和产品价格的提高。此外，由于相对于工业部门，农业和初级产品生产部门的技术进步缓慢，这样就会造成初级产品与工业制成品之间的比价有利于工业制成品而不利于初级产品。因此，主要出口初级产品的发展中国家的贸易条件，长期来看会恶化。

从需求方面看，初级产品，特别是农产品的收入需求弹性较小，而工业品的收入需求弹性较大。随着收入的增加，人们对工业制成品的需求会提高，而对农产品及初级产品的需求会下降。因此，从需求的角度看，工业制成品的相对价格有上升的趋势，而农产品和初级产品的相对价格则出现下降的趋势，贸易条件会越来越不利于初级产品。

由于初级产品的供求具有以上特性，因此发展中国家的出口增长要慢于进口增长，进而导致对外贸易和国际收支出现逆差。解决对外贸易和国际收支逆差的主要办法是增加出口、货币贬值和降低经济增长速度。但是，在初级产品需求弹性较小的情况下，要增加出口就只能降低价格，而这又会进一步恶化贸易条件。本国货币贬值可以促进出口、抑制进口，但也会使本国的贸易条件恶化。降低经济增长速度

① 详细分析可参见：李小北等，《国际贸易学》（第二版），经济管理出版社，2004 年版，第 102—110 页；贾金思、姚东旭和郎丽华主编，《国际贸易——理论·政策·实务》，对外经济贸易大学出版社，2005 年版，第 177—184 页。

可以减少进口，但这样又会导致发展中国家与发达国家的人均收入差距越来越大。因此，在这种情况下，发展中国家必然会采取贸易保护政策措施。一方面，通过各种手段来稳定初级产品的出口价格。如在有关国际组织的协助下，发展中国家曾成功地签订和实施了国际缓冲库存协定、国际出口配额协定和补偿性融资等，对短期内初级产品出口价格的稳定发挥了一定作用。另一方面，加快实施和推进进口替代的工业化战略和出口导向的工业化战略，试图增加本国工业制成品的生产以取代进口品，最终实现出口制成品的目标。

二、工业发展与贸易政策

从历史经验看，一国发展经济的基本途径是实现国民经济的工业化，而国际贸易是一国工业化发展的重要推动力。但是，发展中国家发展民族经济，却受到了旧的国际分工和贸易体系的严重阻碍，处于国际市场的劣势地位。为了改变这种不利的局面，一些发展中国家开始实行贸易保护政策，试图通过贸易保护政策来推动本国工业发展。总体上看，发展中国家采取的贸易保护政策包括进口替代工业化和出口导向工业化两大类。

（一）进口替代工业化

1. 贸易保护的理论依据：幼稚工业论

利用贸易政策来推动制造业发展的一个重要理论依据就是幼稚工业论。幼稚工业论认为，发展中国家在制造业特别是劳动密集型制造业方面具有潜在的比较优势，但是新建的制造业一开始还不能与发达国家已经成熟的制造业竞争。为了使本国的制造业能够真正地建立和发展起来，政府应当暂时给予支持，直到它们成长起来，能够参与国际市场竞争为止。根据这一理论，用关税或进口配额等措施作为临时性手段来支持工业化发展，就具有一定的合理性。

然而，幼稚工业论虽然看似合理，对政府也很有说服力，但是一些经济学家指出了这种论点隐含的问题，并建议慎重使用这一理论。首先，试图将未来才会具有比较优势的产业放到今天来进行保护，并不总是一件好事。因为即使是未来具有比较优势的产业，现在也可能缺乏发展的必要条件，仅仅通过贸易政策来保护和支持这类产业的发展是不明智的。假设一国现在劳动比较丰裕的国家正在积累资本，当它积累到足够的资本以后，就会在资本密集型产业上具有比较优势，但这并不意味着该国应当现在立即发展这些资本密集型产业，因为现在该国还不具备资本和技术等必要条件。其次，除非实施保护之后能够使产业具有竞争力，否则对制造业的保护并没有好处。从许多发展中国家的实践看，有些工业一开始受到了保护，后来它们变得具有竞争力了，但是这种转变实际上与保护没有关系，而是其他因素起了作用，即出现了“伪幼稚工业”的现象。在这种情况下，对幼稚工业的保护表面上是成功了,但实际上对该国来说是一种净损失,因为即使不保护,它也会变得有竞争力。

在实践中,往往很难判断哪些产业真的需要特别照顾,原本希望促进新产业发展的政策,最终往往可能变成保护某些特殊利益集团的利益。事实上,也确实存在着许多幼稚工业根本成长不起来,一直依赖于保护的例子。

2. 如何进行保护:进口替代工业化

尽管幼稚工业论存在着种种疑问,但是许多发展中国家还是把它作为对工业特别是制造业提供特殊扶持的依据。在理论上,扶持制造业的办法有多种,如生产补贴等。然而,大多数发展中国家采取的是进口替代工业化战略,即用关税和限额等贸易限制政策来鼓励用国内工业品替代进口,从而促进面向国内市场的工业的发展。

进口替代工业化在20世纪50—60年代比较盛行,许多发展中国家或地区,如拉美国家和亚洲新兴发展中国家或地区等,都曾先后实行过这种发展战略。总体来说,发展中国家的进口替代工业化一般分为两个阶段:第一阶段是以建立和发展一般消费品工业来替代进口为主,目标是建立初步的工业体系。一般消费品工业,如食品加工、纺织品、鞋类和一般家用电器等工业大多属于劳动密集型行业,比较适合于发展中国家早期的工业化发展。第二阶段主要是建立和发展本国的耐用消费品、化工产品、重工业和装备制造业产品来替代进口,目标是建立全面的工业体系。这类工业生产的产品大多是资本密集型的资本品和中间产品,需要大量的资金、技术和人才,因此,对于基础薄弱的发展中国家来说,这一阶段的实施难度较大,一些发展中国家至今仍然没有跨越这一阶段。当然,进口替代也有一定限度,像电子产品、精密机床等尖端工业产品,大多数发展中国家还要依靠进口。

为了实现进口替代工业化目标,各国往往采取保护和鼓励相结合的政策措施。首先是采取进口许可证、进口数量限制等方法限制进口,针对不同货物实行有差别的保护,主要是限制本国进口替代工业品的进口,特别是限制甚至禁止奢侈品的进口,对本国发展所需的原材料、燃料、机器设备等投入品则采取低关税政策。其次是实行严格的外汇管理,以保证重点项目的外汇需要。在汇率方面,通常实行本币币值高估的汇率制度,以利于进口替代工业所需的原材料和机械设备的进口。最后是实行优惠的投资政策,如减免税收、提供优惠利率贷款、允许加速折旧等,以促进本国进口替代产业的发展。

作为一种鼓励制造业发展的战略,进口替代政策显然是发挥了作用的。许多发展中国家正是由于实行了进口替代工业化政策,使制造业得到了较快的发展。但是,对于发展中国家来说,鼓励制造业发展本身并不是目的,而只是实现最终经济发展目标的手段。那么,进口替代工业化是否促进了经济发展呢?实践证明,许多推行这一战略的国家,并没有显示出任何赶上发达国家的迹象。甚至在某些情况下,不仅没有使经济起飞,反而使增长停滞不前,印度、墨西哥等国就是典型的例子。当然,也有少数发展中国家或地区实现了经济的快速增长,并使收入水平显著提高。但是,这些国家要么是从来没有实行过进口替代政策,要么是没有在这方面走得太远。

为什么进口替代工业化战略没有如想象的那样发挥作用呢?最重要的原因可能在于,幼稚工业论并不像人们想象的那样普遍适用。如果一个国家的制造业根本没有比较优势,一段时期的保护就不能为制造业部门创造出竞争力来。许多发展中国家的制造业不能发展,不仅仅是缺乏发展制造业的经验,它们也缺乏熟练劳动力、企业家和管理才能,同时还存在社会组织等方面的问题,难以保障工业发展所需的可靠供给。这些问题是不能用贸易政策解决的。

(二)出口导向工业化

出口导向工业化战略也称为外向型经济发展战略,是以国际市场为重点,通过扩大出口来带动本国的工业化和经济发展的一种发展模式。20世纪60年代中期以后,一部分原来比较贫穷的国家和地区通过出口导向战略实现了工业化,使产出和收入水平都得到了迅速的提高。如韩国、中国香港、中国台湾和新加坡等亚洲的新兴工业化国家或地区等。

由于各国的具体条件不同,实施出口导向政策的措施和策略也不尽相同。大致来看,主要有三种类型:一是在原进口替代工业化的基础上扶持和发展出口工业,如巴西、墨西哥和阿根廷等拉美国家;二是原来出口初级产品的国家转变为对初级产品的深加工产品的出口,提高出口产品的附加值,如马来西亚和泰国等;三是一些自然资源相对贫乏的国家充分利用劳动力资源发展劳动密集型的装配加工工业进行出口,如韩国、新加坡等。

从许多发展中国家或地区的实践看,出口导向工业化战略一般需要经历三个发展阶段:第一阶段,重点是发挥低廉的劳动力优势,在着力提高初级产品出口附加值的基础上,积极扶持和培育轻工业成长,如食品工业、服装业、木材加工业和家用电器等,这类工业具有生产技术和工艺要求不高、国际市场需求量大、起步容易等特点,所以应不断提高它们在出口总值中的比重;第二阶段,当劳动力优势逐渐丧失后,及时调整产业政策,发挥业已形成的资本和技术优势,大力发展耐用消费品、化工产品、重工业和装备制造业等资本密集型和技术密集型工业,使其在出口总值中占有较大的比重;第三阶段,对于资本和技术水平已经达到较高水平的少数发展中国家或地区,积极推动高新技术工业发展,努力扩大高科技工业产品的出口。

为了实现出口导向工业化战略目标,各国普遍采取了以下措施:政府设立专门的出口管理和促进机构,负责对出口进行直接管理、协调和奖励;实行一系列出口鼓励政策,如对出口企业实行出口退税、出口补贴、出口信贷和出口保险等政策,降低出口成本，增强出口竞争力，开拓国外市场；对设备、原材料等进口提供关税和外汇等方面的便利，大力引进资本、技术和管理经验，建立经济特区，降低生产成本，提高产品质量，增强出口创汇能力；采取货币贬值的方式促进出口。

一般来说，实行出口导向工业化政策，需要具备一定的工业发展条件。因此，大多数发展中国家的出口导向工业化，都是建立在进口替代战略基础上的。可以说，出口导向是进口替代发展的必然趋势，当发展中国家进口替代发展到一定程度的时候，就需要积极寻找国外市场，推进出口导向的工业化战略。

与进口替代战略相比，出口导向战略的优点在于：它能够有效地克服国内市场规模狭小的问题，使企业能够在更大的规模上进行生产，从而提高生产效率；由于面临激烈的国际竞争，企业会积极广泛地参与国际分工和国际竞争，有利于推动自身不断进行技术革新和提高生产效率，从而提升对外竞争力；出口具有贸易乘数作用，所以通过扩大出口可以拉动国民经济快速增长，解决国内就业问题，提高人均收入水平；可以促进产业结构的不断升级和经济质量的不断提高，为全面实现国家工业化创造条件；通过扩大出口获取大量的外汇资金，增加资本积累，有助于改善本国的贸易条件和国际收支状况。

当然，出口导向战略也有不足之处。它以国际市场为目标，严重依赖国际市场，因此容易受国际市场波动的影响。对于基础比较薄弱的发展中国家来说，它们需要从发达国家进口大量的原材料、中间产品、机械设备和技术，容易导致工业缺乏自主创新性，受发达国家的影响较大。有些装配加工型出口部门生产的前向和后向联系较弱，对国外的技术和原材料产生了较大的依赖性。此外，通过扶持和保护来维持的出口，还容易产生对保护的依赖，这样既扭曲了激励机制，又会导致开放部门和非开放部门发展的不平衡。因此，出口导向战略使发展中国家的经济面临较大的潜在风险。

世界公认的出口导向战略实施比较成功的是亚洲新兴工业化国家和地区。20世纪60年代中期以来，韩国、中国香港、中国台湾和新加坡一直奉行的是出口导向发展战略，使经济获得了巨大的成功，被誉为“东亚奇迹”。但是，这些新兴工业化国家和地区的成功经验不一定能为其他发展中国家所效仿，因为显然，各个国家是不同的。有人认为，新兴工业化国家和地区的成功，可能是来自于对教育的重视、工人的工作态度积极等社会因素。虽然还没有一种普遍认可的答案，但是出口导向工业化战略的成功，无疑动摇了以国内市场为目标的工业化的观点。

三、二元经济与贸易政策

发展中国家普遍存在着二元经济结构。在这样的经济结构中，先进的、资本密集的、高工资的工业部门，与落后的传统农业部门并存。二元经济对贸易政策产生了重要的影响：一方面，二元经济可能是市场不能正常运行的标志，因为在一个有效率的经济中不同部门工人的工资收入不可能有特别大的差异；另一方面，贸易政策本身可能对二元经济的产生和存在产生很大的影响，有些批评进口替代工业化的经济学家认为进口替代政策实际上催生了二元经济，或者加重了二元经济矛盾。

二元经济在许多发展中国家都存在，显然，在二元经济状况下，市场特别是劳动力市场，没有有效地运作。劳动力市场失灵造成了制造业和农业部门的工资差异。工人在制造业中可以获得比在农业中更高的工资，所以工业部门就会雇佣相对较少的工人，而诱使工业部门增加雇佣工人则会提高一国的总产值和福利。因此，这种工资差异就成了除幼稚工业论外，鼓励以农业为代价发展制造业的又一个理由。这种理论被称为工资差异论。

在20世纪50—60年代，工资差异论似乎是一种相当令人信服的观点。然而，约翰·R. 哈里斯和米歇尔·P. 托达罗（John R. Harris and Michael P. Todaro, 1970）的研究结果则完全推翻了这一理论。他们认为，制造业工作机会的增加，将导致大规模的农村人口迁移到城市，实际上使城市失业增加，虽然某个幸运的工人得到了工作，但是其工资收益的大部分会被新失业者的工资损失所抵消。因此，由边际制造业就业所带来的社会收益会因此而丧失。事实上，因二元经济而采取的贸易政策，目前通常被批评为使经济二元化更加严重。贸易政策对二元经济的恶化作用在于，它扩大了制造业和农业的工资差距，并导致了制造业中过度的资本密集度。

第四节　发达国家的贸易政策

发达国家实施贸易政策的基本原因是“经济租”和外部经济的存在。此外，鼓励和扶持理想产业也是实施贸易政策的原因之一。其中，旨在促进特定部门的出口或限制其进口，以改变或维持不完全竞争企业利益的某种战略行为的贸易政策，被称为战略性贸易政策。这类贸易政策的实质，是改变国内外垄断企业之间的竞争关系，以维持本国垄断企业的国际竞争优势，并使国内经济获得利益。这也是人们将这类贸易政策称为“战略性”贸易政策的原因。本节首先探讨理想产业的标准及其政策观点，然后分析技术、外部性和贸易政策问题，最后论证不完全竞争和战略性贸易政策问题。

一、理想产业与贸易政策

作为一国总体产业政策的重要组成部分，贸易政策的实质是鼓励资源流入那些政府认为对未来经济增长有重要作用的部门。由于贸易政策的作用结果是将资源从某些部门转移到另一些部门，因此贸易政策的实施总是以牺牲某些部门的发展为代价来推动其他经济部门的发展的。这样，贸易政策的选择就必须有一个标准：应当选择哪些产业予以鼓励？一般认为，贸易政策保护和支持的对象，应当是那些理想产业。而作为理想产业，它应当符合以下标准：具有高人均增加值，与其他产业有"联系"作用，具有未来发展潜力，外国政府所"瞄准"的产业。

（一）鼓励具有高人均增加值的产业

一国创造的总收入等于该国每一产业增加值的总和，人均国民收入等于每个工人创造的平均增加值。在不同的产业，每个工人创造的增加值差异很大。因此，有人认为，如果政府通过政策引导资源流向人均增加值高的产业，就可以提高国民收入。

持有这种观点的人一般会认为，高增加值部门必定比低增加值部门有较高的工资率和利润率。但如果是这样的话，市场的激励机制就会促使劳动力和资本流向高增加值部门，而无需政府的特别鼓励。事实上，高人均增加值反映了高人均投入，特别是高物质资本投入和高人力资本投入，这类产业是典型的资本密集型产业。在这些产业，虽然人均增加值很高，但是资本成本也很高，因而工资和利润都不是特别高。还有一些产业是技术和知识密集型的产业，这些产业的高人均增加值特别反映了它们的高人力资本。

可见，对于人均资本投入很高的高增加值部门，即使政府鼓励这些部门的发展，也不会扩大国民收入。如果一国逐步积累起资本，它确实会变得富裕并使其产业结构从劳动密集型转向资本密集型。但是，这一转变并不需要特别的政府政策，因为市场力量会自然地导致这样的结果。政府可以鼓励储蓄和投资，这样会最终导致产业结构转向资本密集型产品，但鼓励储蓄和投资并不是贸易政策，而是其他政策。如果一个国家对资本密集型产业实行贸易保护政策，如出口补贴，在其他条件不变的情况下，一定量的资本向资本密集型产业转移，至少在一开始会造成失业，更不用说严重的成本扭曲了。

（二）支持与其他产业有"联系"作用的产业

有一种观点认为，与其他产业有"联系"的产业具有很强的乘数效应，所以政府应当给予特殊的支持。比如，政府补贴钢铁业使其变得便宜，就可以推动造船、汽车等用钢产业的发展。

与其他产业联系强的产业，一般都是中间投入品生产部门。相对于一般的消费品，生产用于其他部门的中间产品是更基础的经济活动。这类产业的发展会比消费品产业的发展更有利于推动经济发展和增加国民收入。但是除非存在市场失灵的情况，否则政府不应当比私人市场更多地让投资流向中间品部门。因为市场机制本身会按照边际要素分配原则有效率地配置资源。

（三）扶持和培育具有未来发展潜力的产业

具有未来发展潜力的产业不仅具有广阔的发展前景，而且它的发展还能带动其他产业快速增长。有时,人们也确实有可能预测出一些有发展潜力的产业。那么,政府是否应当鼓励劳动和资本流向这些具有最大增长前景的产业呢?显然,如果市场能够正常运作,政府的任何干预都是没有必要的。因为企业在进行投资选择和工人在进行就业选择时,都会选择那些最具增长潜力的产业。这时,如果政府再给予鼓励就会做过头。

有人认为,投资具有未来发展潜力的产业有较大的风险性和长期性,所以私人市场总会低估未来增长的前景。在这种情况下,就需要政府给予鼓励和支持。实际上,这种观点并没有明显的证据。相反,在发达国家,私人风险投资相当活跃。因此,很难说私人市场总是短视的。

(四)保护外国政府所"瞄准"的产业

假如别国政府采取措施支持某个产业的发展,导致本国相同产业的萎缩,在这种情况下,本国是否应该支持该产业的发展,以抵消其他国家保护政策的影响呢?

首先来看这样一种情形,假设其他国家生产某个产品的效率提高了,从而导致该产品的世界价格下降。那么,本国应当做出何种反应呢?这是比较优势的转变,本国应当适应它,将资源从该产业转移到本国具有比较优势的其他产业。而且,市场会自动进行这样的调整。除非存在市场失灵的情况,否则就不需要政府采取特殊政策来阻止或加速这种调整。

现在将上面的问题转变为,假设某种产品世界价格的下跌不是由于比较优势的转变,而是由于其他国家的政府给予补贴。这时,政府是否应当采取反补贴措施以应对该产品价格下跌所带来的不利影响呢?回答当然是否定的。从本国的角度来看,某种产品价格下降,无论是由于外国生产效率的提高还是外国政府的补贴,本国将资源撤出该行业都是使本国福利最大化的办法。因此,其他国家用保护或补贴扭曲生产,并不能成为本国也扭曲经济的理由。

上面简单地分析了保护和培育理想产业的几种比较流行的政策观点,从资源配置有效性的角度看,这些观点都是站不住脚的。

二、技术、外部性与贸易政策

在技术和知识创新活动中,由于存在着技术和知识的无偿占有问题,从而有可能导致潜在的市场失灵。例如,某一产业的企业创造了一些新的技术和知识,其他企业可以通过模仿、学习该技术而无偿地获益,则该产业事实上生产了某种额外的产出,这就是技术和知识的边际社会收益。这种收益是不包括在创造知识的企业的私人收益中的。在这种外部性比较重要的领域,就有理由进行保护或补贴了。

事实上,无论是欠发达国家的幼稚产业,还是发达国家已经成熟的产业,外部性问题都是存在的。对于发达国家而言,这种外部性问题更明显。因为发达国家存在的一些产业,如计算机、微电子、生物工程、空间技术等高技术产业,它们活动的核心内容是生产知识。在这些高技术产业中,企业投入大量的资源用以改进技术,对知识的投资是企业的关键部分。由于专利法并不能对发明者提供强有力的保护,这时采取直接补贴或其他方式的产业政策就有其必要性了。

当然,即使有补贴高技术产业的理由,仍然需要慎重地使用这一政策。因为在具体应用中,要涉及两个重要问题:其一,政府能否正确地选中应当给予补贴的产业或活动;其二,如何确定外部性和补贴的数量。

虽然高技术产业可能由于创造出新知识而产生额外的社会收益,但是这些产业的大多数生产活动与创造知识并没有关系。对这些活动就没有必要给予补贴。此外,即使在非高技术的产业,也有不同程度的创新和技术溢出。因此,对具有知识创造和传播的产业给予补贴并不是好办法,贸易和产业政策应该针对发生市场失灵的特定活动。也许,政府应该补贴所有的研究和开发活动。但是,如何定义研究和开发活动却成为一个难题,定义太宽泛,可能会导致滥用;定义太严格,又可能会偏爱大型官僚式的研究方式,而忽视较小的、非正规组织的研究,而这些非正规组织的小型研究恰恰是大多数新颖思想的最初来源。

即使确定了要支持的活动,政府还面临给予多大支持的数量问题。外部性在本质上就是一种不具有市场价格的收益,因而难以衡量。此外,即使高技术产业的外部性很大,各国对这些产业的支持也是有限的,因为一国创造的知识有可能会被其他国家的企业得到,这实际上是一种国家水平上的外部性。一个世界性的政府也许会认为值得对这一革新进行补贴,但是一国政府却不这么认为。

尽管存在许多批评意见,但是技术溢出产生外部性的观点,可能是理论上要求推行积极的产业政策的最有力的观点之一。

三、不完全竞争与战略性贸易政策

20 世纪 80 年代,一种产业定位的新观点在理论界颇受重视,这就是不完全竞争导致的市场失灵需要政府干预的观点。这一观点最初由加拿大经济学家巴巴拉·斯宾塞(Barbara Spencer)和詹姆斯·布兰德(James Brander)提出。他们指出,在一些产业,仅有少数几家企业参与有效竞争,所以完全竞争的假设是不能成立的。在这种市场上,企业存在着超额收益。在国际上,国家之间也存在着争夺这些超额利润的竞争。在这种情况下,政府原则上可能通过改变博弈规则将这些超额收益从国外转移到国内企业。最简单的办法是对国内企业进行补贴,这样可以阻止国外竞争对手的投资和生产,而由此所增加的国内企业利润会超过补贴的数额。如果不考虑对消费者的影响(如企业在国外市场销售),那么,从国外竞争对手那里夺得了利润,就意味着补贴增加了国民收入。不过,国民收入的这一增加是建立在其他国家的损失之上的。

例如，美国的波音公司和欧洲的空中客车公司的竞争。无论哪一家企业单独生产飞机都可盈利，但是如果两家企业都进行生产则都会遭受损失。哪家企业得到利润取决于谁先占领这一市场。假如波音首先占领了市场，空客就没有了进入市场的激励，波音将获得利润。但是，欧洲政府能够改变这种状况。假如欧洲政府承诺，如果空客进入市场就给予补贴，这时无论波音做何决策，空客都可以从飞机生产中获利。在这种情况下，波音不得不退出市场，因为其先动可能获得的优势不复存在。相反，空客因为得到政府补贴而获得了进入市场的优势。当波音退出市场后，空客所创造的利润将会比补贴本身更多，如果不考虑消费者的利益，补贴使欧洲国家增加了国民收入。当然，同时也降低了美国的福利。

上述例子似乎表明，战略性贸易政策理论能够为政府的积极干预提供有力支持。事实上，这种理论虽然引起了人们的很大兴趣，但也受到了不少批评。首先，要成功地实施这一政策必须具备比实际可能得到的信息更多的信息。如果不能获得足够的信息，政府在实际运作中难免会出现差错。那么，补贴政策可能最终被证明是一种代价高昂的错误决定。即使从单一产业来看补贴是个好政策，但是从整体来看它也未必是好事。因为如果一个产业得到了补贴，就会把资源从其他部门吸引走，从而增加了其他部门的成本。其次，它还面临外国报复的问题。因为战略性贸易政策是以牺牲外国利益为代价来增加本国利益的政策，因而有可能导致贸易战，最终使双方都受损。最后，还存在政治上的可行性问题，因为它要涉及不同利益集团的利益问题。①

复习与思考题

1．解释下列概念

自由贸易　保护贸易　关税保护说　幼稚工业论　中心—外围论　保护就业论　改善国际收支论　贸易条件改善论　公平贸易论　经济调节论　非经济目标论　管理贸易论　战略性贸易政策论　进口替代工业化　出口导向工业化　二元经济　理想产业　技术外溢

2．各国制定对外贸易政策的目的是什么？

3．选择和制定对外贸易政策应考虑的因素是什么？

4．作为发展中国家，中国应该选择自由贸易政策还是保护贸易政策？

---

① 详细内容请参见：保罗·克鲁格曼著，海闻等译，《国际经济学》（第五版），中国人民大学出版社，2002年版，第240—282页；尹翔硕编著，《国际贸易教程》，复旦大学出版社，2001年版，第263—301页。

5. 关于自由贸易与保护贸易两种不同的贸易政策观点，你如何做出评价？

6. 简要评价战略性贸易政策的利弊。

7. 简要评价发展中国家的贸易政策。

8. 简要评价发达国家的贸易政策。

9. 为什么进口替代政策在较大的发展中国家比在较小的发展中国家更容易成功？

10. 根据一些经验分析，发展中国家初级产品出口的贸易条件有长期缓慢下降的趋势，请说明原因并指出发展中国家应当采取什么样的贸易政策。

11. "许多发展中国家试图通过对资本密集型的工业制成品实施进口配额，并对机器设备的进口给予补贴，来创造制造业的就业机会。不幸的是，它们往往反而加剧了城市失业问题。"请对此论点进行解释。

12. 如果一国政府能够确定哪些产业在未来的20年里增长最快，为什么这并不意味着该国应当实施支持这些产业增长的政策？

13. "战略性贸易政策论揭示了像韩国这样的国家采取出口补贴政策的明智之处。这种补贴给了每个产业在世界竞争中所需要的战略优势。"请讨论上述论断。

第 三 篇

国际贸易内容与形式

第七章　国际货物贸易

内容提要

国际货物贸易在整个国际贸易中占有主导地位，它是国际服务贸易、国际技术贸易和国际要素流动等其他贸易的基础。本章主要介绍国际货物贸易的理论和实务方面的基本知识，共分为三节：第一节，国际货物贸易概述，重点阐述国际货物贸易的相关概念和国际货物贸易统计方面的知识；第二节，国际货物贸易的业务流程，重点是对贸易洽谈与交易、贸易合同履行和国际货款结算的业务流程进行介绍；第三节，国际货物贸易的运作管理，重点是介绍贸易术语、贸易洽谈与价格核算、贸易合同的订立和履行以及国际货款结算等方面的知识。

第一节　国际货物贸易概述

国际贸易是在世界各国之间所开展的货物和服务的交换活动，它是在国际生产力发展及由此所决定的国际分工基础上产生和发展起来的。从国际贸易产生和发展的历程看，最早产生的是国际货物贸易。其他贸易形式，如以国际运输业为代表的国际服务贸易等，虽然也产生较早，但起初只是作为国际货物贸易的附属物而存在的。直到现在，在国际贸易中，国际货物贸易仍然占主导地位。

一、国际货物贸易的相关概念

（一）贸易条件

贸易条件（terms of trade）又称为贸易比价或交换比价，是指一国对外贸易中的出口商品价格指数和进口商品价格指数的比率。它表示出口一个单位商品能够换取多少单位的进口商品，其计算公式为：

$$TT = (P_x/P_m) \times 100$$

式中，TT 表示贸易条件，P_x表示出口价格指数，P_m表示进口价格指数。

具体计算时，要选择合适的基期，通常假设基期价格时的贸易条件为 100。如果根据公式计算出的比率大于100，说明现期的贸易条件有所改善；否则，就说明现期的贸易条件恶化了。

例如，假设在2009年，一国商品以2000年为基期的出口价格指数为95，进口价格指数为106。根据上述公式可以计算出，该国的贸易条件为：

$$TT_{2009} = (95/106) \times 100 = 89.62$$

这说明，从2000年到2009年，该国的贸易条件从100下降到89.62。与2000年相比，该国2009年的贸易条件恶化了。

必须指出的是，贸易条件虽然能够在一定程度上反映一国对外贸易的贸易水平、价格优势、竞争能力和贸易利益的变化，但并不能真实地反映一国在国际贸易中的获利情况、福利变化和国际竞争力的变化。①

（二）对外贸易依存度

对外贸易依存度（degree of dependence on foreign trade）又称为对外贸易系数，是指一国在一定时期内的对外贸易总值在国民生产总值（或国内生产总值）中所占的比重。它反映一国的经济发展对其对外贸易的依赖程度，是衡量一国对外开放程度的指标。用公式表示为：

$$DD = [(X + M)/GNP] \times 100\%$$

或

$$DD = [(X + M)/GDP] \times 100\%$$

式中，DD表示对外贸易依存度，X表示出口额，M表示进口额，GNP表示国民生产总值，GDP表示国内生产总值。

实际应用中，许多人用出口贸易额在国民生产总值（或国内生产总值）中所占的比重来表示对外贸易依存度，通常称其为出口依存度。其计算公式为：

$$DD = (X/GNP) \times 100\%$$

或

$$DD = (X/GDP) \times 100\%$$

二、国际货物贸易统计

为了便于海关管理和贸易统计，一些国家和国际组织先后制定了若干种用于税则和贸易统计的商品分类目录。例如，1950年海关合作理事会制定、后又经过多次修改的“海关合作理事会税则目录”（Customs Cooperation Council Nomenclature，CCCN），联合国秘书处制定的主要用于联合国及其各有关机构统计使用的“联合国国际贸易标准分类”（United Nations Standard International Trade Classification，SITC），

① 关于贸易条件方面的详细知识，请参阅本教材的配套辅导教材《国际贸易学教程学习指南》第七章的补充阅读资料部分。

世界海关组织等多个国家和国际组织共同参与制定的“商品名称和编码协调制度”(The Harmonized Commodity Description and Coding System, H. S. Code),等等。我国自2002年起开始采用H. S. 编码,根据该编码,海关总署制定了《海关进出口税则——统计目录商品及品目注释》,作为海关对进出口商品进行税则归类和统计目录归类的法律依据之一。

目前世界上的贸易统计记录制度大体上有专门贸易记录制度和总贸易记录制度两种。其中,专门贸易记录制度以货物是否办理完海关手续作为统计界限,而总贸易记录制度则以一国的经济领土作为海关统计界限。由于总贸易记录制度比专门贸易记录制度更能提供全面的对外贸易流量记录,联合国贸易统计局建议各国使用总贸易记录制度,并在国际间报告其国际商品贸易统计。我国海关1995年前采用的是专门贸易记录制度,1995年后正式改为总贸易记录制度。

为了消除各国在贸易统计上的差异和便于比较分析,联合国贸易统计局将所有进出口货物按统计界限分为列入贸易统计的货物、不列入贸易统计的货物和单项统计的货物三大类型。列入我国海关进出口统计的货物有18种,包括:① 一般贸易;② 国家间国际组织无偿援助和赠送的物资;③ 华侨、港澳台同胞、外籍华人捐赠物资;④ 补偿贸易;⑤ 来料加工装配贸易;⑥ 进料加工贸易;⑦ 寄售、代销贸易;⑧ 边境小额贸易;⑨ 加工贸易进口设备;⑩ 对外承包工程出口货物;⑪ 租赁贸易;⑫ 外商投资企业作为投资进口的设备、物品;⑬ 出料加工贸易;⑭ 易货贸易;⑮ 免税外汇商品;⑯ 保税仓库进出境货物;⑰ 保税区仓储转口货物;⑱ 其他。

不列入我国海关进出口统计的货物有12种,包括:① 过境、转运和通运货物;② 未进出境的转口货物;③ 未进出境、在境内以外汇结算的货物;④ 暂时进出口货物;⑤ 租赁期一年以下的租赁进出境货物;⑥ 无代价抵偿的进出口货物;⑦ 退运货物;⑧ 中国驻外国和外国驻中国使领馆进出口的公务用品和自用物品、中国驻香港特别行政区等单独关税地区军队的公务用品和自用用品;⑨ 进出境旅客的自用物品(汽车除外);⑩ 进出境的运输工具在境外添装的燃料、物料、食品以及放弃的废旧物料;⑪ 边民互市贸易进出境货物;⑫ 其他。

不列入我国海关进出口总值但实行单项统计的货物,包括:① 免税品;② 进料加工以产顶进货物;③ 来料加工以产顶进货物;④ 进料加工转内销货物;⑤ 来料加工转内销货物;⑥ 加工贸易转内销设备;⑦ 进料深加工结转货物;⑧ 来料深加工结转货物;⑨ 加工贸易结转设备;⑩ 进料加工结转余料;⑪ 来料加工结转余料;⑫ 退运货物;⑬ 进料加工复出口料件;⑭ 来料加工复出口料件;⑮ 加工贸易退运设备;⑯ 保税区运往非保税区货物;⑰ 非保税区运入保税区货物;⑱ 保税区退区货物;⑲ 保税仓库转内销货物;⑳ 境内存入出口监管仓库货物;㉑ 出口监管仓库退仓货物;㉒ 过境货物。

目前，国际上通行的货物贸易统计原则是原产地规则。所谓原产地，是指国际贸易货物的生产地、制造地或发生实质性改变的加工地。对于农产品和矿产品，原产地准则在使用中不会引起歧义。但是对于“多国产品”，由于原产地不明晰，一般以发生“实质性改变”来作为判断标准，这时可能会引起歧义。为此，大多数国家依据 GATT 乌拉圭回合谈判达成的《原产地规则协议》，规定了具体的判断标准，如税目改变标准、加工制造工序标准和从价百分比标准等。

第二节　国际货物贸易的业务流程

国际货物贸易的业务流程主要包括贸易洽谈与交易、贸易合同履行和国际货款结算等几个基本环节。下面来分别地进行介绍。

一、贸易洽谈与交易的业务流程

一般来说，一项国际货物要完成交易，大体要经过交易前的准备、交易磋商、合同签订和合同履行等几个基本环节和流程。

（一）交易前的准备

无论是出口商还是进口商，在进行交易前都需要做一系列必要的准备工作。

就出口商来说，出口交易前要充分做好组织出口货源、选择市场、制订出口商品营销方案、寻找贸易伙伴和选择销售渠道、开展广告宣传和办理商标注册等准备工作。在国际买方市场情况下，尤其要做好积极寻找贸易伙伴的工作。出口商需要通过各种途径，如市场调查、刊登广告、参加展览会与交易会、网上发布信息、中间商推介和行业组织推介等，积极寻找国外买家的信息，主动与其联系并建立业务关系。

就进口商来说，进口交易前要充分做好办理国家规定的进口手续①、安排订购市场与选择交易对象、制定具体的进口商品经营方案等准备工作。在所有的准备工作中，寻找合适的卖家和货源仍然是最重要的工作。进口商除在收到国外卖家来函后积极回应外，也需要通过各种途径，如市场调查、刊登广告、参加展览会与交易会、网上发布信息、中间商推介和行业组织推介等，积极寻找国外卖家的信息，主动与其联系并建立业务关系。

（二）交易磋商

一般来说，交易磋商包括询盘、发盘、还盘和接受等几个环节。

1. 询盘

询盘（inquiry）是交易的一方向另一方询问进行交易的条件。成交条件包括商

① 如申请进口许可证、填制进口订货卡片和递交进出口公司审查订货卡片等。不同时期甚至不同地方，政府部门规定的进口手续不完全一样，应按规定办理所有手续。

品的品质、规格、数量、包装、价格和装运等,其中成交价格是询盘中最为关注的问题,因此也有人将询盘称为询价。询盘人可以是购买人,也可以是出售人。询盘不具有法律上的约束力。

询盘的目的,除了探询价格或有关交易条件外,有时还表达了与对方进行交易的愿望,希望对方接到询盘后及时做出发盘,以便考虑接受与否。

询盘不是每笔交易必经的程序,如果交易双方彼此都了解情况,则不必询盘,可直接向对方进行发盘。

2. 发盘

发盘(offer)又称为发价或报价,在法律上称为要约,是交易的一方向另一方提出达成交易的各项条件。根据提出方的不同,发盘有卖方发盘和买方发盘(又称为递盘,bid)之分。

发盘的内容必须明确,对拟交易货物的名称、数量和价格等交易条件要有明确的规定或说明。同时,在通常情况下,发盘都具体规定一个有效期。采用口头发盘时,除另有声明外,受盘人只能当场表示接受,方为有效。采用函电成交时,发盘人一般都明确规定发盘的有效期,受盘人在有效期内表示接受才有效。

3. 还盘

还盘(counter offer)又称为还价,在法律上称为反要约,是交易的一方(受盘人)对另一方(原发盘人)发盘的交易条件提出变更或修改的答复。如果受盘人对原发盘人提出的交易条件无任何变更或修改意见,则无须"还盘"而直接进入"接受"环节。

4. 接受

接受(acceptance)在法律上称为承诺,是交易的一方(受盘人)在发盘规定的时间内对另一方(发盘人)所提出的交易条件表示认同。

接受也有生效时间,英美法系采用"投邮生效"的原则,大陆法系则采用"到达生效"的原则。具体采用何种方式,可根据各国法律规定,或由双方当事人约定达成,接受即告交易达成。

在实际交易中,有时并非任何一笔交易都要完整地经过上述四个环节,但是"发盘"和"接受"环节是必不可少的。有些情况下,"发盘+接受=合同成立"。

(三) 合同签订

交易磋商成功后,进出口双方即可签订贸易合同。合同主要内容一般包括商品的品名、品质规格、重(数)量、包装、单价、总金额、交货期限、运输保险、支付、检验、索赔、仲裁等条款以及其他一些权利和义务。

一般来说,由进口商寄送订单(purchase order, P/O)或购货确认书(purchase confirmation, P/C)给出口商进行会签,也可以由出口商寄送销售合同或售货确认书

(sales confirmation, S/C)给进口商进行会签。

（四）合同履行

按合同签订的规定,出口商向进口商交付货物并收取货款,进口商向出口商支付货款并收取货物。

对于出口商,在履约过程中,要认真做好审证、备货、报验、租船订舱、投保(在CIF条件下)、报关、装船和制单结汇等一系列工作。

对于进口商,在履约过程中,要认真做好申请开立信用证、租船订舱、催装、办理保险(在FOB、FCA、FAS、CFR或CPT等条件下)、审单付款、接货报关、报验、拨交和结算等一系列工作。

以上是国际货物贸易从交易准备到交易完成的基本流程。在具体交易中,一旦合同签订,合同的履行和货款的结算就成为两个最关键的环节。因此,下面再对进出口合同的履行和货款结算的业务流程做更进一步的分析。

二、贸易合同履行的业务流程

国际贸易合同履行包括出口合同履行和进口合同履行两个方面,二者差异较大,下面分别进行介绍。

（一）出口合同履行的业务流程

采用不同的贸易术语,出口合同履行的业务流程是不一样的。我国绝大多数出口合同都采用CIF或CFR贸易术语,并且一般都采用信用证付款方式。所以,出口合同履行的业务流程,概括起来可以分成货(备货、报验)、证(催证、审证、改正)、运(托运、报关、保险)、款(制单结汇)四个基本环节。这些环节有些是平行展开的,有些是相互衔接的,必须按照出口合同规定和法律、惯例的要求,认真做好每一个环节的工作。同时,还应密切注意买方的履约情况,以保证合同最终得以圆满的履行。具体的流程如图7-1所示。①

为了便于理解和掌握,下面以CIF贸易术语成交和集装箱班轮运输为例,对出口合同履行的实际操作业务流程做具体的分析:

1. 备货

备货是出口商采购和准备货物的过程。对于生产型进出口企业,主要是安排生产;而对于贸易型进出口企业,主要是向供应商采购。

对于信用证付款的合同,通常在备货的同时或之前,就应抓紧落实信用证事宜,包括催证、审证和改证等,因为它直接关系到出口企业的收汇安全。

① 本图是参考罗来仪、石玫玉主编的《最新国际贸易实务运作技巧》(中央编译出版社1996年出版)一书第211页的图形绘制而成的。

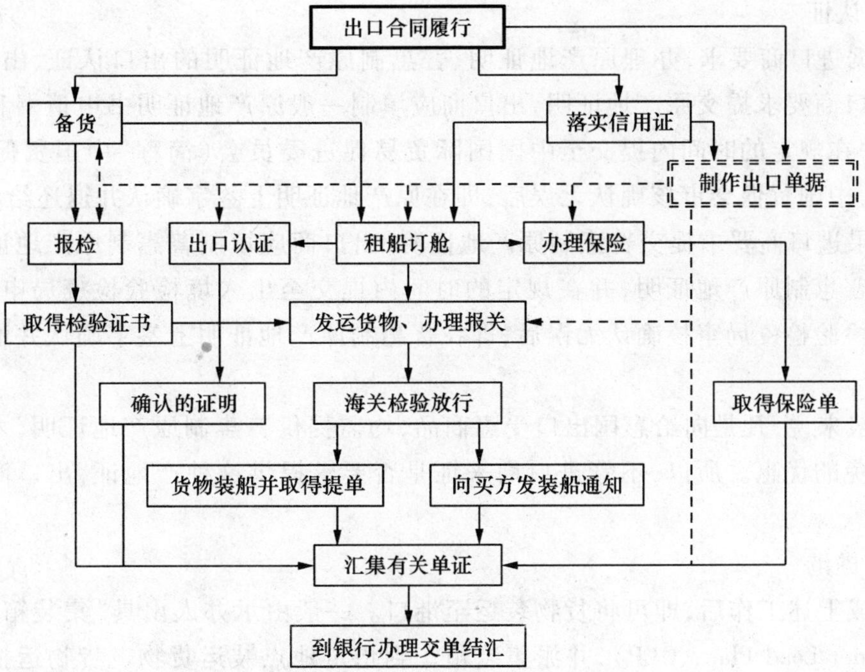

图 7-1　出口合同履行的业务流程

2．订舱

出口商缮制"集装箱货物托运单"（又称为十联单）向船运公司或其货运代理订舱。如果是委托货运代理订舱，则需提交出口货物订舱委托书，并随附商业发票和装箱单。船运公司接受订舱后，在"集装箱货物托运单"的"装货单"联上加盖船运公司签单章后，连同"配舱回单"等其他联一并退还。

通常，在出口定舱的同时，就应该安排出口报检；在舱位订妥后，便可同时安排出口投保和出口认证。

3．报检

如果货物属于法定检验范围，或者进口商要求提交相应的检验证书，那么出口商需办理出口报检。一般应在商品出运前规定的时间内，向出入境检验检疫机构提出申请。报检时应填写出口报检申请单，并随附合同和信用证副本，以及出境货物报检单、出境货物报关单、商业发票、装箱单等通关用的凭证。如果是委托工厂报检，则需同时提交报检授权委托书。出口货物经检验合格后，由商检机构签发商品检验证书，或在出境货物报关单上加盖检验印章。

4．投保

出口货物保险，采取逐笔投保方式。一般在完成托运手续，取得配舱回单后，即可办理保险手续。投保人填制出口货物投保单，随附商业发票等必要的单证，向保险公司投保。保险公司接受投保申请后，收取保险费并出具保险单或保险凭证。

5. 认证

根据进口商要求，办理原产地证明、普惠制原产地证明的出口认证、出证手续。如果进口商要求提交原产地证明，出口商应填制一般原产地证明书申请书和原产地证明，并在规定的时间内提交至中国国际贸易促进委员会(简称"中国贸促会")申请出证，中国贸促会审核确认无误后，即在原产地证明上签字确认并退还给申请人。

如果进口商要求提交普惠制原产地证明，出口商应填制普惠制原产地证明书申请书和普惠制原产地证明，并在规定的时间内提交至出入境检验检疫局申请出证，出入境检验检疫局审核确认无误后，即在普惠制原产地证明上签字确认并退还给申请人。

一般来说，凡是向给惠国出口受惠商品，均需提供普惠制原产地证明，才能享受关税减免的优惠。所以，不管进口商来证是否要求提供这种产地证，出口商均应主动提交。

6. 进港

完成上述工作后，即可将货物装运至港口。一般由承办人出具"集装箱装箱单"(Container Load Plan, CLP)，并派集装箱车到指定地点装运货物。货物运抵海关监管区(港区)后，场站人员根据集装箱装箱单核对实际装箱情况并签收。

7. 报关

在规定的时间内，承办人向海关递交出口货物报关单、集装箱货物托运单(主要是其中的装货单、大副联、场站收据三联)、出口收汇核销单，并随附商业发票、装箱单等，申报货物出口。如果是法定检验商品，则需同时提交出境货物通关单。如果是委托代理机构报关，则需同时提交报关授权委托书。

经海关查验合格，且出口商在报关单位照章办理纳税手续后，海关在集装箱货物托运单的装货单联上加盖海关放行章并连同大副联、场站收据等联一并退还给申报人，同时在出口收汇核销单上加盖海关验讫章并退还给申报人。至此，报关手续完成。

8. 装船

报关完成后，承办人将集装箱货物托运单的装货单和大副联交给船运公司，船运公司凭此装货。船运公司装妥货物后，在大副联上签字并返还。承办人再凭此经船方签字的大副联，向船运公司换取正本已装船提单。

9. 通知

货物装船手续完成后，承办人向进口商发出装船通知。也有的出口商习惯在装船之前发出装船通知。

10. 结汇

上述工作完成后，出口商(信用证受益人)即可在规定的时间内向银行提交信用证规定的全套单据。经银行审核后，根据合同约定的付汇方式，由银行办理结汇。出口商在办理结汇后，会收到银行加盖出口收汇核销专用章的结汇水单。

11. 核销

出口商结汇完成后，在规定的时间内，持银行出具的盖有出口收汇核销专用章的结汇水单，以及海关验讫盖章的出口收汇核销单、出口货物报关单中的收汇核销联和出口退税专用联，向外汇管理部门办理出口收汇核销。外汇管理部门受理核销后，在出口退税专用联和银行的结汇水单上加盖已核销章并退还给出口商。

12. 退税

出口商向税务机关提供购进货物时的增值税专用发票的抵扣联，以及已盖有验讫章的出口货物报关单的出口退税专用联、出口收汇核销单的出口退税专用联，办理出口退税手续。税务机关核准后退税。

核销和退税并非出口合同履行的必要环节。实际上，当出口商办理完结汇手续后，出口合同即告履行结束。但是，在实行结售汇制度和出口退税制度下，出口商必须要按规定进行出口收汇的核销和办理出口退税手续。所以，这里将两者作为后续的业务流程进行了讨论。

（二）进口合同履行的业务流程

在进口合同的履行中，买方的基本义务是接货、付款。目前我国进口合同大多以 FOB 价格条件成交，以信用证方式结算货款。履行这类进口合同的一般业务流程是开立信用证、租船订舱、装运、办理保险、审单付款、接货报关、检验、拨交。这些环节有些是平行展开的，有些是相互衔接的，必须按照进口合同规定和法律、惯例的要求，认真做好每一个环节的工作。同时，这些环节的工作涉及进出口公司、运输部门、商检部门、银行、保险公司、用货单位等，进口商应与各有关部门分工负责、密切配合，逐项完成。具体的流程如图 7-2 所示。①

为了便于理解和掌握，下面以 FOB 贸易术语成交和集装箱班轮运输为例，对进口合同履行的实际操作业务流程做具体的分析：

1. 订舱

进口商在联系出口商、明确备货情况后，应及时向船运公司办理租船订舱手续。待船运公司返还“配舱回单”后，向出口商发出装运指示，明确船名、航次、船期等。如果是委托出口商代办订舱手续，则应及时获取配舱信息。

通常，在订舱的同时或订舱前，进口方应向银行申请开立信用证，为付款赎单做准备。

---

① 本图是参考罗来仪、石玫玉主编的《最新国际贸易实务运作技巧》（中央编译出版社 1996 年出版）一书第 213 页的图形绘制而成的。

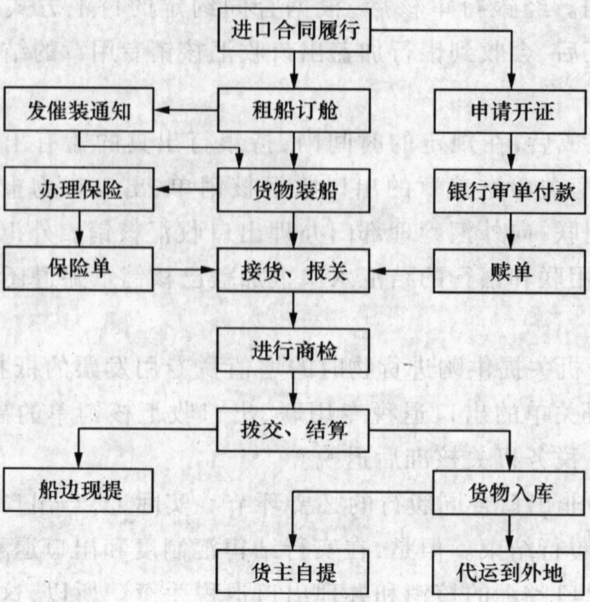

图 7-2　进口合同履行的业务流程

2．投保

如果与保险公司订有预约保险合同，则凭出口商发来的装船通知，向保险公司办妥投保手续。如无预约保险合同，则在进口货物装船前先与保险公司签订暂保单，待出口商发来装船通知后，再向保险公司换取正式保险单。

3．接货

接货前首先要换单。通常进口商按合同规定安排付款后，即取得正本提单。待货物抵港后，进口商凭正本提单到船运公司或其代理处换取提货单，凭此单提货或办理其他手续。

接货包括监卸和报验两个环节。货船抵达港口后，船方按提单上的地址，将准备卸货通知寄交接货人，接货人负责现场监卸。监卸时，如发现货损货差，应会同船方和港务管理部门，填制货损货差报告。

按规定，有的进口货物需在报关前的卸货港口申报检验。这时，还需要向出入境检验检疫局递交入境货物报检单和提货单，并随附商业发票等单证，办理进口货物的报验手续。报验通过后，出入境检验检疫局签发入境货物通关单。①

4．报关

进口货物运到后，进口商或其委托代理人在规定的时间内，向海关提交进口货物报关单，并随附商业发票、提单或运单、装箱单、保险单、报验单或检验证书、进口

① 按规定，货物可以在港口申报检验，也可以在用货单位所在地报检。但下属情形之一的，应在卸货港口向商检机构报检：(1) 属于法定检验的货物；(2) 合同规定应在卸货港检验；(3) 发现货损货差情况。

许可证、进口合同、产地证、减免税或免验证明以及其他海关认为有必要提供的文件，办理进口报关手续。如果进口货物属于法定检验商品，还需要同时提交入境货物通关单。手续办妥后，缴纳进口税费，由海关在货运单据上签章放行。

5. 商检

进口货物通关后，入境货物的货主或其代理人需在规定的时间和地点，到指定的检验检疫机构办理对货物的检验检疫。经检验检疫合格的入境货物，签发入境货物检验检疫证明放行。经检验检疫不合格的货物，签发检验检疫处理通知书，需要索赔的签发检验检疫证书。

6. 拨交

在办完上述手续后，即可拨交货物。拨交可以是船边现提，也可以先货物入库再由货主自提或代运到外地。如果订货或用货单位在卸货港所在地，进口商或其代理机构就近将货物转交给订货或用货单位，并结算相关费用。

如果订货或用货单位不在卸货港所在地，则可委托货运代理机构将货物转运到内地，并转交给订货或用货单位。相关费用，包括进口关税和托运到内地的费用等，由货运代理机构向进口商结算，进口商再向订货或用货单位结算。

三、国际货款结算的业务流程

国际货物贸易中货款的收付大多采用非现金结算方式，即主要使用信用工具来结算国际间的债权债务。具体的结算方式很多，这里简要介绍汇付（电汇）结算、托收结算（含付款交单结算和承兑交单结算）和信用证结算等几种常见结算方式的业务流程。

（一）汇付（电汇）结算方式的业务流程

汇付结算方式包括电汇（telegraphic transfer，简称 T/T）、信汇（mail transfer，简称 M/T）和票汇（banker's demand draft，简称 D/D）三种类型。在目前电信业非常发达的情况下，大部分汇付结算业务都使用电汇结算方式。因此，这里以电汇结算方式为例来进行介绍。电汇结算包括交货前电汇付款、交货时电汇付款和交货后电汇付款三种不同的形式。

在电汇结算业务中，一般要涉及进口商（付款人或汇款人）、进口地银行（汇出行）、出口商（收款人）和出口地银行（汇入行或解付行）等四个参与者。

1. 交货前电汇付款

交货前电汇付款主要经历以下七个环节：

① 签订合同时，进出口双方在合同中约定，采用交货前电汇付款方式进行结算；

② 在合同规定的期限内，进口商向进口地银行申请电汇；

③ 进口地银行（又称为汇出行）通过电报（或电传或 SWIFT）方式，向出口地银

行(又称为汇入行)发出付款指示;

④ 出口地银行(汇入行)通知出口商汇款到账;

⑤ 出口商接到汇款到账通知后,办理出口手续,发运货物;

⑥ 出口商发运货物后,将海运提单及其他有关单据寄给进口商;

⑦ 进口商收到货物单据后,办理进口手续,凭单提货。

上述过程如图 7-3 所示。

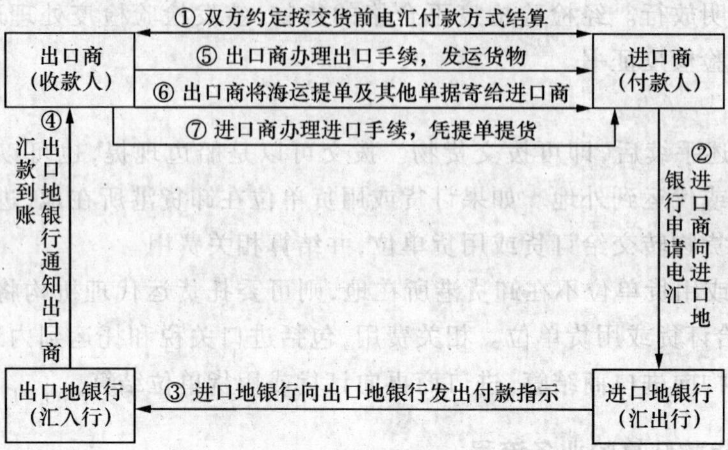

图 7-3 交货前电汇结算方式的业务流程

2. 交货时电汇付款

交货时电汇付款主要经历以下八个环节:

① 签订合同时,进出口双方在合同中约定,采用交货时电汇付款方式进行结算;

② 出口商办理出口手续,发运货物;

③ 出口商将正本提单通过传真(或电子邮件)方式发送给进口商;

④ 进口商对单据确认无误后,向进口地银行申请电汇;

⑤ 进口地银行(又称为汇出行)通过电报(或电传或 SWIFT)方式,向出口地银行(又称为汇入行)发出付款指示;

⑥ 出口地银行(汇入行)通知出口商汇款到账;

⑦ 出口商将正本提单及其他有关单据寄给进口商;

⑧ 进口商收到货物单据后,办理进口手续,凭单提货。

上述过程如图 7-4 所示。

3. 交货后电汇付款

交货后电汇付款主要经历以下七个环节:

① 签订合同时,进出口双方在合同中约定,采用交货后电汇付款方式进行结算;

② 出口商办理出口手续,发运货物;

③ 出口商将海运提单及其他有关单据寄给进口商;

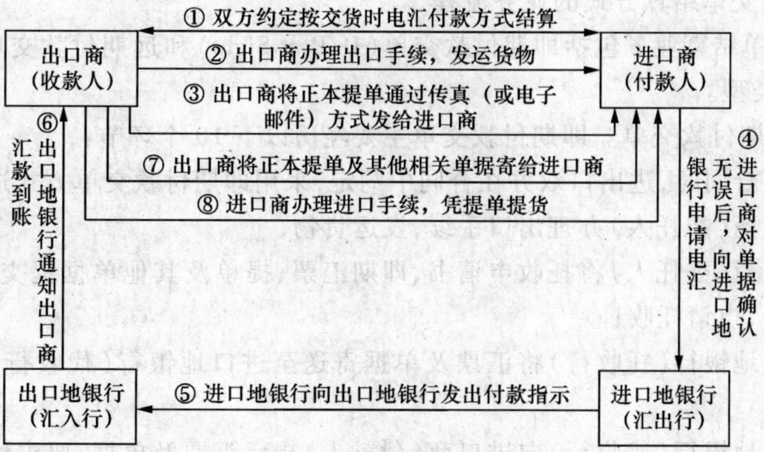

图 7-4　交货时电汇结算方式的业务流程

④ 进口商收到货物单据后，办理进口手续，凭单提货；

⑤ 在合同规定的期限内，进口商向进口地银行申请电汇；

⑥ 进口地银行（又称为汇出行）通过电报（或电传或 SWIFT）方式，向出口地银行（又称为汇入行）发出付款指示；

⑦ 出口地银行（汇入行）通知出口商汇款到账。

上述过程如图 7-5 所示。

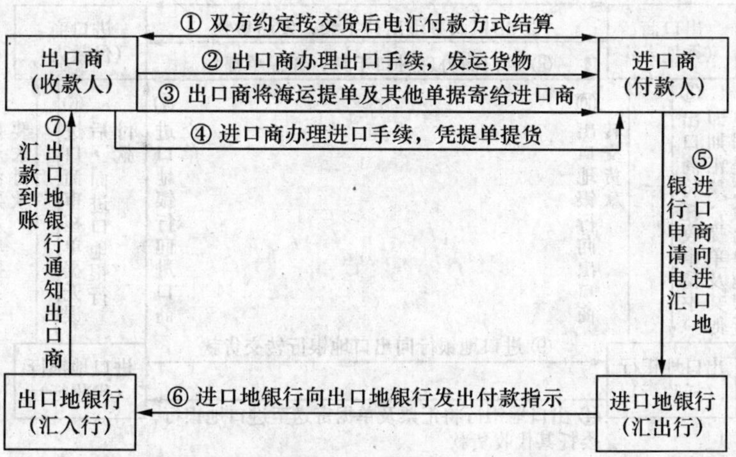

图 7-5　交货后电汇结算方式的业务流程

（二）托收结算方式的业务流程

托收结算方式包括付款交单结算（document against payment，简称 D/P）和承兑交单结算（documents against acceptance，简称 D/A）两种类型，一般要涉及出口商（出票人或委托人）、出口地银行（托收行）、进口商（付款人）和进口地银行（代收行）等四个参与者。下面以跟单托收为例来进行介绍。

1. 付款交单结算方式的业务流程

付款交单结算业务包括即期付款交单(D/P at Sight)和远期付款交单(D/P after Sight)两种类型。

(1) 即期付款交单。即期付款交单主要经历以下10个环节：

① 签订合同时，进出口双方在合同中约定，采用即期付款交单方式进行结算；

② 出口商(委托人)办理出口手续，发运货物；

③ 出口商(委托人)将托收申请书、即期汇票、提单及其他单据提交给出口地银行(托收行)，申请托收；

④ 出口地银行(托收行)将汇票及单据寄送至进口地银行(代收行)，委托其代收货款；

⑤ 进口地银行(代收行)向进口商(付款人)提示汇票及单据，要求付款；

⑥ 进口商(付款人)审核单据无误后，向进口地银行(代收行)付款；

⑦ 进口地银行(代收行)向进口商(付款人)交单；

⑧ 进口商(付款人)办理进口手续，凭提单提货；

⑨ 进口地银行(代收行)向出口地银行(托收行)转交货款；

⑩ 出口地银行(托收行)向出口商(委托人)转交货款。

上述过程如图7-6所示。

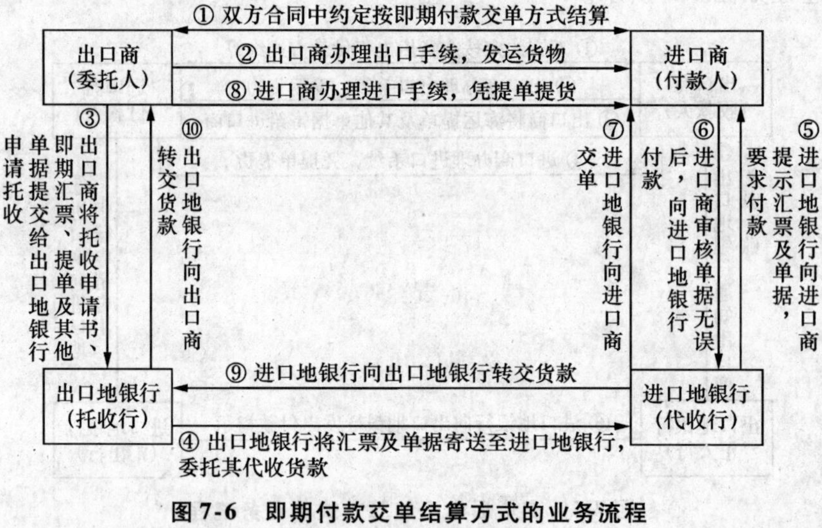

图7-6　即期付款交单结算方式的业务流程

(2) 远期付款交单。远期付款交单主要经历以下12个环节：

① 签订合同时，进出口双方在合同中约定，采用远期付款交单方式进行结算；

② 出口商(委托人)办理出口手续，发运货物；

③ 出口商(委托人)将托收申请书、远期汇票、提单及其他单据提交给出口地银行(托收行)，申请托收；

④ 出口地银行（托收行）将汇票及单据寄送至进口地银行（代收行），委托其代收货款；

⑤ 进口地银行（代收行）向进口商（付款人）提示汇票及单据，要求承兑；

⑥ 进口商（付款人）审核单据确认无误后，在汇票上做承兑；

⑦ 远期汇票到期时，进口地银行（代收行）向进口商（付款人）提示汇票，要求付款；

⑧ 进口商（付款人）向进口地银行（代收行）付款；

⑨ 进口地银行（代收行）向进口商（付款人）交单；

⑩ 进口商（付款人）办理进口手续，凭提单提货；

⑪ 进口地银行（代收行）向出口地银行（托收行）转交货款；

⑫ 出口地银行（托收行）向出口商（委托人）转交货款。

上述过程如图 7-7 所示。

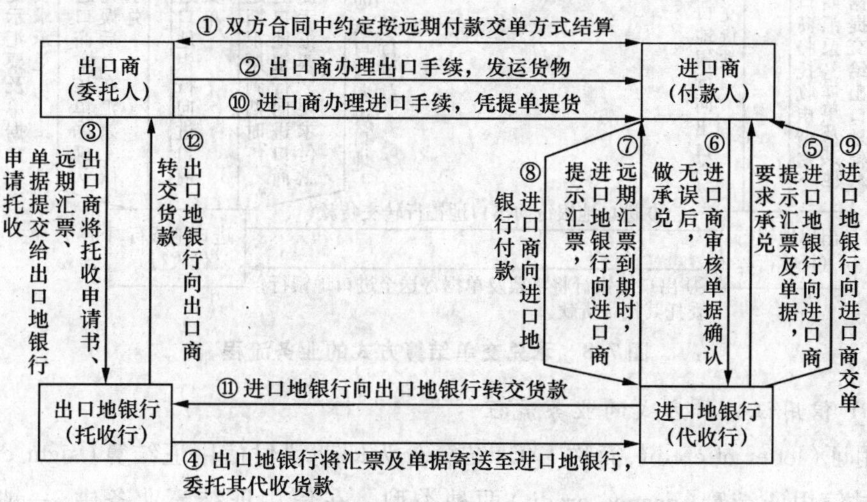

图 7-7　远期付款交单结算方式的业务流程

2. 承兑交单结算方式的业务流程

承兑交单结算业务主要经历以下 12 个环节：

① 签订合同时，进出口双方在合同中约定，采用承兑交单方式进行结算；

② 出口商（委托人）办理出口手续，发运货物；

③ 出口商（委托人）将托收申请书、远期汇票、提单及其他单据提交给出口地银行（托收行），申请托收；

④ 出口地银行（托收行）将汇票及单据寄送至进口地银行（代收行），委托其代收货款；

⑤ 进口地银行（代收行）向进口商（付款人）提示汇票及单据，要求承兑；

⑥ 进口商（付款人）审核单据确认无误后，在汇票上做承兑；

⑦ 进口地银行(代收行)向进口商(付款人)交单;

⑧ 进口商(付款人)办理进口手续,凭提单提货;

⑨ 远期汇票到期时,进口地银行(代收行)向进口商(付款人)提示汇票,要求付款;

⑩ 进口商(付款人)向进口地银行(代收行)付款;

⑪ 进口地银行(代收行)向出口地银行(托收行)转交货款;

⑫ 出口地银行(托收行)向出口商(委托人)转交货款。

上述过程如图 7-8 所示。[①]

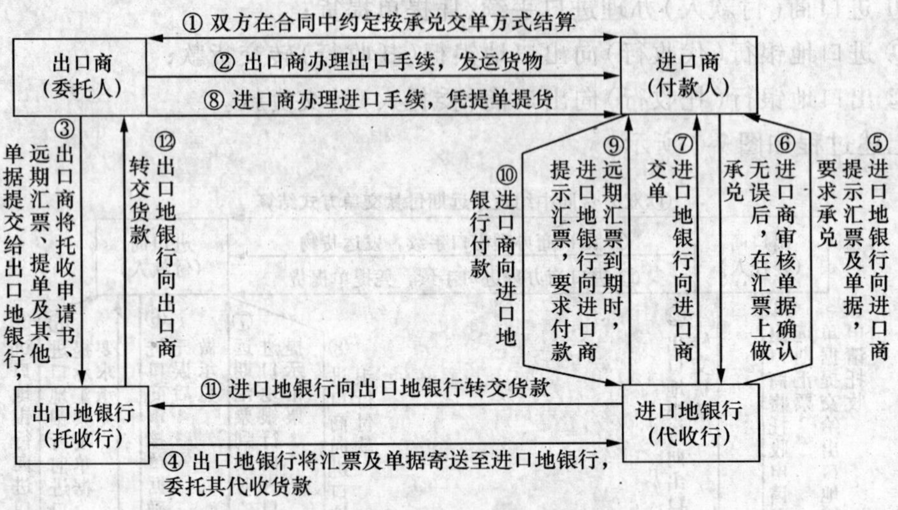

图 7-8　承兑交单结算方式的业务流程

(三) 信用证结算方式的业务流程

信用证(letter of credit,简称 L/C)结算分为即期议付信用证结算(sight credit)和远期议付信用证结算(usance credit)两种类型。在信用证结算业务中,一般要涉及出口商(受益人)、出口地银行(通知行/议付行)、进口商(申请人)和进口地银行(开证行或付款行)等四个参与者。

1. 即期议付信用证

即期议付信用证结算业务主要经历以下 12 个环节:

① 签订合同时,进出口双方在合同中约定,采用即期议付信用证方式进行结算;

② 进口商(申请人)向进口地银行(开证行)申请开立信用证;

③ 进口地银行(开证行)将信用证开抵出口地银行(通知行);

---

① 注意"远期承兑交单"与"远期付款交单"的异同。两者的付款时间是相同的,即在汇票到期日进口商才向代收银行支付款项。但是两者的交单条件不同,在远期付款交单业务中,只有当进口商在汇票到期日完成付款后,代收银行才将有关单据交给进口商;而在远期承兑交单中,当进口商在远期汇票上做承兑后,代收银行就将相关单据交给进口商。

④ 出口地银行(通知行)向出口商(受益人)通知信用证;

⑤ 出口商(受益人)审核信用证;

⑥ 出口商(受益人)办理出口手续,发运货物;

⑦ 出口商(受益人)准备信用证项下单据,提交出口地银行(议付行),请求议付;

⑧ 出口地银行(议付行)审核单据无误后,将款项垫付给出口商(受益人);

⑨ 出口地银行(议付行)将单据寄交至进口地银行(开证行),请求付款;

⑩ 进口地银行(开证行)审核单据无误后,向出口地银行(议付行)付款;

⑪ 进口商向进口地银行(开证行)付款,并取得单据;

⑫ 进口商办理进口手续,凭提单提货。

上述过程如图 7-9 所示。

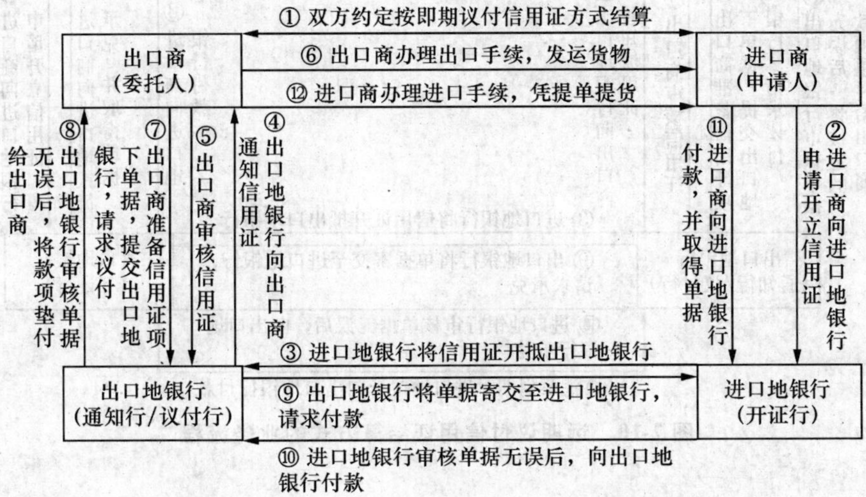

图 7-9　即期议付信用证结算方式的业务流程

2. 远期议付信用证

远期议付信用证结算业务主要经历以下 14 个环节:

① 签订合同时,进出口双方在合同中约定,采用远期议付信用证方式进行结算;

② 进口商(申请人)向进口地银行(开证行)申请开立信用证;

③ 进口地银行(开证行)将信用证开抵出口地银行(通知行);

④ 出口地银行(通知行)向出口商(受益人)通知信用证;

⑤ 出口商(受益人)审核信用证;

⑥ 出口商(受益人)办理出口手续,发运货物;

⑦ 出口商(受益人)准备信用证项下单据,提交出口地银行(议付行),请求议付;

⑧ 出口地银行(议付行)审核单据无误后,将扣除远期利息后的款项垫付给出

口商(受益人);

⑨ 出口地银行(议付行)将单据寄交至进口地银行(开证行),请求承兑;

⑩ 进口地银行(开证行)审核单据无误后,向出口地银行(议付行)承兑;

⑪ 进口商向进口地银行(开证行)承兑,并取得单据;

⑫ 进口商办理进口手续,凭提单提货;

⑬ 汇票到期时进口地银行(开证行)向出口地银行(议付行)付款;

⑭ 进口商(申请人)向进口地银行(开证行)付款。

上述过程如图 7-10 所示。

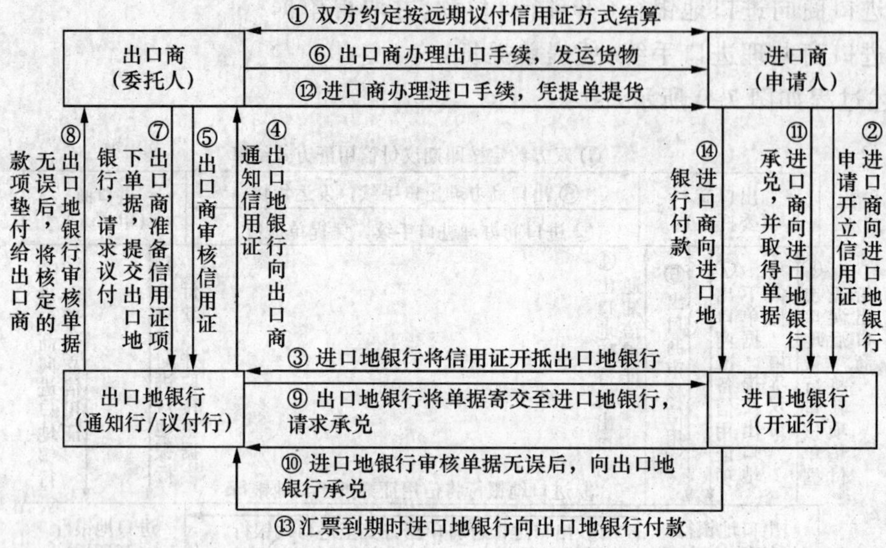

图 7-10　远期议付信用证结算方式的业务流程

第三节　国际货物贸易的运作管理

国际货物贸易的业务运作管理涉及很多内容,这里重点介绍相关的贸易术语、贸易洽谈与价格核算、贸易合同的订立、贸易合同的履行以及国际货款结算等方面的基本知识。

一、相关的贸易术语

(一) 贸易术语的含义与国际惯例

贸易术语又称为贸易条件或价格术语,是指用一个简短的词语(通常用缩写的英文字母表示)来表明国际贸易合同中的价格构成和交货条件,以明确买卖双方所承担的责任、费用和风险等的专门用语。

贸易术语是在长期的国际贸易实践中产生的。随着国际贸易的发展和变化,贸易术语的名称及其内涵都发生了很大的变化。

在相当长的时间内，国际上没有形成对各种贸易术语的统一解释。由于各国的法律制度、贸易惯例和习惯不同，对贸易术语的解释也各不相同。这种解释上的差异，往往会引起买卖双方当事人的误解、争议和诉讼。既浪费了交易双方的时间和金钱，也影响了国际贸易的发展。于是，一些国际组织和商业团体经过长期努力，制定了一套解释国际贸易术语的规则。这些规则在国际上被广泛地使用，形成了一般的国际贸易惯例。

有关贸易术语的国际贸易惯例主要有三种，即《1932 年华沙—牛津规则》、《1941 年美国对外贸易定义修订本》和《国际贸易术语解释通则》。其中，影响最大、应用最广的是《国际贸易术语解释通则》（以下简称《通则》）。

最早的《通则》产生于 1936 年，后来经过多次修改和补充。目前最新修订的是 2000 年《通则》，它是在 1990 年《通则》的基础上修订产生的。2000 年《通则》包含 E、F、C、D 共四组 13 种贸易术语。其中，E 组包括 EXW 一种贸易术语；F 组包括 FCA、FAS 和 FOB 三种术语；C 组包括 CFR、CIF、CPT 和 CIP 四种术语；D 组包括 DAF、DES、DEQ、DDU 和 DDP 五种术语。每种术语的解释见表 7-1。

在各种贸易术语中，FOB、CFR 和 CIF 属于在装运港交货术语，且仅适用于海运和内河运输方式；FCA、CPT 和 CIP 属于向承运人交货术语，适用于一切运输方式。这六种贸易术语比较常用，从交货性质上看它们均属于象征性交货①，因此它们的合同均属于装运合同。D 组中的 DAF、DES、DEQ、DDU 和 DDP 五种术语，是在两国边境或进口国完成交货义务，属于到达合同。

（二）贸易术语的选用

在国际贸易中，贸易术语是确定合同性质和决定交货条件的重要因素。采用何种贸易术语，既关系到贸易双方的利益，也关系到能否顺利履约。所以，在贸易洽谈时，交易双方应恰当选择贸易术语。

在选择贸易术语时，应综合考虑运输条件、货源情况、运费、运输途中的风险及办理进出口货物清关手续要求等诸多因素。同时，还应考虑到某些术语的变形，或买卖双方可能存在的对贸易术语理解上的差异。对可能出现的问题，在签订合同时，应做明确的规定和说明。

二、贸易洽谈与价格核算

（一）贸易洽谈

贸易洽谈是国际货物交易过程中一个必不可少的环节，也是最终签订交易合同

① 象征性交货指卖方只要按规定完成装运或货交承运人并提交相关单据，就算完成了交货义务，而无须保证到货。至于运输途中所发生的货物灭失或损毁风险，以及货物交货后发生意外而导致的费用，由买方承担。

表 7-1 国际贸易术语

组别	贸易术语		卖方义务	买方义务	备注
	代码	含义			
E 组（启运）	**EXW** [ex works (…named place)]	工厂交货（……指定地点）	(1) 按合同规定将货物准备好，并在合同规定的时间和地点将货物置于买方的处置之下；(2) 承担在买方处置之前的一切费用；(3) 提交商业发票或具有同等作用的电子信息	(1) 按合同规定受领卖方提供的货物，并支付货款；(2) 承担受领货物后的一切费用和风险；(3) 办理货物出口和进口的所有手续	EXW 术语代表在商品产地或所在地交货条件。按此成交的价格最低。但要注意货物的交接、包装和装运问题。同时，买方应弄清出口国的有关规定，以免被禁止出口
F 组（主要费用未付）	**FCA** [free carrier (…named place)]	货交承运人（……指定地点）	(1) 按合同规定将货物交给买方指定的承运人并及时通知买方；(2) 承担将货物交给承运人之前的一切费用；(3) 自负风险和费用取得出口证件、办理出口手续；(4) 提交商业发票或具有同等作用的电子信息，并自费提供通常的交货凭证	(1) 签订从指定地点承运货物的合同、支付有关费用，并将承运人情况及时通知卖方；(2) 根据合同规定受领货物并支付货款；(3) 承担受领货物后的一切费用和风险；(4) 自负风险和费用办理相关进口文件和入关手续	FCA 适用于各种运输方式。使用这一术语时，要注意承运人和交货地点的安排、风险转移、有关责任和费用的划分等问题
	FAS [free alongside ship (…named port of shipment)]	船边交货（……指定装运港），即装运港船边交货	(1) 按合同规定将货物交给买方所派船旁边并及时通知买方；(2) 承担将货物交至船边的一切费用和风险；(3) 自负风险和费用取得出口证件、办理出口手续；(4) 提交商业发票或具有同等作用的电子信息，并自费提供通常的交货凭证	(1) 签订从指定装运港运货的合同、支付运费，并将船只情况和交货时间及时通知卖方；(2) 按合同规定受领货物并支付货款；(3) 承担受领货物后的一切费用和风险；(4) 自负风险和费用办理相关进口文件和入关手续	FAS 只适用于海运和内河运输方式。使用时要注意船货衔接问题。另外，在北美国家 FAS 是 free along side 的缩写（交到运输工具旁），故应在 FAS 后加上 Vessel 字样，以明确船边交货

（续表）

组别	贸易术语		卖方义务	买方义务	备注
	代码	含义			
F 组（主要费用未付）	**FOB** [free on board (…named port of shipment)]	船上交货（……指定装运港），即装运港船上交货	(1) 按合同规定将货物交到买方指派的船上并及时通知买方；(2) 承担将货物交至船上的一切费用和风险；(3) 自负风险和费用取得出口证件、办理出口手续；(4) 提交商业发票和自费提供交货单据，或具有同等作用的电子信息	(1) 签订从指定装运港运货的合同、支付运费，并将船只情况和交货时间及时通知卖方；(2) 按合同规定受领货物并支付货款；(3) 承担受领货物后的一切费用和风险；(4) 自负风险和费用办理相关进口文件和入关手续	FOB 适用于海运和内河运输。使用这一术语时要注意船舷为界的确切含义，并注意船货衔接的问题。另外，不同国家对 FOB 的解释不同，使用时应对有关问题在合同中具体订明
C 组（主要费用已付）	**CFR** [cost and freight (…named port of destination)]	成本加运费（……指定目的港）	(1) 签订从指定装运港将货物运往约定目的港合同，按合同规定的时间和港口将货物装上船并支付至目的港的运费，装船后及时通知买方；(2) 承担货物在装运港越过船舷前的一切费用和风险；(3) 自负风险和费用取得出口证件、办理出口手续；(4) 提交商业发票和自费提供通常的运输单据，或具有同等作用的电子信息	(1) 接受卖方提供的单据，受领货物，并按合同规定支付货款；(2) 承担货物在装运港越过船舷后的一切风险；(3) 自负风险和费用取得相关进口证件、办理进口手续，支付关税及其他费用	CFR 术语适用于海运和内河运输。使用时应注意卖方的装运义务和装船通知的重要作用

（续表）

组别	贸易术语		卖方义务	买方义务	备注
	代码	含义			
C 组（主要费用已付）	**CIF** [cost insurance and freight (…named port of destination)]	成本加保险费、运费（……指定目的港）	(1) 签订从指定装运港将货物运往约定目的港合同，按合同规定的时间和港口将货物装上船并支付至目的港的运费，装船后及时通知买方；(2) 承担货物在装运港越过船舷前的一切费用和风险；(3) 按照合同约定，自负费用办理水上运输保险；(4) 自负风险和费用取得出口证件、办理出口手续；(5) 提交商业发票和自费提供通常的运输单据或具有同等作用的电子信息，且自费向买方提供保险单据	(1) 接受卖方提供的有关单据，受领货物，并按合同规定支付货款；(2) 承担货物在装运港越过船舷后的一切风险；(3) 自负风险和费用取得相关进口证件、办理进口手续	CIF 术语适用于海运和内河运输。使用时要注意卖方的保险险别和保险金额以及租船定舱问题。此外，还要注意卖方的象征性交货问题，卖方只要按规定完成装运并提交相关单据，就算完成了交货义务，而无须保证到货
	CPT [carriage paid to (…named place of destination)]	运费付至（……指定目的地）	(1) 签订将货物运往指定目的地的运输合同，并支付相关运费；(2) 按合同规定的时间和地点将货物置于承运人控制之下，并及时通知买方；(3) 承担将货物交给承运人控制之前的风险；(4) 自负风险和费用取得出口证件、办理出口手续，支付关税及其他有关费用；(5) 提交商业发票和自费向买方提供在约定目的地所需的通常的运输单据或具有同等作用的电子信息	(1) 接受卖方提供的有关单据，受领货物，并按合同规定支付货款；(2) 承担货物在约定交货地点交给承运人之后的一切风险；(3) 自负风险和费用取得相关进口证件、办理进口手续	注意 CPT 与 CFR 的异同点。两者都属于装运合同，卖方只需保证按时交货，无须保证按时到货。但两者的运输方式不同，CFR 只适用于海运和内河运输，而 CPT 适用于各种运输方式

（续表）

组别	贸易术语		卖方义务	买方义务	备注
	代码	含义			
C组（主要费用已付）	**CIP** [carriage and insurance paid to (…named place of destination)]	运费、保险费付至（……指定目的地）	(1) 签订将货物运往指定目的地的运输合同，并支付相关运费；(2) 按合同规定的时间和地点将货物置于承运人控制之下，并及时通知买方；(3) 承担将货物交给承运人控制之前的风险；(4) 按合同约定自负费用投保货物运输险；(5) 自负风险和费用取得出口证件、办理出口手续，支付关税及其他有关费用；(6) 提交商业发票和自费向买方提供在约定目的地所需的通常的运输单据或具有同等作用的电子信息，自费提供保险单据	(1) 接受卖方提供的有关单据，受领货物，并按合同规定支付货款；(2) 承担货物在约定地点交给承运人之后的风险；(3) 自负风险和费用取得相关进口证件、办理进口手续，支付关税及其他相关费用	注意CIP中卖方投保属于代办性质，运输途中的风险由买方承担。与FCA相比，FCA下卖方要承担较多的责任和风险，因此应确定合理的价格。此外，还应注意CIP与CIF的区别。两者价格中都包含了运费和保险费，均属于装运合同。但CIF只适用于海运和内河运输，而CIP适用于各种运输方式
D组（到达）	**DAF** [delivered at frontier (…named place)]	边境交货（……指定地点）	(1) 签订将货物运往边境交货地点的运输合同，并支付相关运费；(2) 按合同规定的时间和约定的地点将货物置于买方控制之下；(3) 承担将货物在边境约定地点交给买方控制之前的风险和费用；(4) 自负风险和费用取得出口证件、办理出口手续，支付关税及其他有关费用；(5) 提交商业发票和自费向买方提交通常的运输单据和其他凭证，或具有同等作用的电子信息	(1) 接受卖方提供的有关单据，在边境约定地点受领货物，并按合同规定支付货款；(2) 承担在边境约定地点受领货物后的风险和费用；(3) 自负风险和费用取得相关进口证件、办理进口手续，支付关税及其他相关费用	DAF术语主要适用于进出口国之间有共同的边境。按该术语成交的合同称做到达合同（以下DES、DEQ、DDU、DDP四种，与此相似，也称做到达合同）

（续表）

组别	贸易术语		卖方义务	买方义务	备注
	代码	含义			
D组（到达）	**DES** [delivered ex ship (…named port of destination)]	船上交货（……指定目的港），即在目的港船上交货	(1) 签订将货物运往约定目的港的水上运输合同，并支付相关运费；(2) 按合同规定的时间，将货物运至约定目的港通常的卸货地点，并在船上将货物置于买方处置之下；(3) 承担在目的港上将货物置于买方处置之前的风险和费用；(4) 自负风险和费用取得出口证件、办理出口手续，支付关税及其他有关费用；(5) 提交商业发票和自费向买方提交通常的运输单据和其他凭证，或具有同等作用的电子信息	(1) 接受卖方提供的有关单据，在目的港船上受领货物，并按合同规定支付货款；(2) 承担在约定目的港的船上受领货物之后的风险和费用；(3) 自负风险和费用取得相关进口证件、支付卸货费用，办理进口手续，支付关税及其他相关费用	在使用DES术语时，买卖双方要注意共同做好货物的交接工作。另外，要注意DES与CIF的区别。CIF属于装运港交货，运输途中的风险通常由买方承担。而DES中卖方则要承担运输途中的所有风险和费用。因此，DES才是名副其实的到岸价格
	DEQ [delivered ex quay (…named port of destination)]	码头交货（……指定目的港），即在目的港码头交货	(1) 签订将货物运往约定目的港的水上运输合同，并支付相关运费；(2) 按合同规定的时间，将货物运至约定目的港，承担卸货责任和费用，并在目的港码头将货物置于买方的处置之下；(3) 承担在目的港码头将货物置于买方处置之前的风险和费用；(4) 自负风险和费用取得出口证件、办理出口手续，支付关税及其他有关费用；(5) 提交商业发票和自费向买方提交提货单或在目的港码头提货所需的通常的运输单据，或具有同等作用的电子信息	(1) 接受卖方提供的有关单据，在目的港码头受领货物，并按合同规定支付货款；(2) 承担在约定目的港码头受领货物之后的风险和费用；(3) 自负风险和费用取得相关进口证件、办理进口手续，支付关税及其他相关费用	DEQ术语仅适用于水上运输和交货地点为目的港码头的多式联运。在使用DEQ时，应注意办理货物进口报关的责任、费用和风险由买方承担

（续表）

组别	贸易术语		卖方义务	买方义务	备注
	代码	含义			
D组（到达）	**DDU** ［delivered duty unpaid（…named place of destination）］	未完税交货（……指定目的地）	(1) 签订将货物按惯常路线和习惯方式运至进口国内约定目的地的运输合同,并支付相关运费;(2) 按合同规定的时间和地点,将货物置于买方的处置之下;(3) 承担在指定目的地约定地点,将货物置于买方处置之前的风险和费用;(4) 自负风险和费用取得出口证件、办理出口手续,支付关税及其他有关费用;(5) 提交商业发票和自费向买方提交提货单或为买方在约定目的地提货所需的通常的运输单据,或具有同等作用的电子信息	(1) 接受卖方提供的有关单据,在进口国内约定地点受领货物,并按合同规定支付货款;(2) 承担在目的地约定地点受领货物之后的风险和费用;(3) 自负风险和费用取得相关进口证件、办理进口手续,支付关税及其他相关费用	在使用 DDU 术语时,卖方应注意进口清关是否便利,并应妥善办理投保事项
	DDP ［delivered duty paid（…named place of destination）］	完税后交货（……指定目的地）	(1) 签订将货物按惯常路线和习惯方式运至进口国内约定目的地的运输合同,并支付相关运费;(2) 按合同规定的时间和地点,将货物置于买方的处置之下;(3) 承担在指定目的地约定地点,将货物置于买方处置之前的风险和费用;(4) 自负风险和费用,取得出口证件、办理出口手续,支付关税及其他有关费用;(5) 提交商业发票和自费向买方提交提货单或为买方在约定目的地提货所需的通常的运输单据,或具有同等作用的电子信息	(1) 接受卖方提供的有关单据,在进口国内约定地点受领货物,并按合同规定支付货款;(2) 承担在目的地约定地点受领货物后的风险和费用;(3) 根据卖方请求,并在由卖方负担风险和费用的情况下,给予卖方一切协助,使其取得相关进口证件	在使用 DDP 术语时,卖方要承担很大的风险,因此应妥善办理投保事项。由于卖方是在办理进口结关手续后在指定地点交货,如卖方直接办理进口手续有困难,可要求买方协助

注:除特别指明适用的运输方式外,其他术语均适用于各种运输方式。

的必经阶段。贸易洽谈的结果决定着合同条款的具体内容和双方当事人的权利和义务，因此买卖双方都很重视贸易洽谈活动。由于贸易洽谈双方分属于不同的国家或地区，彼此之间有着不同的法律体系、经济体制、贸易习惯以及不同的文化背景、价值观念和民族习惯，加之语言和文字沟通方面的困难，国际贸易洽谈比国内贸易洽谈要复杂得多。这就要求双方事前做好充分的准备工作。

在正式洽谈前，首先要精心选配参加谈判的人员。谈判人员要了解国家的外贸政策与相关法律、各种国际商务知识、国际商法与国际惯例，具备用外语直接洽谈的能力，具有较好的心理素质和应变能力，并具有丰富的谈判经验。其次是选择目标市场。选择合适的目标市场不仅关系到对外商务谈判能否成功，也关系到谈判成功后是否获益。为此，必须通过各种途径广泛搜集市场资料，加强对国外市场的销售状况、价格动态及其他相关商务信息的调查研究，选择最有利的目标市场。再次是选择交易对象。必须通过各种途径对客户的经营状况和资信情况进行了解和分析，做到“货比三家”、“优中选优”，以维护自身的利益。最后是制订谈判方案。要确立谈判目标和原则，制定谈判策略，合理安排谈判进度、日程和顺序，明确谈判权限，掌握谈判分寸和尺度，准备好谈判中可能出现某些变化时所应采取的对策，选择适宜的谈判场所。特别是对大宗或重点进出口商品交易，要拟订较为详细具体的谈判方案。对于一般中小商品的进出口交易，则只需拟订简单的价格方案。

在具体的国际商务谈判中，谈判双方应本着求同存异、互利双赢的原则，加强沟通，明确双方各自的利益需求，克服谈判障碍，设法寻求最佳方案。为此，双方应充分了解对方的谈判风格，创造良好的洽谈气氛，讲究谈判技巧，化解利益冲突，创造双赢的解决方案。

国际商务谈判大体上都是按照询盘、发盘、还盘和接受这样的程序进行的。其中，发盘和接受是达成交易的必要条件。谈判的核心内容是就买卖某种商品的各项交易条件进行磋商。一般来说，所商谈的各项贸易条件主要可以分为两类：一类是主要交易条款，包括商品的品质（含规格、花色、式样和等级等）、数量、包装、价格、装运和支付等，这些交易条款是谈判的重点，不能有半点含糊；另一类是一般交易条款，通常是合同上印就的条款，如保险、商检异议、索赔、仲裁和不可抗力等，这些条款内容如对方无异议即视为同意，如对其中的任何条款有异议便再行磋商。

在诸多交易条件中，商品交易价格始终是谈判双方关注的焦点问题，因为它直接关系到交易双方的经济利益。因此，在国际商务谈判中，交易双方都会认真地对交易价格进行核算，并且要进行多次的报价和还价的博弈，直至最终达成交易。从某种程度上说，交易双方报价和还价的结果，直接决定着贸易合同能否订立。下面就来重点介绍商品进出口价格的核算问题。

（二）商品进出口价格的核算

1. 影响价格的因素

在对进出口商品价格进行核算时，主要应综合考虑以下影响因素：

（1）商品的质量。包括商品的规格、性能、花色、式样、等级、包装、品牌等。一般应遵循优质优价的原则进行定价。

（2）运输距离。运输距离的远近影响运费和保险费，从而影响价格。必须依据运输距离，体现地区差价。

（3）季节性需求的变化。某些商品的需求具有季节性变化的特点，因此必须根据季节的变化，实行季节性差价，争取有利的价格。

（4）成交量的大小。一般来说，大量成交应在价格上给予一定的优惠。反之，成交量小，价格应高些。

（5）支付条件。一般来说，不同的付款方式（提前付款、即期付款或远期付款）对交易成本和收益有不同的影响，因此应将支付条件考虑到价格中去。

（6）汇率风险。采用不同的计价货币所带来的汇率风险大小是不同的，会影响到成本和收益，因此应将币值变化因素考虑到价格中去。

（7）交货期的不同。即期交货的价格一般应高于远期交货。

此外，贸易对象的差异、产品生命周期、佣金与折扣等因素对价格也有不同程度的影响。总之，在进行商品进出口价格核算时，应综合考虑品质差价、地区差价、季节差价、数量差价、收汇期差价、货币差价、交货期差价、客户差价、产品生命周期差价、佣金与折扣差价等诸多因素，以便制订一个合理的价格方案。

2. 作价的原则和方法

商品进出口作价的基本原则是，在平等互利的基础上，以国际市场价格为依据，结合地区与国别政策和购销意图进行制定。具体的作价方法有以下几种：

（1）固定价格。双方成交时明确规定商品的价格，合同签订后任何一方不得擅自更改。这是国际上比较常用的作价方法。在固定作价中又有净价（不含佣金）、含佣金价、平均价（多用于含多种规格的商品）和直接价（某种规格的单价）等几种作价方法。

（2）活价。固定价格一旦确定就无法更改，而国际市场是千变万化的，固定价格往往会给交易双方带来巨大的风险。为了减少风险，防止毁约，在合同价格的规定上，出现了一些变通的做法，活价作价方法就是对固定价格作价的一种变通做法。活价就是在合同上规定不固定价格，具体价格随情况而定。大体有以下几种：

① 部分固定、部分不固定价格。对于分期分批交货的商品或由外商常年包销的商品，为了照顾双方的利益，可采取部分固定、部分不固定的作价方法。对于近期交货的商品，采取固定价格；而对于远期交货的商品，在交货前一定期限内由双方另行

定价。

② 价格待定。对于价格变动频繁、涨跌幅度较大,或发货期较远的商品,可以采取这种作价方法。通常双方只在合同中规定定价时间和定价方法,或只规定定价时间,事后再按规定确定价格。

③ 暂定价格。在合同中先订立一个初步价格,作为开立信用证和结汇的依据,待双方确定最后价格后再进行最后的结算,多退少补。在商品寄售业务中有时采用这种作价方法。

(3) 滑动价格。所谓滑动价格,又称为价格调整条款,指在订立合同时只规定一个初步价格,在交货时或交货前一定时期内再根据工资和原材料价格的变动情况来对交易价格做相应的调整。调整公式为:

$$P_1 = P_0\left(A + B \times \frac{M_1}{M_0} + C \times \frac{W_1}{W_0}\right)$$

式中,P_1代表经调整后的价格;P_0代表订立合同时的初步价格;M_1代表交货时的原材料价格(或价格指数);M_0代表订立合同时的原材料价格(或价格指数);W_1代表交货时的工资(或工资指数);W_0代表订立合同时的工资(或工资指数);A 代表管理费用和利润(固定部分)在价格中所占的比重;B 代表原材料成本(可变部分)在价格中所占的比重;C 代表工资(可变部分)在价格中所占的比重。A、B 和 C 各占价格的比例,由买卖双方在订立合同时商定,但要注意三者之和应为100%。

成套设备、大型机械的买卖,从签约到交货完毕需要较长的时间,所以普遍采用滑动价格方法作价。在使用这类条款时,必须注意在合同中将工资指数和原材料价格的选择予以明确。同时,还应注意价格调整的条件,如约定必须超过一定的范围才予调整,否则不予调整。

3. 佣金、折扣及其计算

在价格条款中,有时会涉及佣金和折扣。在对外贸易中,正确灵活地运用佣金和折扣,可以起到增加销售和增强市场竞争力的作用。

(1) 佣金。佣金是进出口中间代理商(或经纪人)为介绍买卖、代理买卖或提供服务而向买方或卖方收取的报酬。佣金分为"明佣"和"暗佣"两种。凡在合同价格条款中明确规定佣金的多少,即为"明佣";没有明确标明,则为"暗佣"。在"暗佣"情况下,有关佣金的问题须由双方当事人另行约定。货价中是否包含佣金和佣金率大小直接影响商品的价格,所以含佣金价要比净价高。

合同价格条款中包括佣金时,可以用文字来说明,如"US$200 per M/T CIF New York including 3% commission"(每公吨200美元CIF纽约包括佣金3%);也可以在贸易术语后加注佣金的英文缩写字母"C"和佣金率表示,如"US$200 per M/T CIFC3% New York"。至于佣金数额,可以用百分率表示;也可以用绝对数来表示,如"每公吨付佣金20美元"。佣金的比率控制在1%—5%之间比较适宜,不宜偏高。

关于佣金的计算，一般是按合同成交金额的百分比计算，有的也按成交数量的百分比来计算。在按成交金额计算时，有以发票金额作为计算基数的，也有以 FOB 价格金额(合同价格是 CIF 或 CFR 时应从发票金额中减去运费和保险费)作为计算基数的。我国大多是以发票金额为基础来计算佣金。在实际业务中，无论采取哪种方法计算佣金，都应事先在合同中订明，以免事后引起争议。佣金的计算公式如下：

$$佣金 = 含佣价 \times 佣金率$$

$$净价 = 含佣价 - 佣金 = 含佣价 \times (1 - 佣金率)$$

净价、含佣价和佣金率之间的关系为：

$$含佣价 = \frac{净价}{1 - 佣金率}$$①

佣金通常是在委托人(多为卖方)收到全部货款后再另行付给中间代理商，也可以由中间代理商直接从货价中扣除佣金。支付佣金时，应防止错付、漏付或重付等事故发生。

(2) 折扣。折扣是卖方在原价基础上给予买方一定比例的减让。卖方进行折扣的原因很多，比如，对购买数量较大的买方给予折扣以扩大销售，给予老客户以优惠价出售，在销售淡季削价销售，对现款支付的买方给予折扣，以及其他为实现特殊目的而给予的折扣，等等。货价中是否包括折扣和折扣率大小直接关系到商品的价格，正确利用折扣有利于调动采购商的积极性和扩大销路，是国际贸易中一种常用的营销手段。

折扣有“明扣”和“暗扣”两种。“明扣”在合同的价格条款中明确规定折扣率；“暗扣”则在合同中不明示，需交易双方另行约定。对于“明扣”，在合同中可以采用文字表示方法，如“US$200 per M/T CIF New York including 2% discount”或“US$200 per M/T CIF New York less 2% discount”(每公吨 200 美元 CIF 纽约，折扣 2%)；也可以用英文缩写字母“D”(discount)或“R”(rebate)表示，如“US $ 200 per M/T CIFD2% New York”。② 如果价格中没有折扣，则应在价格术语后加注“净价”(net)字样。折扣的计算公式如下：

$$折扣金额 = 原价 \times 折扣率$$

$$折扣后售价 = 原价 - 折扣金额 = 原价 \times (1 - 折扣率)$$

在既有折扣又有佣金的交易中，应先进行折扣然后再计算佣金，折扣部分不应

---

① 净价和含佣价之间只有这样换算，才能保证支付佣金后的净收入不减少。否则，不能保持原来的净价。
② 为防止“D”或“R”含义不清引起误解，最好用文字全称表达。

支付佣金。折扣一般在买方支付货款时预先予以扣除，亦即由买方按折实价格计付货款给卖方。

4．价格构成与成本核算

（1）价格构成。一般来说，价格由成本、费用和利润三部分构成，即"价格 = 成本 + 费用 + 利润"。其中，成本和费用构成了出口（或进口）总成本，它直接决定对外贸易的净收益。下面以出口价格构成为例来进行阐述。

① 成本。出口价格中的成本可以是生产成本、加工成本或是采购（购货）成本。从贸易商角度看，出口成本就是从供货商手中购买货物时的采购成本。一般来说，国内的供货价格中除本身的货物价值外，还包含增值税。同时，国家为鼓励出口，对不同类型的出口商品的增值税款采取全额或按一定比例返还的政策。这样，就产生了"采购成本"和"税后成本"或"不含税成本"的概念。不同成本之间的关系如下：

$$采购成本 = 货价 + 增值税税额$$

$$增值税税额 = 货价 \times 增值税税率$$

$$退税税额(退税收入) = 货价 \times 退税税率$$

$$实际成本 = 采购成本 - 退税税额$$

根据上述公式，又可得到：

$$采购成本 = 实际成本 \times (1 + 增值税税率)/(1 + 增值税税率 - 退税税率)$$

$$实际成本 = 采购成本 \times (1 + 增值税税率 - 退税税率)/(1 + 增值税税率)$$

$$退税收入(退税额) = [采购成本/(1 + 增值税税率)] \times 退税税率$$

② 费用。费用包括国内费用和国外费用两部分，其中国内费用占主要部分。国内费用通常包括外销加工整理与包装费、保管费（含仓储费和火险费）、证件费（如商检费、公正费、领事证费、产地证费、许可证费和报关单费等）、国内运输费、装船费（包括码头上费用）、银行费用（含贴现利息、垫款利息、手续费等）、预计耗损（如短损、漏损、破损、变质和自然损耗等）、经营管理费（如邮电通信费、交通差旅费、招待客户费等）、出口关税及其他各种费用等。国外费用包括佣金、国外保险费、国外运费等。

③ 利润。利润是贸易商最关注的要素，应当结合实际情况确定一个合理的利润水平。在利用利润率核算利润额时，应注意选择计算依据，可以用采购成本作为计算依据（称为成本利润率），也可以用销售价格作为计算依据（称为销售利润率）。

（2）成本核算。成本核算包括出口成本核算和进口成本核算两个方面，这里简要介绍出口成本核算。出口成本核算主要可以运用以下三项指标：

① 出口商品盈亏率。出口商品盈亏率是指出口商品盈亏额占总成本的比率。其计算公式为：

$$出口商品盈亏率 = \frac{出口销售净收入(人民币) - 出口总成本}{出口总成本} \times 100\%$$

若计算结果为正，表明盈利；如果计算结果为负，则表明亏损。

② 出口商品换汇成本。出口商品换汇成本，也称为出口换汇率，是指出口商品的本币总成本占出口商品外汇净收入的比率。其计算公式为：

$$出口商品换汇成本=\frac{出口本币总成本(本币)}{出口销售外汇净收入(外币)}\times 100\%$$

出口换汇成本越低，说明换取的外汇越多；反之，换汇成本越高，则换取的外汇越少。

③ 出口创汇率。出口创汇率是指加工后的成品出口的外汇净收入占原料外汇成本的比率。其计算公式为：

$$出口创汇率=\frac{成品出口外汇净收入-原料外汇成本}{原料外汇成本}\times 100\%$$

如果原料是进口的，其外汇成本按进口外汇成本（CIF 进口价）计算；如果使用国产原料，通常以该原料出口的外汇收入（FOB 出口价）计算。这一指标反映制成品商品出口创汇情况，以及出口加工后的产品是否有利。[①]

三、贸易合同的订立

经过一系列磋商，买卖双方达成交易后，一般需要签订合同，以书面形式将双方的权利和义务固定下来，作为约束双方的法律文件。

（一）合同的形式

在进出口业务中，交易的确认，既可以采取订立书面合同的形式，也可以采取口头确认的形式。但是，一般以书面形式订立合同的居多。因为书面合同既可以作为合同成立和履行的依据，也有利于加强合同当事人的责任心。从形式上说，书面合同一般有规范的文本合同、成交确认书、协议书、信件、数据电文（如电传、电报和电子邮件等）和备忘录等形式。有时订购单和委托订单也可以作为合同使用。其中，规范的文本合同和成交确认书是两种主要形式。

1. 合同（contract）

规范的文本合同是一种条款完备、内容全面具体、带有“合同”字样的法律契约。一般适用于大宗商品或成交额大的交易。合同可以由买卖双方的任意一方出具，其中，卖方出具的合同称为销售合同，买方出具的合同称为购买合同。

2. 确认书（confirmation）

成交确认书是标准合同的简化形式，一般适用于成交金额不大、批数较多的轻工产品或土特产品，或者已订有代理、包销等长期协议的交易。成交确认书可以由

---

① 进口成本核算使用进口盈亏率和进口美元赚（赔）率两个指标。其中，进口成本 = 进价成本 + 流通费用 = 进价外汇 × 人民币汇率 + 流通费用，进口盈亏额 = 进口销售收入 − 进口成本，进口盈亏率 = （进口盈亏额/进口成本）×100%，进口美元赚（赔）率 = 进口盈（亏）额（人民币）/进口支出美元。

买卖双方的任何一方出具，由卖方出具的成交确认书称为售货确认书，由买方出具的成交确认书称为购货确认书。

无论是合同还是确认书都具有同等的法律效力。签订合同或确认书的程序是，首先由其中的一方根据双方达成的协议条件缮制正本一式两份，签字后再寄给另一方；另一方查核签字后留存一份，再将剩下的一份寄还给先签字的一方。至此，合同或确认书正式生效。

（二）合同的内容

合同的基本内容和格式一般包括约首、本文和约尾三个部分。

1. 约首

约首部分一般包括合同的名称、编号、签约日期、签约地点、缔约双方的名称和地址、通讯联系信息和序言等内容。

2. 本文

本文是合同的主体，包括合同的各项条款（贸易条件），如品名、品质规格、数量、包装、价格、交货条件、运输、保险、支付、检验、异议与索赔、不可抗力和仲裁等项内容。它具体体现交易双方的权利和义务，合同商订主要是就这些基本条款如何规定进行磋商，以便达成一致的意见。

3. 约尾

约尾部分一般包括合同的份数、使用的文字和效力、适用的法律或惯例、生效时间、附件的效力、订约日期、订约地点和双方当事人签字等。

（三）合同的基本条款

合同的基本条款包括商品的品名、品质、数量、包装与价格、国际货物装运、国际货运保险、国际货款的支付、商品检验、索赔与理赔、不可抗力与仲裁等。

1. 商品的品名、品质、数量、包装与价格

这些是主要的贸易条件，必须在合同中明确规定。

（1）商品的品名。商品的品名代表了商品通常应具有的品质，它是合同中不可缺少的主要贸易条件。目前各国的海关统计和普惠制待遇等都按国际海关合作理事会主持制定的《协调商品名称及编码制度》进行，在合同中应尽可能使用国际上通用的名称。

（2）商品的品质。品质的表示方式有"凭文字说明销售"和"凭样品买卖"两种。用文字说明表示品质应说明规格、等级、标准、商标和品牌名、产地名称、说明书和图样等指标。用样品表示品质分为看货买卖和凭样品买卖两种。对于凭样品买

卖，应明确样品的种类是以卖方样品还是买方样品（来样成交）为准。[①] 在品质条款下，应合理规定影响品质的各项重要指标，品质条件应明确、具体，对某些商品可在合同中规定允许其品质有一定的机动幅度与品质公差。

（3）商品的数量。目前国际上常用的度量衡制度有国际单位制、公制、英制和美制。1986 年 7 月 1 日起，我国开始实行国际单位制。[②] 经常被采用的计量单位有重量、个数[③]、面积、长度、容积和体积六种。相应地，确定商品量的方法也有六种。在国际贸易中，许多商品都是按重量计量的。通常采用的计重方法有毛重（gross weight）、净重（net weight）、公量（conditional weight）和理论重量（theoretical weight）。[④] 数量条款是买卖双方交接货物和日后处理数量争议的依据。订立合同时应列明交易的具体数量和计量单位，明确计算重量的方法，规定交货的机动幅度及溢短装数量的计价方法。[⑤]

（4）商品的包装。在国际贸易中，因商品需要远渡重洋和在中途转运，所以包装具有特殊的意义，有些包装已成为商品的一个组成部分。进出口货物的包装不仅应具有防损、防偷、防潮、防腐等性能，还应具有便于识别、搬运、挑选、携带和使用等特点。包装条款一般包括包装材料、包装方式、包装规格、包装标志和包装费用的负担等内容。在订立合同的包装条款时，应注意根据商品的性质和运输方式对包装材料和包装方式做出具体明确的规定，同时应明确包装费用由哪方承担。[⑥]

（5）商品的价格。合同中的价格条款一般包括商品的单价和总值两项基本内容。单价通常由计量单位、单位价格金额、计价货币和贸易术语四个部分构成，如"××商品每公吨 200 美元，CIF 纽约"（××US$200 per M/T CIF New York）。总值是单价与数量的乘积，即一笔交易的货款总金额。在订立价格条款时，应注意合理确定商品的单价，防止作价偏高或偏低；要选用适当的贸易术语及其变形；应争取选择有利的计价货币，必要时加列保值条款；灵活运用不同的作价方法，以避免价格变

---

① 在具体实践中，为避免成交时发生纠纷，卖方可以采取对等样品（卖方根据买方样品先做一个复制品交买方确认以作为交货品质的依据）、封样（卖方在寄发样品或发运货物前由公正机构或会同买方抽取样品封存以供核对之用）和合同中的保障条款，来防范侵权行为的发生。

② 其基本单位包括千克、米、秒、摩尔、坎德拉、安培和卡等七种。

③ 个数（数量）包括一些约定俗成的个数单位，如打、罗、大罗、令，以及订有国际标准的某些商品的包装单位，如桶（石油）、包（棉花）等。

④ 净重是毛重扣除包装后的商品本身的实际重量，包装重量的计算又有按实际皮重计算（real tare）、按平均皮重计算（average tare）、按习惯皮重计算（customary tare）和按约定皮重计算（computed tare）几种方法。公量是以商品的干净重加上国际公定的回潮率与干净重的乘积所得出的重量，即公量 = [商品实际重量/(1 + 实际回潮率)] × (1 + 公定回潮率) = 商品干净重 × (1 + 公定回潮率)，主要用于棉毛、羊毛、生丝等吸湿性强的商品计算。对于某些固定规格商品，只要规格一致，每件重量大体相当，一般可以从其件数来推算出理论重量。

⑤ 数量机动幅度的大小通常都以百分比表示，如 3% 或 5% 等。

⑥ 包装费用一般包括在货价之内，不另计收。但也有不计入货价之内，而规定由买方另外支付的。究竟由谁承担，应在包装条款中订明。

动的风险；参照国际贸易的习惯做法，注意佣金和折扣的合理运用；明确采用的计量单位，如采用吨为计量单位，应注明公吨、长吨或短吨；如果数量允许增减，或用约量，则总金额也应允许有增减或注明约数；合同中的价格条款要与合同中的其他条款在内容上保持一致。

2．国际货物装运

国际货物装运即成交商品的装卸、运输和交付，是国际贸易中不可缺少的一个重要环节。国际货物装运具有运输距离长、时间性强、中间环节多、涉及面广与情况复杂、风险较大等特点，是一项复杂的工作。国际货物装运条款涉及运输方式的选择、各项装运条款的规定和各种装运单据的运用等项内容。

国际货物运输方式很多，主要包括海洋运输、铁路运输、航空运输、集装箱运输和国际多式联运等，应根据实际需要选择合适的运输方式。

合同中的装运条款应对装运时间、装运地和目的地、能否分批装运和转运、装运通知等内容做明确具体的规定。此外，在大宗商品交易和运输中，还应注意在合同中规定装卸时间、装卸率、滞期和速遣等条款。

运输（装运）单据是承运人收到承运货物后签发给托运人的证明文件，它是交接货物、处理索赔与理赔以及结算货款的重要单据。运输单据种类很多，主要有海运提单、铁路运单、航空运单、国际多式联运单据和邮政收据等，应根据不同的运输方式制作各种必需的运输单据。

3．国际货物运输保险

国际货物运输路途长、环节多，运输过程中可能会遇到各种风险，致使货物遭受损害或灭失。为了避免货物损失，买方或卖方就需要办理货物运输保险。投保后，如果货物运输过程中发生保险合同约定的损失，就可以从保险公司得到经济补偿。由于货物的运输方式不同，保险方式也不相同，因此应根据不同的运输方式进行投保。

为了明确交易双方的责任，国际货物运输保险条款的主要内容应包括保险投保人、保险公司、保险险别、保险费率和保险金额的约定等事项。主要的运作程序是选择投保险别、确定保险金额、缴纳保险费、领取保险单和更改保险单。①

4．国际货款的支付

在国际贸易中，货款采取何种支付工具和支付方式，直接关系到买卖双方的资金融通与周转以及各种金融风险和费用的负担。因此，交易双方在洽谈交易时，必须就支付条款进行磋商，并达成对己有利的协议。我国国际贸易货款的收付一般是通过外汇来进行结算的，因此在合同中必须就支付工具、支付方式、付款时间、付款

---

① 关于商品的包装、国际货物装运和国际货物运输保险等方面的详细知识，请参阅本教材的配套辅导教材《国际贸易学教程学习指南》第七章的补充阅读资料部分。

地点以及支付货款的手续费用与风险的承担等事项做出明确的规定。

5. 商品检验

在国际贸易中，卖方拟交付或已交付的货物的品质、规格、数量、重量、包装、卫生和安全等必须符合合同规定，因而在买卖双方交接货物过程中，须对货物进行检验和鉴定。商品检验可以由买卖双方自行办理，但大多数情况下是由权威的、公正的商品检验机构对商品进行检验并出具检验证书，以此作为买卖双方交接货物、结算货款、索赔和理赔的主要依据。国际上的检验机构有官方的，也有民间私人或社团经营的。我国的进出口商品检验主要由中国进出口商品检验局及其分支机构负责。此外，还有各种专门从事动植物、食品、药品、船舶、计量器具检验的官方机构。

商品检验是国际贸易合同中的重要条款之一，商品检验条款的主要内容包括检验的时间与地点、检验机构、检验证书、检验依据、检验方法和商品复验等事项。有关检验时间与地点的规定办法各国法律并无统一规定，一般有以下几种习惯做法：一是在出口国检验，包括产地（工厂）检验和装运港（地）检验；二是在进口国检验，包括目的港（地）检验和买方营业处（最终用户所在地）检验；三是出口国检验、进口国复验；四是装运港（地）检验重量、目的港（地）检验品质。

经商品检验部门检验、鉴定后出具检验证书，常见的检验证书种类有品质检验证书、重量检验证书、数量检验证书、价值检验证书、产地检验证书、卫生检验证书、兽医检验证书、消毒检验证书和验残检验证书。此外，根据申请人的委托，商检机构还可出具熏蒸证书、验舱证书、货载衡量证书和积载鉴定证书等。

商品检验的依据与检验方法按照《中华人民共和国商检法实施条例》和其他国家的有关规定执行。我国商检机构对进出口商品实施检验的工作程序一般有报验、抽样、检验（鉴定）和签证（或放行）四个环节。

6. 违约与索赔

国际贸易合同签订后，由于各种原因导致合同全部或部分不能履行或不能如期履行，给一方或双方造成损害，从而引起索赔和理赔。国际贸易中的索赔可能产生于货物买卖索赔、运输索赔和保险索赔三种情形，这里着重分析货物买卖的索赔与理赔。

一般来说，违约可能产生于卖方，也可能产生于买方，还可能是买卖双方都负有责任。各国法律都对违约的性质及违约方所应承担的法律责任进行了明确的规定。一旦出现违约现象，受损方可以依据合同约定向违约方提出损害赔偿要求（即索赔），而违约方必须受理受损方提出的赔偿要求（即理赔）。

在国际贸易合同中，索赔条款有两种规定方式：一是异议与索赔条款（discrepancy and claim clause）；另一种则是惩金条款（penalty clause）。

一般的买卖合同中，多数只订有异议与索赔条款。该条款的内容，除规定受损方有权向违约方索赔外，还包括索赔的依据、索赔的期限、赔偿损失的办法和赔付金额等。

惩金条款适用于卖方延期交货或买方延期付款、接货等情况。一般只有在大宗商品或成套设备的合同中，除订明异议与索赔条款外，另订有罚金条款。

7. 不可抗力

不可抗力是指交易合同签订后，出现当事人无法预见，也无法预防或控制的意外事故，导致合同不能履行或不能如期履行的现象。不可抗力通常发生于两种情况：一种是自然原因引起的，如水灾、旱灾、暴风雨、地震等；另一种是社会原因引起的，如战争、罢工、政府禁令等。目前国际上对不可抗力并无统一的明确解释，可由买卖双方在合同的不可抗力条款中约定。通常由于不可抗力所造成的损失，对方无权要求赔偿。

不可抗力条款的主要内容有不可抗力事故的范围、不可抗力事故的法律后果、出具事故证明的机构及事故发生后通知对方的期限。

不可抗力条款的规定方法有三种：一是概括式规定，即对不可抗力事件做笼统的规定，如“因不可抗力原因致使对方不能履行合同或延期履行合同的一方不负有违约责任。但应立即以电传或传真通知对方，并在××天内以航空挂号信向对方提供中国国际贸易促进委员会出具的证明书”。

二是列举式规定，即逐一订明不可抗力事件的种类，如“由于战争、地震、水灾、火灾、暴风雨、雪灾的原因致使不能履行合同或延期履行合同的一方不负有违约责任”。

三是综合式规定，即采用概括和列举并用的方式，这是最为常用的一种方式。

发生不可抗力事件后应按约定及时进行处理，可能是解除合同，也可能是延期履行合同，究竟如何处理应视事故的原因、性质、规模及其对合同履行所产生的实际影响程度而定。

不可抗力事件出具证明的机构大多为当地商会，在我国由中国国际贸易促进委员会（即中国国际商会）出具。

8. 仲裁

国际贸易合同一旦产生争议可以采取友好协商、调解、仲裁和诉讼等途径进行解决。其中，仲裁是被广泛采用的一种方式。

仲裁协议是双方当事人表示愿意将他们之间的争议交付仲裁解决的一种书面协议，是仲裁机构受理争议案件的依据。仲裁协议有两种形式：一种是在争议发生之前订立的，通常作为合同中的一项条款（称为仲裁条款）；另一种是在争议发生之后订立的，是将已经发生的争议提交仲裁的协议。

仲裁条款的主要内容包括仲裁地点、仲裁机构、仲裁程序与规则、仲裁裁决的效力、仲裁费的负担等。

许多国家和地区以及一些国际组织都设有专门从事国际商事仲裁的常设机构，如国际商会仲裁院、英国仲裁协会、美国仲裁协会、日本国际商事仲裁协会和香港国际仲裁中心等。我国内地的涉外仲裁机构为中国国际经济贸易仲裁委员会。仲裁程序包括提出仲裁申请、组成仲裁庭、开庭审理和裁决四个环节。仲裁裁决对双方当事人具有法律效力，当事人必须执行。如果一方逾期不执行，另一方可向法院申请强制执行。

四、贸易合同的履行

国际贸易合同一经签订即依法有效成立，有关当事人必须履行合同规定的义务。有关贸易合同履行的基本业务流程已经在前面做了简要的论述，这里再对其中的一些重要环节做进一步深入的分析。

（一）出口合同的履行

出口合同的履行主要包括货（备货、报验）、证（催证、审证和改证）、运（托运、报关和保险）和款（制单结汇）四大环节。

1. 备货与报验

备货是指卖方根据合同的规定，按时、按质和按量准备好应交付的货物，并做好申请报验和领证工作。

备货工作的主要内容包括向生产部门或供货单位安排提货时间，或催交、收取货物；核实应交货物的品质、规格、数量和交运时间，并进行必要的加工整理、包装、刷制唛头等。

凡属国家法定检验的商品或合同规定必须经过国家商检局检验出证的商品，在货物备妥后，应向商检局申请检验，经检验合格领取商检合格证书。①

2. 催证、审证和改证

对于采用信用证付款的合同，买方开立的信用证是否符合合同要求，直接关系到卖方能否安全收汇和融通资金，因此，卖方必须做好催证、审证和改证工作。

在贸易合同中，买卖双方如约定采用信用证方式结算，买方应严格按照合同约定按时开立信用证。因为，对卖方而言，信用证是备货和按时交货的前提条件。但在实际业务中，买方由于资金等各种原因，延误开证时间的事件时有发生，在这种情况下卖方应及时或在开立信用证期限临近时催促买方按时开证。

卖方通过通知行收到买方开来的信用证后，应及时对信用证的内容进行逐项全

---

① 申请报验的手续是，对于需要法定检验的出口货物，应填制“出口检验申请单”，然后向商检局办理申请报验手续。检验合格后，卖方须在规定的有效期内运出货物。如果超过有效期，必须进行复检，复检合格后才能出口。经检验合格的货物，由商检机构签发检验证书，或在“出口货物报关单”上加盖检验印章。

面的审核，以确定信用证是否可以接受，或需要做哪些修改。审证是卖方和银行的共同责任。银行着重审核信用证的真实性、开证行的政治背景、资信能力、付款责任和索汇路线等方面的内容。卖方着重审核信用证内容与买卖合同是否一致，主要包括：信用证的性质与种类是否与合同规定相符；开证申请人和受益人名称、地址与合同是否相符；信用证的支付货币、金额与合同是否一致；信用证的装运期、交单期、到日期及到期地点等，与合同的装运条款是否一致；信用证要求的各种单据的种类与份数，与合同规定是否一致；信用证是否加列了其他特殊条款或附加规定等。此外，对开证行在信用证中的各种疏漏错误也应仔细审核。

对信用证进行了全面细致的审核后，如发现问题，应及时通知买方进行修改。在办理改证工作中，凡需修改的内容和条款应做到一次性明确提出，这样有利于节省时间和费用。对通知行转来的修改通知书内容，仍应坚持认真审核。

3．托运、报关和保险

按 CFR 和 CIF 条件成交的合同，由卖方负责租船订舱。以 FOB 条件成交且买方委托卖方代办托运手续的，卖方也需办理托运手续。按 CIF 条件成交的合同，卖方还负责办理保险。按象征性交货成交的合同，卖方要负责出口报关。

一旦信用证收妥无误，货物备妥，即应办理托运手续，其中租船订舱是最重要的工作之一。卖方（外贸公司或出口企业）在办理租船订舱时，一般都是委托货运代理机构代理办理。其基本程序是：卖方根据船运公司的船期表以及国外来证和合同的有关装运条款，填写托运单，作为租船订舱的依据；货运代理机构接受托运后，即可向承运单位或其代理办理租船订舱业务；承运人（外运公司）或其代理人收到委托书后，根据配载原则、货物数量与商品特性、装运港与目的港等情况，结合船期安排船只和舱位，并填制显示船名、航次和提单号码的配舱回单，同时签发装货单作为船方收货和装运的凭证。

货物在装船出运前，还必须向海关办理报关手续，填写出口报关单，并随附出仓单、商业发票、装箱单或重量单、商品检验证书、出口许可证、产地证、出口收汇核销单、合同或信用证副本及其他有关文件，向海关申报出口。海关对货物、单证审查无误后，在装货单上盖印放行之后，货物才能装船。货物装船后，由船长或大副签发收货单，托运人凭此单据向船运公司换取正式海运提单。

按 CIF 条件成交的出口货物，在装船前，卖方须按合同和信用证要求的保险金额和险别向保险公司办理投保手续。

货物装船完毕，卖方应及时向买方发出装船通知，以使买方做好进口报关、收货、付款赎单等准备工作。

4．制单结汇

采用托收和信用证方式结算货款的特点之一是凭单付款，出口单据形式上证实了卖方已履行了合同义务。因此,货物发运后,卖方应立即按信用证的规定整理和缮制各种单据。

出口单据大体上可以分为出口操作单据和出口结付汇单据两大类。出口操作单据主要包括报验单、报关单、投保单、货物托运单(海运托运单、陆运托运单或空运托运单)、收货单(或大副收据)、出口收汇核销单和出口货物退税单等。出口结付汇单据主要包括汇票、发票(如商业发票、海关发票、领事发票和厂商发票等)、海运提单、保险单、产地证明书、普惠制单据(如产地证、纺织品产地证、纺织品出口许可证、手工制纺织品产地证、纺织品装船证明等)、装箱单和重量单、检验证书等。一般要本着正确、完整、及时、简明、整洁的原则来制作和审核单据。

各种单据制作完成后,卖方即可办理交单结汇。卖方在规定的时间内向银行提交信用证规定的全套单据,经银行审核后,根据信用证条款不同的付汇方式,由银行办理结汇。

(二) 进口合同的履行

目前我国的进口合同大多以 FOB 价格条件成交,以信用证方式结算货款。在履行这类合同时,买方应及时开立符合合同要求的信用证,卖方则应按合同规定履行交货义务。其主要工作环节包括开立信用证、派船接运货物(租船定舱和催装)、办理保险、审单付款、接货和报关、验收和拨交货物以及索赔等。

1. 开立信用证

进口合同签订后,进口方按照合同规定填写开证申请书,向银行办理开证手续。开证申请书是开证行开立信用证的依据,也是开证申请人和银行之间契约关系的法律证据。

信用证的内容,应与合同条款相一致,如货物的品质、规格、数量、价格、交货期、装货期、装运条件及装运单据等,应以进口合同为依据,并在信用证中做出明确规定。

信用证的开证时间应按合同规定办理。卖方收到信用证后,如提出修改信用证的要求,经买方同意后即可向银行办理改证手续。

2. 派船接运货物

采用 FOB 价格条件成交的进口合同规定,应由买方负责租船订舱,按时派船到指定的装运港接货。按合同规定,卖方在交货前一定时期内应将预计装运日期通知买方。买方接到通知后,应及时办理租船订舱手续,并把船名、船期及时通知卖方,以便卖方备货装船,确保船、货衔接。卖方将货物装船后,应及时向买方发出装船通知,以便买方及时办理保险并做好报关、接货等准备工作。

3. 办理保险

按照 FOB 条件成交的货物,应由买方办理货运保险。我国进口货物一般可以采取两种投保方式：一种是预约保险。买方（外贸公司或进口企业）与保险公司签订预约保险合同，在预约保险合同规定范围内的货物，一经启运，保险公司即自动承担保险责任。买方在接到卖方的货物装船通知后，应立即填制预约保险启运通知书或将装船通知送达保险公司，即表示已办妥保险手续。另一种是逐笔投保。买方在接到卖方的装船通知后，应立即填制投保单或装船通知单，交予保险公司办理投保手续，保险公司出具保险单，投保人缴纳保险费后，保险单即生效。

4. 审单付款

开证行收到国外寄来的汇票和全套单据后，依照信用证核对单据（如汇票、提单、商业发票、产地证和检验证书等）的份数、种类和内容，如内容无误，即由银行对国外付款。银行在对外付汇的同时，即可通知进口方按当日的外汇牌价买汇赎单，进口方凭单提货。

如果开征行或进口方在审单时发现单证或单单不符，应立即通知国外议付行，并根据具体情况做出妥善的处理。

5. 接货和报关

货物到港后，船方按提单上的地址将"准备卸货通知"寄交买方或其代理机构，买方或其代理机构负责现场监卸。监卸时如发现货损货差，应会同船方和港务当局，填制货损货差报告由船方签认，并根据情况向船方提出保留索取权的书面声明。卸货时如发现残损，货物应存放于海关指定的仓库，待保险公司会同商检机构检验后做出处理。

卸货后，属于法定检验或合同规定应在卸货港检验的货物，应在港口申请报验。无须在港口检验的商品则可以先报关，再在用货单位所在地报验。

接货后，进口方或其代理机构根据进口单据填写"进口货物报关单"，随附进口许可证、提单或运单、发票、装箱单、减免税或免验证明、报验单或商检证书（如属法定检验商品则需要此证书）、产地证以及其他必要的文件向海关报关。海关接受申报后，对进口货物实施查验。进口货物接受海关查验通过，并缴纳关税后，由海关在货运单上签章放行。①

6. 商检和拨交

进口货物通关后，入境货物的货主或其代理人，需在规定的时间和地点，到指定

① 进口关税的计算一般以 CIF 价为基数进行，进口关税税额 = CIF 价格 × 关税税率。如果是以 FOB 价格进口，还需加上国外运费和保险费。除关税外，在进口环节，海关还征收（代征）产品税、增值税、工商统一税、进口调节税等。产品税（初级产品征收）、增值税（机电仪器等加工产品征收）和工商统一税（三资企业进口货物征收）按不同情况只征收一种，应纳税额 = 完税价格 × 税率，据此可以推得完税价格 = (CIF 价格 + 关税)/(1 - 税率)。进口调节税是国家对限制进口的商品或其他原因加征的税种，其计算公式为：进口调节税 = CIF 价格 × 进口调节税税率。

的检验检疫机构办理对货物的检验检疫。[①] 经检验检疫合格的入境货物,签发"入境货物检验检疫证明"放行。经检验检疫不合格的货物,签发"检验检疫处理通知书",需要索赔的签发检验检疫证书。

在办完上述手续后,即可拨交货物。拨交可以是船边现提,也可以先货物入库再由货主自提或代运到外地。

7. 索赔

在进口业务中,如果出现进口方利益受损的情况,进口方可向有关责任方提出索赔。索赔的对象包括卖方、承运人和保险公司。

凡属下列情况,可以向卖方索赔:卖方未按期交货或拒交货物;货物的品质、规格和包装等不符合合同规定;原装数量、重量不足;因包装不良致使货物受损。

凡属下列情况,可以向承运人索赔:实际到货的数量、重量与提单不符;提单为清洁提单,但货物由于承运人保管不当而造成货物残损,由于运输原因造成货物迟到。

凡属下列情况,可以向保险公司索赔:由于自然灾害、意外事故或运输途中发生其他事故致使货物受损,属于投保险别承保范围内的损失。

索赔时,首先应注意提供有效的证明文件,以作为索赔的证据;其次要合理计算索赔金额,应按合同规定和国际惯例确定索赔金额,一般包括货物损失和由此而支出的各项费用(如商品检验费、装卸费、仓租费、利息等);此外,还要严格把握索赔期限,应在索赔期限内向对方提出索赔,必要时可及时向对方要求延长索赔期限。

五、国际货款的结算

国际货款结算是合同中的重要条款之一,直接关系到买卖双方的经济利益。国际货款的结算主要涉及支付工具、付款的时间和地点以及支付方式等问题。

国际货款结算的支付工具是票据,它是具有一定格式,由出票人签发的,无条件地约定由自己或他人支付一定金额,并经背书后可以流通转让的书面支付凭证。票据一般包括汇票、本票和支票。在国内结算中,一般以支票为主;在国际结算中,以汇票为主。[②]

国际货款结算的支付方式有汇付(汇款)、托收和信用证三种。其中,信用证结算方式较为普遍。信用证(letter of credit,简称 L/C)是进口国银行(开证行)应进口商(申请人)的要求和指示,向出口商(受益人)开立的在一定期限内根据规定的付

---

① 一般来说,到货后,货主应向出入境检验检疫机构申请登记,登记后办理放行手续,据以报关提货。货物通关后,再在规定的时间和地点办理对货物的检验检疫,即按照"申请报检—受理报检—办理通关—实施检验检疫—放行"的程序实施。

② 汇票(bill of exchange,简称为 bill 或 draft)是由一人向另一人签发的,要求对方在见票时立即或在某一时间,把一定金额的货币支付给一个特定的人或持票人的无条件书面支付命令。

款条件保证付款的书面承诺。一般来说,汇付和托收方式以商业信用为基础,而信用证方式则以银行信用为基础。[①]

国际货款的结算方式有多种,在实际业务中,进出口双方可以选择对自己有利的结算方式。在具体选择结算方式时,应考虑的因素较多。例如,应选择与经营意图相一致的结算方式;应考虑客户的资信状况;应考虑交货方式和运输方式,等等。有时,也可以将各种不同的结算方式结合使用。例如,信用证与汇付结合,信用证与托收结合,托收与汇付结合,汇付与银行保函结合,托收与备用信用证结合,分期付款与银行保函结合,等等。具体选择何种结算方式,应在国际贸易合同中做出明确规定。

复习与思考题

1. 解释下列概念

贸易条件　对外贸易依存度　H. S. 编码　原产地规则　名义保护系数　生产者补贴等值系数　专门贸易制度　总贸易制度　贸易术语　FOB　CIF　滑动价格　汇票　信用证

2. 货物原产地判定标准有几种？它们有何缺点？

3. 国际贸易的交易磋商一般包括哪些环节？

4. 简述出口合同履行的业务流程。

5. 简述进口合同履行的业务流程。

6. 简述国际货款的结算方式及业务流程。

7. 影响商品进出口价格的因素有哪些？

8. 商品进出口的作价方法有哪些？

9. 价格条款中的佣金和折扣如何计算？

10. 商品进出口价格由哪些部分构成？为什么要加强成本核算？

11. 国际贸易合同中应包括哪些基本条款？规定这些条款时应注意哪些问题？

12. 制作和审核结汇单据的基本原则是什么？

---

① 关于国际货款结算方面的详细知识,请参阅本教材的配套辅导教材《国际贸易学教程学习指南》第七章的补充阅读资料部分。

第八章　国际服务贸易

内容提要

随着第三产业和服务经济的迅速发展，国际贸易的重心已开始从传统的货物贸易转向服务贸易。国际服务贸易不仅在国际贸易中的比重不断增大，而且对世界各国经济的发展也起着越来越重要的作用。目前世界各国都在逐步开放服务业领域，国际服务贸易已成为全球多边贸易谈判的重要议题之一。因此，必须学习和了解国际服务贸易的发展规律、基本原理和政策思想。本章主要包括四节：第一节，国际服务贸易概述，简要介绍国际服务贸易的概念、形式与特点；第二节，国际服务贸易政策，探讨国际服务贸易自由化与服务贸易壁垒问题；第三节，国际服务贸易协议，首先重点介绍《服务贸易总协定》，然后简要地介绍 WTO 体制下的服务贸易谈判问题；第四节，国际服务贸易方式，首先简要地探讨服务业对外直接投资问题，然后重点介绍主要的国际服务贸易领域。

第一节　国际服务贸易概述

国际服务贸易涉及的内容较多，本节首先简要介绍国际服务贸易的概念与形式，然后简要分析国际服务贸易的特点。

一、国际服务贸易的概念与形式

服务是一种从物质生产中派生出来的以提供活劳动的形式来满足他人生产和生活各种需要的人类劳动形式。其目的在于提高社会生产力和人们的生活水平。与实物形式的经济物品不同，服务是一种非实物形态的经济物品，它具有无形性或不可感知性、生产过程与消费过程的不可分离性、消费效果和品质的差异性、不可储藏性、经验与信任特征强以及所有权的不可转让性等特性。① 随着社会生产力和科学技术的发展,服务业已经成为相对独立于农业、采矿业和制造业的新行业。

国际服务贸易指的是跨国界的服务交换活动。全球多边服务贸易协议《服务贸易总协定》列出了国际服务贸易的四种形式:

(1) 跨境提供(cross-border supply),即从一成员方境内向另一成员方境内提供服务。其特点是服务的提供者和消费者分别处于不同国家或地区。这里的跨境指的是"服务"过境,这种服务可以通过电信、邮电和计算机网络等实现,人员和物资一般无须过境。如国际商务中的电子清算与支付、国际电信服务、国际信息咨询服务和国际卫星影视服务等。

(2) 境外消费(consumption abroad),即在一成员方境内向任何其他成员方的服务消费者提供服务。如涉外旅游服务、涉外医疗服务和境外留学等。

(3) 商业存在(commercial presence),即一成员方的服务提供者通过在另一成员方境内的商业实体为该国提供服务。例如,外国的服务提供商到本国开设银行、保险公司、零售商店、宾馆酒店和律师事务所等商业机构,为本国的消费者提供服务。它涉及市场准入和直接投资问题。

(4) 自然人流动(movement of natural persons),即一成员方的自然人在其他任何成员方境内提供服务。如外国的教授、工程师和医生等来本国从事个体服务。

从国际服务贸易方式上看,既有单纯的服务贸易,也有与其他要素相结合的服务贸易方式。具体地说,主要有三种不同的方式:第一种是单纯的服务贸易,即在服务贸易中仅涉及服务本身的贸易而不涉及其他贸易;第二种是与货物贸易相结合的服务贸易,即在服务贸易的同时还涉及一定数量的货物贸易与技术贸易等,如对外承包工程与工程设计涉及一些建筑材料贸易、技术专利许可和技术服务与成套设备结合交易等;第三种是与信贷或投资相结合的服务贸易,如外国承包公司提供贷款、外国公司带资投标和补偿贸易中的服务补偿等。

按照国际货币基金组织的国际收支统计方法,国际服务贸易被分为非要素服务贸易和要素服务贸易两大类。其中,非要素服务贸易包括运输、通信、金融、保险、专业服务、旅游、广告、知识产权、技术咨询、特许使用费及其他私人服务等;而要素服务贸易包括股息与利润、利息、国外再投资的收益及其他资本净收益等。根据国际服务贸易的具体内容和服务范围,《服务贸易总协定》中的"服务部门参考清单"把

① 服务的经验与信任特征强指的是有些服务产品,如度假、餐饮等服务产品,只有在消费之后或消费过程中才能够感受到好坏,具有较强的经验特征;诸如医疗、法律咨询等服务产品,因消费者缺乏足够的专业知识,即使在购买和消费之后也很难对其质量做出准确判断,从而信任特征较强。服务的所有权的不可转让性是指服务的生产和消费过程中不涉及任何实物的所有权的转移。关于服务的概念及相关问题的详细论述请参见:毛传新主编,《国际服务贸易》,东南大学出版社,2009 年版,第 1—36 页;程大中著,《国际服务贸易学》,复旦大学出版社,2007 年版,第 41—86 页。

服务贸易分为 12 大类，并细分为 160 多个类别，其基本内容如表 8-1 所示。

表 8-1 《服务贸易总协定》涉及的服务范围

商业性服务 (business services)	在商业性活动中涉及的服务交换活动，主要包括专业(含咨询)服务、计算机及相关服务、研究与开发服务、不动产服务、租赁服务及其他商业服务等
通信服务 (communication services)	即所有有关信息产品、操作、储存设备和软件功能的服务，主要包括邮政服务、速递服务、电信服务、视听服务及其他电信服务等
建筑与相关工程服务 (construction and related engineering services)	即从设计、选址到施工等整个工程建筑过程，如选址服务、建筑物的安装及装配工程、工程项目施工建筑、固定建筑物的维修服务等
分销服务 (distribution services)	即产品销售过程中的服务，主要包括佣金代理服务、批发服务、零售服务、特许经营服务及其他销售服务等
教育服务 (educational services)	各国在高等、中等、初等、学前、继续、特殊及其他教育中的服务交往，如互派留学生、访问学者等
环境服务 (environmental services)	主要包括污水处理服务、废物处理服务、卫生及相关服务、自然与风景保护服务及其他环境保护服务等
金融服务 (financial services)	即与银行和保险业相关的金融服务活动，主要包括保险及相关服务、银行及其他服务、证券服务等
与健康有关的服务和社会服务 (health-related and social services)	主要是医院及医疗服务、其他与人类健康相关服务、社会服务等
旅游及相关服务 (tourism and travel-related services)	主要包括饭店和餐馆服务、旅行社及旅游经营者服务、导游服务及其他旅游服务等
娱乐、文化和体育服务(视听服务除外) (recreational, cultural and sporting services)	除视听服务(广播、电影和电视等)以外的一切文化、娱乐、新闻、图书馆、档案馆、博物馆、体育服务及其他服务等
运输服务 (transport services)	主要包括货物运输服务(含航空、海洋、铁路、管道、内河与沿海、公路等运输服务)、航天运输(发射)服务、客运服务、船舶服务以及附属于交通运输的服务(含报关服务、货物装卸、仓储、货运代理、港口服务、货物查验服务等)
其他服务 (other services not included elsewhere)	其他上述未包括的服务

二、国际服务贸易的特点

与国际货物贸易相比，国际服务贸易具有如下特点：

第一，国际服务贸易的标的物一般是无形的。服务产品是无形的，所以国际服务贸易主要表现为无形贸易。

第二，国际服务贸易的生产与消费过程具有同步性和国际性。服务产品的生产、交换和消费是同时完成的，这就决定了国际服务贸易生产与消费过程的同步性。国际市场上服务产品的提供者和消费者来自不同的国家，这也决定了国际服务贸易生产与消费过程的国际性。

第三，国际服务贸易保护更具有隐蔽性和灵活性。首先，国际服务贸易的保护通常采用非关税壁垒形式，而非关税壁垒的手段是多种多样的，所以更具灵活性。其次，各国对服务贸易的限制通常采用市场准入和国内立法的形式，这种措施本身更具有刚性和隐蔽性。最后，国际服务贸易的限制措施涉及许多部门和行业，任何一种行业标准的改变都可能影响服务贸易的发展。

第四，国际服务贸易管理具有复杂性。服务贸易对象涉及的范围广泛、行业众多，加之服务产品本身又以无形产品为主，所以它比货物贸易的管理具有更大的难度和复杂性。再者，服务贸易管理不仅涉及服务自身的物的管理，还涉及服务提供者和消费者的人的管理，包括人员签证、劳工政策等一系列更为复杂的问题，在诸如技术、金融与保险、文化教育以及通信等方面还涉及国家主权与安全、文化与价值观念等敏感性问题，这些都增加了管理的难度和复杂性。此外，由于服务具有异质性，其质量标准难以确定，这也增加了服务质量管理的难度。

第二节　国际服务贸易政策

随着国际服务贸易的不断发展，服务贸易政策也成为各国贸易政策的重点。服务贸易政策可以分为自由贸易政策和保护贸易政策两大类，不同的贸易政策将会产生不同的效应。本节首先探讨国际服务贸易自由化及其政策选择，然后讨论国际服务贸易壁垒与保护贸易政策。

一、国际服务贸易自由化及其政策选择

（一）服务贸易自由化

国际服务贸易自由化是指通过多边贸易谈判，减少以至消除妨碍服务贸易自由、公平交易的一切政策与措施，降低和限制关税，取消非关税壁垒，消除服务贸易中的歧视待遇，扩大各国服务市场的准入程度，使服务业在世界各国或各地区间无障碍地自由进行服务交换活动。

服务贸易自由化最初是由美国等发达国家积极倡导的。早在 GATT 1975—1979 年的东京回合谈判中,美国就开始推动把服务贸易纳入多边贸易谈判的范围。起初,发展中国家和欧盟、日本等一些发达国家都抵制美国的提议。但是,欧盟和日本等发达国家出于自身利益的考虑,后来转而支持美国的提议。

然而,绝大多数发展中国家都坚决反对服务贸易自由化。他们认为,服务业中的许多部门,如银行、保险、证券、通信、咨询及专业服务等,都是一些资本或知识密集型行业,发展中国家在这方面的基础薄弱,不具备竞争优势;发展中国家的服务部门尚未成熟,属于幼稚产业,无法同发达国家竞争,尚处于需要保护阶段,不能过早地实行自由化;有些服务行业涉及国家的主权和安全,在发达国家主导国际服务贸易的情况下,发展中国家的主权和安全将会受到损害。

随着发达国家在服务贸易谈判问题上的认识逐步统一,发展中国家坚决抵制的立场有所改变。首先,一些新兴发展中国家和地区的某些服务业已取得较大的比较优势,这些国家希望通过谈判来扩大本国优势服务的出口。其次,大部分发展中国家认识到,如果不积极地参与服务贸易谈判,有可能会造成由发达国家操纵服务贸易规则的后果,而自己最终只能成为被动的接受者,自身利益将会受到更大的损害。在这种情况下,许多发展中国家先后表示愿意参加服务贸易谈判。

因此,1986 年 9 月开始的 GATT 乌拉圭回合,开始将服务贸易作为三项新议题之一列入多边贸易谈判议程,由此拉开了服务贸易多边谈判的序幕。经过国际社会的不懈努力,最终达成了《服务贸易总协定》(GATS),并于 1995 年 1 月 1 日正式生效。《服务贸易总协定》在尊重各国政策目标的情况下,以促进所有参与国的互惠利益和确保权利与义务平衡为前提,为服务贸易逐步达到更高水平的自由化奠定了基础。

在经济全球化和全球生产一体化的背景下,国际服务贸易自由化发展具有历史必然性。首先,服务贸易自由化是经济全球化发展的必然要求,它是贸易自由化在服务领域的具体表现。随着科技进步和产业结构不断升级,服务业在各国的国民经济发展中占有越来越重要的地位。国际服务贸易已经成为经济全球化发展不可或缺的重要组成部分。其次,国际服务贸易与国际货物贸易和国际直接投资相辅相成,国际货物贸易和国际直接投资的自由化必然要求国际服务贸易自由化,而国际服务贸易自由化又可以为国际货物贸易和国际直接投资的自由化发展提供必要的支持。最后,国际服务贸易已成为影响企业竞争优势的重要因素。跨国公司的生产、销售和分配等各个环节都需要通过服务来建立内在的联系,服务已经构成企业竞争力的内在要素。因此,通过国际服务贸易自由化来获取低廉优质的服务,对于提升企业的竞争优势至关重要。

国际服务贸易自由化是大势所趋,但由于服务贸易的特殊性和主权国家利益诉求的差异，发展不可能是一帆风顺的。在今后一个时期内，国际服务贸易自由化可能会呈现以下特点：① 服务贸易自由化开始走上规范化的轨道；② 发展中国家的权益将得到一定的保障和增强；③ 服务贸易自由化在不同国家和部门的进展将有较大差异；④ 实现服务贸易自由化将是一个长期和曲折的过程。[①]

（二）服务贸易自由化的政策选择

从理论上说，服务贸易自由化能够带来高于同等条件下商品贸易自由化的福利效应。同时，服务贸易自由化有利于推动服务部门的专业化发展，而这种专业化发展不仅能够产生规模经济效应和降低成本，而且还能够使服务部门的技术向标准化和服务综合化方面发展，这些都有利于提高贸易国服务部门的竞争力。但是，一国的服务贸易自由化进程必须与该国的国家竞争力和商品贸易自由化相适应，否则将会导致国家福利的损失。

服务贸易自由化虽然有利于提高一国的福利水平和国家竞争力，但是它涉及国家安全等敏感性问题。例如，金融、交通运输和邮电等部门关系到国家的经济命脉，商业、医疗卫生和公共事业等部门与人民的生活密切相关，教育、娱乐和文化等部门涉及社会公共利益和民族文化传统的保护。国家安全利益包括政治利益、经济利益、军事利益、外交利益和文化利益等，一国采取何种安全战略取决于其追求何种安全利益和对安全的判断，而处理国家安全利益方式的不同则会对服务贸易政策产生重大的影响。

正是由于上述原因，各国在积极推动服务贸易自由化的同时，又采取相关的政策来进行引导和影响，以尽可能地发挥服务贸易自由化所带来的积极效应，同时最大限度地减少不利影响。由于各国的经济发展情况和政策目标取向不同，故在政策选择上也存在较大差异。对于发达国家来说，其服务业相对发达，在服务贸易自由化发展中能够获取较大的利益。但服务贸易自由化也可能会给发达国家带来国家安全问题，特别是对于高技术要素和信息的服务出口有可能导致技术外溢，从而削弱其技术领先优势和战略利益。因此，对于具有比较优势的服务行业，发达国家会积极地主张和推行自由贸易政策，而对一些涉及敏感性问题的服务贸易，则会采取限制或管制的政策。

对于发展中国家来说，虽然其服务业在国际竞争中处于不利地位，但是服务贸易自由化有利于它们从发达国家进口大量高技术含量的现代服务，加速本国的经济和技术发展。因此，现阶段发展中国家不可能完全开放本国的服务市场，但是也不可闭关自守，必须积极地顺应服务贸易自由化潮流，采取逐步自由化的发展战略。首先，逐步开放本国的商品贸易市场，同时逐步放松国内服务市场的管制；其次，逐

① 有关内容的详细论述请参见：赵书华著，《国际服务贸易研究》，中国商务出版社，2006 年版，第 153—182 页。

步开放服务产品市场，减少服务产品领域的非关税壁垒；最后，逐步开放服务要素市场，推行服务贸易自由化。

二、国际服务贸易壁垒与保护贸易政策

（一）国际服务贸易壁垒

服务贸易壁垒是指一国政府为阻碍外国服务生产者或提供者销售和提供服务所设置的政策措施。凡直接或间接地使外国服务生产者或提供者增加生产或销售成本的政策措施，都可以被视为贸易壁垒。服务贸易壁垒还包括服务出口限制。

服务贸易壁垒产生的原因是多方面的。首先是为了保护国内服务产业。对于发展中国家来说，本国的服务业还属于幼稚产业，缺乏竞争优势，难以同发达国家竞争，因此需要保护本国的服务业市场，扶持本国的服务部门，增强其竞争力。而发达国家则担心来自集团内部的竞争会导致本国服务业竞争优势的丧失，于是也对一些新兴的、幼稚服务产业进行保护。其次是为了维护国家主权和安全。许多服务部门，如交通运输、通信、电力和金融等，属于国民经济的基础和关键部门，一旦被外国控制和垄断，一国经济的独立性将受到极大威胁，因此一国一般会禁止或限制外国的服务经营者进入这些行业。最后是为了抵制外来意识形态的侵入和保护民族文化。有些服务部门，如教育、娱乐、影视和音像制品等，虽然不是一国的关键经济部门，但是却属于意识形态领域。为了保持本国在政治、文化上的独立性和保护民族传统的社会价值观，一国会对这些部门进行保护和控制。

由于各国的政治和经济环境各异，服务产业所处的阶段不同，国际服务贸易壁垒的种类繁多，简单地说，可以被归纳为影响市场准入的措施和影响国民待遇的措施两大类。如果将服务领域的贸易和投资、服务交易模式以及影响服务提供和消费的壁垒结合起来考虑，国际服务贸易壁垒可以被分为产品移动壁垒、资本移动壁垒、人员移动壁垒和开业权壁垒四种形式。具体内容如下：

（1）产品移动壁垒。包括数量限制、当地成分或本地要求、政府补贴、政府采购、歧视性技术标准和税收制度以及不完善的知识产权保护体系等。在数量限制方面，如不允许外国航空公司利用本国航空公司的预定系统，或规定一定的服务进口配额等。在当地成分方面，如服务厂商被要求在当地购买设备，使用当地的销售网，或只能租赁而不能全部购买等。在本地要求方面，如德国、加拿大和瑞士等国禁止在东道国以外的国家（或地区）处理的数据在国内使用。在政府补贴方面，通过政府补贴可以提高本国服务厂商的竞争力，从而有效地阻止外国竞争者的进入。在政府采购方面，如规定公共领域的服务只能向本国厂商购买，或政府以亏本出售的方式对市场进行垄断，从而直接或间接地排斥外国竞争者。在歧视性技术标准和税收制度方面，如对外国服务厂商使用的设备型号、大小和各类专业证书等的限制，外国服

务厂商可能要比国内厂商缴纳更多税费。不完善的知识产权保护体系，或保护知识产权不力，都可能有效地阻止外国服务厂商的进入，因为知识产权既是服务贸易的条件，也构成服务贸易的内容和形式。

(2) 资本移动壁垒。包括外汇管制、浮动汇率和投资收益汇出的限制等。外汇管制会影响外汇在本国境内的持有、流通和兑换以及外汇的出入境，因此会影响到除外汇收入贸易外的几乎所有外向型经济领域。不利的汇率会严重削弱服务竞争优势，不仅增加了厂商的经营成本，而且会削弱消费者的购买力。对投资收益汇回母国的限制，如限制外国服务厂商将利润、版税、管理费汇回母国，或限制外国资本抽调回国，或限制汇回利润的额度等，也在一定程度上限制了服务贸易的发展。这类措施大量存在于建筑业、计算机服务业和娱乐业中。

(3) 人员移动壁垒。主要是对劳动力的跨国移动进行限制。各种移民限制和出入境烦琐手续，以及由此造成的长时间等待等，都成为人员移动壁垒的形式。

(4) 开业权壁垒。又称为生产者创业壁垒，主要是对开业权进行限制，包括禁止外国服务输入、对外国服务生产者的活动权限进行规定等。例如，许多国家规定外国银行在该国开业银行中的数量不得超过预定比例，政府通过就业法规规定外国服务厂商雇用本地劳工比例以及实行工作许可证制度等，有些国家还规定专业人员开业必须接受当地教育或培训，等等。

(二) 国际服务保护贸易政策及其选择

与国际货物贸易一样，国际服务贸易的政策工具也由关税和非关税政策措施构成。其中，非关税政策措施又包括政府管制、补贴、配额、许可证制度、国家垄断、政府采购、外汇控制及交易限制、特殊就业权限制、开业权限制、技术标准、海关估价、股权限制、投资退出限制、劳动力国际流动限制和烦琐的审批程序等。

最常见的非关税措施有政府管制、补贴、配额和许可证制度。其中政府管制的保护效果最明显，但是往往会抑制市场竞争，导致福利水平下降。政府对国内的服务提供者进行补贴，有利于提高其对外竞争力，从而起到推动服务出口和抑制服务进口的作用。配额往往出现在政府制定的各种劳动力限制措施中，与签证、居留权、工作许可制度、劳工标准和个人汇款等共同构成影响劳动力转移的主要政策手段。许可证制度多出现在生产者服务或专业服务领域，如通信、金融、运输、建筑工程、教育、医疗、会计、法律、咨询、数据处理和专业技术服务等部门。如开业权和建立权等就起到与商品贸易许可证制度类似的作用。

国际服务贸易的关税作用具有特殊性，往往和与之相关的商品贸易的关税作用相联系。此外，由于服务贸易的对象是非实物形态的，因此关税的征收比较复杂。对于资本等要素的跨国流动，关税具有直接的限制作用，如果结合国内要素收入税的使用，关税对服务贸易流量将会产生较大的影响。

由于服务贸易保护政策具有多样性和复杂性,因此为了达到某一目标,可以选择不同的保护政策,而不同的政策又会产生不同的结果。综合来看,通过补贴来提高本国服务业竞争优势的措施,要优于抑制外国竞争者进入的措施。

第三节　国际服务贸易协议

随着国际服务贸易的不断发展,国际服务贸易协议日益成为各国发展服务贸易必须关注的焦点问题之一。在国际社会的共同努力下,全球性的多边服务贸易协议《服务贸易总协定》已正式生效并正在发挥作用。随着区域经济一体化的发展,有关国际性和区域性的服务贸易协议也在不断达成,并逐渐形成了一个相对完整的体系。本节首先重点介绍《服务贸易总协定》,然后简要介绍 WTO 体制下的服务贸易谈判问题。

一、《服务贸易总协定》

《服务贸易总协定》(GATS)是乌拉圭回合谈判达成的重要成果,于 1995 年 1 月 1 日生效。

GATS 主要由框架协议(包括条款部分和附录部分)和各缔约方的具体承诺减让表两大部分构成,包括一个序言、六个部分(29 项条款)和八个附录,如表 8-2 所示。

表 8-2　《服务贸易总协定》的框架结构

第一部分　范围和定义	第 1 条	范围和定义
第二部分　一般义务和纪律	第 2 条	最惠国待遇
	第 3 条	透明度
	第 3 条附则	机密信息的披露
	第 4 条	发展中国家的更多参与
	第 5 条	经济一体化
	第 5 条附则	劳动力市场一体化协定
	第 6 条	国内规定
	第 7 条	承认
	第 8 条	垄断和专营服务提供者
	第 9 条	商业惯例
	第 10 条	紧急保障措施
	第 11 条	支付和转让
	第 12 条	保障国际收支的限制
	第 13 条	政府采购
	第 14 条	一般例外
	第 14 条附则	安全例外
	第 15 条	补贴

（续表）

第三部分　具体承诺	第 16 条	市场准入
	第 17 条	国民待遇
	第 18 条	附加承诺
第四部分　逐步自由化	第 19 条	具体承诺的谈判
	第 20 条	具体承诺减让表
	第 21 条	减让表的修改
第五部分　机构条款	第 22 条	磋商
	第 23 条	争端的解决与执行
	第 24 条	服务贸易理事会
	第 25 条	技术合作
	第 26 条	与其他国际组织的关系
第六部分　条款	第 27 条	利益的否定
	第 28 条	术语定义
	第 29 条	附件
附件	关于第 2 条豁免的附件	
	关于本协定项下自然人流动提供服务的附件	
	关于航空运输服务的附件	
	关于金融服务的附件 1	
	关于金融服务的附件 2	
	关于海运服务谈判的附件	
	关于电信服务的附件	
	关于基础电信谈判的附件	

资料来源：引自毛传新主编，《国际服务贸易》，东南大学出版社，2009 年版，第 196—197 页，表 7-1。内容略有改动。具体内容可参阅《服务贸易总协定》文本。

（一）框架协议条款

GATS 共有 6 个部分、29 项条款。其中，前面 28 项条款主要是协调服务贸易的基本原则和纪律，第 29 项条款则为 8 个附录。GATS 从四个方面对服务贸易做了规定，即过境交付、境外消费、商业存在和自然人流动，服务贸易的范围包括除政府当局实施政府职能所提供的服务以外的所有部门的一切服务。

GATS 条款中所规定的义务有两种：一种是一般性义务，另一种是具体承诺义务。一般性义务适用于各个部门，不论协定成员是否开放这些部门；具体承诺义务指必须经过双边或多边谈判达成协议后才承担的义务，这些义务只适用于各成员承诺开放的服务部门。这种将一般性义务和具体承诺义务区分开来的做法，是 GATS 的一个重要特点。

GATS 条款中的一些概念和原则多来自《关税与贸易总协定》，但是由于服务贸易与货物贸易具有不同的特点，这些概念具有特定的含义。GATS 规定各成员必须遵守的普遍义务与原则主要有以下几个方面：

（1）最惠国待遇。最惠国待遇条款规定，各缔约方应立即和无条件给予他方服务和服务提供者以不低于其给予其他国家相似服务和服务提供者的待遇。GATS在原则上实行无条件最惠国待遇原则,而对某些国际协议给予例外处理。如GATS规定这项待遇不适用于有关税收、投资保护和司法或管理协助的国际协议,也暂不适用于GATS附则中没有列入的而由其他国际协议管辖的具体部门等。

(2) 透明度。GATS规定,各成员方应立即向WTO其他成员公布其采取的所有与服务贸易有关或对服务贸易产生影响的相关措施。各成员方至少一年一度地对本国新法规或现存法规的修改做出说明介绍,并对其他成员的询问做出迅速的答复。

(3) 发展中成员方的更多参与。为帮助发展中国家发展服务业,GATS规定:发达国家成员对于发展中国家成员具有出口利益的交付方式和服务部门给予自由准入的优先权;发达国家应建立联系点,便于发展中国家的服务提供者获取有关市场准入方面的信息等;允许发展中国家根据国内政策目标和服务业发展水平,逐步开放国内服务市场;允许发展中国家对于外国服务或服务提供者进入本国市场设置条件。

(4) 尊重国内法。GATS尊重各国的国内法规,但要求成员方有关国内法规应在合理、客观和非歧视的原则上实施,不能影响服务贸易的正常进行,或对服务的提供者构成不必要的障碍。

(5) 相互认可。各成员方对其他成员方的服务提供者所需的资格,如进入行业的证书、许可或其他授权等,予以相互承认,以促进国际服务贸易的进行。

(6) 市场准入。在承担市场准入义务的服务部门中,成员方不得在某一地区或整个国境内采取或维持GATS列出的市场准入的限制措施。条款中所列限制以外的其他限制,只要不是歧视性的,不在协定管辖范围之内。

(7) 国民待遇。成员方以其承诺单中所列服务部门或分部门及所列条件和限制为准,所采取的与提供服务有关的措施给予外国服务和服务提供者的待遇,不应低于给予本国相同服务和服务提供者的待遇。市场准入和国民待遇是服务业对外开放的基础和核心,它决定着一国服务业是否对外开放和对外开放的程度。

(8) 逐步推进贸易自由化进程。按照有关协议,在GATS生效之日起5年内,所有成员方应定期进行连续的多轮谈判,不断减少或取消不利于服务贸易市场准入的各项措施,以逐步推进服务贸易自由化。

(9) 普遍例外。在特定的情况下,成员可以采取与GATS不一致的措施。但前提条件是,不得在情况相似的国家之间采取武断和不公平的歧视,不得借机限制国际服务贸易中"特定的情况"的设置。这里所说的"特定的情况"包括保护公共安全、公共卫生、环境、文化和资源等,维护国内法律和制止欺诈行为等。为"特定的情况"而采取的措施,要及时向各成员通告。

（10）争端解决。GATS规定任何成员有权对其认为会有损于它的利益的做法，在该原则协定下向当事成员方提出磋商。如果成员方认为争端在合理的期限内没有达成满意的结果，可将此争端提交争端解决机构进行裁决。如果裁决未能执行，争端解决机构可以授权成员方进行报复，办法是终止义务和具体承诺。

（二）GATS的附录

GATS的附录共有八个，除了一个是关于最惠国待遇豁免的附件外，其余七个都是关于具体服务部门的附录，涉及自然人移动、航空服务、金融服务（2个）、海运服务和电信服务（2个）等部门。

（1）自然人流动提供服务的附录。适用于各缔约方提供服务的自然人，以及受雇于服务提供者的自然人。但不适用于以移民为目的，寻求在一国长期居留或长期就业的人员。凡是在具体承诺范围内的自然人，应被允许根据具体承诺的条件提供服务。

（2）航空运输服务的附录。适用于影响航空运输服务和相应的辅助服务贸易措施。

（3）金融（含保险）服务的附录。金融服务有两个附录，第一个附录对金融服务范围、金融服务的定义进行了规范，这里的金融服务包括保险和与保险有关的服务，以及所有银行和其他金融部门服务。第二个附录是成员方列出其最惠国待遇的例外清单。

（4）海运服务谈判的附录。该附录规定在服务贸易总协定生效后，各方再就海运服务部门进行谈判。

（5）电信服务的附录。有关电信服务的附录有两个，一个是普通的电信服务附录，另一个是基础电信谈判的附录。其目的在于约束各缔约方在提供电信服务时，不应限制其他缔约方的服务提供者的行为，或对提供服务的行为造成障碍。

（三）具体承诺减让表

具体承诺减让表是各国在谈判的基础上提交的开放市场的承诺，是GATS不可分割的组成部分，具有法律约束力。具体承诺减让表注明各方对于他方服务和服务提供者实施国民待遇和市场准入的限制条件。除了在市场准入和国民待遇条款下的承诺外，还有附加承诺，这些附加承诺列入“具体承诺减让表”中，但只对参与谈判并签字的成员生效。

二、WTO体制下的服务贸易谈判

GATS的达成与生效是乌拉圭回合谈判的重要成果之一，但是由于服务贸易在第八轮乌拉圭回合谈判中才被正式列入谈判议题之一，所以GATS在许多方面还不完善，有些分歧较大的服务贸易问题还没有在GATS得到解决。因此，各成员必须通过不断进行的多边服务贸易谈判,逐步实现服务贸易自由化。

服务贸易谈判主要集中在两个方面:一是改善市场准入,二是完善框架协议。

(一) 改善市场准入的谈判

改善市场准入的谈判主要集中在金融服务、基础电信、海运服务和自然人流动等方面。有关金融服务的谈判最终达成了一项基于欧盟建议的临时协议,该临时协议的有效期到1997年年底,此后各成员可以修改其金融服务市场开放专项承诺。目前包括发展中国家在内的许多国家和地区都扩大了承诺范围。但是,金融服务贸易领域中的许多市场准入承诺,都包含有相应的保留限制,如在支付、转移、资本流动、经济需求认定、外国参与者最高所有权以及外国银行许可数量等方面的限制。其中,最主要的限制是,这些承诺都是暂时性的,随时都可以改变。因此,金融服务贸易谈判的关键,是要达成一项真正基于最惠国待遇的协议,并建立起多边体系的信誉,以推进金融服务自由化进程。

关于基础电信谈判的附件草案连同有关承诺于1998年开始生效,协议的关键条款是市场准入,包括最惠国待遇、允许建立经营实体或商业机构、允许拥有和经营独立的电信网络基础设施等。各成员在协议中分别做出了实现电信业自由化的承诺,向外国投资者不同程度地开放电信市场。但是,许多成员为保护本国或地区电信业的发展,对开放本国或地区电信市场都附有一定条件,保留了各种市场准入的限制措施。基础电信行业发展潜力巨大,涉及国家的主权和安全,因此,各成员国始终对基础电信谈判予以高度重视,关于基础电信服务的谈判也将会持续下去。

关于海运服务谈判的附件只是一个意向性的说明文件,对各成员国没有实质性的约束力。海运服务贸易谈判之所以未能取得成功,与海运及其相关服务业内容复杂、不同国家之间的利益冲突和美国拒绝做出任何承诺有关。海运服务业不仅关系到一国的经济利益,而且涉及一国的政治及安全利益,体现了一国的综合实力和国际形象。因此,在WTO的海运服务贸易谈判中,各方基于自己的国家利益和海运政策,采取了不同的谈判立场。海运服务贸易谈判成功与否,对WTO体制将会产生重大影响。但是,海运服务贸易谈判的前景并不乐观,要想最终达成一致的协议,还需要各成员方做出更多努力。

有关自然人流动的谈判焦点在于,发展中国家依赖于发达国家开放服务市场,而发达国家却不愿意因放松对移民和外来劳动力的控制而受到不利的影响。不同国家的利益目标不同,导致了自然人流动谈判充满了不确定因素。

(二) 完善框架协议的谈判

完善框架协议的谈判主要集中于服务业紧急保障、服务业补贴和政府采购服务等方面,它是WTO新体制下的重要工作。

关于服务业紧急保障问题的谈判,主要集中在三个焦点问题上:其一,是否有必要确立保障条款。持肯定态度的人认为,制定保障条款将会激励有关各方做出更积极、更务实的有关服务贸易自由化承诺。而持怀疑态度的人则认为,确立保障条款纯属多余,因为各方对 GATS 所做出的具体承诺中已含有保障因素;另外,确立保障条款不利于服务贸易自由化,反而可能为贸易保护主义提供借口,因为保障条款的引入意味着承诺的可变性和贸易政策的不确定性。其二,对实施保障措施的各种情况的合理界定。发展中国家和地区要求对以下两种情况做出界定:一是因履行 GATS 所规定的开放义务而导致服务进口大量增加,结果使国内有关服务提供者要求采取保障行为以补救所造成的损害;二是政府为了达到某些政策目标,采取维护国内服务业的行动。其三,建立紧急保障机制存在的一个主要障碍是,缺乏全面、系统和准确的有关服务的生产、贸易和投资方面的统计数据。能否在这些问题上达成共识,直接影响到服务业紧急保障谈判最终能否取得实质性成果。

在服务业补贴问题上,各成员认识到,在某些情况下,补贴可能对服务贸易产生扭曲作用。因此,应通过谈判来制定必要的多边纪律,以避免此类贸易扭曲作用。对于服务业补贴的约束,发展中国家要求参照商品贸易的做法,给予发展中国家以较大的灵活性来使用补贴,提高其国内服务的供给能力,对发达国家的服务业补贴措施应给予严格的纪律约束;而发达国家则强调服务业补贴问题的复杂性,特别是反映在补贴的界定和补贴量的衡量方面,从而使得对服务业补贴的约束变得极为困难。此外,解决服务业补贴问题还存在着缺乏分类统计数据和信息,以及服务行业繁多和服务贸易方式多样化等问题,这些都给区别不同的服务业补贴带来困难。

政府采购服务问题的焦点在于,各成员方为了达到自己的目的,都倾向于保留并利用 GATS 中规定的关于政策采购服务的例外条款。一些发达国家认为,缺少约束政府采购的多边规则是国际贸易体制的一大缺陷,应该确立同时适用于商品贸易和服务贸易的政府采购多边协议。但是,在 GATS 框架下有关政府采购的承诺谈判,仍然充满着许多尚待解决的复杂问题。

第四节　国际服务贸易方式

国际服务贸易涉及的内容广泛,贸易形式也具有多样性。本节首先简要地探讨服务业对外直接投资问题,然后重点介绍主要的国际服务贸易领域。

一、服务业对外直接投资

服务是无法被运输和储存的无形产品,所以它不能脱离供给者而单独进入进口国被消费,消费者也不可能在自己的国家享用进口服务。因此,服务贸易的方式有两种:一种是消费者跨越国境到服务提供者的国家进行“过境消费”;另一种是服务提供者到服务需求国设立服务企业,以“商业存在”的形式为该国的服务需求者提供服务。其中,后一种形式属于服务业的对外直接投资,它是服务贸易的主体。

随着世界产业结构的调整和服务产业的发展,服务业对外直接投资的规模不断扩大。服务业对外直接投资的动因是多方面的。从理论上说,服务业对外直接投资具有所有权优势、区位优势和内部化优势。所有权优势主要表现在服务质量、范围经济、规模经济、技术与信息、企业的信誉与商标名称、人力资源和创新等方面。区位优势主要表现在,东道国不可移动的要素禀赋所产生的优势,东道国的政治体制和政策法规的灵活、优惠而形成的有利条件,以及由于竞争者集中而产生的聚集经济优势。企业内部化优势主要表现在,避免寻找交易对象并与其进行谈判而节约的成本,弱化或消除要素投入在性质和价值等方面的不确定性,中间产品或最终产品质量的保证,以及避免政府干预等方面。

从实践上看,服务业对外直接投资的动因主要有以下几个方面:一是世界生产性服务和消费性服务需求的快速增长促进了服务业对外直接投资的增长;二是服务供给的推动,服务业在专业化分工基础上的独立化和其较强的吸纳劳动力的能力,促使一些国家减少对某些服务业部门的限制,从而推动了服务业对外直接投资的发展;三是服务业的竞争加剧,随着服务贸易自由化发展,服务业竞争越来越激烈,促使服务业对外直接投资的发展;四是经济全球化和服务贸易自由化发展为服务业对外直接投资提供了良好的外部环境;五是技术进步成为服务业对外直接投资的加速器。

服务业对外直接投资的主体是跨国公司。服务业跨国公司包括两种类型:一是向市场提供服务的跨国公司,二是从事制造业但同时在服务业领域进行投资的跨国公司。服务业跨国公司是一种专业性的跨国服务企业,自20世纪80年代以来迅速成长起来,已经成为国际贸易和国际投资的中坚力量,它在供给资金、转移技术、创造就业和推动贸易等方面发挥了重要的作用。服务业对外直接投资并不都是由服务企业进行的,有相当数量的制造业企业在国外投资建立附属性服务企业。

与制造业跨国公司一样,服务业跨国公司对外直接投资一般也采用股权投资和非股权投资两种组织形式。非股权投资形式包括特许经营、管理合同、许可证协议和战略合伙等方式,其中特许经营方式最为成功。股权投资形式分为新设和并购两种方式,其经营实体一般包括海外分支机构、海外附属企业和办事处等。

二、主要的国际服务贸易领域

国际服务贸易领域包括传统服务贸易和现代服务贸易两大类。

(一)传统服务贸易

传统服务贸易主要包括运输服务贸易、旅游服务贸易、银行服务贸易和保险服务贸易等。

1. 运输服务贸易

运输服务贸易是贸易的一方为另一方提供运输服务以实现货物或人在空间上的位移的贸易活动,即以运输服务为交易对象的贸易活动。

国际运输的主要方式包括海上运输、航空运输、陆路运输(含公路运输和铁路运输)、管道运输和国际多联式运输等。《服务贸易总协定》减让表中的国际运输服务范围主要包括:① 货物运输服务,含航空运输、海洋运输、铁路运输、管道运输、内河与沿海运输、公路运输服务以及航天发射及运输服务等;② 客运服务;③ 船舶服务,包括船员雇佣;④ 附属于交通运输的服务,含报关服务、货物装卸、仓储、货运代理、港口服务、货物查验服务等。

2. 旅游服务贸易

旅游服务贸易主要包括饭店和餐馆服务、旅行社及旅游经营者服务、导游服务及其他旅游服务等。20 世纪 90 年代以来,世界旅游业持续高速发展,大多数国家都把发展国际旅游业作为创汇和为大量非技术劳动力创造就业机会的重要途径。

国际旅游业由旅游设施和旅游服务两部分组成。旅游设施是从事旅游业所需的旅馆、饭店、名胜古迹、娱乐场所、生产旅游所需商品的企业、旅游交通运输和通信等。旅游服务则是指游客在旅游过程中,旅游服务提供者对旅游者提供所需的各种服务。

国际旅游的种类较多。按不同的旅游资源设施分类,有自然资源旅游和人文资源旅游两类;按旅游者的目的分类,可分为观光旅游、文化旅游、保健旅游、体育旅游、探险旅游和公务旅游等。国际旅游的组织者主要是旅游公司和旅游代理商。

3. 银行服务贸易

GATS 减让表中的银行及相关服务包括:接受公众存款服务;与金融市场运行管理有关的服务;贷款服务,包括消费信贷、抵押信贷、商业交易的代理和融资;财务租赁;所有支付和货币转移服务,包括信用卡、赊账卡、贷记卡、旅行支票和银行汇票;担保和承诺;与证券市场有关的服务,主要涉及经纪业、股票发行与注册管理、有价证券管理等;附属于金融中介的其他服务,如贷款经纪、资产管理、金融咨询、金融资产的结算和清算服务、外汇兑换服务、金融信息与金融数据处理等。

银行服务贸易的形式有跨境支付、境外消费、商业存在和自然人流动等。银行提供金融服务是通过一定的组织网络渠道进行的,这些组织网络包括代表处、代理行、分支行、附属银行或联营银行、国际银团组织等。此外,银行还可以通过邮件、电报、电传、环球银行金融电信协议、票据清算制度和银行内部计算机通信网络等渠道传递服务。

由于银行业涉及国家利益和国家安全,各国对银行的资产、负债和风险管理比较严格,从而使国际银行服务贸易壁垒更加复杂。银行服务贸易壁垒主要包括市场准入壁垒和业务经营壁垒两大类。市场准入壁垒主要是东道国对境外银行服务商设立分支机构(商业存在)进行限制,其中主要的限制方式有:通过政策和许可证方式禁止境外金融机构的进入;以法律形式禁止其他国家的任何形式的银行机构的介入;除了设立代表处外,通过各种行政管理措施来限制外国银行机构的介入;禁止外国银行购买本地银行的股权;除设立代表处外,通过法律形式禁止外国银行机构的介入;对外国银行获得本地银行的股权进行数量限制,等等。

业务经营壁垒限制主要是对银行的业务范围等进行限制,其中主要包括:资产增长与规模限制;市场服务范围的限制;融资限制;对与银行经营有关的经营设施和营业场所进行附加限制或征收各种税费,等等。

银行服务贸易涉及一国的法规与主权问题,这就决定了银行服务贸易自由化的复杂性。银行服务贸易自由化主要涉及有效的市场准入、开业权和可能的商业存在及投资、国民待遇和竞争机会平等四个实质性的问题。要完全解决这些问题,还需要各成员国长期不懈的努力。

4. 保险服务贸易

国际保险是指保险关系中的一方为外国投保人或被保险人的保险交易活动。国际保险服务贸易有过境交付、境外消费、商业存在和自然人流动四种形式。国际保险是为国际贸易、国际投资、国际信用及其他国际经济活动提供保障服务的,其发展与世界经济发展密切相关。

GATS 减让表中的保险及其相关服务包括:直接保险(包括共同保险),含寿险和非寿险;再保险和转分保;保险中介,如经纪和代理;保险附属服务,如咨询、精算、风险评估和理赔服务等。

随着经济全球化和现代信息技术的发展,保险服务贸易方兴未艾,保险监管的国际化和放松监管的势头也在不断加强。20 世纪 90 年代以来,通过国际间保险资本的运作和战略联盟等多种形式,出现了许多国际化的保险集团,可以在世界范围内为客户提供全球化的保险服务。此外,保险产品和风险管理的不断创新,推动了保险证券化发展,有效提高了保险业的承保能力和抵御风险的能力,这也为保险业国际化发展创造了条件。

(二) 现代服务贸易

现代服务贸易主要包括通信服务贸易、技术服务贸易、专业咨询服务贸易、教育服务贸易、医疗卫生服务贸易、文化艺术与体育服务贸易以及服务外包等。

1. 通信服务贸易

通信服务是指所有有关信息产品、操作、储存设备和软件功能的服务,主要包括邮政、速递、电信、视听及其他通信服务等。其中,最重要的通信服务产业是计算机和信息服务业，它已成为现代服务业的重要组成部分。中国将计算机与信息服务业分为信息提供业、信息处理业、软件开发与服务业、系统集成服务业以及咨询业及其他五大类。

GATS将电信服务分为基础电信和增值电信两部分。基础电信的内容包括电话、电报、电传和传真等，它在电信服务领域中处于基础地位，为其他电信服务提供完备的电信网络设施。增值电信属于新型电信服务，主要包括电子信箱、语音信箱、电子数据交换、在线数据的加工与处理、在线数据库的存储与检索等。

国际信息贸易包括信息产品贸易和信息服务贸易两大类型。信息产品贸易主要是计算机硬件、电信及办公设备、电子元器件、各种用于显示信息的电子产品或娱乐产品（如仪表、电视机和放映机等）以及各种纯粹的信息记录载体等电子产品贸易，它属于货物贸易范畴。信息服务贸易包括有形信息服务贸易和无形信息服务贸易两大类。有形信息服务贸易主要是指计算机软件、音像制品、文化娱乐制品和某些高技术产品等涉及知识产权的各种有形产品的贸易。无形信息服务贸易则是指跨国数据流服务、电信（网络）服务、工程咨询服务、技术维护、技术培训与教育服务、金融信息服务和其他商业信息服务等，在现代服务贸易中占有十分重要的地位。

进入21世纪以来，全球信息服务业发展迅速，已经成为服务行业中的一个重要行业。随着经济全球化和电信技术的发展，各国都在积极谋求占领海外电信业务市场，全球电信市场的不断开放已是大势所趋。

2. 专业咨询服务贸易

现代咨询服务是指由具有相关领域专业知识的专家组成的专门机构（咨询方），利用自己的知识、技术、信息和经验，运用科学的方法和先进的手段进行调查、分析和预测，客观并独立地帮助客户（委托方）组织确定和分析相关问题，推荐解决问题的最佳方案，并在必要时为解决方案的实施提供实践帮助的一种以合同为基础的有偿顾问服务。咨询的基本特征是服务性、高知识性和独立性。

现代社会的咨询服务种类繁多，其中比较常见的是政治咨询和经济咨询两类。政治咨询的咨询机构大多由政府投资兴办，附属于政府，服务于政府，一般为非营利性机构。经济咨询的咨询机构大多是商业化的营利性机构，主要为企业提供各种专业咨询，在咨询服务市场上占有较大比重。根据具体业务范围的不同，经济咨询又有综合咨询（又称决策咨询）、管理咨询、工程咨询、产品技术咨询和专业咨询等不同的类型。目前比较有影响的经济咨询服务行业有会计咨询公司、IT公司、保险精算公司和管理咨询公司等。

在现实经济活动中，咨询服务往往是与信息服务、策划服务和设计服务等交叉在一起的。咨询服务的范围主要包括：向服务对象解答有关疑难问题和传播相关知识；应委托方要求提供某个问题的专题报告；为委托方提供项目的可行性研究；为委托方提供决策方案；为委托方解决技术难题；为委托方进行企业诊断（管理咨询）；为委托方充当顾问；帮助委托方进行人员培训；开展其他与咨询服务有关的业务。

由于信息技术的迅速发展，传统的咨询业正在向现代咨询业转变。随着世界经济的发展，咨询服务的需求与日俱增，从而为现代咨询业发展提供了巨大的市场。现代咨询业在迅速崛起的过程中，呈现出全球化、高技术化、综合化、高层次化和品牌化等新的时代特征。

3. 教育、医疗卫生、娱乐、文化和体育服务贸易

在GATS减让表中，教育服务主要是指各国间在高等、中等、初等、学前、继续、特殊及其他教育中的交往，如互派留学生、访问学者等；医疗卫生服务主要是指医院及医疗服务、其他与人类健康相关的服务、社会服务等；娱乐、文化和体育服务主要是指除视听服务（广播、电影和电视等）以外的一切文化、娱乐、新闻、图书馆、档案馆、博物馆、体育服务及其他服务，如文化交流、文艺演出和体育比赛等。

国际教育服务贸易有提供远程教育、出国留学、海外办学和专业人才流动等四种方式。按照GATS的规定，除了由各国政府完全资助的教学活动（如军事院校）以外，凡收取学费、带有商业性质的教学活动均属于教育服务贸易范畴。目前，许多WTO成员国都在逐步开放教育市场，但是由于教育关系到国家主权、社会道德和民族文化继承等重大问题，各国政府在对待开放教育市场的问题上都持谨慎态度。

医疗卫生服务是社会物质资料生产和人类生存、发展的必要条件之一，它直接与人的生、老、病、死相联系，不仅直接关系到人类的健康和生存质量，也关系到社会经济的发展。医疗卫生事业是一项社会福利事业，它首先要考虑社会效益，但同时也要讲究经济效益，这决定了医疗卫生服务领域开放的复杂性。

随着世界各国社会经济的发展和对外开放程度的不断提高，国际间的体育、文化和艺术交流日益频繁，规模越来越大，内容越来越丰富。丰富多彩的国际体育、文化和艺术交流，极大地丰富了各国人民的文化娱乐生活，有力地推动了世界社会经济的发展。目前国际体育、文化和艺术交流服务业已经成为重要的新兴产业，在现代服务产业发展中发挥着日益重要的作用。

4. 服务外包

服务外包是企业在内部资源有限的情况下，把原先由内部人员提供的服务，转移给外部组织承担，以达到降低成本、提高效率和培养核心竞争力的目的的一种新型经营管理模式。传统的服务外包领域主要包括法律服务、运输、餐饮和保安服务。一些新的外包服务领域，如IT服务、培训和公关等，正在快速成长。

服务外包有境内外包、近岸外包和离岸外包（即国际服务外包）三种不同方式。其中，国际服务外包有信息技术外包（information technology outsourcing, ITO）和商务流程外包（business process outsourcing, BPO）两大领域，具体内容如表8-3所示。

表 8-3 服务外包的分类及其具体内容

类别	分类	内容
信息技术外包(ITO)	系统操作服务	银行数据、信用卡数据、各类保险数据、保险理赔数据、医疗体检数据、税务数据、法律数据的处理和整合
	系统应用服务	信息工程及流程设计、管理信息系统服务、远程维护
	基础技术服务	承接技术研发、软件开发设计、基础技术或基础管理平台整合或管理整合
业务流程外包(BPO)	企业内部管理服务	为客户提供企业各类内部管理服务,包括后勤服务、人力资源服务、工资福利服务、会计服务以及财务中心、数据中心及其他内部管理服务
	企业业务运作服务	为客户企业提供技术研发服务、销售及批发服务、产品售后服务(如售后电话指导、维修服务等)及其他业务流程环节的服务
	供应链管理服务	为客户企业提供采购、运输、仓库/库存整体方案服务

资料来源:引自毛传新主编,《国际服务贸易》,东南大学出版社,2009 年版,第 322 页,表 9-7。

随着世界科技的发展和工业化水平的不断提高,世界服务外包市场的规模将迅速扩大,其涵盖的内容也将日益丰富和多样化。作为一种新的国际贸易方式,它将在各国和世界经济发展中发挥日益重要的作用。

上面简要分析了几个主要的现代服务贸易领域。实际上,技术服务贸易、建筑与相关工程服务等也都是比较重要的现代服务贸易,由于内容较多,所以将它们放在下一章的国际技术贸易部分做专门的论述。

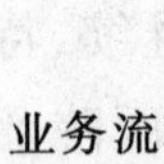

复习与思考题

1. 解释下列概念

服务贸易 跨境提供 商业存在 境外消费 服务贸易自由化 服务贸易壁垒 服务业对外直接投资 服务外包

2. 国际服务贸易的基本形式有哪些?
3. 与国际货物贸易相比,国际服务贸易有哪些特点?
4. 世界范围内的服务贸易自由化是如何进行的?
5. 简述服务贸易壁垒产生的原因及基本形式。
6. 简述服务市场开放的特殊性。
7. 简述《服务贸易总协定》的主要内容和文本结构。
8. WTO 体制下的服务贸易谈判面临哪些主要问题?
9. 服务业对外直接投资的主要动因是什么?

第九章　国际技术贸易

内容提要

国际技术贸易是国际贸易的重要组成部分，与国际货物贸易、国际服务贸易密切相关，在实际交易中三者往往结合在一起，具有某些相同的特征。同时，国际技术贸易又有自己的交易特征和规律，涉及更多复杂的问题，因此，有必要了解国际技术贸易的基本内容。本章包括四节：第一节，国际技术贸易概述，介绍国际技术贸易的含义、特点及其发展，知识产权贸易与知识产权保护等；第二节，国际技术贸易的主要内容，介绍专利权、商标权、专有技术、商业秘密、计算机软件和版权等；第三节，国际技术贸易的方式与程序，介绍国际技术贸易的方式和国际技术贸易的程序；第四节，国际技术贸易的定价、税费与风险，探讨国际技术交易中的技术价格的确定与支付、技术贸易中的税收与费用以及国际技术转让中的风险与风险管理等问题。

第一节　国际技术贸易概述

国际技术贸易涉及的问题较多，本节将对其中的一些基本问题做简单的介绍。

一、国际技术贸易的含义、特点及其发展

国际技术贸易（international technology trade）是一国的技术提供方通过签订技术合同或协议，将技术有偿地转让给另一国需求方使用的行为。在理解这一概念时，必须注意它与国际技术转移（international technology transfer）的区别和联系。国际技术转移是技术从一个国家向另一个国家的移动，它包括非商业性的技术转移和商业性的技术转移两大类。非商业性的国际技术转移是特定双方以援助、赠与或出售等形式进行的转让条件极为优惠的或无偿的技术转让，主要是通过技术交流、技术援助、科学家和技术人员的国际移民、技术扩散等方式进行的技术转让。

商业性的国际技术转移是通过国际技术市场进行交易而进行的有偿的技术转移，被称为国际技术贸易。从这个意义上说，国际技术贸易是指不同国家的当事人

之间按一般商业条件进行的技术跨越国境的转让或技术使用权许可行为。具体来说，国际技术贸易的内容主要包括：技术知识的买卖（如计算机软件交易）；与成套机器设备硬件交易相配套的技术引进（如设备安装与调试往往与人才培训、技术秘密转让结合在一起）；产权贸易（如专利权转让、商标权转让）；许可贸易（如专利实施许可、商标实施许可）；技术咨询服务（如技术服务、技术咨询与工程设计），等等。

与国际货物贸易相比，国际技术贸易具有如下特点：

（1）贸易的标的不同。技术贸易的标的是无形的知识，它不像商品贸易的标的具有固定的形状，并可用一定的标准衡量其质量。技术贸易的标的可以不经"再生产"而多次出售（转让），因为作为贸易标的的技术，其所有权并不发生转移，标的的所有者出让的仅是技术的使用权及制造和销售该技术项下产品的权利。而商品贸易的标的是有形的物质，可以检验其质量，且一经出售便失去了所有权。

（2）贸易当事人的关系不同。技术贸易的双方当事人在传授和使用技术的过程中，构成长期、复杂的合作关系，而在合作的同时又存在较强的竞争关系，因为技术的接受方总是设法从供应方那里获得最先进的技术，而技术的供应方既想通过技术转让获取更多的利润，又不希望对方成为自己的竞争对手，所以两者的关系较为复杂。商品贸易则不存在上述矛盾。

（3）生产目的不同。技术贸易的供应方（技术开发者）开发技术的目的是为了自己的使用，而不是为了转让，只是在某些特殊的情况下才会将技术转让给他人。而商品贸易的卖方生产商品的目的主要是为了出售。

（4）技术贸易涉及的问题复杂。技术贸易涉及的问题比商品贸易要复杂得多，除包括供求双方的责任、权利和义务外，还涉及对工业产权的保护、对技术秘密的保守、限制与反限制、技术风险、使用费确定等问题。此外，技术贸易所涉及的法律问题也比一般商品贸易复杂，除合同法外，还有工业产权法、税法、投资法、技术转让法等。

（5）政府干预的程度不同。与商品进出口贸易管理相比，技术进出口贸易管理的政治性和政策性更强。各国政府为了最大限度地引进外国的先进技术、控制本国领先技术的出口以确保本国的领先地位或对他国实行技术封锁，大都会对本国的技术贸易进行不同程度的干预。许多国家在政策或法律上都做出了许多限制性或禁止性的规定。而在商品贸易中，政府的干预程度相对较低。

第二次世界大战后，科学技术在经济发展中的作用日益重要，国家间的经济竞争实际上表现为技术上的竞争。因此，技术作为一种特殊的商品，成为贸易的重要对象，并得到迅速发展。第二次世界大战后国际技术贸易迅速发展的原因，主要有以下几个方面：

（1）科技成果的大量涌现。第二次世界大战后，特别是受第三次科技革命的影响，各国政府都十分重视对科学技术的投入以及对科技人才的培养，掀起了科技创新的热潮，促进了科研成果的大量涌现，为技术贸易规模的扩大创造了条件。

(2) 各国对技术的巨大需求。随着世界经济和科技的发展，技术进步在国民经济中的地位日益重要。为了增强本国的科技竞争力，各国在大力发展本国科学技术的基础上，积极引进更为先进的技术，以缩短与先进国家之间的技术差距。

(3) 技术更新周期缩短。随着技术的不断进步与发展，技术开发与更新的周期趋于缩短。战前的技术更新周期大约为 13 年左右甚至更长，战后到 20 世纪 80 年代产品技术更新的平均周期已经缩短到 5—6 年左右的时间，20 世纪 90 年代进一步缩短到 2 年左右。技术更新周期缩短，技术更新快，技术开发费用提高，因此一项新技术研发成功后，开发者往往会尽快将该项技术转让，以尽快收回研制费用。

(4) 贸易保护壁垒的增强。多边贸易谈判促使各国不断削减关税，但非关税壁垒却有增无减，严重阻碍了商品贸易的发展。于是，许多国家特别是发达国家，采取技术出口战略，以技术换市场，绕过贸易壁垒来占领出口市场。

(5) 跨国公司的发展。跨国公司的垄断优势是技术、资本和组织管理，跨国公司为实现其全球扩张战略，往往会通过内部技术转让的方式，将自己的技术转移到子公司中，绕开贸易保护壁垒，开拓新市场，维护其垄断地位。

(6) 全球化进程的加快。20 世纪 90 年代以来，全球化进程不断加快，促使国际间的合作越来越多，包括技术贸易在内的国际经济技术合作也日益增多。

(7) 技术贸易环境的改善。在信息技术等新技术革命的不断推动下，各国出台了知识产权战略，重视技术的引进与输出，确立新兴产业发展规划，推动产业结构不断优化和技术贸易在更高层次上开展。

二、知识产权贸易与知识产权保护

(一) 知识产权与知识产权贸易

知识产权是法律所赋予的知识产品所有人对其创造的知识成果所享有的专有权利。知识产权的对象是知识财产，其权利客体是人们在科学、技术、文化、艺术等知识形态领域所创造的无形的精神产品，包括创造性智力成果和工商业标志等。WTO《与贸易有关的知识产权协议》列举的知识产权包括：版权及相关权利；商标权；地理标志权；工业品外观设计权；专利权；集成电路布图设计权；未披露信息的保护权；许可协议中反竞争行为的控制权。它们可以简单地被归纳为工业产权（主要是专利权和商标权）和著作权（版权）两大类。

与人们所拥有的普通意义上的财产权不同，知识产权作为一种知识财产权，具有以下基本特征：

(1) 无形性。知识产权是一种无形的财产权，所以知识产权贸易的“标的物”是其使用权。知识产权的“无形性”导致了知识产权所有人对其难以实际控制，这使得法律上的有关知识产权保护、知识侵权的认定、知识产权贸易等比有形商品更为复杂。

（2）专有性。知识产权为权利所有人拥有，具有独占性和排他性，非经权利人同意，任何人不得占有、使用和处分。

（3）时间性。知识产权有法定的保护期限，在法定期限内受法律保护，超过保护期限其被保护的权利便自动终止。比如，专利权的保护时间一般为15—20年；商标权的保护经注册人申请可以无限续期；著作权的保护期为作者终身再加上死后50年。

（4）地域性。知识产权是依据一国的法律来进行确认和保护的，一般只在该国领域内具有法律效力，除非签有国际公约或双边互惠协定，否则其他国家对这一权利没有保护义务。

（5）可复制性。知识产权是通过一定的有形物载体表现出来的，具有可以重复再现、重复利用的特性。正是由于知识产权的客体具有可复制性，才使知识产权向其他物质载体的价值转移成为可能。

（6）双重性。知识产权主要是一种财产权，同时也涉及一部分人身权。这里所说的人身权，是指与工业产权相关的发明人的署名权、荣誉权、人格权、修改权等。

知识产权贸易是以知识产权为交易对象的国际贸易，其主要表现形式是国际技术贸易，如许可贸易（包括专利许可、商标许可和专有技术许可）、技术咨询与服务、与合作生产和工程承包相结合的技术贸易、与投资相结合的技术贸易、与设备相结合的技术贸易、整个计算机系统的买卖与软件的转让、知识产权服务等。当今世界已进入知识经济时代，知识产权贸易已经成为重要的国际贸易领域之一，无论是在加强国际科技合作、传播科学技术、提高各国科学与技术水平，还是在促进国际贸易和各国经济发展等方面，它都发挥着十分重要的作用。

（二）知识产权的侵权行为与知识产权保护

在现代工业化大生产中，知识和技术在生产中发挥着十分重要的作用。因此，知识和技术的价值是十分巨大的。但是，由于知识产权属于“无形性”财产，知识产权所有人对其难以进行有效的控制，于是产生了各种侵犯知识产权的行为，如不正当竞争、假冒和仿冒、盗版等。这种侵犯知识产权的行为严重损害了知识产权所有人的权利，不仅对知识的创造产生了不良后果，也阻碍了知识和技术的国际交流。因此，必须建立知识产权保护制度，加强对知识产权的保护。

知识产权保护可以分为国家单边保护和知识产权的国际保护两个方面。世界各国，尤其是发达国家，往往通过颁布知识产权法律来对知识产权进行自我保护。从知识产权保护制度的产生和发展历程看，最初的知识产权保护制度都是由各国自行建立的。知识产权保护制度最早起源于欧洲国家，目前几乎所有的国家都建立了不同形式的知识产权保护制度。

知识产权的国际保护始于1886年相关国家签订的《保护工业产权巴黎公约》（简称《巴黎公约》），它是世界上第一个用于知识产权保护的国际公约，标志着知识产权保护迈向了国际化。1886年相关国家又签署了《保护文学与艺术作品伯尔尼公约》（简称《伯尔尼公约》）。这两个公约均规定建立各自的执行机构"国际局"，1893年这两个机构的国际局合并成立了保护知识产权联合国际局，总部设在瑞士的伯尔尼，该组织即为世界知识产权组织的前身。此后，又在《巴黎公约》这个"母公约"的基础上发展、延伸出了许多专门的"子公约"，如有关专利、商标、工业品外观设计、版权及其邻接权等方面的知识产权国际公约。

随着对知识产权国际保护要求的提高，建立一个权威性的知识产权国际保护组织的必要性日益显现。在这种情况下，1967年保护知识产权联合国际局提议建立世界知识产权组织。1967年7月14日，"巴黎联盟"和"伯尔尼联盟"的51个成员国在瑞典首都斯德哥尔摩召开会议，签订了《建立世界知识产权组织公约》，并成立了世界知识产权组织（The World Intellectual Property Organization, WIPO）。1970年4月26日，《建立世界知识产权组织公约》生效。1974年12月，WIPO成为联合国系统的专门机构之一，总部设在瑞士的日内瓦，在美国纽约联合国大厦设有联络处。WIPO管理着涉及知识产权保护各个方面的24项国际条约（16部关于工业产权，7部关于版权，1部建立知识产权组织公约）。到2010年12月为止，共有184个成员国，中国于1980年6月3日加入该组织。1995年12月，WIPO和WTO在日内瓦达成了《世界知识产权组织与世界贸易组织协议》，进一步扩大了WIPO在知识产权国际协调和管理中的作用。①

除了WIPO管理的一系列公约外，由WTO相关成员国签署，并于1995年开始实施的《与贸易有关的知识产权协议》（*Trade-Related Aspects of Intellectual Property Rights*, TRIPs），不仅是世界上第一个明确将知识产权保护与国际贸易相联系的知识产权保护协议，而且它在WIPO知识产权条约的基础上首次将版权、专利和商标等各种知识产权保护融为一体，并规定WTO成员必须履行相关义务。TRIPs协议的主要特点是：采纳了国际贸易中通行的"最惠国待遇"原则；内容涉及面广，几乎涉及知识产权的各个领域；规定了较高的知识产权保护标准；强化了协议的执行措施和争端解决机制，把履行保护知识产权协议与贸易制裁紧密结合在一起，并设置了相关机构监督协议的实施。TRIPs协议的产生和实施，将对国际贸易和国际知识产权保护

---

① 世界知识产权组织的官方网：http://www.wipo.int/portal/index.html.en；世界知识产权组织的中文官方网：http://www.wipo.int/cn/index.html。

产生深远的影响。①

第二节　国际技术贸易的主要内容

国际技术贸易的主要内容有专利权、商标权、专有技术、商业秘密、计算机软件和版权等。下面分别对它们做简要介绍。

一、专利与专利权

专利是一国政府机构依法授予发明人或设计人对其发明创造所享有的一种独占的法定特权的文件。当一项发明通过注册获得法律认可时，持有者便获得这项发明的专利权，持有者即为专利权人。

专利主要有发明专利、实用新型专利和外观设计专利三类。发明专利是开辟一个新领域或具有较高创造性的发明所取得的专利，这里所说的发明分为产品发明和方法发明两种，产品发明是制造各种新产品，方法发明是使一种物质在质量上发生变化成为一种新物质的发明（如化学方法、物理方法、机械方法和生物方法等）。实用新型专利是对产品的形状、构造或者其结合所提出的实用的新的技术方案的专利。外观设计专利是对产品的形状、图案、色彩或者其结合所做出的富有美感并能应用于工业的新设计的专利。

专利权是政府有关当局依法赋予专利申请人对某项专利的专有权或独占权。专利权作为一种知识产权，具有专有性、地域性、时间性和无形性等特点。专有性又称独占性或排他性，是指专利权人对其发明创造所享有的独占性的制造、使用、销售和进口的权利，其他任何单位或个人未经专利权人许可不得使用，否则属于侵权行为。地域性是指专利只有在法律管辖区域内有效，受法律保护。时间性是指专利只有在法律规定的有效期限内才有效，期限届满后不再有效，如我国的《专利法》规定发明专利权的期限为20年、实用新型专利权和外观设计专利权的期限为10年。无形性是指专利权是一种无形的财产权，无法用具体的实物进行衡量。

专利权人享有其所拥有专利的独占实施权、转让权、许可实施权、标记权、请求保护权、放弃权和质押权等。同时，专利权人也应当履行按规定缴纳专利年费的义务，并且专利权人不得滥用其专利权。

二、商标与商标权

商标是企业为了使人们识别其商品，以区别于其他企业同种或同类商品的一种

① 详细内容可参阅：饶友玲编著，《国际技术贸易理论与实务》，南开大学出版社，2006年版，第113—128页。此外，关于国际技术转移的基本理论方面的知识，可参阅本教材的配套辅导教材《国际贸易学教程学习指南》第九章的补充阅读资料部分。

专用商业标记。商标通常由一个或多个文字、字母、符号、名称或图案组成，或由其组合构成。商标的作用在于，它表示商品的来源并帮助人们识别不同企业的商品，代表产品的性质和质量，便于国家对产品质量进行监督和管理，反映企业品牌并起到宣传企业、开拓市场、扩大产品销路和提高产品竞争力的作用。

商标权是商标所有者依据法律程序向商标主管部门提出申请，经主管部门核准注册，并授予注册人对该商标的专用权。商标权是一种工业产权，具有专用性、地域性和时间性等特点。商标权的内容通常包括商标的使用权、禁用权、转让权、许可使用权和商标续展权等。

根据各国商标法的规定，必须由商标使用人提出书面申请并缴纳申请费，经主管部门批准后才予以登记注册，授予商标权。商标注册的程序一般包括申请、审查、初审公告、核准、注册和发放商标注册证等几个环节。

三、专有技术与商业秘密

（一）专有技术

专有技术（know-how）又称技术秘密，是指不享有专门法律保护的未公开的一切秘密知识、经验和技能，包括秘密技术知识、工艺流程、配方、产品设计、技术规范、质量控制、管理、销售技能与经验等。专有技术既可以是有形的，也可以是无形的，它可以以文字图形、实物、口头或操作演示三种形式表现出来。专有技术产生的原因可能有四种：技术所有人无法获得专利；技术所有人不愿申请专利；技术所有人在提出专利申请后获得的技术；管理技术和商务技术等本身不具有专利性，无法获得专利权。

专有技术涉及工业技术秘密、管理技术秘密和商业技术秘密三个方面。其中，工业技术秘密是指不享有一般知识产权保护的，尤其是不享有专利权保护的实验、生产、装配、维修、操作等方面的技术秘密；管理技术秘密是指组织生产和经营管理的秘密；商业技术秘密是指市场及与市场密切相关的信息或情报。可见，专有技术具有一定的财产价值和商业价值。

专有技术是一种非法定的权利，它具有以下特点：① 知识性。专有技术是一种不受法律保护的技术知识，是人类智力劳动的产物，具有非物质属性。② 保密性。专有技术是不公开的、未经法律授权的秘密技术。③ 经济性。专有技术可以应用于生产实践并能够产生经济利益。④ 可传授性。专有技术必须能够以言传身教或以图纸、配方、数据等形式传授给他人。⑤ 非专有性。在特定的时期、国家或地区内，同一专有技术可能有两个或两个以上的所有人。⑥ 无时效性。专有技术无法律限定的有效期限。⑦ 无地域性。专有技术无法定的地域限制。

专有技术是一种特殊的知识产权。虽然各国法律原则上承认专有技术受法律保护，但是在专有技术保护上没有专门的立法。专有技术的保护主要采用民法、刑法、合同法、侵权行为法、工业产权法和反不正当竞争法等法规中的适用条款加以保护。在国际知识产权保护中，专有技术没有独立出现于国际知识产权保护协定中，但 TRIPs 首次将“未披露信息”作为知识产权加以保护。WIPO 在《反不正当竞争示范法》中明确规定“侵犯商业秘密”为不正当竞争，联合国主持起草的《国际技术转让行动守则（草案）》等国际法中也对专有技术保护做出了明确的规定。虽然这两个国际统一法由于各国对内容分歧较大至今未能获得通过，但是其中的一些规定已成为国际技术贸易的惯例。

（二）商业秘密

商业秘密是指不为公众所熟知且能为权利人带来经济利益的任何商业上有价值的技术信息和经营信息。它既包括没有专利性的秘密的技术知识和经验，也包括具有专利性但未申请专利的技术秘密。有的国家将商业秘密与专有技术作为同义语。

商业秘密的范围主要包括两个方面：一个是技术信息，如公式、配方、图纸、软件、工艺、产品制造、操作规程等用于生产领域的信息和技术诀窍；另一个是经营信息，如经营者的经营状况、市场开拓、经营战略、财务状况与组织计划等。

商业秘密具有以下特征：① 新颖性。商业秘密中的信息或设想应该是非常识性的，不是“公知技术”或“公知信息”。② 秘密性。商业秘密中的信息是通过采取保密措施而维持其秘密性的。③ 经济性。商业秘密中的信息能为权利人带来经济利益。

与专有技术类似，商业秘密虽然是一种有价值的财产权利，但是在很多国家没有专门的立法对其加以保护，而主要是通过反不正当竞争法和合同法等法律法规中的相关条款加以保护的。TRIPs 等国际协议对商业秘密的保护都有明确的规定。

四、计算机软件

计算机软件是指计算机程序及其有关文档。按照软件的法律程序分类，计算机软件可以分为商业软件、共享软件和免费软件三类。商业软件是需获得软件权利人的许可才能使用的软件，主要用于商业目的。共享软件的特点是“先试后买”，此类软件通常给一段试用时间，试用期结束后如继续使用则需注册付费。免费软件是人们可以免费使用的软件。

计算机软件保护的条件是原创性、可感知性和可复制性。原创性是指受保护的软件必须是开发者独立开发设计、独立编制的编码组合。可感知性是指受保护的软件须固定在某种有形的物体上。可复制性是指受保护的软件可以转载到其他的有形物体上。计算机软件保护的适用法律主要有《著作权法》《计算机软件保护条例》

《工业产权法》和各类国际公约等。

计算机软件贸易的内容包括提供软件使用权和提供软件技术服务两个方面，所以软件贸易具有版权贸易和技术贸易的双重特性。软件贸易的形式主要有软件版权的转让、软件版权使用许可、软件承包开发和计算机交钥匙合同（即整个计算机系统的买卖与软件的转让）等。

五、版权

版权又称著作权，是指法律赋予作者对其作品的专有权利。这里所说的作品主要包括文学、艺术和科学作品等。版权分为人身权和财产权两个方面。人身权属于精神权利，包括发表权、署名权、修改权和保护作品完整权等。财产权属于经济权利，包括复制权、发行权、出租权、展览权、表演权、放映权、广播权、信息网络传播权、摄影权、改编权、翻译权、汇编权以及其他相关权利等。[①] 版权具有无形性、时间性、地域性、排他性、权利内容与限制的广泛性与多重性等特征。

版权的取得有自动取得和注册取得两大类。自动取得是指版权因作品创作完成而自然取得，无需再履行任何手续。注册取得是指以登记注册作为取得版权的条件，只有在登记注册后才能产生版权。关于版权的取得，各国立法有不同的规定，但是大多数国家都采用自动取得制度。

版权的保护对象包括版权主体和版权客体两个方面。版权的主体是指可以享受版权保护的版权人（作者），包括普通主体（享有真正版权的人）和特殊主体（传播作品的邻接权人）两类。版权的客体是指可以享受版权保护的作品，主要包括：作品（含文字作品、口述作品、艺术作品、美术与建筑作品、摄影作品、电影作品及以类似摄制电影方法创造的作品、工程与产品设计图等图形作品与模型作品、计算机软件、法律与行政法规规定的其他作品等），改编、翻译、注释与整理的作品，汇编作品等。

世界各国都颁布有专门的版权保护法律，同时版权还受国际保护。版权保护具有一定的期限，对于一般作品，版权是承受作品而自动产生的，所以有关版权法规定的保护期限一般为自作品产生之日起到作者去世后50年止；对于实行登记注册的版权，则从登记注册之日起开始实行保护。

版权贸易主要有版权许可使用和版权转让两种形式。版权许可使用是通过版权贸易许可使用协议的方式转让版权的使用权，但所有权本身没有转让。版权转让有部分转让和全部转让两种，部分转让由著作权人通过签订合同转让版权中的部分经济权利，全部转让则是卖版权。[②]

---

① 如著作的邻接权等。著作的邻接权由著作权演变而来，是从属于著作权的一种权利；主要包括唱片制作者对其录制的唱片、表演者对其表演的节目、广播电视组织对其广播的节目所享有的权利等。

② 详细内容请参阅：杜奇华编著，《国际技术贸易》，对外经济贸易大学出版社，2008年版，第132—290页；林珏编著，《国际技术贸易》，上海财经大学出版社，2006年版，第73—145页。

第三节 国际技术贸易的方式与程序

国际技术贸易的实际运作中涉及内容较多,本节仅对其中的主要内容做简要分析。

一、国际技术贸易的方式

国际技术贸易大体可以分为直接贸易和间接贸易两大类。其中,技术的国际直接贸易方式主要包括许可贸易、技术服务与技术咨询等,间接贸易方式主要包括国际合作生产与开发、国际工程承包、国际 BOT 方式、特许经营、补偿贸易等。

(一) 技术的国际直接贸易方式

技术的国际直接贸易方式主要包括许可贸易、技术服务与技术咨询等,下面来具体地进行介绍。

1. 许可贸易

许可贸易又称为许可证贸易,是指知识产权所有人(许可方)在不转让财产所有权的条件下,通过与技术引进方(被许可方)签订许可合同,将其所拥有的专利权、商标权、专有技术和计算机软件著作权等授予被许可方,允许被许可方使用该项技术的技术交易行为。许可贸易既可以是仅以专利、商标和专有技术等知识产权的权利作为合同标的的单纯许可贸易,也可以是与国际工程承包、BOT 方式等相结合的一揽子交易。

许可贸易是一项专业性、法律性较强的贸易活动,它已经成为国际技术贸易最主要的方式。许可贸易之所以日益普遍,主要是因为购买技术所有权的价格十分昂贵,购买技术的使用权相对便宜得多;技术的时效性强,新技术不断出现往往会导致购买的技术过时;有些技术的所有权(如专有技术等)实际上就是使用权,无法将所有权转让,只能是转让使用权。

许可贸易有多种形式。按照授权的范围,可以分为独占许可、普通许可、排他许可、从属许可和互换许可;按照贸易标的,可以分为专利许可、商标许可、专有技术许可和一揽子合同。具体内容如表 9-1 所示。

表 9-1 许可贸易的类型

分类标准	类型	特征与内容
根据许可方授予被许可方的权力范围划分	普通许可	在许可贸易合同规定的有效期限和区域内,被许可方有权利用许可标的进行相关经济活动。同时,许可方可以保留这些权力,并可以将这些权力转让给任何第三方
	独占许可	在许可贸易合同规定的有效期限和区域内,被许可方独享对许可标的的使用,许可方不得在规定的期限、地域内享受这些权力,并不得将这些权力转让给任何第三方
	排他许可	在许可贸易合同规定的有效期限和区域内,被许可方有权利用许可标的进行相关经济活动。同时,许可方可以保留这些权力,但不得将这些权力转让给任何第三方
	从属许可	又称为可转让许可、分许可、再许可,在许可贸易合同规定的有效期限和区域内,许可方允许引进方将其从许可方得到的权利再部分或全部转让给第三方
	互换许可	又称为交叉许可合同,在许可贸易合同规定的有效期限和区域内,合同各当事人双方均以其所拥有或持有的技术,按照合同所约定的条件交换技术的使用权供对方使用,即相互交换技术的使用权。交叉许可既可以是独占的,也可以是非独占的
根据贸易标的划分	专利许可	专利法规定任何其他人使用专利技术时,必须与专利人签订专利许可合同,并向其支付专利许可费用
	商标许可	商标法规定采用已注册商标,必须与商标权人签订使用商标的许可合同
	专有技术许可	专有技术非工业产权,没有专门的法律保护,但专有技术所有人可以通过专有技术转让协议将其转让给其他人使用。在某些国家,专有技术受“企业秘密”等法律保护,所以必须签订许可协议
	一揽子合同	又称为打包许可、组合许可、混合许可,在一个合同中同时包含专利、商标和专有技术等内容的许可

2. 技术服务与技术咨询

技术服务是受托方(技术服务提供者)应委托方(技术服务需求者)的要求,就某个特定的技术问题所提供的知识性服务。技术服务的方式主要有技术培训、设备的测试与验收服务、设计服务、拟定技术文件等书写服务、谈判服务、投资分析、信息服务和其他技术服务等。

技术咨询是受托方应委托方要求,就解决重大技术课题或特定的技术项目,运用科学方法和先进手段,为委托方提供建议或可供选择的方案。技术咨询的主要方式有提供技术资料、项目设计或咨询、可行性研究、技术评估与选择、企业管理咨询和政策咨询等。

（二）技术的国际间接贸易方式

技术的国际间接贸易方式主要包括国际合作生产与开发、国际工程承包、国际BOT方式、特许经营、补偿贸易等，下面来具体地进行介绍。

1. 国际合作生产与合作开发

国际合作生产是指两国企业根据签订的合作生产协议，共同生产某种产品，或研究某个项目，或联合设计某种产品的一种经营方式。合作生产的主要形式有零部件生产的合作、关键部件提供、生产技术或设备的提供、合作生产成品和特许合作生产等。

国际合作开发是指两国企业为完成某项新产品、新技术、新工艺或新材料及其系统的研究与开发，由各当事人双方共同投资、共同研究与开发、共担风险和共享研究开发成果的一种经营行为。国际合作开发主要是合作开发资源项目，如矿产资源的勘测与开发、石油资源的勘测与开发以及海洋资源的勘测与开发等。

2. 国际工程承包

国际工程承包是指项目所有人委托国外的工程承包商，负责按合同规定条件承担完成某项工程建设全部任务（包括从勘察、可行性研究、设计、制订施工计划、工程建设、安装和试车、正式投产等）的一种国际经济合作方式。国际工程承包是一种综合性的国际经济合作方式，它包括技术贸易、劳务合作或设备出口等内容。因此，国际工程承包合同属于混合型技术贸易合同。国际工程承包的方式主要有总包、单独承包、分包、二包、联合承包和合作承包等。国际工程承包的特点是工程本身内容比交易内容复杂、项目营造时间长、当事人双方承担的风险大。

3. 国际BOT方式

BOT是英文Build-Operate-Transfer的缩写，意译为“建设—经营—转让”，是指政府就某个基础设施项目与私人企业（项目公司）签订特许权协议，授权签约方来承担该项目的投资、融资、建设、经营与维护，并在特许期限内授权签约方向设施使用者收取适当的费用，由此来回收项目投资、融资、建造、经营和维护成本并获取合理回报，政府部门则拥有对这一基础设施项目的监督权、调控权，特许期满签约方将该基础设施无偿移交给政府部门。

BOT是一种新型的有追索权的项目融资方式，在特许期内由签约方负责项目的建造和经营，特许期结束后资产的经营权和所有权移交给东道国政府，因此其经营管理方式比较特殊。一般来说，BOT项目的资本通常由债务投资和股本投资两部分组成，项目风险由参加投资者根据股权比例分担，项目投资收益仅来源于项目本身。

BOT融资的使用范围比较广，但主要适用于一国的基础设施和公共部门的建设项目。这类项目一般工程量大、建设时间长、耗资巨大，并且关系到国计民生，属于急需建设项目，而且市场前景好，能够获得较稳定的收入。

4. 特许经营

特许经营是某一企业(特许方)将其商标、商号名称、专利、专有技术、服务标志和经营模式等授予另一家企业(被特许方)使用的一种经营方式。特许经营适用于商业、服务行业和工业等诸多领域,是一种新发展起来的贸易方式。

特许经营具有技术优势(获得完整的知识产权)、服务优势(包括得到培训、广告、发展规划和资金援助等)和管理优势(总部代理加盟店销售以外日常的重复和繁重的工作)。其不足之处在于,被许可方的经营自主权受到相当大的限制,由于合约期限而受制于特许方,转让或转移特许经营业务较困难,会对特许方产生过分依赖等。

5. 补偿贸易

补偿贸易是指技术设备的出口方向进口方提供机器设备、技术、商标、专利以及各种有关服务,进口方利用出口方提供的设备、技术、原材料等生产出来的产品,或双方商定的其他由出口方提供建厂费用的对外贸易方式。其基本特点是,技术设备出口方费用以商品来补偿。所以,这种技术贸易方式可以较好地解决一国引进先进技术设备与外汇资金不足的矛盾。从偿付的形式上看,补偿贸易主要有直接产品补偿(产品返销)、间接产品补偿(产品回购)和劳务补偿等三种形式。①

二、国际技术贸易的程序

国际技术贸易包括技术引进和技术出口两个方面,这里重点介绍技术引进的交易程序。

(一) 技术引进程序

国际技术引进是一项涉及国家政治、经济、技术、政策和法律等诸多因素的复杂工作,技术引进的程序一般包括技术引进的前期准备、谈判、合同签约、合同履行、技术的消化吸收等阶段。

1. 技术引进的前期准备

国际技术交易是一项复杂的工作,无论是技术接受方还是技术提供方,在交易前都需要做好一系列的准备工作,如进行市场调查、可行性研究和方案制订等,技术接受方的准备工作要比技术提供方的准备工作更加细致。

对技术接受方来说,主要应做好以下工作:

(1) 选择技术引进项目。技术引进是一种投资行为,因此必须考虑其利益和风险,这就要求慎重选择技术引进项目。必须结合地区优势、部门优势、资源优势和企业优势等因素,来确定投资和技术引进项目,然后再做进一步的研究论证。

---

① 详细内容可参阅:杜奇华编著,《国际技术贸易》,对外经济贸易大学出版社,2008 年版,第 291—353 页。

(2) 选择适当的技术引进方式。选择适当的技术引进方式有利于达成交易和节约交易成本。技术引进的方式较多,企业应根据项目技术的特点、技术接受方的具体条件与需求、项目的经济性等方面来综合决定技术引进的方式。

(3) 对技术提供方的调查与选择。技术提供方的信誉好坏直接关系到技术转让协议的签订和履行,因此在谈判之前或者签约之前必须对技术提供方的技术性质、资信状况和法律地位等进行调查,以便选择合适的技术提供方。

(4) 进行可行性研究。可行性研究主要是对项目建设设计的有关问题,如市场、生产能力、厂址、工程规划与实施、财务与经济评估等进行深入的调查研究和分析,并提出最佳可行性方案。任何一个技术引进项目都必须进行可行性研究,可行性研究报告经国家规定的有关部门批准后才能同外商正式签约。

(5) 对外询价并进行技术比较和价格比较。对外询价是技术需求方向技术提供方询问技术引进项目报价的行为,它直接关系到买卖双方的经济利益。获得技术引进项目的报价后,技术需求方须对将要引进技术的性能和技术报价进行比较,为技术谈判做好准备。

(6) 进行评估与决策。项目可行性研究完成后,需要委托专门的咨询机构对技术引进项目的技术性、财务效应、经济效应和社会效应做出综合评估。决策人可以根据综合评估结果,做出自己的决策。技术引进项目确定后,还要按规定向国家有关部门送交有关技术引进项目的文件,待审查和审批后才可以正式引进。

对于技术提供方来说,也需要做好交易前的准备工作,如进行市场调研、技术项目筛选、可行性研究和填写出口项目申请书等。

2. 技术引进的谈判

技术引进涉及技术、经济、法律和国家政策等诸多方面的问题,所以比一般商品贸易的谈判更复杂。这就要求在谈判前做好充分的准备工作,如选择合适的谈判组成人员和负责人,准备相关谈判资料,制订详细的谈判计划和方案,等等。

具体的谈判包括技术谈判和商务谈判两方面。技术谈判主要是就技术的质量、技术标准、考核指标、技术先进性、技术更新、技术使用的范围以及技术资料的提供、交付方式与时间等问题进行谈判。商务谈判主要是就技术的费用或价格、税费、支付方式、付款条件、设备的运输与保险、技术产品的销售与利润的分割等问题进行谈判。

3. 技术引进合同的签订与履行

谈判达成一致意见后,便可以签订合同。合同草稿应事先草拟好,然后根据谈判的最后结果进行修改。合同签字后,应在规定的时间内报请双方主管机关备案或领取许可证。

合同签订完成后就进入履约阶段,当事人应按照合同约定全面履行自己的义务。特别是技术引进方,要做好技术引进后的消化、吸收和创新工作。

(二)技术出口程序

技术出口程序与进口程序有相似之处,主要的程序有筛选技术出口项目、技术出口项目报批、选择技术出口方式、准备对外技术转让方案、市场预测、拟定技术转让建议草案、寻找潜在客户并对其进行市场和资信调研、制定选择技术需求方的标准、调研潜在客户掌握技术或组织共同生产的可能性、选择合适的伙伴进行谈判、确定并修改协议草案、签订合同、提供许可或开始共同生产等。

在开展技术出口过程中,必须认真选择可供出口的技术,慎重选择出口时机,选择适当的出口方式,安排好出口技术在国外的保护。①

第四节 国际技术贸易的定价、税费与风险

国际技术贸易的方式有多种,不同的贸易方式在价格的确定和支付上也具有不同的特点。同时,国际技术贸易涉及的税收问题较多,不同的技术交易标的和交易方式所涉及的税种往往不同,而且技术价格和税费之间存在着密切的联系。此外,在国际技术转让中还存在一定的风险,必须注意防范和管理。

一、技术价格的确定与支付

技术是一种特殊的商品,具有价值和使用价值。技术的价格是指技术受让方(需求方)为取得技术使用权支付给技术出让方(供给方)的补偿费(也可称为使用费或服务费或酬金或提成费等)。由于技术许可交易并不是技术所有权的转移,只是技术使用权的授予,因此技术价格只是被许可方使用技术所支付的费用,技术价格的本质是技术使用费。

与一般的商品价格不同,技术价格具有自己的特点:由于技术商品具有交易的重复性,因此构成技术价格的生产成本可以得到多次补偿;由于技术价格与研究成本是相分离的,因此技术价格与其研究成本不成正比关系;由于技术商品具有转让的周期性的特点,因此技术的价格是不确定的;由于技术商品具有独创性、新颖性、单件性和独占性,一般属于卖方市场,因此技术价格也具有垄断价格的特点。

技术价格受多种因素影响,其中主要有技术的生命周期、技术的开发费用、技术的转让费用和技术的市场费用等。从技术的生命周期方面看,与产品的生命周期一样,技术也经历发展、成熟和衰退等不同的生命阶段,在不同的生命阶段技术价格也有差异。在技术的发展阶段,由于技术尚不成熟,多以专利的形式加以保护,所以技

① 详细内容可参阅:饶友玲编著,《国际技术贸易理论与实务》,南开大学出版社,2006 年版,第 221—251 页。

术的转让价格较低；当技术处于成熟阶段时，由于技术价值已得到市场的考验，因此价格会比较高；而到了衰退阶段，技术已经很普及或即将被淘汰，许可或转让的价格会比较低。

从技术的开发费用方面看，由于技术的开发费用属于沉没成本，显然技术的开发费用越高技术的价格也越高。从技术的转让费用方面看，转让费用包括技术供方的基本费用、因技术受方的技术服务要求和技术服务性质决定的费用，由于技术转让过程中要涉及大量的人员、物力和财力，通常技术的转让费用是供方技术报价的下限。从技术的市场费用方面看，技术的市场费用即技术转让的机会成本，显然技术转让的机会成本越高技术价格也越高。

从上面的分析可以看出，技术价格基本上是由技术的转让价格、使用价格和服务价格等部分构成的。从技术许可方方面看，确定技术使用费主要应考虑以下因素：① 技术转让的直接费用（即转让成本），主要包括基本费用（基本设计、生产流程、维修保养方法、质量控制规程、试验方法等合同所需要的全部技术资料编制费）、特别设计费、技术文件费、专家咨询与培训费、技术服务费和机动系数；② 开发费用（沉没成本），即技术开发过程中所投入的人力、物力和资金等；③ 机会成本，机会成本直接导致技术转让的预期利润损失，机会成本数额的估计取决于其对目标市场的预测；④ 对被许可方取得新增利润的估计；⑤ 技术服务和技术协助的数量；⑥ 竞争性因素；⑦ 机动系数，即在基本使用费基础上争取多收的部分。根据上述各项因素的估计，技术价格的构成如下：

技术价格（使用费）＝转让成本＋新增利润分成＋开发费用系数
＋机会成本系数＋其他因素

从技术被许可方方面看，确定技术使用费主要应考虑以下因素：① 自行开发拟引进技术的成本；② 利用引进技术后的新增利润；③ 拟引进技术的状况；④ 可供选择的技术状况；⑤ 间接成本，如消化、吸收和创新成本，以及设备改造、职工培训等费用。

国际技术交易的支付方式主要有总付、提成费支付、入门费与提成费结合等几种形式。总付是在签订合同后，技术受方依据技术贸易合同规定的支付条款，一次或多次付清总价款的一种支付方式。提成费支付是在签订合同时，当事人双方确定一个提取使用费的百分比，待被许可方将技术投入生产并取得经济收益后，以经济收益为基础，定期连续提取使用费的一种支付方式。入门费与提成费结合，即一次性支付和提成费相结合，是指在合同生效时技术受方向技术供方先支付一笔费用（即入门费），此后再逐年支付提成费。

二、技术贸易中的税费

在国际技术贸易合同中，均规定有“税费”条款。技术使用费的纳税问题具有明显的国际性，因为技术许可方有来自被许可方国家的技术使用费收入，按照被许可方国家的税法，许可方有在被许可方国家纳税的义务。同时，许可方又是其所在国的居民，根据其所在国的税法，又必须将来源于国外的技术使用费收入依法在其所在国履行纳税义务。

国际技术交易往往涉及诸多税种，其中所得税对技术转让双方当事人的影响最大。世界大多数国家对技术使用费征收所得税，都是依据居住地征收和所得来源地征收相结合的原则。因此，技术使用费的征收涉及双重管辖权和国家间税收利益的分配，从而导致了双重征税的问题。为了解决这个问题，有关政府通过避免双重征税协定进行协调。具体的征税权的确定有三种类型，即居民所在国享有征税权、收入来源地国家拥有征税权以及居民所在国与收入来源国均享有征税权。其中，居民所在国与收入来源国均享有征税权的这种方式被国际上普遍采用，为了解决双重征税导致供方纳税负担过重的问题，各国通常采用税收抵免的方式进行扣除。①

国际技术贸易除了涉及所得税外，还涉及其他各种税收。在我国的技术引进合同中，除了规定要缴纳所得税外，还涉及营业税、关税和进口环节增值税、流转税（含印花税）等。

三、国际技术转让的风险及其管理

在国际技术贸易中，由于人为或者技术转让行为的自身特点以及外部环境等因素，可能会给技术转让方和技术受让方带来不利影响或损失，从而产生技术转让风险。因此，技术转让方和受让方必须通过内部管理和外部的法律规范来避免或减少风险及其所带来的损失。

从技术转让方来看，技术转让可能带来的风险有商业风险、财务风险和交易风险。商业风险主要表现为失去对知识产权的控制、失去原有顾客、失去新的商业机会、收益上依赖他人、与被许可人竞争、失去专利产品生产能力、知识产权被盗用、失去技术优势和不被公众认知等。财务风险主要是指预期收益不确定的风险。交易风险主要是指交易信息不对称的风险。因此，应该针对不同的风险，采取相应的风险管理和控制措施。

从技术受让方来看，技术转让可能带来的风险主要有：前期调研不足和技术转让方选择不善所带来的商业风险；引进技术的先进性、适用性风险，以及自身的技术

---

① 具体的抵免方式主要有：(1) 自然抵免，即全额抵免，当供方国与受方国的所得税税率完全相同时，供方国允许企业在缴纳受方国的所得税后，不必再向供方国缴纳所得税；(2) 申请抵免，当供方国的所得税税率高于受方国时，企业可申请抵免已在受方国缴纳的税款，只向本国缴纳不足的部分；(3) 最高限额抵免，当供方国的所得税税率低于受方国时，企业在按受方国税率缴纳了所得税后，可通过最高限额抵免的申请，免除按供方国所得税税率计算的这部分税款；(4) 费用扣除法，技术受方国首先按照其所得税税率扣除税款，其后供方国根据剩余收入征收所得税。

消化、吸收和创新能力风险；技术估价风险；技术转让合同中的限制性做法的风险；知识产权控制的风险；履约风险；知识产权保护法律不完善，第三方侵权的风险；平行进口、多重收费的风险；技术转让限制以及技术贸易壁垒风险，等等。必须针对不同的情况和问题，采取不同的风险防范和控制措施。

复习与思考题

1. 解释下列概念

国际技术贸易　国际技术转移　知识产权　专利权　商标权　专有技术　商业秘密　版权　许可贸易　技术服务　技术咨询　国际合作生产　国际合作开发　国际工程承包　国际BOT方式　特许经营　补偿贸易

2. 与国际货物贸易相比，国际技术贸易有什么特点？

3. 第二次世界大战后国际技术贸易迅速发展的原因是什么？

4. 知识产权具有哪些特征？

5. 国际技术贸易的主要内容有哪些？

6. 国际技术贸易的方式有哪些？

7. 技术价格的特点和影响因素是什么？

第十章　国际要素流动

内容提要

商品和服务的流动(贸易)并非是国际经济交流和融合的唯一形式。国际经济的交流和融合还可以通过生产要素的流动来实现。虽然国际要素的流动与国际商品和服务的流动并没有本质上的差别,但是国际要素流动会比一般的国际贸易引起更多的政治问题。因此,国际要素的流动要比国际商品的流动受到更多的约束。比如,各国普遍对移民进行限制,对国际资本流动进行严格控制,等等。生产要素的国际流动有劳动力的国际流动、通过国际借贷的资本流动以及跨国公司的直接投资等不同形式。本章包括两节:第一节,国际资本流动,主要介绍国际资本流动的基本知识、国际借贷以及对外直接投资与跨国公司等方面的知识;第二节,劳动力国际流动,主要介绍劳动力国际流动的特点、原因及其影响。

第一节　国际资本流动

国际资本流动实际上在中世纪就开始出现了,但是作为一种经常性的经济现象,则是19世纪后半叶的事。第二次世界大战以后,特别是20世纪90年代以来,国际资本流动取得了前所未有的发展。当前国际资本流动十分频繁,规模越来越大,内容不断增多,方式也趋于多样化,在世界经济发展中的地位和作用日益重要。本节首先对国际资本流动做一概要性的分析,然后进一步分析国际借贷、对外直接投资与跨国公司问题。

一、国际资本流动概述

(一) 国际资本流动的概念与类型

国际资本流动是指资本从一个国家或地区跨越国境移动到另一个国家或地区,从事生产或金融方面的投资或投机活动,以获取更高经济收益或规避风险的经济行为。

国际资本流动的载体可以是商品、技术和货币资金。因此,国际资本流动可以表现为商业资本、产业资本和金融资本等不同的形式。前两者与实际生产、交换发生直接的联系,后者则没有与其发生直接联系。必须指出的是,这里所说的资本一般是指货币或金融资本,不包括纯贸易往来的商品资本或实物资本,但包括与投资活动相关联的商品资本和生产资本。

对于一个特定的国家来说,国际资本流动包括国际资本流入和国际资本流出两个方面。国际资本流入是指资本从国外流入到国内,国际资本流出是指资本从国内流出到国外。

从资本流动的期限长短来考察,国际资本流动可以分为长期资本流动和短期资本流动两种形式。长期资本流动的期限在一年以上,主要包括国际直接投资、国际证券投资和国际贷款三类。短期资本流动的期限在一年或一年以下,指各种短期金融资产,如现金、活期存款及所有货币市场上的金融工具等的流动。一般来说,国际短期资本流动具有形式多样、流动性大和投机性强等特点。与长期资本流动相比,其套利性、避险性和投机性作用明显。短期资本流动主要包括贸易资本流动、短期证券投资、短期贷款、保值性资本流动和投机性资本流动等几种形式。具体情况见表 10-1。

表 10-1　国际资本流动的类型

分类	类型	性质与内容
长期资本流动(期限在一年以上)	国际直接投资	国际直接投资是一国居民在他国兴办企业并获得经营管理权的一种投资方式。除资金转移外,国际直接投资还包括机器设备、半成品、技术、专利、商标、商誉与管理等有形和无形资产的转移。国际直接投资的特点是投资周期长、风险大,可以带动技术出口和管理经验传播,便于投资接受国对其进行管理和控制,以及改善出口商品结构。国际直接投资主要受政治、社会、文化、经济和风险等因素的影响。投资者拥有对所投资企业的经营控制权,一般主要有以下三种投资方式进行:(1) 创办新企业。投资者在外国设立子公司、附属机构,或者与多国资本共同在外国兴建合资企业等。(2) 控股权投资。投资者收购并拥有国外企业股权达到一定比例,从而拥有对国外企业的实质性所有权和经营管理权。(3) 利润再投资。投资者在国外企业投资所获利润不汇回国内,而用于企业再投资
	国际证券投资	国际证券投资,又称为国际间接投资,是指投资者在国际债券市场上购买外国公司和政府的中长期债券,或者在国际股票市场上购买外国公司股票的一种投资活动。它与直接投资的区别在于,证券投资者一般只能取得债券、股票的股息和红利,对投资企业无直接的经营控制权。国际间接投资的特点是流动性大、风险小,投资具有自发性和频繁性。国际间接投资主要受利率、汇率和风险程度等因素的影响
	国际贷款	国际贷款是指政府机构、国际金融机构和从事国际金融业务的银行,对非居民进行的一年期以上的信贷活动。其主要特点是只进行单纯的货币资本借贷,收益的形式是利息及其相关费用。国际贷款主要包括政府贷款、国际金融机构贷款、国际商业银行贷款和出口信贷几种形式。其中,出口信贷又分为买方信贷和卖方信贷

（续表）

分类	类型	性质与内容
短期资本流动（期限在一年或一年以下）	贸易资本流动	贸易资本流动指的是与贸易有联系的资本流动。一般地，在国际贸易中，出口商通常不要求进口商立即支付全部货款，而是允许进口商有一段时间的延期支付。这种延期支付会导致进口商的对外债务增加或债权减少，从而形成了贸易性的短期资本流动
	短期证券投资	短期证券投资是通过在国际证券市场上购买短期证券（如短期债券等）进行的投资。这种短期资本流动是追逐高利率的结果
	短期贷款	短期贷款是指政府机构、国际金融机构和从事国际金融业务的银行，对非居民提供一年期以下的短期信贷活动。它是由于各国货币市场之间的利息率存在差别而引起短期资本在各个金融市场之间流动的一种现象。这种短期资本流动也是追逐高利率的结果
	保值性资本流动	保值性资本流动是金融资产持有者为了保证资产的安全，或保持其价值不变而进行资金转移所形成的短期资本流动。保值性资本流动的规模、时间和频度，取决于相关国家的国际收支状况、币值稳定程度以及经济和政治状况
	投机性资本流动	投机性资本流动是指那些没有固定的投资领域，期限较短（一般是一年以下），以追逐高额短期利润为目的而在各个国际金融市场之间进行移动的短期资本的国际流动。简单地说，就是投资者利用利率差别和预期汇率波动来牟利而形成的短期资本流动

（二）国际资本流动的影响因素

从本质上说，国际资本是由国内资本转化而来的，当一国资本跨出国境时，就成为国际资本的一部分。因此，国际资本流动的最基本来源是世界各国的国际储蓄，国际储蓄中用于国际投资的部分即形成了国际资本流动，具体的来源渠道主要有国际商业金融机构的信贷、各国政府的信贷与融资、国际金融组织的贷款和融资、跨国公司的资本输出入和社会资本的投融资等。

国际资本流动的基本动因是投资者为了获得比国内投资更高的收益，或者是为了分散投资风险。资本的逐利本性决定了其必然会由预期收益率低的国家流向预期收益率高的国家。同时，资本在国际间流动又会遇到政治风险和经济风险（如汇率风险和商业经营风险等），而且投资的预期收益越高，投资风险一般也越大。所以，投资者在进行投资决策时必须综合考虑这两方面的因素。具体地说，国际资本流动主要受以下几方面因素的制约：

（1）经济增长及其对资本的供求。经济增长及其对资本的供求是国际资本流动的基本诱因。一般来说，经济增长相对较快的国家，通常都是国内储蓄率相对较低、国内资本不足的国家，其国内资本不能满足经济发展的需要。而由于资本短缺，这些国家的资本预期收益率却相对较高。因此，这些国家对国际资本具有较强的吸引力，因而会促使大量的国际资本流入。

(2) 利率差异。利率差异是影响短期资本流动的主要因素,因为利率高低直接影响资本的收益率。一旦国际金融市场出现利率差异,就会导致国际资本从利率相对较低的国家流向利率相对较高的国家。

(3) 汇率差异或预期汇率变动。汇率也是导致国际资本流动,特别是短期国际资本流动的主要因素。当外汇市场出现汇率差异或投资者预期汇率将要发生变化时,就会出现套汇、套利或避险性质的短期国际资本流动。

(4) 通货膨胀。通货膨胀是影响国际资本流动的重要因素之一。一国发生较严重的通货膨胀时,资产持有者为了避免因通货膨胀而造成的资产贬值的损失,往往会将国内资产转换为外国债权,以减少或避免通货膨胀带来的损失。这种转换的过程,就导致了国际资本流动。

(5) 国际分工与生产国际化发展。国际分工与生产国际化发展既是国际资本流动的基础,也是国际资本流动的条件。一般来说,国际分工与专业化协作越发达,生产国际化程度越高,生产要素和资本在国际范围内配置的程度也越高。因为在这种条件下,各国会依据比较优势原则,突破国界限制,实施全球化的投资和生产经营战略。这种经营战略会极大地促进生产性资本的国际流动。

(6) 国际投资环境与各国经济政策。一国的国际投资环境好,比如,投资的市场潜力大、市场机制健全、基础设施完善、法律完备和政治稳定等,就能够吸引国际资本流入。一国实施积极的经济政策,在产业投资、税收和外汇等方面采取优惠政策,就会促进国际资本流入。此外,各国的金融市场发达程度、金融创新能力和金融监管政策对国际资本流动的方式、规模和速度也有很大影响。如果各国的金融市场发达、金融创新能力强、金融监管水平较高,对国际资本流动的管理较为宽松,那么,国际资本流动的规模和速度也会相应增大。

(7) 风险因素。风险也是导致国际资本流动的重要因素之一。如果一国的风险较大,如出现政局不稳定、经济不稳定、法律不健全和资产安全无保障等现象,资本持有者就会将资产转移到其他国家。相反,风险较小的国家,会吸引大量的国际资本流入。

(三) 国际资本流动对经济的影响

国际资本流动对一国和世界经济有重要的影响。特别是在当今国际资本流动规模越来越大的情况下,这一影响广泛而深刻。国际资本流动对经济既有促进作用,又有消极影响,这里分两种情况分别进行论述。

1. 国际资本流动的积极影响

(1) 有利于提高资本输入国和输出国的经济效益。国际资本流动不仅有利于提高资本输入国的经济效益,也有利于促进资本输出国的经济效益。一般情况下,资本总是由利润率低的国家流向利润率高的国家,即资本输入国利用资本的经济效益要比资本输出国大，因而资本流动给资本输入国带来的经济效益要超出资本输出国减少的经济效益，其结果是总体的经济效益增加，资本输入国和资本输出国都从中受益。对于资本输出国来说，国际资本流动不仅可以提高资本的边际效率，而且有利于带动商品和劳务的出口。特别是对外直接资本输出，十分有利于投资者占领东道国市场，克服贸易壁垒，增强经济实力和国际影响力。对于资本输入国来说，国际资本流动不仅可以解决国内资本形成不足的矛盾，而且有利于引进国外先进的技术和管理经验，扩大生产和就业，推动对外贸易发展，加快工业化发展步伐。

（2）有利于促进世界生产力水平的提高和世界经济增长。国际资本流动是在国际分工和专业化协作的基础上发展起来的，同时又会反过来加深国际分工和专业化协作的发展。因为国际资本流动加强了世界各国的经济联系和经济合作关系，使得国际分工在世界范围内充分展开。同时，国际资本流动往往伴随着生产要素的国际转移，这样有利于促进生产要素在全球范围内的合理配置，提高生产力水平和经济效益。此外，国际直接资本流动还有利于加快先进技术和管理经验在世界范围内的扩散和传播，有利于推动世界生产力水平和劳动生产率的提高。

（3）有利于促进货币金融国际化和国际金融市场的发展。首先，国际资本流动为国内支付手段向国际支付手段的转化创造了条件，推动了货币信用国际化和金融业国际化的发展。其次，国际资本在世界各金融市场之间追逐高额利润的过程，增强了世界各国经济和金融的相关性，必然会加速世界经济和金融一体化发展的进程。最后，国际资本流动极大地推动了金融衍生工具的创造和运用，加快了国际金融创新步伐，增加了国际金融市场的流动性，降低了国际金融交易成本，从而推动了国际金融市场的发展。

（4）有助于调节和改善国际收支状况。国际资本流动首先为资本盈余和资本短缺的国家之间调节资本余缺创造了条件。在国际资本流动条件下，国际收支顺差的国家可以通过国际金融市场输出资本，而国际收支逆差的国家可以通过国际金融市场来筹措资本，从而为各国调节和改善国际收支提供了便利。特别是长期资本流动，可以增强资本输入国的投资能力，扩大生产和就业，促进出口，因而有利于改善资本输入国的国际收支。

（5）有利于促进国际贸易的发展。国际贸易是国际资本流动的基础，反过来，国际资本流动又促进了国际贸易的发展。

第一，国际资本流动可以为国际贸易发展创造有利条件。对于资本接受国来说，引进外资可以加速基础设施建设，改善国民经济中的薄弱环节和投资环境，使该国发展对外贸易的基础与能力扩大；对于投资国来说，对外直接投资有利于迅速占领东道国市场，增加贸易渠道，提高产品竞争能力，带动商品出口。

第二，国际资本流动对国际贸易有替代作用，可以用直接投资的方式来代替某类商品的国际贸易。①

第三，国际资本流动方向影响着国际贸易地理方向。第二次世界大战以后，国际直接投资转向发达国家和新兴工业化地区，使这些国家或地区成为主要的贸易对象。

第四，国际资本流动的流向结构对国际贸易的商品结构起着优化和约束作用。第二次世界大战以后，国际直接投资转向制造业、商业、金融和保险业，尤其是新兴工业部门，促进了国际服务业贸易、技术贸易、中间产品贸易和发展中国家的制成品贸易迅速发展。

第五，国际资本流动还促进了贸易方式改革和贸易多样化，推动了国际贸易自由化发展。随着跨国公司对外投资的日益扩大，许多跨国公司设立了专门的贸易机构专营进出口业务，不仅降低了贸易成本，也降低了贸易中间商和代理商的地位。同时，跨国公司的全球化经营也扩大了跨国公司的内部贸易，从而提高了贸易自由化程度。

最后，以出口信贷形式存在的国际资本流动，有利于解决商品进出口中资金周转和支付困难的矛盾，直接推动了国际贸易的发展。

2. 国际资本流动的消极影响

(1) 国际资本流动在某些情况下可能会给资本输出国和输入国的经济发展带来不良后果。从资本输出国方面看，适当的资本输出固然会给本国经济带来一定好处，但如果长期过度地资本输出，不仅会直接削弱国内的投资和生产能力，而且也不利于本国高新技术产业部门的发展，最终将会导致资本输出国经济发展的停滞。从资本输入国方面看，如果输入国不能合理利用外资，没有将利用外资与培育本国具有竞争性的优势产业结合起来，或者大量的外资流向非生产和贸易部门，那么不仅会导致泡沫经济的形成和加剧宏观经济的失衡，而且会加重外债负担、损害国内的经济基础。如果引进的外国直接投资规模过大，还有可能损害经济发展的自主权，沦为外国资本的附庸。

(2) 国际资本流动影响了一国货币政策的独立性和有效性。国际资本的逐利本性决定了国际资本流动总是依据预期收益率的大小来确定其流向、流速和流动规模。这就决定了国际资本流动，特别是国际投机资本流动与各国的货币政策目标总是相反的。

(3) 国际资本流动加剧了国际金融和经济的动荡。国际资本流动可能加剧国际收支失衡，导致汇价扭曲，诱发经济泡沫破裂，增加国际金融市场的不稳定性。

---

① 关于商品流动与资本流动的替代与互补模型方面的知识，可参阅本教材的配套辅导教材《国际贸易学教程学习指南》第十章的补充阅读资料部分。

二、国际借贷

（一）国际借贷的静态福利效应

从世界范围看，国际借贷可以有效地优化资本配置，提高资本的边际效率，促进世界福利的增长。假设世界由 A 和 B 两个国家组成，A 国是一个拥有丰裕的资金但缺少投资机会的国家，B 国是一个投资获利机会较多但缺少资金的国家。因此，A 国的资本边际效率相对较低，利率也相对较低；而 B 国的资本边际效率相对较高，利率也相对较高。假如资金可以在 A 和 B 两国之间无障碍自由流动，那么，资金（资本）就会从 A 国流向 B 国，直到两国的利率差异消失为止。资金（资本）跨国流动有利于提高资金的平均收益率，从而有利于增进整个世界的福利水平。

如图 10-1 所示，图中横轴代表资本存量，纵轴代表资本边际生产率。起初，A 国持有的资本量为 O_AQ，B 国持有的资本量为 O_BQ；A 国的资本边际产品价值为 O_AL，B 国的资本边际产品价值为 O_BM；A 国的总收益为 O_ACIQ，其中 O_ALIQ 为资本要素的收益，LCI 为其他要素收益，B 国的总收益为 O_BDGQ，其中 O_BMGQ 为资本要素的收益，MDG 为其他要素收益。在经济隔绝的情况下，世界总收益为 O_ACIQ 与 O_BDGQ 的面积之和。

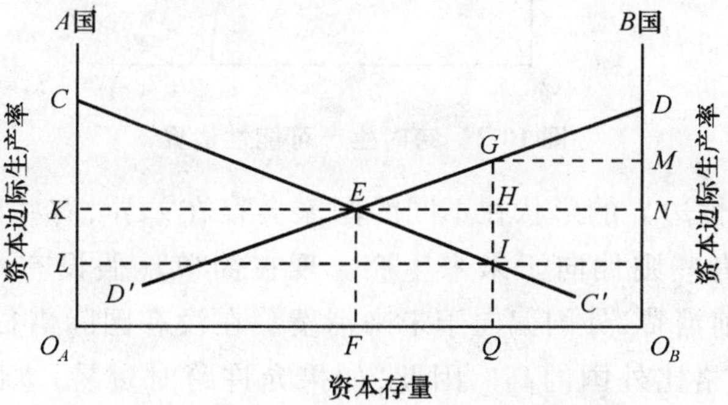

图 10-1 国际借贷的静态福利效应

在允许国际借贷的条件下，资本（资金）必然会由 A 国流向 B 国，直到两者的资本边际效率相等时为止，即处于 CC'线和 DD'线相交点 E 的均衡状态。此时，A 国的收益减少 $FEIQ$，B 国的收益增加 $FEGQ$，世界净增收益 EGI。B 国将增量中的 $FEHQ$ 支付给 A 国的投资者，净得 EGH；A 国则净得 EHI。

可见，国际借贷增加了世界经济效益，使资本输入国和输出国都从中受益。

（二）国际借贷、跨时生产可能性与跨时贸易

国际借贷可以看做是国际贸易的一种形式，这种形式不是在某一时点上用一种商品与另一种商品的交换，而是用现在的商品换取将来的商品，即所谓的跨时贸易（intertemporal trade）。下面来简要地进行分析。

1. 跨时生产可能性与国际借贷

一般来说,一个社会通常不会消费掉它所有的产出,而是将一部分产出以机器、建筑物或其他生产资本的形式转化为投资。现在的投资越多,该社会在未来的产出和消费也就越多。但是,一个社会的资源量是有限的,为了多投资必须少消费,以节省资源。因此,该社会必须在当前消费和未来消费之间做出选择。

假设一国只消费一种商品,并且只存在当前和未来两个时期。那么,该国对这种消费品的生产,就存在一种当前和未来的替代关系,即必须在当前生产和未来生产之间进行选择。这种替代或选择关系,可以用跨时生产可能性边界来表示,如图10-2 所示。跨时生产可能性边界是当前消费和未来消费组合的点的轨迹,其形状和同一时点两种商品的生产可能性边界十分相似。

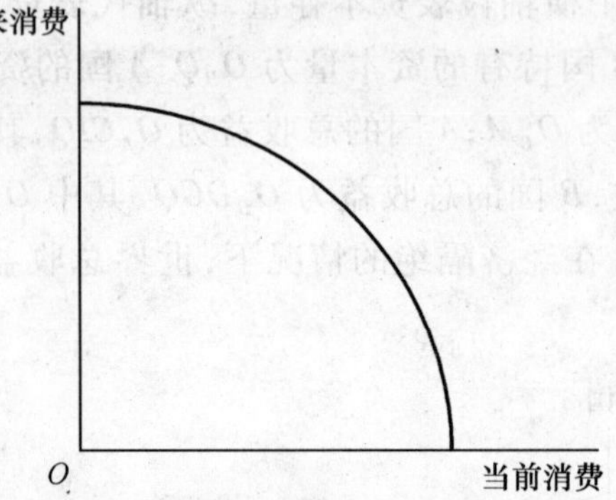

图 10-2　跨时生产可能性边界

跨期生产可能性边界的形状在不同的国家会存在差异,有些国家的生产可能性偏向于当前生产,有些则偏向于未来生产。现在简单地假设有本国和外国两个国家,本国偏向于当前消费,外国偏向于未来消费。在没有国际借贷的情况下,本国的未来消费的相对价格比外国的高。因此,如果允许跨时贸易,本国将会出口当前消费,进口未来消费。

未来消费的相对价格是如何决定的?一国又是如何进行跨时贸易的呢?答案是,一个国家可以像个人一样,通过借贷来进行跨时贸易。一个人可以通过借款来使支出大于收入,或者说使其消费大于产出,但是以后他必须偿还借款及其利息,因而他在未来的消费将会少于产出。因此,通过借款,他事实上把未来的消费转化为当前的消费。国家也是一样。

显然,以当前消费衡量的未来消费价格,与利率有关。假设借贷的实际利率为 r,1 个单位的借款将来需要偿还本息$(1+r)$个单位,未来消费的相对价格就是$1/(1+r)$。如果允许国际借贷,则未来消费的相对价格和世界的实际利率将由未来消费的世界相对供给和相对需求决定。由于本国跨期生产可能性边界偏向当前消费,本国会出口当前消费,进口未来消费。也就是说,本国会在第一个时期借款给国外,而在第二个时期得到还款。

2. 跨时贸易模式的确定

上面对跨时贸易进行了初步的分析，这里再用跨时贸易模型来解释国际投资与借贷的模式，并确定跨时贸易条件（即实际利率）。

先来确定本国的跨时生产模式。根据前面的分析，本国生产的当前消费产品和未来消费产品的数量，取决于本国将多少当前消费产品用来投资生产未来消费产品。当本国将部分现有资源从当前消费转为投资时，当前消费产品的产量下降，未来消费产品的产量上升。因此，增加投资使整个经济沿着跨时生产可能性边界向左上方移动。

假设当前消费产品的产量为 Q_P，未来消费产品的产量为 Q_F，相对于当前消费的未来消费相对价格为 $1/(1+r)$。若用当前消费来衡量，那么整个经济在两期中生产的总价值（V）就是：

$$V = Q_P + Q_F/(1 + r)$$

在图 10-3 中，等值线（V）为一条斜率为 $-(1+r)$ 的直线。和标准贸易模型一样，厂商的决策是选择一个在市场价格下总产出价值最大的生产模式。因此，生产点会选择在 Q 点。只要本国按图 10-3 中所示的量投资，就能获得 Q_P^1 的当前消费和作为第一期投资回报的未来消费 Q_F^1。在 Q 点，多将 1 单位当前消费转为投资所生产的额外未来消费正好是（$1+r$）。这个值使投资不会超越 Q 点，因为超越 Q 点后，本国追加的投资所得会下降，不如将这部分当前消费借给外国反而能赚得更多。图 10-3 还暗示，世界实际利率 r 的上升，使等值线变得更陡，从而会导致投资下降。

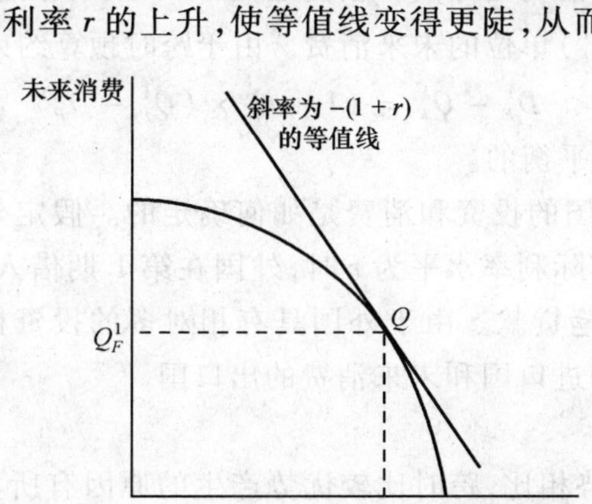

图 10-3　本国的跨时生产模式

再来分析在给定世界利率水平下，本国的消费模式是如何确定的。如图 10-4 所示，不妨用 D_P^1 和 D_F^1 分别代表当前和未来消费产品的需求。因为生产点在 Q 点，所以本国在两期的消费可能性受到跨时预算约束线的限制。该跨时预算约束线为：

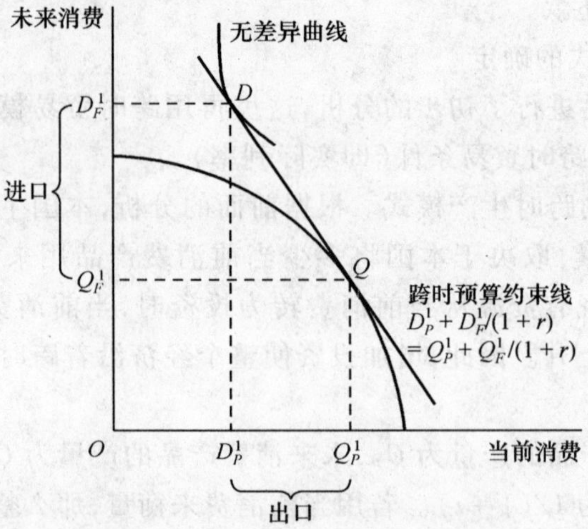

图 10-4　本国的跨时生产和消费模式

$$D_P^1 + D_F^1/(1+r) = Q_P^1 + Q_F^1/(1+r)$$

这一预算约束说明,本国两期消费的总价值(用当前消费来衡量)等于本国这两期生产的消费产品的总价值(也用当前消费来衡量)。也就是说,生产和消费必须在同一条等值线上。在图 10-4 中,消费点在 D 点,在该点本国的预算约束线与其可达到的最高无差异曲线相切,它表明本国所选择的当前和未来消费水平。本国对当前消费产品的需求 D_P^1比其当前消费产品的生产水平 Q_F^1要低,所以本国出口(即出借)($Q_P^1 - D_P^1$)单位的当前消费给外国。相应地,当第一期贷款连本带息偿还时,本国就能从外国进口($D_F^1 - Q_F^1$)单位的未来消费。由于跨时预算约束意味着:

$$D_F^1 - Q_F^1 = (1+r) \times (Q_P^1 - D_P^1)$$

因此,贸易是跨时平衡的。

图 10-5 说明了外国的投资和消费是如何确定的。假定外国具有生产未来消费产品的比较优势,在实际利率水平为 r 时,外国在第 1 期借入消费产品,并用第 2 期生产的产品来偿还这笔贷款。由于外国具有相对多的投资机会和对当前消费的偏好,就成为当前消费的进口国和未来消费的出口国。

3. 跨时比较优势

与一般的比较优势相比,跨时比较优势产生的原因有所不同。一个在未来消费品生产上具有比较优势的国家,在没有国际借贷时,其未来消费的相对价格较低,或者说实际利率较高。这一较高的实际利率,意味着有较高的投资回报率。也就是说,把资源从当前消费品生产中转移出来,用于资本品生产及其他提高未来社会生产能力的活动中,所得到的回报率很高。因此,在国际市场上借款的国家,就是那些具有较高投资回报率的国家,而那些放贷的国家则是国内没有如此投资机会的国家。

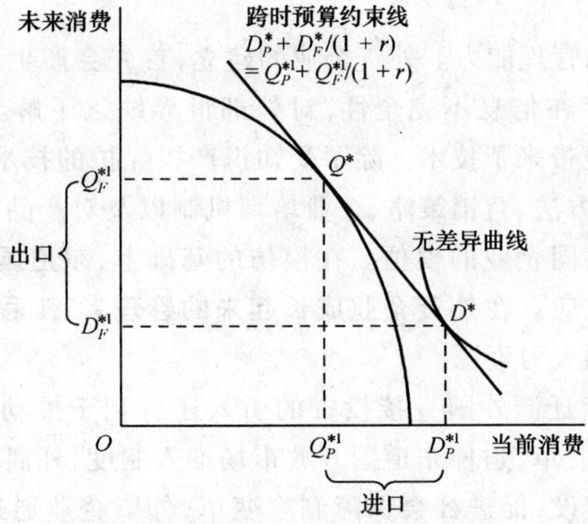

图 10-5　外国的跨时生产和消费模式

三、对外直接投资与跨国公司

（一）对外直接投资的潜在收益与成本

对外直接投资既会给经济带来潜在的收益，也会造成潜在的成本。

1．对外直接投资的潜在收益

对外直接投资有可能会给东道国（即资本输入国）带来各种各样的利益。这些利益并非在所有情况下都能获得，利益大小也不尽相同。一般来说，对外直接投资给东道国可能带来的潜在利益主要有：

（1）解决资金短缺问题，扩大生产能力。大多数发展中国家都存在资金短缺问题，外资的引入可以有效地解决这一问题。资金的增加可以促进国内劳动力和其他资源的充分合理利用，增强整体生产能力，增加产出。如果外资企业生产的是新产品或互补品，则会产生联系效应，如产业联系、就业联系、税收联系和旁侧联系等。

（2）提高工资水平。外资的引入导致了国内资本利润的再分配，使得原先工资水平较低部门的工人工资得到了提高。

（3）增加就业。对于大多数发展中国家来说，国内劳动力供给过剩的矛盾比较突出，外资企业的建立，增加了新的就业领域和就业机会。

（4）增加税收收入。外资企业在东道国的投资和生产会产生利润和其他收入，如果东道国采取适当的税收政策，就能够获得新的税收来源，增加税收收入。

（5）增加出口。外资企业的技术水平和劳动生产率较高，增强了出口商品的竞争能力，有利于增加出口。

（6）实现规模经济。由于资金短缺，发展中国家难以实现规模化生产。外资企业的建立不仅能够带来资金和新技术，而且有利于扩大产品的市场规模，从而有利于实现规模经济。

(7) 提高技术和管理能力。外资企业的建立,首先会产生示范与模仿效应。因为发展中国家企业存在信息不完全性,对外部世界缺乏了解。外商进入发展中国家,既带来了资金,也带来了技术。除了受知识产权保护的技术之外,许多技术的传递是免费的,如管理方法、营销策略、企业培训机制以及对产品质量的重视等。这种示范通常会引起东道国企业的模仿。在模仿的基础上,东道国企业也会有所创新。其次还会产生培训效应。在外资企业成长起来的管理者、工程师和熟练工人,是发展中国家十分稀缺的人力资源。

(8) 推动制度变迁。外国直接投资的引入还有利于推动东道国的制度变迁。比如,促进产权制度变革,迫使东道国开放市场准入制度,外商对透明度的要求可能促进东道国的法制建设,促进社会保障制度变革,外资企业通过竞争效应推动国内企业的制度变革,等等。

(9) 弱化国内市场的垄断力。外商直接投资使国内出现一个强有力的竞争对手,它有助于打破国内市场原有的垄断格局,使东道国企业在更大的竞争压力下改进资源配置。这就是外资所产生的竞争效应。

以上是从东道国的角度来分析的。实际上,对外直接投资对于资本输出国也是有益的。比如,它可以为资金充裕国提供有利的投资场所,有利于克服商品贸易中的贸易保护主义,有利于带动本国的商品和劳务出口,有利于提高一国的国际经济地位,等等。

2. 对外直接投资的潜在成本

对外直接投资也会给东道国带来潜在成本和消极影响。主要有:

(1) 恶化贸易条件。假如外国直接投资进入的是东道国的出口产品生产行业,并且出口量较大,则无疑会降低东道国的出口产品对进口产品的相对价格,这将会恶化东道国的贸易条件。此外,为了躲避东道国的管制或逃避税收,跨国公司可能会采取内部转移定价制度,这也会导致贸易条件恶化。

(2) 减少国内储蓄。由于外资的流入,政府可能会放松刺激国内储蓄的努力,从而降低国内储蓄。

(3) 减少国内投资。外商直接投资往往会导致东道国的国内投资减少。首先,外国投资商往往通过在东道国的资本市场借入资金来为其直接投资提供部分融资,这种行为会导致东道国的利率上升,并最终通过挤出效应减少其国内投资。其次,外商直接投资有可能排挤东道国在相同产品上的投资。同类产品的竞争挤掉了东道国企业的市场空间,加剧了东道国的资源短缺状况。

(4) 导致国际收支和汇率的不稳定。外国直接投资进入东道国时,往往会提供外汇,改善国际收支,并有利于提高东道国货币在外汇市场的价值。但是,由于外国直接投资企业的许多投入需要依靠进口,或者将获取的利润汇回母国,会减少东道国的外汇供给,恶化其国际收支,并导致其货币贬值。如果外国直接投资从事的是短期投资行为,会导致东道国的国际收支和汇率的不稳定。

(5)影响国内经济安全。首先,如果东道国的主要经济部门被大量的外国企业所控制,东道国将失去国内政策和经济发展的自主性。其次,外资企业可能对东道国的自然资源进行掠夺式的开采和利用,削弱了东道国的经济发展后劲,也使东道国的工业布局和工业结构难以合理化。

此外,外国直接投资也可能导致东道国更多的失业,因为跨国企业往往从事的是技术密集型生产,它所雇佣的一般劳动力有限。跨国公司的建立还可能垄断东道国市场,对东道国的教育和熟练劳动力的培养产生不利影响,因为跨国公司往往将技术核心部分留在母国,而将低技术和低技能的生产放在东道国,使东道国的劳动力和管理者难以通过跨国公司获得新技能。

以上是从东道国的角度来分析的。对外直接投资对于资本输出国也会产生一些潜在成本。比如,它将使资本输出国的部分经济利益丧失,导致资本输出国政府的税收减少,减少了资本输出国的就业机会,技术扩散到东道国后,东道国发展成为其竞争对手,对外直接投资也面临着一定的政治风险,等等。

综上所述,外国直接投资既有积极的一面,也有不利的一面。不同类型的外国直接投资所造成的潜在收益与成本也不相同。有关国家特别是东道国应制定一些合理有效的政策,以充分发挥外国直接投资的积极作用,尽可能地避免不利的影响。

(二)跨国公司动因的解释

对外直接投资往往是通过跨国公司来完成的,跨国公司是对外直接投资的行为主体。下面来简要地分析跨国公司的动因。

现代跨国公司理论试图回答两个问题:其一,一种商品为什么在两个或多个国家而不是在一个国家生产?这是所谓的区位问题。其二,为什么在不同地区或国家进行的生产是由同一家企业而不是分别由几家独立的企业来做?这是所谓的内部化问题。

生产的区位通常由资源决定。例如,铝矿必须建在有铝土的地方,而铝的冶炼则要靠近电力便宜的地方;美国微机生产商把技术密集型的设计工作放在本国,而把劳动密集型的装配放在劳动力资源丰富的外国,等等。此外,运输成本或其他贸易障碍也会决定区位。比如,美国之所以在墨西哥投资建厂制造汽车,是因为墨西哥实施进口配额和其他限制进口的保护措施。这就是一种商品会在两个或多个国家而不是在一个国家生产的原因。

跨国公司的基本特点是在不同的国家或地区设立子公司或附属机构,然后进行内部化交易。但是,国际交易并不必然要求在一个公司内部进行。比如,零部件可以在公开市场上买卖,技术可以通过许可证等来转让,等等。跨国公司之所以存在,是因为将这些交易放在一个公司内部进行要比在公司间进行更有利可图。至于内部化交易存在的原因,理论界有两种不同的观点:

第一个观点强调内部化在技术转让方面的优势。广义地说,技术是任何有用的知识。技术可以被出售或转让,但是与一般的商品不同,技术转让存在一些难以克服的障碍。首先,技术中的许多东西是无法记录下来的,它体现在一些个人的知识中,且无法被包装和出售。其次,知识价值的衡量是存在困难的。最后,知识产权常常难以界定,在技术转让过程中有可能导致技术外泄或被合法地模仿,给技术创新者造成损失。如果一个公司不是通过出售技术,而是通过设立外国子公司来获取技术收益,那么上述问题就可以避免。

第二个观点强调内部化在垂直一体化方面的优势。如果一家上游厂商生产的产品被另一家下游厂商用做投入品,就会产生一系列问题:一是如果两家厂商都具有垄断地位,它们之间就可能产生冲突,因为下游厂商试图维持低价而上游厂商却尽力抬高价格;二是如果需求和供给不确定,两者的合作就难以协调;三是价格波动会给双方带来额外的风险。但是,如果这两个厂商合并成一个"垂直一体化"的厂商,就可以减少甚至避免这些问题了。

第二节 劳动力国际流动

在经济全球化背景下,劳动力的国际流动在国际经济中占有越来越重要的地位,对劳动力输出国和输入国的经济和社会产生重要的影响。本节重点讨论劳动力国际流动的特点、原因及其对经济和社会产生的影响。

一、劳动力国际流动概述

(一) 劳动力国际流动的概念与特点

劳动力国际流动是一国的劳动力跨越国界到他国定居或就业的行为。劳动力的国际流动主要有两种形式:一种是通过办理移民手续从一国移居到他国;另一种是通过劳务输出的形式从一国到他国寻找就业机会。前者具有永久性,而后者则属于短期流动。

早在18世纪初,在重商主义的影响下,欧洲就出现了大量的劳动力国际流动现象。第二次世界大战结束后,特别是20世纪90年代以来,在经济全球化浪潮的推动下,劳动力的国际流动已经成为一种普遍的现象,它对世界经济和社会发展产生了越来越重要的影响。当代的劳动力国际流动主要呈现出以下特点:

(1) 劳动力国际流动以实现劳动者自身的利益和价值为目的。一般情况下,劳动力总是由劳动和收入条件较差的国家或地区，流向劳动和收入条件较好的地区。北美和欧洲的发达国家是主要的劳动力输入国，而非洲、亚洲、南美洲的一些发展中国家则是主要的劳动力输出国。近些年来，劳动力国际流动呈现出分散性和对流性的特点，这与国际分工的广化与深化、世界经济发展不平衡、经济全球化、各国之间的工资结构差异以及各国的劳动力政策等因素有关。

(2) 短期的劳动力国际流动越来越普遍。早期的劳动力国际流动以移民定居的形式居多。近些年来，由于主要的劳动力输入国提高移民门槛，限制了低素质劳动力的国际流动，迫使一些低素质的劳动力以劳务输出或其他形式进行短期流动。对于一些区域性的经济集团，由于内部形成了统一的大市场，劳动力的跨国就业现象越来越普遍，这也是造成劳动力短期跨国流动的原因之一。

(3) 高素质劳动力国际流动的比重在不断提高。随着世界生产力的发展和科学技术的进步，人才在各国综合国力竞争中的作用越来越大。因此，各劳动力输入国都制定了各种劳动力流动政策，在限制低素质劳动力流入的同时，鼓励引进高素质人才，从而使高素质人才在整个劳动力流动中的比重不断增加。比如，美国为了使本国的经济、军事和科技继续保持强大和领先，主要吸纳受过高等教育的知识分子、专门人才和科学家。

(4) 服务业成为劳动力国际流动的新的主要就业领域。随着经济发展和生活水平的提高，发达国家的产业结构发生了变化，服务业比重不断上升，社区和公共服务行业出现了劳动力短缺，这为发展中国家的劳务输出提供了机遇。比如，由于人口老龄化，美国、英国、日本和澳大利亚等国的医护人员短缺问题越来越严重，这些国家相继开放了外籍医护人员市场。随着世界服务业的发展，外籍劳务在服务业中的就业机会将会不断增加。

(5) 劳动力国际流动趋于规范化和法制化。在国际劳工组织和世界各国的共同努力下，国际社会已经建立了国际劳工标准，成为各国处理国际劳动关系时共同遵守的行为准则，从而使外国劳工的合法经济利益和社会权益得到了保障。随着国际劳动立法的不断完善，劳动力的国际流动日益步入规范化和法制化轨道，这将进一步促进劳动力的国际流动。

(二) 对外劳务输出

劳务是劳动服务的简称，它是以提供活劳动的形式满足他人某种需要并索取报酬的活动。对外劳务输出是劳务合作双方通过订立劳务合同，由劳务输出国派遣有关劳动者到劳务输入国，开展有关项目的劳动服务，并索取相应报酬的一种劳动力流动形式。

国际劳务市场上普遍采用的劳务输出方式主要有：① 通过到国外承包工程带动的劳务输出，它是国际劳务市场上的一种常见形式；② 通过向国外投资带动的劳务输出，如到国外开办独资、合资、合作生产经营企业而派出的部分经营管理人员、技术人员等；③ 通过签订劳务合同派出的劳务人员，如签订劳务合同派出技术管理人员、海员、技工、医生、护士、体育教练和教师等。除上述三种基本形式外，还有境内劳务输出，即在本国国内为外国雇主提供劳务以收取报酬的劳务输出形式。

按提供劳务的内容来划分，对外劳务输出分为要素性劳务输出和非要素性劳务输出两类。在要素性劳务输出情况下，劳动者在输入国进入直接创造价值的物质生产部门提供劳务，即作为生产要素发挥作用，如在工农业生产部门提供劳务。在非要素性劳务输出情况下，劳动者在输入国不进入物质生产部门，而是在非物质生产领域提供生产性服务或消费性服务。其中，生产性服务是指在非物质部门进行的与生产过程密切相关的服务，如运输、金融、保险、设计、技术服务、咨询、租赁、广告与经销、维修与售后服务等；消费性服务是指为人们直接消费所提供的服务，如旅游、文艺、体育、娱乐、卫生保健、文化教育等。

一般来说，由于发展中国家的劳动力素质水平较低，劳务输出主要集中在要素性劳务输出和非要素性劳务输出的消费性服务方面，这些方面的工作大多收入较低，因此，发展中国家对外劳务输出的经济收益不高。

与发展中国家不同，在发达国家的劳务输出中，非要素性劳务输出中的生产性服务所占比重较大，主要是科学技术人员、经营管理人员和熟练劳动力等所提供的劳务。此外，由于发达国家在国际承包工程上占有优势地位，国际承包工程也是发达国家劳务输出的重要形式。

二、劳动力国际流动的原因

造成劳动力国际流动的原因很多，其中主要有国民收入的国际差异、各国劳动力供求不平衡、经济周期性波动、经济全球化发展和各国的劳动力政策等。

1. 国民收入的国际差异

由于世界各国的经济和社会发展水平不同，发达国家的居民人均收入水平较高，发展中国家的居民人均收入水平则较低。这种人均收入水平的差异，构成了发达国家对发展中国家居民的吸引力。这是劳动力国际流动的最直接原因之一。

2. 各国劳动力供求不平衡

由于各国的经济发展和人口增长存在非同步性，往往会出现劳动力供求不平衡的状况。这种不平衡既有可能表现在劳动力供求总量上，也有可能表现在劳动力供求结构上。在劳动力过剩的国家，工资往往相对较低；而在劳动力短缺的国家，工资则相对较高。这种工资率的差异，客观上推动了劳动力的国际流动。

3. 经济周期性波动

世界经济周期，特别是劳动力输入国的经济状况对劳动力国际流动的影响也很大。劳动力输入国经济不景气时，需要的劳动力要少一些，从而削弱对外国劳动力的吸引力和容纳能力，导致外国劳动力流入的减少。相反，如果劳动力输入国的经济处于繁荣时期，对劳动力的需求就会增加，也会吸引外国劳动力的流入。

4. 经济全球化发展

随着经济全球化发展，国际贸易、跨国投资和其他国际经济活动日益频繁。商品和资本在国际范围内流动，必然也会带动劳动力在国际范围内的流动。比如，一国企业到国外投资生产，会相应地带动生产技术人员和经营管理人员流动到国外等。此外，区域经济一体化发展也会促进区域集团内部商品、资本、劳动力和劳务的自由流动。

5. 各国的劳动力政策

各国的劳动力政策不同，对劳动力国际流动的影响结果也不同。如果劳动力输入国鼓励劳动力流入，就会促进劳动力的国际流动。相反，如果劳动力输入国采取限制劳动力流入的政策，就会阻碍劳动力的国际流动。当代各国经济竞争的核心是人才竞争，因而各国都采取了各种优惠政策来吸引和引进人才，这导致了大量高科技人才的国际流动。

三、劳动力国际流动的影响

假定两国的劳动力是同质的并且可以自由流动，那么，劳动力将从劳动力充裕、低工资的国家，流向劳动力稀缺、高工资的国家。这种流动会导致劳动力流出国的工资率上升，流入国的工资率下降。在不考虑劳动力流动成本的情况下，这种流动将一直持续到两国的工资率相等为止。

如图 10-6 所示，横轴代表全世界的劳动力，从左至右是本国雇佣的劳动力，从右至左则是外国雇佣的劳动力；左边的纵轴表示本国的工资和边际劳动产出，右边的纵轴表示外国的工资和边际劳动产出；本国的劳动力需求曲线为 D_H，外国的劳动力需求曲线为 D_F。假定起初本国雇佣的劳动力数量为 O_HL_2，外国为 O_FL_2。在这种劳动力分布情况下，本国的实际工资（W_H）比外国的实际工资（W_F）要低。假如劳动力市场是完全竞争的，劳动力可以自由流动，那么劳动力就会从本国流向外国，直到两国的实际工资率相等时为止（即皆为 W_e）。这样，世界劳动力的最终分配将会在点 A，这时本国雇佣的劳动力为 O_HL_1，外国雇佣的劳动力为 O_FL_1，即有 L_1L_2 的劳动力由本国流向外国劳动市场。

上述世界劳动力的再分配，除了会导致本国和外国的实际工资率趋同外，还会产生以下效应：

（1）增加了世界的总产出。在劳动力流动前，本国的产出为其边际产量曲线（MPP_{LH}）下对应的图形 JO_HL_2C 的面积，外国的产出为其边际产量曲线（MPP_{LF}）下对

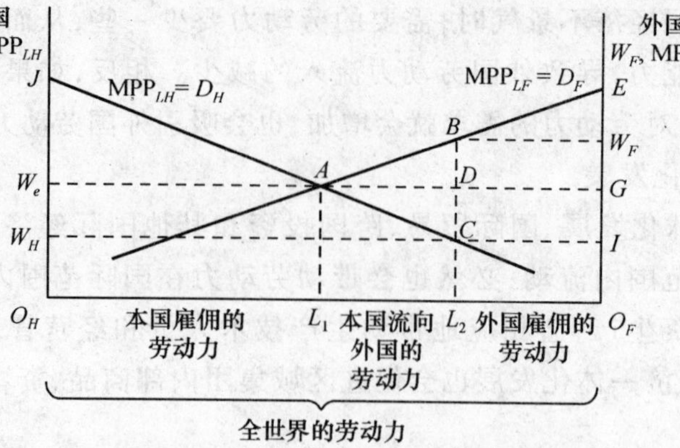

图 10-6 劳动力国际流动效应

应的图形 EO_FL_2B 的面积。劳动力流动后，本国的产出变为图形 JO_HL_1A 的面积，本国的产出减少了，减少的量为图形 AL_1L_2C 的面积；而外国的产出变为图形 EO_FL_1A 的面积，外国的产出增加了，增加的量为图形 AL_1L_2B 的面积，外国增加的收益大于本国的损失，其净值等于三角形 ABC 的面积。也就是说，世界劳动力再分配增加了世界产出。

（2）导致了收入再分配。从劳动所有者方面看，由于劳动力从本国流向外国，那些原先在本国工作的劳动者获得了更高的工资，而那些原先在外国工作的劳动者的工资却下降了。从其他资源（如资本）所有者方面看，本国的资本所有者由于工资的上涨导致了生产成本上升，其境况恶化了；而外国的资本所有者由于得到了更充足的劳动供给而获利。在图 10-6 中，劳动力的流动使本国的雇主收入由原先的三角形 JW_HC 减少为三角形 JW_eA，外国的雇主收入由原先的三角形 EW_FB 增加为三角形 EGA；本国的劳动者收入由矩形 $W_HO_HL_2C$ 变为矩形 $W_eO_HL_1A$，外国的劳动者收入由矩形 $W_FO_FL_2B$ 变为矩形 GO_FL_1A。可见，虽然理论上劳动力国际流动可能会使每个人的福利得到改善，但现实中部分团体的利益会受到损害。

以上我们假定劳动力是同质的，但这与现实世界不符。现在假定各国都存在两种类型的劳动者，即熟练的劳动者和非熟练的劳动者。那么，劳动力的输出对本国的影响，应视流出的劳动者的熟练程度而定。

传统的劳动力流动大多属于非熟练劳动力的流动。对于劳动力输出国来说，非熟练劳动力的流出将会导致其产出的减少，但非熟练劳动者的平均收入相对量和绝对量都有所上升；对于劳动力输入国来说，熟练劳动力的流入将会导致其产出的增加，但非熟练劳动者的平均收入相对量和绝对量都有所下降，不过其熟练劳动力的收入水平与资本收入水平一样都有可能上升。对于非熟练劳动力输入国来说，非熟练劳动力的增加，还会导致就业转换、教育、住宅、健康补贴等支出的增加，从而增加了社会成本。而社会成本的增加又会导致税负的增加，从而减少资本等其他要素所有者的净收入。因此，对于非熟练劳动力输入国来说，非熟练劳动力的流入，会导致比工资下降更高的成本。这就是许多国家限制非熟练劳动力流入的原因。

熟练劳动力的流动属于一种新的劳动力流动现象。当前发展中国家受过良好教育的高技能人才，正越来越多地流向美国、加拿大和西欧等发达国家，导致发展中国家的人才流失。对于发展中国家来说，由于熟练劳动力能够创造一些积极的效应（外部效应），熟练劳动力的流出意味着巨大的不变成本和可变成本，其造成的外部效应损失、市场工资水平的扭曲和人力资本成本增加的总和，往往会超过支付给熟练劳动者的报酬。因此，尽管这种流动能提高生产效率和世界的总产出，但它会增大低收入国家和高收入国家的收入差距，所以发展中国家常常会限制熟练劳动力的流出。

复习与思考题

1．解释下列概念

国际资本流动　国际直接投资　国际间接投资　国际贷款　短期资本流动　长期资本流动　保值性资本流动　投机性资本流动　跨时生产可能性　跨时贸易　跨时比较优势　对外直接投资的示范与模仿效应　对外直接投资的竞争效应　内部化　垂直一体化　劳动力国际流动　对外劳务输出　要素性劳务输出　非要素性劳务输出

2．简述国际资本流动的影响因素。

3．简述国际资本流动对经济产生的影响。

4．简述国际借贷的静态福利效应。

5．简述对外直接投资的潜在收益与成本。

6．现代跨国公司理论试图回答什么问题？理论界是如何解释的？

7．当代劳动力国际流动的特点是什么？

8．简述劳动力国际流动的原因。

9．劳动力国际流动会产生什么影响？

第 四 篇

国际贸易体系

第十一章　当代国际经济贸易关系

内容提要

第二次世界大战以后国际经济贸易关系一直处于复杂的变化和发展之中，随着经济全球化发展和世界各国开放程度的日益加深，各国之间的经贸往来空前繁荣，涉及的问题越来越多，牵涉面越来越广，解决起来也愈加复杂。本章重点讨论其中的一些基本问题，共分为三节：第一节，国际贸易多边合作与制度安排，首先简要地分析全球多边贸易体制从 GATT 到 WTO 的发展以及两者的内在关系，然后介绍 WTO 的宗旨与职能、基本原则和运行机制等问题；第二节，区域经济一体化，主要介绍区域经济一体化的基本概念及其对国际贸易的影响；第三节，发展中国家的贸易环境与贸易改革，主要分析发展中国家的外部贸易环境和内部贸易改革问题。

第一节　国际贸易多边合作与制度安排

随着国际贸易的快速增长和世界贸易自由化发展，国际贸易多边合作与制度安排越来越重要。现代全球多边贸易体制形成的基本标志是关税与贸易总协定（GATT）的产生，而世界贸易组织（WTO）的产生和发展则是 GATT 的进一步高级化和规范化。因此，现代全球多边贸易体制的产生与发展过程，就是 GATT 的产生和发展过程，以及由 GATT 向 WTO 转化和发展的过程。本节首先简要分析全球多边贸易体制从 GATT 到 WTO 的发展以及两者之间的内在关系，然后介绍 WTO 的宗旨与职能、基本原则和运行机制等问题。

一、从 GATT 到 WTO

第二次世界大战使世界经济遭受了重创，除美国外，许多国家都面临着经济衰退、黄金和外汇储备短缺等问题。战后国际社会急需解决三大问题：金融方面，需要重建国际货币体系，维持各国货币汇率稳定和国际收支平衡；国际投资方面，需要创建处理战后重建以及长期国际投资问题的国际组织；在贸易方面，需要重建国际贸易秩序，遏制贸易保护主义和歧视性贸易政策，促进国际贸易自由化。对于前两个问题的解决，导致了国际货币基金组织（International Monetary Fund, IMF）和国际复兴开发银行（International Bank of Reconstruction and Development, IBRD）（即世界银行）的产生。而对于第三个问题的解决，当时的设想是要建立国际贸易组织，以便在多边基础上通过相互减让关税等手段，逐步消除贸易壁垒，促进国际贸易的自由发展。

1947 年 11 月至 1948 年 3 月，在古巴首都哈瓦那（Havana）举行的联合国贸易和就业会议上，参会国家审议并通过了《国际贸易组织宪章》（又称《哈瓦那宪章》）。《哈瓦那宪章》的目标，是建立一个全面处理国际贸易和经济合作事宜的国际组织。但是，由于美国及其他多数签字国都没有批准该宪章，建立国际贸易组织的计划因此夭折。但是，作为围绕《哈瓦那宪章》而进行的一系列谈判的副产品，《关税与贸易总协定》（General Agreement on Tariffs and Trade, GATT）产生了。从 1947 年 11 月 15 日开始，有 23 个国家陆续签署了《关税与贸易总协定临时适用议定书》，并同意于 1948 年 1 月 1 日开始实施。GATT 一直以临时适用的多边国际协定形式存在，直到 1995 年 1 月 1 日世界贸易组织（World Trade Organization, WTO）的正式建立，GATT 共存续了 47 年。

GATT 不仅仅是一个政府间的临时多边国际条约，经过四十多年的实践和多次修订完善，它已经逐渐成为世界上第一个以法律形式规范国际经济关系的规则和程序，是一个对世界贸易具有重要影响的国际经济组织。

GATT 所制定的国际贸易活动的“行为准则”，对国际贸易行为规范化和国际市场秩序化产生了重要作用；它通过大幅削减关税和限制非关税壁垒，奠定了国际贸易自由化的基础；它充当国际“商务法庭”，发挥了贸易仲裁作用，有效解决了众多国际贸易争端和纠纷；它增强了国际贸易的透明度，拓宽了国际贸易的领域，促进了国际服务贸易、知识产权和投资的发展；它改变了发展中国家缔约方的地位，推动了发展中国家的贸易和经济发展。

当然，GATT 也存在一定的局限性。例如，它只是一个“临时协定”，因而限制了其功能的发挥；许多规则不严密，存在许多漏洞，执行难度大，缺乏法律的约束力；许多规则内容模糊、缺乏明确的标准，存在大量“灰色区域”和例外条款；争端解决机制存在严重缺陷，解决纠纷常常无法议决，难以取得实际成效等。局限性表明，GATT 已经无法适应新形势的需要，必然被新的更加完善的多边贸易体制所取代，WTO 就是为了适应这一新要求而产生的。

WTO 协定的形成和 WTO 的建立是乌拉圭回合多边贸易谈判的一项重大成果。

1990年年初,时任欧共体(现为欧盟)轮值主席国的意大利首先提出建立一个多边贸易组织的倡议,同年7月欧共体以12个成员国的名义将这个倡议向乌拉圭回合的体制职能谈判小组正式提出,并得到美国、加拿大等国的支持。1990年12月,布鲁塞尔部长级会议同意就建立多边贸易组织进行协商,1991年12月形成了《关于建立多边贸易组织协议草案》。又经过两年的修改、完善和讨价还价,最终于1993年11月形成了《建立多边贸易组织协议》,并根据美国的提议,把"多边贸易组织"改为"世界贸易组织"。1994年4月15日,乌拉圭回合参加方在摩洛哥的马拉喀什部长级会议上通过了《建立世界贸易组织协定》。

1995年1月1日,WTO正式成立。GATT在与WTO共同运行了1年之后,于1995年12月12日最终退出历史舞台。WTO的总部设在日内瓦,首任总干事是意大利人雷纳托·鲁杰罗。1994年12月31日前加入GATT的国家和地区,在一揽子接受乌拉圭回合谈判协议后,自动成为WTO的创始成员方。作为一个正式的国际组织,WTO和IMF、世界银行一起成为世界经济发展的三大支柱,标志着世界经济和贸易进入了一个新的发展时期。

WTO是在GATT基础上建立起来的,它与GATT有着内在的历史继承性。GATT的合理内核,包括其宗旨、职能、基本原则及规则等,都被WTO继承了下来。WTO与GATT又有很大区别。从机构性质看,GATT属于临时性协定,不具有法人地位,WTO则是一个具有法人地位的国际组织;从协定内容和管辖范围看,GATT只涉及货物贸易,而WTO不仅涉及货物贸易,还涉及服务贸易、与贸易有关的知识产权以及环境等更广泛的问题,其协调与监督的范围远大于GATT;从争端解决方面看,GATT的争端解决机制遵循协商一致的原则,对争端解决没有规定时间表,因而其裁决难以实施,WTO则采用反向协商一致的原则,裁决具有自动执行的效力,同时明确了争端解决和制裁实施的时间表,因此争端裁决的实施更容易得到保证,效率更高。

二、世界贸易组织的宗旨和职能

(一) WTO的宗旨

《建立世界贸易组织协定》的前言指出,WTO的宗旨为:

(1) 在处理各成员国的贸易和经济领域的关系时,应以提高生活水平、保证充分就业和大幅度稳步提高实际收入和有效需求以及扩大货物与服务的生产和贸易为目的。同时,应依照可持续发展的目标,扩大对世界资源的充分利用,保护和维护环境,并以符合不同经济发展水平下各自需要的方式,加强采取各种相应的措施。

(2) 需要做出积极的努力,以确保发展中国家,尤其是最不发达国家,在国际贸易增长中获得与其经济发展相适应的份额。

（3）通过达成互惠互利的安排，实质性削减关税和其他贸易壁垒，消除国际贸易关系中的歧视待遇，并为实现这些目标作出贡献。

（4）建立一个完整的、更有活力的和永久性的多边贸易体系，以巩固包括 GATT 以往为贸易自由化所做的努力和乌拉圭回合多边贸易谈判的所有成果。

（二）世界贸易组织的职能

按照《建立世界贸易组织协定》的第三条，WTO 的职能主要是：

（1）负责 WTO 协议和多边贸易协议的执行、管理和运作，并为其提供一个组织框架。

（2）为各成员处理多边贸易关系和贸易部长级会议提供谈判场所，并提供实施谈判结果的执行机构。

（3）根据《关于争端解决规则与程序的谅解》，通过争端解决机制，解决成员间产生的贸易摩擦与争端。

（4）运用《贸易政策审议机制》，定期审议成员的贸易政策及其对多边贸易体制运行产生的影响。

（5）与 IMF 和世界银行及其附属机构进行适当的合作，以更好地协调制定全球经济政策。

三、世界贸易组织的基本原则

WTO 的基本原则贯穿于其各个协定与协议之中，构成了现代多边贸易体制的基础。这些基本原则主要有非歧视原则、贸易自由化原则、透明度原则、公平竞争原则以及鼓励发展和经济改革原则。

（一）非歧视原则

非歧视原则又称为无差别待遇原则，是针对歧视待遇的一项缔约原则，它要求缔约双方在实施某种优惠和限制措施时，不要对缔约对方实施歧视待遇，即应平等地给予最惠国待遇或地位；也不应该歧视性地对待国内与国外的产品、服务或人员，即应给予国民待遇。非歧视原则是世界贸易组织的最基本原则，具体体现为最惠国待遇原则和国民待遇原则。

（1）最惠国待遇原则。最惠国待遇是指一成员方将在货物贸易、服务贸易和知识产权领域给予任何其他国家（无论是否为 WTO 成员）的优惠待遇，立即和无条件地给予其他各成员方，其实质是保证市场竞争机会均等。最惠国待遇原则具体体现在《关税与贸易总协定》（GATT）第 1 条款、《服务贸易总协定》（GATS）第 2 条款和《与贸易有关的知识产权协定》（TRIPs）第 4 条款中，它覆盖了货物贸易、服务贸易与知识产权等国际贸易的三大基本领域。

最惠国待遇原则具有四个特点：① 自动性。体现在“立即和无条件”的要求上。

当一成员给予其他国家的优惠超过其他成员享有的优惠时，这种自动机制就启动了，其他成员便自动享有了这种优惠。② 同一性。当一成员给予其他国家的某种优惠（如进口轿车的优惠关税），自动转给其他成员方时，受惠标的必须相同（如仍是进口轿车）。③ 相互性。任何一成员既是给惠方，又是受惠方，即在承担最惠国待遇义务的同时，也享受最惠国待遇权利。④ 普适性。最惠国待遇适用于全部进出口产品、服务贸易的各个部门以及所有种类的知识产权所有者和持有者。

最惠国待遇原则也存在一些例外，主要有四种情形：① 对于以关税同盟和自由贸易区等形式出现的区域经济一体化安排，如果区内实行一种比最惠国待遇还要优惠的"优惠制"，区外 WTO 成员无权享受。② 对发展中成员实行的特殊和差别待遇，如普惠制或其他优惠安排等。③ 在边境贸易中，可对毗邻国家给予更多的贸易便利或优惠。④ 在知识产权领域的下述权利可不适用于最惠国待遇：在一般司法协助的国际协定中享有的权利、TRIPs 未作规定的有关表演者以及录音制品制作者和广播组织的权利、在 WTO 正式运行前已生效的国际知识产权保护公约中规定的权利。

（2）国民待遇原则。国民待遇是指一成员方对其他成员方的产品、服务及其提供者、知识产权及其所有者和持有者所提供的待遇，不低于本国同类产品、服务及其提供者、知识产权及其所有者和持有者所享有的待遇。国民待遇原则体现在 GATT 第 3 条款、GATS 第 17 条款和 TRIPs 第 3 条款中。

国民待遇原则的基本要点是：① 国民待遇原则适用的对象是产品、服务及其提供者、知识产权及其所有者和持有者，但因产品、服务和知识产权领域具体受惠对象不同，国民待遇条款的适用范围、具体规则和重要性有所不同。② 国民待遇原则只涉及其他成员方的产品、服务及其提供者、知识产权及其所有者和持有者，在进口成员方境内所享有的待遇。③ 国民待遇定义中的"不低于"的含义是指，其他成员方的产品、服务及其提供者、知识产权及其所有者和持有者，应与进口成员方同类产品、服务及其提供者、知识产权及其所有者和持有者享有同等待遇；若进口成员方给予前者更高的待遇，并不违背国民待遇原则。

国民待遇原则具有普遍适用性，但在具体运用中也存在一些例外。在货物贸易领域的例外主要是，对于未参加《政府采购协议》的成员可以优先购买本国产品；对于符合《补贴和反补贴措施协议》和《农产品协议》等有关国际协议规定的只给予某种产品的国内生产者补贴；有关外国电影片放映数量的规定。在服务贸易领域的例外主要是，成员方未做出开放承诺的服务部门或项目，外国服务及其提供者不享有这种待遇。在知识产权领域的例外主要是，对表演者、录音制品制作者和广播组织而言，国民待遇仅适用于 TRIPs 所规定的权利。

（二）自由贸易原则

自由贸易原则是指在 WTO 框架下，通过多边贸易谈判，实质性地逐步削减关税

和减少其他贸易壁垒,扩大成员方之间的货物与服务贸易。自由贸易原则具有五个特点:

(1) 以共同规则为基础。各成员方根据WTO的协定和协议,有规则地实行贸易自由化。

(2) 以多边谈判为手段。成员方通过参加多边贸易谈判,并根据在谈判中做出的承诺,逐步推进贸易自由化。在货物贸易方面,主要体现在逐步削减关税和减少非关税壁垒;而在服务贸易方面,则更多地体现在不断增加开放的服务部门,减少对服务提供方式的限制上。

(3) 以争端解决为保障。WTO的争端解决机制具有强制性,如果某个成员方被诉违反承诺,并经争端解决机制裁决败诉,该成员方就应执行有关裁决。否则,WTO可授权申诉方采取贸易报复措施。

(4) 以贸易救济措施为"安全阀"。成员方可通过援引有关例外条款或采取保障措施等贸易救济措施,消除或减轻贸易自由化所带来的冲击或负面影响。

(5) 以过渡期方式体现差别待遇。WTO承认不同成员之间经济发展水平的差异,通常允许发展中成员履行义务有更长的过渡期。

自由贸易原则在货物贸易领域主要表现为削减关税和减少非关税壁垒,在服务贸易领域则主要表现为放宽服务贸易的市场准入。

(三) 透明度原则

透明度原则是指WTO成员应公布所制定和实施的贸易措施及其变化情况,同时还应将这些贸易措施及其变化情况通知WTO。透明度的要求是为了保证信息公开,防止信息不完全下的不公平竞争。

透明度原则主要由两大部分组成:一是缔约成员方可以保护本国的某些产业,但是保护的手段必须是透明的,即只能用关税而不用非关税措施保护本国的相关产业;二是要求成员方的法律与法规是透明的,各成员方必须公布和公开有关管理对外贸易的各项法律法规、行政规章、司法判决和行政裁定等,各成员方政府或政府机构之间签署的影响国际贸易政策的现行协定与条约也应加以公布,并及时通知其他成员方任何新的法律法规政策或任何变动。

透明度原则包括贸易措施公布和贸易措施通知两个方面,这是WTO成员最基本的义务。此外,为了提高各成员方贸易政策的透明度,WTO要求所有成员的贸易政策都要定期接受审议,审议内容一般为成员的最新贸易政策,这就是WTO的贸易政策审议机制。

(四) 公平竞争原则

公平竞争原则是指成员方应避免采取扭曲市场竞争的措施,纠正不公平贸易行为,在货物贸易、服务贸易以及与贸易有关的知识产权领域,创造和维护公开、公平与公正的市场环境。

公平竞争原则体现于WTO的各项协定和协议中。在货物贸易领域,为了保证公平竞争,WTO禁止任何扭曲国际商品市场价格的行为,包括倾销和出口补贴。WTO强调,以倾销或补贴方式出口本国产品给进口方国内工业造成实质性损害或有实质性损害威胁时,该进口方可根据受损的国内工业的指控,采取反倾销和反补贴措施。同时,WTO强调反对成员滥用反倾销和反补贴措施达到其贸易保护的目的。《反倾销协议》和《补贴与反补贴措施协议》等对此做了明确的规定。对于长期游离于多边贸易体制之外的纺织品、服装和农产品贸易的不公平竞争问题,则通过一定的过渡期给予最终解决。

在服务贸易领域,WTO鼓励各成员方相互开放服务贸易市场,逐步为外国的服务或服务提供者创造市场准入和公平竞争的机会。对于抑制竞争、限制服务贸易的商业惯例,GATS要求成员方在其他成员的请求下进行磋商交流,以最终取消这些惯例。

在知识产权领域,WTO强调对知识产权的有效保护和反不正当竞争,并允许成员方采取措施防止或限制不正当商业行为。TRIPs就假冒、仿制、剽窃、盗用等侵权的不公平竞争行为做出了排除措施,以保证公平和正当竞争。

(五)鼓励发展和经济改革原则

鼓励发展和经济改革原则致力于发展的目标,考虑到发展中国家面临的实际困难,它允许给予发展中国家和最不发达国家在实施WTO协议上额外的灵活性和一定的过渡期,以使其调整适应WTO的有关条款与规则。

目前,有超过2/3的WTO成员为发展中国家和经济转型国家。针对发展中国家的实际困难给予其一定的灵活性和照顾,有利于调动它们参与全球多边贸易谈判的积极性和承担义务的自觉性,从而有利于促进世界经济的改革与发展。

四、世界贸易组织的运行机制

WTO的基本运行机制包括加入和退出机制、决策机制、争端解决机制、贸易政策审议机制以及例外和免责机制等,这些机制体现在《建立世界贸易组织协定》以及相关协定或协议中。

(一)加入和退出机制

1. 创始成员

在1995年1月1日《世界贸易组织协定》生效之日,原《1947年关贸总协定》的缔约方和欧洲共同体,接受该协议和多边贸易协议,并在《1994年关贸总协定》中附有承诺和减让表以及在《服务贸易总协定》中附有承诺单者,都是WTO创始成员。

除了刚果(布)在1997年3月才成为创始成员外①,所有符合条件的GATT缔约方,都在1996年年底前成为WTO的创始成员。

2. 加入

任何国家或在对外贸易关系以及WTO协议和多边贸易协议所规定的事务方面享有充分自治的单独关税地区,都可以在它和WTO议定的条件下,加入WTO。

具体的加入程序包括四个阶段:第一阶段,提出申请与受理,设立相应的加入工作组;第二阶段,对外贸易制度的审议和双边市场准入谈判;第三阶段,多边谈判和起草加入文件(含"加入议定书"和"工作组报告");第四阶段,表决和生效,表决需经部长会议2/3的多数成员同意方可通过。

3. 退出

任何成员都可退出WTO及其所有协议或协定,退出自WTO总干事收到书面退出通知之日起6个月期满时生效。

(二) 决策机制

《建立世界贸易组织协定》的第九条规定:

(1) WTO在进行决策时应遵循"协商一致"的原则,如果无法达成协商一致意见则通过"投票表决"决定。

(2) 部长会议和总理事会拥有对《世界贸易组织协定》和多边贸易协议的专门解释权。对附件一中多边贸易的解释,应基于负责这些协议运作的理事会的意见。一项解释的决定应由成员3/4多数通过。

(3) 在例外情况下,部长会议可以决定豁免某成员方根据《世界贸易组织协定》和其他多边贸易协议所承担的某项义务。除非另有规定外,这种决定应经3/4成员的批准。

(4) 部长会议关于给予某项义务豁免的决定,应陈述证明该决定合理的特殊情况,实施豁免的条件,以及豁免终止的日期。任何豁免的期限超过1年者,应在给予豁免不晚于1年内由部长会议审议,并在豁免期满前,每年审议一次。部长会议在年度审议的基础上可以决定延长、修改和终止这项豁免。

在部长级会议或总理事会投票表决时,每一成员拥有一票。总的原则是,部长级会议和总理事会依据成员所投票数的多数做出决定,除非另有规定。关于条款解释的投票表决以及关于义务豁免的投票表决,需要获得成员的3/4多数支持才能通过;关于修正案的投票表决,需要获得成员的2/3多数支持才能通过。

(三) 争端解决机制

乌拉圭回合谈判达成的《关于争端解决规则与程序的谅解》是WTO关于争端解

① 刚果共和国,首都是布拉柴维尔,简称刚果(布)。

决的基本法律文件。与 GATT 相比,WTO 的争端解决机制更具有强制性和约束力。

WTO 的争端解决机制具有如下特点:① 鼓励成员通过双方磋商解决贸易争端;② 以保证 WTO 规则的有效实施为优先目标;③ 严格规定争端解决的时限;④ 实行"反向协商一致"的决策原则[①];⑤ 禁止未经授权的单边报复;⑥ 允许交叉报复。[②]

WTO 争端解决的基本程序为:

(1) 磋商。要求磋商的成员应向争端解决机构、有关理事会和委员会通知其磋商请求。

(2) 专家组审理。若在 60 天内通过磋商或斡旋、调解和调停未能达成解决办法,则申诉方可以向争端解决机构提出成立专家组的请求,由专家组来审理争端。如果专家组认定有关措施不符合协议规定的条件,专家组将建议有关成员改变此措施以符合该协议,还可以就进行这种改变的方法提出建议。

(3) 上诉机构审理。如果发生争端的一方对专家组审理后给出的建议有异议可以进行上诉。上诉由争端解决机构设立的一个常设上诉机构(该上诉机构由 7 个在法律和国际贸易领域公认的权威人士组成,任期 4 年,可连任一次)来受理。上诉机构的报告由争端各方无条件接受,除非一致反对通过该报告,否则争端解决机构将在其报告发表 30 天后通过该报告。

(4) 裁决的执行与监督。专家组报告或上诉机构报告一经通过,其建议和裁决即对争端各当事方有约束力,争端当事方应无条件接受。

除了以上基本程序外,在争端当事方自愿的基础上,也可以采用仲裁、斡旋、调解和调停等方式解决争端。WTO 总干事可以以其职务身份进行斡旋、调解和调停,以协助成员解决争端。

(四) 贸易政策审议机制

贸易政策审议机制是指 WTO 成员集体对各成员的贸易政策及其对多边贸易体制的影响定期进行全面的审议。其目的是促使成员提高贸易政策和措施的透明度,履行所做的承诺,更好地遵守 WTO 规则,从而有助于多边贸易体制平稳运行。

贸易政策审议的对象主要是 WTO 各成员的全部贸易政策和措施,审议范围从货物贸易扩大到服务贸易和知识产权领域。贸易政策审议机制还要求对世界贸易环境的发展变化情况进行年度评议。贸易政策审议的结果不能作为启动争端解决程序的依据,也不能以此要求成员增加新的政策承诺。

---

① 所谓"反向协商一致",是指在争端解决机构审议专家组报告或上诉机构报告时,只要不是所有参加方都反对,则视为通过,从而排除了败诉方单方面阻挠报告通过的可能。

② 这里所说的"允许交叉报复",是指如果某一成员在某一领域的措施被裁定违反 WTO 有关协定或协议,且该成员未在合理期限内纠正,经争端解决机构授权,利益受害方可以进行报复。报复应首先在被裁定违反 WTO 规则的相同领域进行,称为"平行报复";如果不可行或者没有效果,报复可以在同一协议或协定下跨领域进行,称为"跨领域报复";如果仍没有效果或者不可行,并且形势严重,则报复可以跨协定或协议进行,称为"跨协议报复"。这里所说的"报复",主要是指暂停对另一方的关税减让和义务。

成员方接受贸易政策审议机构审议的频率，取决于该成员对多边贸易体制的影响程度。确定影响程度的依据主要是成员在世界贸易中所占的份额。所占的份额越大，接受审议的次数就越多。对目前在世界贸易额中排名靠前的4位成员，如欧盟、美国、日本和加拿大等，每2年审议一次；对排在其后的16个成员，每4年审议一次；对余下的成员，每6年审议一次，对最不发达国家成员的审议可以间隔更长。

贸易政策审议是在WTO秘书处报告和接受审议成员方"政策申明"基础上进行的。正式审议工作由贸易政策审议机构进行，对所有成员开放，接受审议的成员派出的代表团通常为部长级。

贸易政策审议机制的作用在于，它为WTO审议各成员的贸易政策和评估国际贸易环境的发展变化提供了场所和机会，有助于增加多边贸易体制的透明度；接受审议的成员对其贸易及相关政策进行解释和说明，有助于增进成员方的相互了解，减少或避免贸易争端；各成员方参与审议和评估，可以为接受审议的成员在贸易政策制定和改进方面提供一些意见或建议，有助于督促其履行作为WTO成员的义务。①

（五）例外和免责机制

WTO要求各成员切实履行其所承担的各项义务，但也允许成员在确有困难的情况下有所变通。因此，在WTO的有关协议或协定中，大多都包含了例外和免责的规定。

例外规定包括一般例外和安全例外。成员若采取一般例外措施，可不受WTO规则及该成员承诺的约束，但应遵守非歧视原则。成员援引一般例外条款采取有关措施的依据主要有国内法和国际公约。安全例外是指允许成员在战争、外交关系恶化等紧急情况下，为保护国家安全利益采取必要的行动（如实施贸易禁运等），对其他相关成员不履行WTO规定的义务。

免责规定包括：因紧急情况（如因承诺而导致进口激增并对本国相关产业造成严重损害或威胁）而采取的紧急限制进口措施，为建立某一特定产业而背离承诺所采取的保护幼稚产业措施，因国际收支困难而采取的国际收支限制措施等。此外，成员还可就修改或撤回已做出的承诺进行谈判，以及申请免除某项或某些义务。

WTO的例外（安全例外除外）与免责机制具有批准程序严格、需要与有关成员磋商以及应遵守非歧视原则等运行特点。②

---

① 薛荣久主编，《国际贸易》，对外经济贸易大学出版社，2003年版，第547—553页。

② 相关内容的详细分析请参见：程大中编著，《国际贸易》，格致出版社、上海人民出版社，2009年版，第409—428页。

第二节　区域经济一体化

从长远看,全球经济一体化是世界经济和贸易发展的基本目标。但是在现阶段的条件下,还必须按照从区域经济一体化到全球经济一体化的发展逻辑,由低级到高级逐步推进。从世界经济发展的现实看,区域经济一体化已经对当今世界经济和贸易的发展产生了越来越重要的影响。本节首先对区域经济一体化做一概略性的分析,主要是介绍区域经济一体化的含义与特征、组织形式和主要的区域经济一体化组织;然后分析区域经济一体化对国际贸易的影响;最后介绍比较有影响的区域经济一体化理论——关税同盟理论。

一、区域经济一体化概述

(一) 区域经济一体化的含义与特征

区域经济一体化是指两个或两个以上的国家或地区,为逐步取消所有的歧视性障碍和其他非贸易壁垒,实现彼此之间在货物、服务和要素方面的自由流动,促进相互间的经济发展,通过协商并缔结经济条约或协议而形成的某种形式的经济联合,或组成的区域性经济组织。

国家或地区之间相互协调制定经济政策和措施的内容主要包括两个方面:一方面是内部经济政策和措施的统一,即在有关成员国之间实施统一的经济贸易政策;另一方面是外部经济政策和措施的统一,即有关成员国之间实施统一的对非成员国的经济贸易政策。由于成员国内部经济政策的统一相对简单,在实践中往往先在成员国之间取消贸易和其他经济活动中的人为限制,逐步实施统一的内部经济政策,然后再实现外部经济政策的统一。

区域经济一体化要求成员国之间在经济政策上实现一定程度的统一,这种统一的实质就是成员国经济主权一定程度的限制和让渡。因此,这种经济主权的限制和让渡程度的区别,意味着成员国之间经济结合程度的高低,从而可以划分出不同层次和水平的区域经济一体化。

从区域经济一体化的性质上看,区域经济一体化的类型各异,不同类型的区域经济集团在合作的形式、规模、程度、范围和机制等方面存在着差异性,有的是属于比较松散的经济联合,有的则是比较紧密的经济联合。但是,无论合作方式如何,作为区域经济集团,它们都具有许多共同的特征。

首先是集团成员的区域性。加入区域经济集团的成员,一般都是在地理上比较邻近和历史、文化、政治和经济等背景相似的国家或地区。20 世纪 80 年代后出现了跨区域、交叉性的跨区域经济集团,但这类区域集团仍然是建立在早期的区域性经济集团组织基础之上的。

其次是区域经济集团内部的开放性和对外的排斥性。在区域经济集团内部，成员国相互间全面降低关税，取消非关税壁垒，实现商品的自由流通，并放宽内部投资限制，促进区域内的资本和其他要素的自由流通。但是，对于区域经济集团外部的非成员，则往往实行贸易保护主义的政策和措施。

最后是区域经济集团整体利益的放大性。区域经济集团的形成不仅实现了集团内部的贸易自由化，而且使各个成员国能够突破原先国内市场规模狭小的限制，按照规模经济要求，从最佳的国际生产分工出发，来进行资源的优化配置。显然，它能够显著地提高成员国的经济利益，增强区域经济集团的整体利益。

（二）区域经济一体化的组织形式

从区域经济一体化发展水平角度看，目前区域经济一体化主要有自由贸易区、关税同盟、共同市场、经济联盟和政治联盟等组织形式。

1. 自由贸易区

在自由贸易区内，成员国之间的产品和服务的贸易壁垒被取消了。但是，各成员国仍然保留各自对非成员国的贸易壁垒。为了防止区外货物通过一个较低税率的成员国进入一个较高税率的成员国而削弱高税率成员国的限制，自由贸易区往往规定原产地标准，以使免税待遇仅限于区内生产的产品。最典型的是北美自由贸易区。

2. 关税同盟

组成关税同盟的成员国之间完全取消关税和其他贸易壁垒，并对非成员国实行统一的关税。关税同盟意味着撤除了成员国各自原有的关境，组成了共同的对外关境。这样使得成员国的商品在区域内部自由流动的同时，排除了来自非成员国商品的竞争。因此，关税同盟开始带有超国家的性质，在一体化程度上比自由贸易区前进了一步。早期的欧洲经济共同体和东非共同体均属于典型的关税同盟。

3. 共同市场

组成共同市场的成员国之间，除了完全废除关税和其他贸易壁垒，并建立对非成员国的共同关税外，还取消了对生产要素流动的限制，允许资本、劳动力等生产要素在成员国之间自由流动，它比关税同盟又前进了一步。如1993年1月1日启动的（原）欧洲共同体统一大市场，就是典型的例子。

4. 经济联盟

组成经济联盟的成员国之间，不仅允许产品和生产要素完全自由流动，对外建立统一关税，而且还制定并执行某些共同的经济和社会政策，包括货币、财政、经济发展、社会福利政策以及有关贸易与生产要素流动政策等，并拥有一个制定这些政策的超国家的共同机构。目前的欧洲联盟就属于此类。

5. 政治联盟

政治联盟是区域经济一体化的最终阶段，所以它是完全的经济一体化。组成政治联盟的成员国之间在实现经济联盟目标的基础上，进一步实现经济制度、政治制度和法律制度等方面的协调乃至统一的一体化形式。目前欧盟正在由经济联盟向政治联盟迈进。

上面所介绍的区域经济一体化的组织形式，具有由低级向高级逐步发展的特征，如表 11-1 所示。

表 11-1　区域经济一体化的组织形式

特征 组织形式	对内取消关税	共同对外关税	生产要素自由流动	统一经济政策	政治与法律制度协调
自由贸易区	是	否	否	否	否
关税同盟	是	是	否	否	否
共同市场	是	是	是	否	否
经济联盟	是	是	是	是	否
政治联盟	是	是	是	是	是

（三）主要的区域经济一体化组织

伴随着经济全球化浪潮，区域经济一体化异军突起，区域经济一体化组织遍及全球，对世界经济和贸易体系产生了重大的影响。在众多的区域经济一体化组织中，欧洲联盟、北美自由贸易区和亚太经济合作组织最具影响力。

欧洲联盟（简称欧盟，European Union，EU）正式成立于 1993 年 11 月 1 日，由早期的欧洲共同体发展而来，是一个集政治实体和经济实体于一身的区域经济一体化组织。目前欧盟已经建立了统一的内部大市场，实行了共同的农业政策及其他经济政策，并在部分国家实行了单一的流通货币——欧元。同时，欧盟的政治一体化进程也在积极推进之中，目前正在向完全的区域经济一体化迈进。

北美自由贸易区（North American Free Trade Area，，简称 NAFTA）是由美国、加拿大和墨西哥三国合作建立的区域经济一体化组织。1992 年 12 月，美、加、墨三国签署了《北美自由贸易协定》，于 1994 年 1 月 1 日正式生效，北美自由贸易区宣告成立。《北美自由贸易协定》的主要内容包括：降低与取消关税，开放金融保险市场，放宽对外资的限制，保护知识产权。其基本目标是：消除贸易壁垒，实现公平贸易；保护知识产权，增加各自的投资机会；建立解决三国贸易冲突的机制，保证贸易自由化进程的顺利推进，发展各方面的区域性经济合作。

亚太经济合作组织（Asia-Pacific Economic Cooperation，简称 APEC）正式成立于 1989 年 11 月，其成员国已由最初的 12 个国家扩展到目前的 21 个，是一个跨区域的经济一体化组织。APEC 成立之初是一个区域性经济论坛和磋商机构。经过数十年的发展，已逐渐演变为亚太地区重要的经济合作论坛，也是亚太地区最高级别的政府间经济合作机制。它在推动区域贸易与投资自由化、加强成员间经济技术合作等方面发挥了不可替代的作用。APEC 的特点是开放性、灵活性、多层次和渐进性，其宗旨是通过贸易、投资自由化和经济技术合作促进亚太地区的经济发展和共同繁荣。APEC 的主要作用在于促进全球经贸发展，解决实质性经贸问题，推动多边和双边外交，促进政府与企业间的沟通。

除了上述最具影响力的区域经济一体化组织外，东南亚国家联盟（Association of Southeast Asian Nations，简称 ASEAN）、中国—东盟自由贸易区（China-ASEAN Free Trade Area，简称 CAFTA）和南方共同市场（Mercosur）等规模相对较小的区域经济一体化组织，也在发挥着越来越重要的作用。

二、区域经济一体化对国际贸易的影响

区域经济一体化对国际贸易的影响表现在区域集团内部和外部两个方面。

（一）区域经济一体化的内部影响

区域经济一体化对内部成员国既有积极影响，也有消极影响，由于在集团内部取消了关税和其他贸易壁垒，其积极影响是主要的。

1．促进了集团内部贸易的增长

区域经济一体化组织成立后，通过消除关税和非关税壁垒，形成了区域性的统一市场，使区域内的商品、劳务、技术和资本等生产要素实现了自由流动，从而加深了成员国之间的分工与合作，推动了集团内部贸易的发展。

2．促进了集团内部分工的深化

区域经济一体化的建立，有助于加强成员国之间在生产、科技和其他诸多领域的广泛协调与合作。一些单纯依靠本国力量难以完成的重大科研项目，如原子能利用、航空航天技术、大型电子计算机等高精尖技术，在集团的推动下能够得以实施和完成。这将有利于推动集团内社会生产力的发展和国际分工的深化，从而进一步推动集团内贸易的发展。

3．促进了集团内部贸易的自由化

区域经济一体化建立的基本目标是，通过签订优惠的贸易协定、减免关税、削减非关税壁垒、取消各种数量限制以及取消或放松外汇管制等措施来推动集团内贸易的增长，从而扩大贸易自由化。

4．强化了集团内部市场的融合与竞争

区域经济一体化组织的建立，使集团内部的市场进一步统一和开放，这将有利于降低交易成本，提高企业的规模化生产水平。但同时，它也将加剧内部市场的竞争，在给企业带来更多商机的同时也带来了更大的挑战。

5．增强和提高了集团内国家的整体贸易地位

区域经济一体化使得原来单个经济实力较弱的国家联合起来以集团的形式出现在世界经济舞台上，极大地增强了经济实力和在国际贸易谈判中的地位，从而有利于维护贸易集团和成员国的贸易利益。

（二）区域经济一体化的外部影响

区域经济一体化对外部非成员国的贸易也会产生一定的积极影响。区域经济一体化组织的成立加速了成员国贸易和经济的发展，扩大了成员国的对外需求，从而在一定程度上促进了世界贸易总量的增长。同时，区域经济一体化发展所导致的技术开发领域的新成果也会向外扩散，使得集团外国家也能受益。

然而，由于区域经济一体化组织对外实行保护贸易政策，它的各项政策对非成员国更多的是造成不利影响：

首先，区域经济一体化组织对内取消关税、对外实行保护贸易政策，实际上是以牺牲集团外国家的部分贸易为代价来扩大内部贸易。随着一体化的深入和扩大，世界范围的贸易保护主义将随之加强。因此，从整个世界看，它实际上恶化了国际贸易环境，使一些比较落后的发展中国家对发达国家的出口较以前更加困难。

其次，区域经济一体化还改变了国际直接投资的地区流向。由于区域经济一体化组织对外实行歧视性的贸易政策，外国跨国公司将原先的对集团成员国的商品出口改为直接投资，以绕过进口国的关税与非关税壁垒。显然，流入成员国的外国直接投资是从世界其他地区潜在的投资转移过来的。因此，一体化区域内外国直接投资的增加，意味着一体化区外投资的相应下降。这种国际直接投资地区流向的改变，主要是由于集团组织的歧视性政策造成的，而非世界市场竞争的结果，因而必然存在低效率现象。

最后，区域经济一体化不利于多边贸易体系的改进和完善，从而影响全球贸易环境。区域经济一体化组织的建立实际上对非集团成员国构成了不平等待遇，违背了 WTO 的宗旨。在世界经济区域化、集团化趋势下，将导致更多的实力相当或相近的区域性经济集团出现在世界经济大舞台上，从而使集团之间的竞争更加激烈。与此同时，它也使国与国之间的协调转化为区域与区域之间的协调，成员国主权利益的存在，将使这种国际协调更加困难。这些都不利于世界多边贸易体系的改进和完善。

三、关税同盟理论

区域经济一体化的发展引起了经济学家们的关注和浓厚兴趣，许多经济学家试图从理论上来解释这种经济现象，得出了许多不同的有见解的理论研究成果。其中，比较有影响的是关税同盟理论。

1950 年，美国经济学家 J. 维纳（J. Viner）在其代表性著作《关税同盟理论》中系统地提出了关税同盟理论。R. G. 利普西（R. G. Lipsey）等其他经济学家对关税同盟理论进行了补充和完善，使之成为一种较为成熟的理论。关税同盟理论主要是研究关税同盟形成后，关税体制的变更，即对内取消关税、对外设置共同关税，对国际贸易可能产生的静态经济效应和动态经济效应。

1. 关税同盟的静态经济效应

关税同盟的静态经济效应指的是，在假定经济总量不变、技术条件没有改进的情况下，区域经济一体化对集团内成员国的贸易、经济及社会福利所产生的影响。它主要是由贸易创造效应和贸易转移效应组成的。

贸易创造效应是指由于关税同盟内实行自由贸易后，成员国能够依据比较优势进行专业化分工与生产，原先某些成员国的产品被同盟内生产成本更低的成员国的产品所取代，其结果是资源利用效率提高，扩大了生产利益；同时，原先不必进口的产品现在也开始进口，新的贸易得以创造，并且某些成员国由原先生产并消费高成本、高价格的产品转向购买其他成员国低成本、低价格的产品，使消费者节省开支，扩大了消费者利益。贸易创造效应使关税同盟的社会福利水平提高。

贸易转移效应则是指由于关税同盟对内取消关税、对外实行保护贸易，成员国将原先从非成员国进口的低成本产品，转为进口成员国的高成本产品，从而使贸易方向发生了转移。显然，贸易转移效应违背了比较优势原则，使国际资源配置恶化，从而导致整个世界福利水平下降。

可见，建立关税同盟会带来正、负两个方面的效应，具体结果取决于这两方面的对比。只有在贸易创造效应大于贸易转移效应的情况下，建立关税同盟才有可能增加成员国的社会福利。而贸易创造和转移效应又受多种因素影响，其中的主要影响因素有：① 关税同盟成立前成员国的关税水平。成立前关税水平越高，成立后的贸易创造效应越大。② 关税同盟规模的大小。关税同盟包括的成员国越多，关税同盟创造效应就越大。③ 关税同盟的供给和需求弹性的大小。关税同盟成员国的供给和需求弹性越大，贸易创造效应也越大。

除了贸易创造和贸易转移效应外，关税同盟的建立还会带来其他方面的静态效应，主要包括：① 贸易扩大效应。关税同盟成立后，必然会导致区域内及世界贸易量的增加，从而增加经济福利效应。② 关税同盟成立后可以减少走私活动。③ 关税同盟成立后可以增强集团的谈判力量。

2. 关税同盟的动态经济效应

关税同盟的动态经济效应是指，关税同盟的成立有利于刺激各成员国的贸易和经济增长，从而对成员国的产出、就业、国民收入、物价水平和国际收支等产生的间接推动作用。概括地说，动态效应主要包括规模经济效应、竞争效应和投资效应等。

(1) 规模经济效应。关税同盟建立后,原来分散的规模狭小的国内市场连成了统一的大市场,这样有利于同盟内各成员国的生产者进行专业化分工和规模化生产,从而获取规模经济效益,降低生产成本。

(2) 竞争效应。关税同盟的建立使成员国之间生产的竞争性加强,竞争的加强将使成员国生产的专业化分工向广度和深度拓展,使生产要素和资源的配置更加优化。

(3) 投资效应。关税同盟的建立扩大了市场,降低了投资的风险与不稳定性,有利于吸引成员国厂商增加投资。

此外,关税同盟建立后,市场的扩大、竞争的加强、投资的增加和生产规模的扩大还会促使厂商增加研究与开发的投资,从而推动技术革新。①

第三节　发展中国家的贸易环境与贸易改革

总体上说,第二次世界大战以后发展中国家在国际贸易中一直处于不利地位。因此,在处理当代的国际经济贸易关系中,发展中国家的贸易问题始终是国际社会最为关注的重点问题之一。本节首先分析发展中国家的外部贸易环境问题,然后探讨发展中国家的内部贸易改革问题。

一、发展中国家的外部贸易环境问题

第二次世界大战后世界各国和整个世界经济都取得了重大的发展,但是世界经济发展的不平衡仍然是当代世界经济的一大特征。这种不平衡不仅表现在不同类型国家的生产力差异上,而且表现在不同类型国家的增长机制差异上。发达国家生产力水平高度发达,市场经济运行机制健全,宏观调控功能完善,国际化水平高,在世界经济发展和国际分工中处于支配和主导地位,成为推动世界经济和贸易发展的决定性力量。而发展中国家却相反,生产力水平低,市场机制和宏观调控机制不健全,对外依赖程度高,在世界经济和贸易发展中始终处于被支配和从属地位。从总体上看,虽然20世纪80年代以来新兴工业化国家和转型经济国家的经济出现了惊人的增长,但是目前发展中国家与发达国家的差距仍然很大。特别是一些欠发达国家,不仅与发达国家的差距较大,而且与新兴工业化国家也产生了很大的差距。

从国际经济贸易领域看,当代的国际分工主要是以发达资本主义国家为中心,发展中国家一直处于附属地位,因而产生了发达国家与发展中国家之间不平等的国际分工现象。与不平等的国际分工相联系的是发达国家在世界市场上具有的垄断

① 详细论述请参见:薛荣久主编,《国际贸易》,对外经济贸易大学出版社,2003年版,第495—508页。

优势和与发展中国家的不平等交换。由于发达国家拥有先进的生产制造技术，因而在工业品生产和贸易上具有垄断优势，而发展中国家的对外贸易则主要以原材料和初级产品为主。因此，在世界市场上，发达国家往往利用自己在经济和技术上的优势，竭力提高工业制成品的价格，压低原材料和初级产品的价格，使发展中国家蒙受了许多损失。发达国家利用不平等交换对发展中国家进行经济剥削，阻碍了世界经济和贸易的发展。为此，必须推翻不合理的国际经济贸易旧秩序，建立公平合理、平等互利的国际经济贸易新秩序。

对于发展中国家来说，建立国际经济贸易新秩序，主要应解决好以下几个问题：

(1) 维护发展中国家对本国自然资源的主权，以更有效地维护本国经济利益，制止跨国公司对发展中国家资源的控制与掠夺，促使依靠这些自然资源的国家获得更大的发展动力。

(2) 稳定初级产品的市场价格，改善发展中国家的贸易条件，通过建立共同基金和缓冲库存来调节国际市场初级产品的供求，通过把发展中国家出口商品价格与发达国家出口商品价格联系起来的指数化方式，避免发展中国家贸易条件的恶化。

(3) 稳定汇率，改善国际金融市场资金借贷条件，为发展中国家提供更多的援助，减轻发展中国家的债务负担。

(4) 在工业生产上帮助发展中国家提高工业产值，在工业技术转让方面采取有利于发展中国家的政策，以改善其落后的经济结构。

(5) 采取有效措施帮助发展中国家解决粮食问题。

(6) 通过国际立法，限制发达国家尤其是跨国公司对发展中国家利益的损害。

20 世纪 90 年代以来，发达国家与发展中国家关系的主流已经由政治和经济领域的斗争，转变为寻求互利互补的国际合作。发达国家与发展中国家经济的区域合作与集团化发展日益兴起，建立在平等互利基础上的发达国家与发展中国家之间的双向投资和贸易活动格局初步形成。特别是 WTO 的建立，为国际经济新秩序的形成提供了组织保障。①

围绕着发展中国家的国际贸易和发展问题，国际社会曾提出了诸多解决方案，如普遍优惠制、国际商品价格稳定、国际商品协定和建立商品综合方案等。但是，从总体来看，这些政策方案的收效不大。因此，只有通过加快发展中国家的内部贸易改革，增强其对外贸易竞争力，才能够从根本上解决发展中国家的贸易发展问题。

二、发展中国家的内部贸易改革

通过贸易发展来推动经济增长，已经成为许多发展中国家实现工业化的基本途

① 张幼文主编，《世界经济学》，立信会计出版社，1999 年版，第 330—332 页。

径。而贸易发展的关键在于,是否选择了正确的贸易发展战略。因此,大力推动贸易改革,实施正确的贸易发展战略,是加快贸易发展必须要解决的根本问题。然而,一国的贸易改革并不是任意可为的,它需要具备一定的条件才能够取得成功。其中,既有国内条件,也有国际条件。

从国内条件方面看,贸易改革的基本条件是它需要一个稳定的宏观经济环境。一般来说,宏观经济稳定与否的基本标志是充分就业、物价稳定、经济可持续增长和国际收支平衡。其中,充分就业、物价稳定和经济可持续增长衡量的是内部经济是否稳定,而国际收支平衡衡量的则是外部经济是否稳定。从短期看,一国内部经济是否稳定主要反映在就业和通货膨胀上。如果一国存在较严重的失业或通货膨胀问题,那么贸易改革有可能会加剧失业或通货膨胀的矛盾,最终无法推进甚至失败。外部经济是否稳定与贸易改革的关系更直接,因为一国的国际收支平衡问题主要集中在贸易收支上,贸易逆差比较严重的情况下推动改革往往会进一步恶化国际收支,给经济运行造成更大的冲击。因此,在宏观经济不稳定的情况下,不宜全面推行贸易改革。

贸易改革不仅需要稳定的国内经济环境,还需要良好的国际条件。从当前的世界市场状况看,世界的主要进口国大部分仍然是发达国家。如果发达国家本身的经济出现衰退,世界市场需求就会萎缩,与之相关的贸易保护主义倾向也将抬头,这将严重影响发展中国家的出口增长。在这种情况下推行贸易改革是难以取得成功的。当前的国际经济秩序主要是在发达国家的主导下建立起来的,它对发展中国家是不公平、不公正的,不利于发展中国家的贸易改革和贸易发展。因此,面临不利的外部条件,发展中国家应依据自身的条件,及时调整政策,以适应外部条件的变化。

此外,一国的贸易改革与经济改革密切相关,因而贸易改革还需要有相应的经济改革做支撑。因为贸易改革的实质是充分利用市场机制来推动贸易发展,如果没有相应的内部经济改革,国内的市场体系不健全、不完善,市场机制就难以充分发挥作用,贸易改革也不可能成功。从改革的先后顺序看,应当首先进行内部经济改革,建立健全国内市场机制,然后逐步对外开放国内市场,引进国际竞争机制,为贸易改革创造更广阔的空间。[①]

复习与思考题

1. 解释下列概念

多边贸易体制　GATT　WTO　非歧视原则　互惠贸易原则　最惠国待遇　国

---

① 详细分析可参见:尹翔硕编著,《国际贸易教程》,复旦大学出版社,2001年版,第398—443页。

民待遇　透明度原则　公平竞争　贸易政策审议机制　区域经济一体化　自由贸易区　关税同盟　共同市场　经济联盟　政治联盟　贸易创造效应　贸易转移效应

2. WTO 和 GATT 有何联系与区别？

3. 简述 WTO 的基本原则。

4. WTO 的基本运行机制有哪些？

5. WTO 如何解决其成员之间的贸易争端？

6. 从经济学角度看，如果一个国家对所有的进口工业制成品都不征收关税，而对所有的进口初级产品都征收关税，这是不是非歧视性的？这种关税安排对全球的资源配置有无影响？

7. 区域经济一体化的基本特征是什么？

8. 区域经济一体化对国际贸易会产生什么影响？

9. 区域经济一体化的本质是什么？

10. 简要分析关税同盟的经济效应。

11. 简述发展中国家的外部贸易环境问题及其解决方案。

12. 发展中国家的贸易改革需要哪些条件？

第十二章　国际贸易发展

内容提要

国际贸易是在社会生产力及其所决定的国际分工的基础上产生和发展起来的，是多种因素共同作用的结果。本章将简要地分析国际贸易发展的主要影响因素，共分为五节：第一节，国际贸易发展概论，简要地分析当代国际贸易发展的特征与趋势、国际贸易发展的影响因素；第二节，国际分工与国际贸易，分析国际分工的概念与类型以及国际分工对国际贸易的影响；第三节，世界市场与国际贸易，首先简要地介绍世界市场的含义、构成与特征，然后分析世界市场结构及其对国际贸易的影响；第四节，跨国公司与国际贸易，简要分析跨国公司的含义、特征与发展趋势以及跨国公司对国际贸易产生的影响；第五节，对外贸易发展战略，阐述一国的对外贸易发展战略与经济发展战略的关系、国际贸易发展的战略模式和对外贸易发展战略的现实选择问题。

第一节　国际贸易发展概论

本节首先简要介绍当代国际贸易发展的特征与趋势，然后分析国际贸易发展的影响因素。

一、当代国际贸易发展的特征与趋势

第二次世界大战后，世界经济和政治格局发生了巨大变化，资本输出迅速增长，国际贸易取得了较大发展，世界贸易的增长速度超过了世界生产的增长速度。在这个时期发展的总趋势是，战后初期至20世纪70年代（1948—1973年），世界经济处于恢复和发展的黄金时期，国际贸易空前发展；20世纪70—90年代，东欧剧变和苏联解体，西方国家经济出现滞胀，国际贸易转入缓慢发展阶段；20世纪90年代以来，随着WTO的建立，国际贸易又以较快的速度向前发展。当代国际贸易涉及的范围和内容非常广泛，已经成为世界经济不可或缺的组成部分，是各国经济发展的动力，

呈现出许多新的特征和发展趋势。

（1）国际贸易规模空前扩大。国际贸易规模迅速扩大的主要原因有两个：一是世界经济高速增长为国际贸易的增长奠定了雄厚的物质基础；二是以原子能、信息技术、新材料为标志的第三次科技革命导致了世界各国产业结构和产业组织形式的调整，促进了进出口贸易的快速增长，也带动了国际技术贸易的迅速发展。

（2）国际贸易的商品结构高级化。具体表现为：工业制成品在国际贸易中所占的比重超过初级产品；在制成品贸易中，机械化工业产品在各大类商品中增长最快，而纺织业、服装业和其他轻工业产品的比重下降；燃料在初级产品贸易中所占的比重急剧上升，而农产品比重下降；高新技术产品在国际贸易中的比重日益增加。

（3）国际贸易的地理分布和贸易地位发生了变化。具体表现为参与国际贸易的国家越来越多，各种类型国家的对外贸易都有不同程度的增长。增长最快的仍是发达国家间的贸易，发达国家与发展中国家的贸易量则相对缩减了。发达国家继续保持支配地位，其中，日本和欧洲的贸易地位上升较快。发展中国家在国际贸易中的作用在加强，其中，新兴工业化国家处于领先地位。近些年来，中国在国际贸易中的地位迅速提高，已经逐渐成为一个重要的贸易大国。

（4）国际服务贸易迅速发展。各国尤其是发达国家的产业结构不断优化，由工业型经济开始向服务型经济转变。这种产业升级带来的世界产业结构的大规模调整，导致了对全球范围服务商品的大规模需求，从而使国际服务贸易迅速发展。

（5）跨国公司对国际贸易的影响越来越大。跨国公司的迅速发展推动了国际贸易的快速增长。跨国公司全球性的投资经营活动、技术转让和国际性的生产专业化过程，不仅引发了公司内部贸易的扩大，也促进了专家、技术人员和劳动力的国际流动，带动了金融、法律、技术服务、保险、运输、计算机服务、工程咨询等服务业及服务贸易的发展。

（6）区域集团化贸易日益活跃。为了加强国与国之间的联系，促进经济发展，一些在政治、经济、文化和地理位置等方面有一定联系的国家，通过优惠贸易安排、自由贸易区、关税同盟、共同市场等不同方式，组建区域贸易集团，实现在区域内的贸易自由化。20 世纪 90 年代以来，区域贸易集团化步伐进一步加快，区域内贸易日益活跃和扩大，有力地推动了世界贸易的发展。

（7）国际贸易的协调机制作用增强。随着国际贸易和生产经营国际化发展，国家之间的相互依赖关系日益增强。为了在全球范围内寻求生产要素的最佳配置，寻找更为广阔的市场，各国围绕着有限的原料、资金、技术、劳务、信息和市场份额展开了空前激烈的竞争，于是导致了各种限制性贸易壁垒的产生。为了消除国际贸易自由化发展中的障碍，确保国际商业竞争有序进行，各国政府间的政策协调有了很大的发展。特别是 1948 年 GATT 的产生和 1995 年 WTO 的建立，无论是对国际贸易政策和体制的调整，还是对贸易自由化的推动和多边贸易体制的确立，都发挥了重要的作用。全球贸易协调机制的建立和协调规则的日趋完善，有力地推动了国际贸易的发展。

(8) 国际贸易方式多样化。第二次世界大战后，除了传统的国际贸易方式（如包销、代理、寄售、招标、拍卖和展卖等）外，还出现了诸如补偿贸易、加工装配贸易、对销贸易、租赁贸易和电子商务等新的贸易方式。这些新型国际贸易方式的发展，不仅扩大了国际贸易的范围，而且增加了国际贸易的深度，使各个不同类型的国家都能够以不同的贸易方式加入到国际分工体系和国际经济贸易合作中来。

(9) 国际贸易主体多元化。目前除了传统的企业和个体商人外，各国政府、各类国际组织以及金融机构、专业咨询机构等都已成为参与国际贸易活动的主体和成员。特别是各国政府，除了通过在国际市场上直接采购商品和消费服务外，还通过对本国公司的经济扶持和政策保护，推动对外贸易发展，促进经济增长。

(10) 贸易保护政策措施更加隐蔽。随着多边贸易体制的建立和国际协调机制的日趋完善，各国已经逐步取消了关税及其他一些为 WTO 所禁止的贸易保护措施，代之以一些更加隐蔽的措施。特别是绿色贸易壁垒、社会责任壁垒和知识产权壁垒，这些措施以其外表的合理性和内在的隐蔽性，成为当前国际上最有效的非关税壁垒措施，从而被广泛利用。

总之，随着经济全球化的发展，国际贸易和投资自由化将成为未来世界经济发展的主旋律。①

二、国际贸易发展的影响因素

国际贸易是社会生产力发展到一定阶段的产物。在社会生产力水平不断提高的过程中，国际贸易也不断发展和完善。

国际贸易的发展与世界政治、经济与科技的发展紧密相连，是多种因素共同作用的结果。其中，主要的影响因素有以下几个方面：

(1) 各国的市场经济发展与对外贸易战略。国际贸易的基础是世界各国的市场经济。如果没有世界各国市场经济的发展，就不会有世界市场的形成与发展，也就不会产生国际贸易。从本质上说，国际贸易是各国国内贸易的延伸，是一国国内交易跨越国界的结果。因此，国际贸易的发展取决于各国经济与贸易的发展。此外，各国的对外贸易发展战略也会影响国际贸易的发展。如果各国实行自由贸易政策，就会有利于推动国际贸易的发展；相反，如果各国实行保护贸易政策，就会阻碍

① 详细内容可参阅：贾金思等主编，《国际贸易——理论·政策·实务》，对外经济贸易大学出版社，2005年版，第5—14页；喻志军编著，《国际贸易理论与政策》，企业管理出版社，2006年版，第6—20；程大中著，《国际贸易》，格致出版社、上海人民出版社，2009年版，第1—23页。

国际贸易的发展。

(2) 经济全球化与世界经济一体化。经济全球化发展意味着阻碍商品和要素在国际间流动的障碍逐步消除,各国经济上的联系和依赖程度日益加深,跨国界的生产和销售变得越来越普遍。因此,随着经济全球化发展,国际贸易必然会以更快的速度增长。当前经济全球化发展的具体表现是区域经济一体化,以欧盟和北美自由贸易区等为代表的区域经济集团已经显示出了巨大的优势和潜力。

(3) 科技创新与知识经济发展。科技创新与知识经济发展不仅会加快产品创新步伐、改变国际贸易商品结构,也会推动国际交通运输与通信工具、国际交易方式和国际物流的革命。这些都有利于深化国际分工,促进国际贸易发展。此外,科技创新与知识经济的发展还直接推动了技术服务贸易、信息服务贸易和各类专业服务贸易的发展。

(4) 全球多边贸易体制与协调机制的建立和完善。由于世界各国发展的不平衡,在经济全球化发展过程中,发达国家与发展中国家的贫富差距正在不断地扩大。为了创造一个公平竞争的国际环境和贸易关系,建立有效率的全球多边贸易体制和协调机制,有必要制定一套国际公认的贸易行为准则。实践证明,WTO 的成立对国际贸易的发展起到了积极的推动作用。

以上分析的是一些基本影响因素。此外,国际分工发展、世界市场结构变化、跨国公司发展等,对国际贸易的发展也有很大的影响作用。

第二节　国际分工与国际贸易

国际分工是国际贸易的基础,国际分工的发展有力地促进了国际贸易的发展。本节首先对国际分工的概念与类型进行概要性的介绍,然后分析国际分工对国际贸易的影响。

一、国际分工的概念与类型

国际分工指的是世界各国之间的劳动分工,它是社会分工发展到一定阶段的产物,是国民经济内部分工超越国家界限而形成的国家之间的分工。国际分工是国际贸易和世界市场产生的基础,国际贸易则是国际分工的表现。

国际分工的形式多样,基本上可以归纳为垂直型国际分工、水平型国际分工和混合型国际分工三类。垂直型国际分工主要发生在经济发展水平不同的国家之间,是在原材料的生产国和制成品的生产国之间发生的一种纵向分工。水平型国际分工主要发生在经济发展水平大体相近的国家之间,是经济发展水平相近、生产技术水平相似的国家之间对生产的不同环节进行专业化分工所产生的一种横向分工。

混合型国际分工则是垂直型分工与水平型分工的混合。

二、国际分工对国际贸易的影响

1. 影响国际贸易的发展速度

国际贸易产生的根源是国际分工,所以,国际贸易的发展速度取决于国际分工的发展速度。一般来说,在国际分工发展较快的时期,国际贸易发展也较快;相反,在国际分工发展缓慢的时期,国际贸易发展也较缓慢,甚至处于停滞状态。

2. 影响国际贸易的格局

国际贸易格局包括国际贸易的地理方向和地区分布等方面。国际贸易的总流向主要取决于国际分工的形式、深度与广度。例如,19 世纪的国际分工主要发生在宗主国和殖民地之间,这段时期的国际贸易也主要发生在宗主国与其殖民地之间;第二次世界大战后的国际分工主要发生在发达国家之间,国际贸易也主要发生在发达国家之间。一般来说,在国际分工中处于中心地位的国家,其在国际贸易中也占据主要地位。

3. 影响国际贸易的商品结构

国际分工状况对国际贸易的商品结构具有重要的影响。早期的国际分工以垂直型国际分工为主,贸易商品主要为初级产品。随着国际分工的不断深化,国际贸易的商品结构也在不断发生变化。随着水平型国际分工的发展,在国际贸易中工业制成品所占的比重超过了初级产品。随着发达国家与发展中国家之间分工形式的变化,发展中国家出口的工业制成品不断增加。随着跨国公司的发展及由此所导致的国际分工的深化,产业内贸易和中间品贸易比重不断提高,服务贸易也迅速发展起来了。

4. 影响国际贸易的利益分配

国际分工可以使参与分工的各国扬长避短,从而有利于合理配置资源,节约社会劳动,提高生产力。但是,由于各国在国际分工中的地位不同,在国际贸易利益分配中所占的比例也是不平衡的。早期的宗主国与殖民地间的分工是一种支配与被支配、中心与外围的关系,这种不平等的分工关系决定了不平等的贸易关系,导致了国际贸易的大部分利得被宗主国所控制。第二次世界大战后,随着发展中国家政治上的独立和民族工业的发展,发展中国家在国际分工中的地位有所改善,贸易利得也随之增加。

5. 影响一国对外贸易依存度和世界贸易依存度

一国经济的对外贸易依存度和世界贸易依存度与国际分工有很大的关系。[①] 国

① 对外贸易依存度又称为对外贸易系数,指一国对外贸易总额在该国国民生产总值中所占的比重。世界贸易依存度又称为世界贸易系数,指国际贸易总值在世界总产值中所占的比重。

际分工的发展，使各国的对外贸易依存度和世界贸易依存度不断提高。

第三节　世界市场与国际贸易

世界市场是国际贸易活动的场所，世界市场价格（即国际价格）则是世界市场上商品交换的基础和核心。本节首先简要介绍世界市场的含义、构成与特征，然后分析世界市场结构及其对国际贸易的影响。

一、世界市场的含义、构成与特征

世界市场（或国际市场）是指在整个世界范围内，通过国际贸易活动联系起来的跨越国界的商品和劳务交换关系的总和。世界市场是在各国国内市场的基础上形成的，但是世界市场并不是各国国内市场的简单加总。世界市场扩展了各国生产力的选择与配置范围，有效地提高了资源利用效率和劳动生产率。世界市场还为各国的生产和交换提供了更广阔的市场空间，有利于实现规模经济。通过世界市场，可以将各国的国民价值转换为国际价值并实现价值的增值，促进整体世界福利水平的提高。①

世界市场由一系列软硬件设施构成，主要包括：① 世界市场交易主体，包括各种类型的国家和订约人，它们的活动状况直接决定着世界市场的运行状况。② 世界市场交易客体，即交易的商品，包括货物和服务性产品等。③ 世界市场交易组织形式与环节，世界市场交易组织形式主要包括有固定组织形态的国际市场（如商品交易所、拍卖行、商品博览会和展览会等）和无固定组织形式的国际市场两大类。在世界市场上，商品从生产者到消费者的流通环节（或销售渠道）通常由三个部分构成：一是出口国的销售渠道，包括生产企业或贸易公司；二是出口国与进口国之间的销售，包括贸易双方的中间商；三是进口国国内的销售渠道，包括经销商、批发商和零售商等。④ 世界市场交易设施，主要包括国际市场运输网络和国际市场信息网络等。其中，运输网络由铁路、公路、水上、航空和管道运输等组成；信息网络由国际电话、电视、广播、报刊、通信卫星和计算机网络等组成，是世界市场的中枢。⑤ 世界市场组织机构与规则，包括参与世界市场活动的各种市场组织机构、国际贸易规则、条约、契约与管理机构等，健全的世界市场组织机构与规则是保证世界市场有序和有效运行的基础和条件。

世界市场的内在要求是实现商品和劳务在世界范围内的交换，而这种交换必然

---

① 从世界市场交易的内容和形式看，世界市场包括产品（货物）市场、服务市场和要素市场（又包括资本市场、劳动市场和技术市场）等不同的类型。具体内容在本书第三篇的国际贸易内容与形式部分进行了介绍和分析。

导致生产和消费的世界性。但是,与国内市场不同的是,由于主权国家利益的存在,各国不同程度地采取了贸易保护主义政策。因此,世界市场自产生之日起就是一个非自由贸易的市场,当代的世界市场仍然是一个半自由贸易的市场。虽然建立一个国际贸易自由化和法制化的世界市场已经成为国际社会共同努力的目标,然而这将是一个相当漫长的过程。与国内市场相比,世界市场的基本特征是:

(1) 它是一个不断扩大的市场。随着世界生产力的发展和国际分工的不断广化与深化,世界市场的交易规模不断扩大,参与世界市场的国家和地区以及各类微观交易主体越来越多,各个国家和地区进入世界市场交易的商品种类也越来越多。

(2) 它是一个多层次的市场。作为整体世界市场,它是由不同层次和不同部分的区域市场共同构成的。其中,第一个层次是一体化经济组织内部市场和以地理区域形式存在的地区性市场;第二个层次是不同国家之间以及区域经济组织内部成员国之间的贸易市场;第三个层次是跨国公司内部的贸易市场。各个层次的世界市场并存,共同构成了一个有机的世界市场体系。

(3) 它是一个不平衡的市场。世界市场表现出多方面的不平衡性。首先是各类不同的国际贸易主体在世界市场上的作用和地位发展的不平衡。发达国家和地区在世界市场上的作用和地位不断上升,而发展中国家和地区则在下降。发达国家内部不同的国家和地区在世界市场中的作用和地位也在不断发生变化。其次是世界贸易的地区分布不平衡。北美和西欧国家在世界贸易中占有较大比重,而发展中国家所占的比重则相对较小。最后是世界市场上商品结构变动的不平衡。初级产品的比重下降,制成品的比重上升。技术密集型产品贸易的发展速度超过资本密集型产品,而资本密集型产品又超过劳动密集型产品。

(4) 它是一个广阔性的市场。地理上的广阔性是世界市场的一个显著特征。地理上的广阔性加大了世界市场的交易成本,从而影响和制约了各国比较优势的发挥。这也在一定程度上促进了生产国际化和全球生产一体化的发展。

(5) 它是一个更具竞争性的市场。首先是与国内市场较强的组织性和计划性相比,世界市场缺乏一个有效的超国家机构调节各国的生产和销售,所以世界市场上的自发性竞争较为普遍,加剧了市场的竞争性。其次是与国内市场微观主体数量相对有限相比,进入世界市场交易的微观主体数量较多,这也在一定程度上加剧了世界市场的竞争性。最后是进入世界市场的微观主体往往是一些实力很强的大型国际垄断组织,必然会给其他竞争主体带来更大的竞争压力。

(6) 价值规律作用的局限性。价值规律作用的发挥需要一个自由竞争的市场环境。首先,在世界市场上,商品不是完全自由流动的,而是或多或少地受各国国内政策的影响。其次,各国货币的差异导致了媒介商品的国际流动的复杂性。再次,各国的发展战略会影响本国国内的供给和需求结构,从而决定了这个国家在世界市场上的供给和需求状况。最后,各类区域性国际组织为了自身的利益往往会成为世界市场上的人为干扰因素。

二、世界市场结构及其对国际贸易的影响

根据经济学理论,市场结构有完全竞争、垄断竞争、寡头和垄断四种类型。但是,对于世界市场来说,它更多地具有垄断竞争的性质。这是因为,作为一个完全竞争的市场,它必须具备价格既定、进出自由、产品同质、存在众多交易者和信息充分等条件。但是在世界市场上,虽然商品在国际间流动受到的约束相对较少,然而要素在国际间的流动性较弱,甚至完全不流动。正是由于要素难以实现在国际间的自由流动,各国形成了不同的比较优势,国际间的超额利润长期存在,这正是国际贸易发生的原因之一。

更进一步地分析,在世界市场上,由于存在国民差异,生产者可能特别了解本国的消费者,容易形成本国消费者对本国产品的特殊偏好,从而导致了生产者对本国市场的相对优势。同时,出于对国外产品的好奇或其他因素,有时国内消费者也可能特别偏好国外的进口品。这些都破坏了产品的同质性和无差异性的假设,也影响了完全竞争模式的均衡机制。实际上,在世界市场上,产品的非同质性(即异质性或差异性)是普遍存在的。非同质性的存在,构成了国际贸易特别是产业内贸易发生的又一重要动因和基础。

外部性是造成世界市场不完全竞争的又一重要因素。无论是正的外部性还是负的外部性,都对国际贸易产生不良的影响。以正的外部性为例,伴随着国际贸易和国际投资活动,新的生产技术往往会随之扩散到进口国或引资国,而技术和产品创新者则得不到应有的补偿,这样就会阻碍世界技术进步,最终影响世界生产力发展,阻碍国际分工和国际贸易的发展。同样,如果跨国公司采取掠夺式的生产和经营活动,就会对东道国乃至世界造成负的外部性影响,这种短期的行为最终会阻碍国际贸易和国际投资的发展。因此,外部性成为各国实施贸易干预政策的主要理由之一。

世界市场与国内市场的另一个重要不同之处是,各国为了实现自己的利益,往往会采取关税或其他贸易保护措施来限制国外商品进入国内市场,或者会采取一些鼓励措施来促进本国商品输出。这些都有可能破坏世界市场的自由竞争,从而对国际贸易产生不利影响。当然,如果各国是针对世界市场的垄断力量而采取相应对策,则有利于降低世界市场的垄断性,提高世界市场的效率。从国际贸易实践看,各国政府适度地介入国际贸易活动往往有利于推动国际贸易的发展,因为它有利于遏制世界市场的过度垄断性。

第二次世界大战后,跨国公司已经成为世界市场结构变化的主体。跨国公司的

成长打破了完全竞争或完全垄断的世界市场结构，使垄断竞争成为世界市场的基本形态。世界市场的垄断与竞争主要成为各国跨国公司之间的垄断与竞争，而跨国公司之间垄断与竞争的形成则逐渐通过行业集中和行业多元化来加以表现。跨国公司的垄断与竞争共存的市场结构，既符合企业规模效益的原理，又符合竞争提高效率的原理。因此，跨国公司主导的当代世界市场结构是一个相对有效率的市场结构。

第四节　跨国公司与国际贸易

在生产国际化和全球经济一体化的大背景下，跨国公司已经成为国际经济和贸易活动中一股不可忽视的强大力量，日益推动着国际贸易向更广泛的领域和更高级的阶段发展。本节首先介绍跨国公司的含义、特征与发展趋势，然后分析跨国公司对国际贸易的影响。

一、跨国公司的含义、特征与发展趋势

跨国公司(transnational corporations)又称多国公司(multinational corporations)或国际公司(international corporations)或超国家公司(supernational corporations)，是以母国为基地，通过对外直接投资或其他形式，在两个或更多的国家设立子公司或分支机构，或控制东道国当地企业使其成为子公司，从事国际化的生产、销售或其他经营活动的国际性大企业。

按照联合国《跨国公司行为守则》，跨国公司必须具备以下三个基本要素：

(1) 跨国公司必须是一个经营实体，组成这个企业的实体在两个或两个以上的国家经营业务，而不论其采取任何法律形式经营，也不论其在哪一个领域经营。

(2) 这种企业必须具有一个统一的决策体系，有共同的政策和相同的战略目标。

(3) 企业中各个实体分享信息、资源和分担责任。

现实中的跨国公司绝大多数是由一国垄断资本建立的，只有极少数是由两个或更多国家的垄断资本联合建立的。跨国公司由母公司(总公司)和分布在世界各国的分公司、子公司组成。跨国公司的来源国被称为母国，母公司是在母国政府注册登记的法人实体；子公司所在国被称为东道国，子公司是在东道国政府依法注册登记的法人实体。子公司受母公司领导，子公司的资产所有权由母公司控制，并服从母公司的全球经营战略。

一般来说，跨国公司具有以下特征：

(1) 具有全球化的经营战略目标。跨国公司以整个国际市场为经营目标，在世

界范围内进行资源配置，组织跨国界的生产和经营活动。在进行经营决策时，考虑的是整个公司的最大利益和整个公司未来的发展，任何重大决策都以实现全球经营战略目标为出发点，着眼于全球利益的最大化。

（2）公司内部实现“一体化”的经营管理体制。跨国公司实行集中决策、分散经营，最高决策权集中在总公司，各子公司在总公司的统一安排下分散进行经营活动，从而形成一个有机经营整体。

（3）实行综合性、多元化的经营方式。跨国公司的经营范围很广，经营的商品范围和行业跨越生产、销售、运输及其他多种产业，形成了多种产品的综合经营体系。

（4）采取灵活多样的经营策略。跨国公司会根据国际政治经济形势和东道国的具体情况，采取灵活多样的经营策略。例如，在公司内部实现价格转移以逃避税收，越来越多地采用非价格竞争手段来争夺市场，通过建立跨国公司联盟来提高竞争力，等等。

（5）经营行为带有明显的垄断性。跨国公司的经营行为具有明显的垄断性和排他性，由于其拥有雄厚的资金、先进的技术、科学的管理体制、巨大的销售规模和遍布全球的分支机构，往往以限制性商业惯例打击局外企业，加强对国外市场的垄断和争夺，攫取高额垄断利润。

跨国公司的出现与资本输出密切相关，它是垄断资本主义发展的产物。在当今生产国际化和全球经济一体化的背景下，跨国公司的发展呈现出一些新的发展趋势：

（1）建立国际战略联盟。建立国际战略联盟已经成为跨国公司发展模式的新趋势，特别是20世纪90年代以来，由于国际竞争日益加剧，许多跨国公司感到仅凭自身的资源无法实现企业的战略目标，于是寻求和其他跨国公司合作，建立国际战略联盟，共同营造营销网络，联合开展研究与开发，以取得资源互补、风险共担、规模经济和协同效应的优势。

（2）研究与开发国际化。研发国际化成为跨国公司技术发展的新趋势。为了适应国际市场的复杂性、产品多样性和消费者偏好差异性的要求，同时也是为了充分利用各国的科技资源、降低研发成本与风险以及谋求技术价值链总体收益最大化，跨国公司通过在海外设立研发机构并与母公司形成网络系统、组建海外产教研联合体以及与其他跨国公司缔结研发国际战略联盟等方式，在全球范围内优化配置技术要素。

（3）组织网络化。组织网络化已经成为跨国公司结构调整的新趋势。跨国公司传统的企业层级组织的运作是以职能为中心的，而网络化组织的核心是以事为中心。这是企业为了适应网络环境、知识竞争和价值创造的需要，对传统的以等级制度为基础的企业组织形式和管理模式的重大变革，其实质是以企业知识的获取、创造和应用为基础，重构企业的内部权力配置和外部市场的边界，通过创造知识来创造市场价值。

二、跨国公司对国际贸易的影响

跨国公司对国际贸易有着重要的影响。首先，跨国公司内部的贸易规模越来越大，不仅成为一种新的贸易现象，而且推动了整个国际贸易的发展。其次，跨国公司的发展促进了国际分工向更广阔的领域和更深层次发展，极大地推动了国际贸易的增长和贸易范围向全球的扩张。下面首先讨论跨国公司内部的国际贸易问题，然后分析跨国公司对当代世界贸易所产生的影响。

（一）跨国公司内部的国际贸易

公司内贸易是一个与公司间贸易相对应的概念，是指跨国公司内部的母公司与子公司、子公司与子公司之间进行的产品、原材料、零部件、技术与服务等的贸易活动。它主要包括三种类型的交易：一是母公司对其国外子公司的贸易；二是国外子公司对其母公司的贸易；三是同一跨国公司体系在一国的子公司对其他子公司的贸易。

公司内贸易产生的理论基础是由罗纳德·H. 科斯（Ronald H. Coase）等经济学家提出的内部化理论。该理论认为，企业通过对外直接投资的形式建立跨国公司，在全球范围内组织生产与协调分工，使各项交易尽可能地在企业内部完成，这样可以有效地避免因外部市场不完全对其经营产生的影响。同时，在“知识产品”的研发与获得越来越昂贵、知识产权保护越来越困难的情况下，企业内部化交易可以有效地防止技术迅速扩散，保护企业的知识产权。此外，在外部市场环境的不确定性不断增加的情况下，企业内部化交易使企业能够根据自己的需要进行内部资金、产品和生产要素的调拨，保证企业效益的最优化。

跨国公司内部的国际贸易发展迅速，目前已经占到世界贸易总量的1/3以上。跨国公司内部的国际贸易之所以得到迅速发展，主要是基于以下原因：

（1）防止技术优势的扩散和丧失。保持技术优势是跨国公司维护其垄断地位的基本条件，跨国公司采用内部化交易方式，可以有效地防止技术向外扩散，保护企业的知识产权。

（2）降低外部市场交易的不确定性。在完全受市场自发力量支配的情况下，企业将面临诸多风险，包括生产投入供应的数量、质量和价格等的不确定性。跨国公司内部贸易可以大大降低外部市场造成的经营不确定性风险。

（3）降低交易成本。公司内部化交易可以更好地控制供给和销售，减少对外交易过程中的谈判、签约和合同履行所发生的各种费用。

(4) 减少国际市场不完全竞争所引致的损失。国际市场不完全竞争现象普遍存在，跨国公司在对外贸易中往往会因此而造成损失。比如，一些国家的政府为了保护本国企业而对进入本国的产品进行各种限制，一些厂商采取倾销的方式来阻止和打击同类产品的竞争，等等。通过公司内部交易，可以有效防范国际市场不完全竞争所带来的损失。

(5) 利用内部转移价格获取高额垄断利润。跨国公司可以通过内部转移高价或转移低价的方式，来减轻纳税负担，规避汇率风险，增强竞争能力。比如，可以通过转移价格（高出低进或高进低出）人为地调整母公司与子公司的利润，将公司总的所得税或关税降到最低限度；采取转移低价可以降低子公司的成本，提高子公司的竞争能力，等等。

与公司间贸易相比，公司内贸易具有如下特点：一是公司内贸易的主体是跨国公司，所以公司内贸易与国际直接投资活动是密不可分的；二是大多数开展公司内贸易的跨国公司都具有特定的垄断优势；三是公司内贸易以中间产品为主，既包括半成品、零部件等实体性中间产品的贸易，也包括信息、技术、产品的研发能力以及管理能力等无形中间产品的贸易；四是公司内贸易与跨国公司内部的国际分工密切相关；五是公司内贸易在研发密度较高的产业中发生的比率高于其他产业。

(二) 跨国公司对世界总体贸易的影响

跨国公司作为当代世界经济中最重要的微观行为主体，对国际贸易的发展具有举足轻重的作用。下面从积极影响和消极影响两个方面进行分析。

1. 跨国公司对国际贸易的积极影响

(1) 促进了国际分工向纵深领域发展。跨国公司通过对外直接投资，利用当地的有利条件生产中间产品，然后运往不同的国家进行最后组装。最后组装完成后，再利用自己的营销网络，在全球范围内进行销售。因此，跨国公司的国际化经营，实际上是将子公司所在的各国纳入到了国际分工体系，使相关国家联系在一起共同生产和经营“国际性产品”，从而形成全球性的供应链和价值链，促进国际分工向纵深领域发展。跨国公司成为国际分工深化的重要微观基础。

(2) 对国际贸易规则和统计方法产生了重要的影响。跨国公司的全球化经营战略和行为，将国际贸易和国际直接投资有机地联系在一起。在国际市场的大宗交易中，以国际分包合同、合资经营和补偿贸易等为代表的长期资本合同，逐步取代了传统的短期商业合同。这种以资本和生产国际化为载体的新的国际贸易方式，突破了旧的国际贸易规则，促进了全球贸易规则的不断改革和完善。跨国公司的迅速发展，导致了产业内贸易、公司内贸易和加工贸易等各种新的国际贸易现象大量出现，这对传统的国际贸易统计方法提出了挑战。比如，传统的对外贸易差额概念无法真实地反映产业内贸易、公司内贸易和加工贸易等情况，因而难以衡量跨国公司迅速发展后国家之间的实际贸易利益;以原产地规则为核心的国际贸易统计方法以货物贸易统计为主,不能反映大规模的直接投资活动和服务贸易,因而难以真实地反映国与国之间的整体贸易关系,等等。

(3)推动了国际贸易的迅速增长。跨国公司为争夺国内外市场,必然会加快新产品的研发,这在一定程度上推动了新产品、新材料、新工艺和新工业部门的不断涌现;跨国公司为了寻求利益最大化,必然会在全球范围内进行资源的优化配置和生产经营活动,这种国际性的生产经营方式,加速了国际生产专业化分工与协作的发展。这些都为国际贸易的迅速发展奠定了雄厚的物质基础。从发达国家看,跨国公司使发达国家能够绕过各种贸易壁垒,扩大对外贸易渠道;跨国公司通过对外直接投资,实行就地生产和就地销售战略,可以减少各种费用,降低成本,提高了产品的竞争力;跨国生产减少了发达国家对发展中国家各种资源的依赖。从发展中国家看,跨国公司对某些发展中国家的集中投资,导致这些国家的对外贸易增长速度明显高于其他发展中国家;跨国公司通过各种产权和非产权关系进入发展中国家,有利于帮助这些发展中国家和经济转型国家拓展国内外市场,带动出口和相关产业的发展;跨国公司的进入使发展中国家的对外贸易商品结构发生了变化,推动了发展中国家的产品出口由以初级产品为主转向以制成品为主。

(4)促进了国际技术贸易的发展。跨国公司为了能够在激烈的国际竞争中维持自己的垄断优势地位,必然不断地进行新技术和新产品的研究与开发,这为国际技术贸易提供了基本条件。跨国公司的国际化经营战略必然会导致许多新技术,包括机器设备、中间产品、成品以及技术服务等,在母公司与子公司之间的转移。跨国公司战略联盟内部为了实现共同的利益,通常会在联盟之间进行技术转让。此外,知识和技术本身存在的溢出效应和外在性,也会导致技术的扩散。这些都促进了国际技术贸易的发展。

(5)对国际贸易的商品结构和地理分布产生了决定性影响。跨国公司对外投资主要集中在制造业部门,尤其是在资本、技术密集型产业,这样就导致了在国际贸易商品结构中,制成品贸易所占比重不断上升,而初级产品所占比重不断下降。此外,跨国公司内部专业化协作的发展,也使制成品贸易中的中间产品比重不断上升。跨国公司海外投资的地理分布决定了国际贸易的地理分布。跨国公司海外投资的3/4 集中于发达国家和地区,其设立的海外子公司有 2/3 也设在发达国家和地区。跨国公司通过内部贸易和外部贸易促进了发达国家之间的贸易,带动了这些国家对外贸易的发展,使得发达国家成为世界贸易中的主要国家和主要贸易地区。但是,近年来跨国公司在发展中国家的投资越来越多,发展中国家的贸易地位和贸易对象也在发生变化。

2. 跨国公司对国际贸易的消极影响

跨国公司对国际贸易的影响具有双重性,在对国际贸易产生积极影响的同时,也会对国际贸易产生一些不利的影响。

(1)对国际贸易秩序的不利影响。跨国公司具有较强的技术垄断性和贸易垄断性,这种垄断性导致了某些不正当竞争,扭曲了国际贸易和国际投资,不仅损害了别国的利益,还造成了国际贸易秩序的混乱,导致世界贸易摩擦不断。

(2)对东道国的不利影响。跨国公司为了实现自己的战略目标和利益,往往会给东道国带来一些不利影响。比如,转移生态环境污染,向东道国转嫁经济危机,对东道国贸易收入产生负面影响,等等。首先,转移生态环境污染。跨国公司以外商投资的名义,将其在本国被禁止或者受限制的污染产业转移到环保监管较松的国家(主要是发展中国家),导致这些国家的环境污染和生态破坏严重,影响了它们的可持续发展。其次,向东道国转嫁经济危机。利用外资规模大的国家,其经济结构和主要产业往往具有很强的依附性和从属性。一旦跨国公司母国发生经济危机,这些国家就面临更大的风险和困难。最后,对东道国贸易收入产生负面影响。为了提高产品的竞争力,跨国公司往往利用内部转移定价手段来逃避关税和所得税。为了逃避外汇管制,及时将利润从东道国抽回,子公司可以采取高进低出的办法将资金调出东道国,绕开东道国对汇出利润的外汇管制。这些都导致了东道国贸易收入的减少。

(3)造成发达国家和发展中国家之间的贫富差距扩大。发达国家的跨国公司往往利用自己强大的资金和技术优势,轻易地获取发展中国家的廉价资源、劳动力和广阔的市场,攫取高额垄断利润,实现资本积累的迅速膨胀。而发展中国家则被迫廉价出卖资源和劳动力,致使自己更加贫穷。特别是一些发达国家的跨国公司对发展中国家在投资、技术转让和资金信贷上附加诸多苛刻条件,造成了这些国家债务负担沉重,出现了贫困化增长的现象,进一步扩大了发达国家与发展中国家间的贫富差距。

对于上述不利影响,相关国家(特别是发展中国家)应该借助 WTO 和规则来对跨国公司的行为进行规范,同时提高自身的应对能力,以促进国际贸易健康有序发展。①

第五节　对外贸易发展战略

一国的对外贸易发展是在其对外贸易发展战略指导下进行的。因此,为了促进

① 详细分析可参见:黎孝先主编,《国际贸易实务》(第三版),对外经济贸易大学出版社,2000 年出版,第 211—257 页。

对外贸易发展，一国必须确立正确的对外贸易发展战略。本节首先简要地分析一国的对外贸易发展战略与经济发展战略的关系，然后分析国际贸易发展的战略模式，最后简要地分析对外贸易发展战略的现实选择问题。

一、对外贸易发展战略与经济发展战略的关系

一国的对外贸易发展战略是在其国民经济发展的总体战略指导下，对一定时期内的对外贸易发展目标、发展方向及实现手段所做出的全局性的安排。因此，一国的对外贸易发展战略是一国的经济发展战略的有机组成部分，经济发展战略的性质决定了对外贸易发展战略的性质，对外贸易发展战略应该服从并服务于经济发展战略的需要。

在现代开放经济条件下，一国的对外贸易发展战略在其经济发展战略中居于核心地位。因为在现代开放经济条件下，一国的生产经营活动已经构成了国际分工体系的组成部分。各国都是依据本国的比较优势来进行资源的最优化配置，围绕着世界市场来进行生产经营活动。如何依据比较优势、国际分工和国际经济关系来配置本国资源和发展本国经济，是开放经济条件下一国所要面临的主要问题。从这个意义上说，一国的对外贸易发展战略与该国的经济发展战略具有高度的统一性。

正是由于两者具有上述关系，一国的对外贸易发展战略对该国的经济发展具有重要的影响。一国如果选择了适合本国发展的对外贸易发展战略，就有利于促进本国经济的发展。相反，则会阻碍本国的经济发展。第二次世界大战后各国经济发展的实践证明，几乎所有的新兴工业化国家都选择了适合本国经济发展的对外贸易发展战略，实现了经济的腾飞。一些经济十分落后的发展中国家，之所以没有得到很好的发展，与其选择了闭关锁国的发展战略是有很大关系的。

必须指出的是，对外贸易发展战略与对外贸易政策是两个既相互联系又有区别的概念。对外贸易政策是对外贸易发展战略的主要内容和组成部分，对外贸易发展战略则包括了更广泛的内容，如与对外贸易相关的产业政策、流通与分配政策、投融资政策和宏观经济政策等。

二、对外贸易发展的战略模式

从经济发展和战略目标的角度看，对外贸易发展的战略模式主要有进口替代战略和出口导向战略两大类。

1. 进口替代战略

进口替代战略是指通过建立和发展本国的工业，替代来自国外制成品的进口，以带动经济增长，实现工业化，减少贸易逆差，改善国际收支状况的一种贸易发展战略。这是一种内向型经济发展战略。

各国的情况不同,进口替代战略的实施过程也存在差异。一般来说,其实施过程大体要经历以下几个阶段:第一个阶段是发展一般加工工业,如纺织品、鞋类、加工食品和家用电器等工业,实行消费品进口替代,以便建立初步的工业体系;第二个阶段是发展中间产品的生产,实行中间产品进口替代;第三阶段是发展重化工业产品生产,实现资本品的进口替代,最终建立全面的工业体系。

为了实现进口替代战略目标,各国都制定和实施了相关的政策措施。其中主要包括:① 通过实行保护性关税和非关税手段,限制工业制成品特别是消费品的进口;② 实行本币币值高估政策,以利于进口替代工业发展所需的原材料和机器设备的进口;③ 实行比较严格的外汇管理政策,以便将有限的外汇用于经济发展最急需的领域;④ 实行优惠的投资政策,在税收、价格、信贷、人才和技术等方面给予进口替代工业以特殊优惠,以保护进口替代工业部门免受外国同行和本国其他行业的冲击。

从20世纪50年代起,许多发展中国家相继实施了进口替代战略。实践证明,进口替代战略的实施发挥了一定的积极作用。第一,大多数实施进口替代战略的国家,其工业特别是制造业都得到了发展,并成为这些国家经济发展的主要推动力量。第二,进口替代促进了这些国家经济结构的改造,单一畸形的经济结构有了明显的改变。具体表现在,在国内生产总值中工业特别是制造业的比重上升较快,农业的比重相对下降;在制造业内部,重工业的增长速度大大快于轻工业。第三,进口替代加强了一些发展中国家的经济自立程度。具体表现在,进口制成品在国内总供给中的比重大大下降,一些国家的设备自给率提高了,这样既摆脱了对外国商品进口的依赖,同时也节省了外汇支出,改善了国际收支。第四,实施进口替代战略可以使一国摆脱对国际市场的依赖,避免世界经济动荡对本国经济带来的冲击。第五,进口替代战略促使发达国家由对发展中国家出口转向对发展中国家进行投资。为了绕过发展中国家的贸易壁垒,发达国家更多地以直接投资的方式进入发展中国家。外资的流入有利于发展中国家引进外国的先进技术,增加国内就业,培养技术和管理人才,为未来的资本积累和工业发展奠定了基础。

进口替代战略也会带来一些负面影响。首先,进口替代战略会扭曲国内生产,降低产业效率。受到保护的产业往往是一些竞争力弱的产业,这类产业的资本积累能力弱,生产成本相对较高,产业的联系效应不强,对其进行保护只能使生产维持在一个低效率和小规模的水平上。同时,对进口替代部门的扶持,客观上形成了对非进口替代部门的歧视,使这些部门得不到正常的发展。比如,许多发展中国家,因为着眼于扶持进口替代工业特别是制造业的发展,而对电力、能源和基础设施重视不够,甚至忽略了农业的发展,反而影响了国内的工业化进程。其次,实施进口替代战略损害了消费者的利益。为了使国内替代产业得以发展,就需要以高关税来阻止外国同类产品进入,这样随着进口替代范围的扩大,关税保护的范围也扩大了。同时,进口替代工业的生产成本较高。这两者都造成国内进口替代品价格昂贵,直接影响了消费者的利益。再次,恶化了国际收支。从一些发展中国家实施的情况看,进口替代战略并没有从根本上改善国际收支状况,相反却使国际收支日趋恶化。原因在于,进口替代虽然使国外产品的进口大为减少,但是机器设备、中间产品和原材料的进口却急剧上升;而由于贸易保护和汇率措施使本国的出口竞争力下降,传统的初级产品出口也因本币币值高估而受到影响,这些都导致了国际收支的恶化。最后,进口替代战略还有可能导致收入分配不平等、失业等问题。有鉴于此,20 世纪 80 年代后期,许多发展中国家开始认识到这一问题,并对实际贸易政策进行了调整,许多发展中国家都取消了进口配额并降低了关税。

2. 出口导向战略

出口导向战略将经济发展的重点放在出口贸易上,通过扩大出口来带动本国的工业化和国民经济增长。显然,它是一种外向型经济发展战略。[①] 关于出口导向战略的特点及影响,本书第六章第三节已有详细分析,此处不再赘述。

三、对外贸易发展战略的现实选择

无论是进口替代战略还是出口导向战略都有各自的优缺点,而且每一种对外贸易发展战略的实施都要具备一定的条件。因此,一个国家在选择和运用对外贸易发展战略时,应充分考虑以下各种因素:

首先,对外贸易发展战略的选择应以整体的经济发展战略为基础。作为整体经济发展战略的一部分,对外贸易发展战略必须有利于促进整体经济发展战略目标的实现。当一国的整体经济发展战略发生变化时,其对外贸易发展战略也应做出相应的调整和改革。

其次,对外贸易发展战略的选择要与本国的经济发展水平相适应。对于经济发达国家,由于其已经建立起了强大的工业体系,具备了较强的国际竞争力,往往倾向于实施自由贸易发展战略,以充分发挥比较优势和最大限度地利用国际市场。对于一些尚处于工业化发展初期的发展中国家,由于缺乏工业基础,可以选择进口替代战略和政策。而对于一些已经具备了一定工业基础的发展中国家,则应实施出口导向战略和政策。

再次,对外贸易发展战略的选择要立足于国内资源和要素禀赋状况。国内的资源和要素禀赋是一国对外贸易发展战略制定的基本依据。一般来说,对于地域广阔、人口较多、资源较丰富的发展中国家,因国内市场容量较大,工业品的国内销路有保障,可以进行大批量生产,获取规模经济利益。因此,这类发展中国家适于实施

---

① 也有人将出口导向战略称为出口替代战略。

进口替代战略,以便于实行贸易保护政策,扶持国内的幼稚工业。如果随着技术水平的提高和工业的发展,产品具备了进入国际市场的条件,就可以转而实施出口导向战略。而对于一些较小的发展中国家,由于缺乏扶持国内幼稚工业发展的条件,实施进口替代战略很难成功,一开始就应实施出口导向战略。

最后,对外贸易发展战略的选择还要考虑国际经济环境状况。特别是出口导向战略,其成功与否依赖于世界市场。在世界经济繁荣时期和自由贸易的条件下,出口导向战略容易成功;而在世界经济衰退和保护贸易盛行的条件下,出口导向战略则难以推行。

当然,一般认为,出口导向战略优于进口替代战略。原因在于,出口导向战略的核心是充分利用国际市场来推动本国工业和经济发展。而面对国际市场,不仅刺激了整个工业经济效率的提高,而且也有利于克服国内市场狭小的限制,获取规模经济效应。此外,出口也有利于带动国内经济和技术的发展,进一步增强本国的出口竞争能力。从实践上看,原来实行进口替代战略和贸易政策的发展中国家,在条件成熟时都适时地转向了出口导向战略和政策。①

复习与思考题

1. 解释下列概念

国际分工　世界市场　国际价格　跨国公司　内部转移价格　公司内贸易　非价格竞争　限制性商业惯例　跨国公司战略联盟　对外贸易发展战略　进口替代战略　出口导向战略　内向型经济　外向型经济

2. 简述当代国际贸易发展的特征与新趋势。

3. 简述国际贸易发展的影响因素。

4. 简述国际分工对国际贸易的影响。

5. 简述世界市场的基本特征。

6. 简述不完全竞争的世界市场结构对国际贸易可能产生的影响。

7. 跨国公司具有哪些特征?

8. 简述跨国公司对国际贸易的影响。

9. 简要评述进口替代战略。

10. 简要评述出口导向战略。

11. 一国在选择对外贸易发展战略时应考虑哪些因素?

---

① 参见:陈宪等编,《国际贸易——原理·政策·实务》,立信会计出版社,1998 年版,第 176—183 页;喻志军编著,《国际贸易理论与政策》,企业管理出版社,2006 年版,第 208—213 页。

12. “第二次世界大战后东亚国家(地区)的成功是由于它们推行了出口替代战略,而其他许多发展中国家经济和贸易没有发展是由于它们采用了进口替代战略。如果它们也推行出口替代战略,也能取得像东亚国家(地区)那样的成功。”请对这段话进行评论。

第十三章　经济增长与国际贸易

内容提要

一国的经济增长对其国内的需求和供给会产生重要的作用，主要体现在：其一，导致收入增长和收入分配结构发生变化，从而引起需求总量和需求结构发生变化；其二，导致生产要素增长和技术进步，从而引起供给总量和供给结构发生变化。一国的进出口量是由国内的需求和供给状况决定的。因此，一国的经济增长对其国际贸易会产生重要影响。本章将从经济增长的需求作用机制和供给作用机制两个方面来探讨其对国际贸易的影响，共分五节：第一节，经济增长的贸易效应，主要就经济增长对国际贸易可能产生的影响做一概括性的分析；第二节，生产要素增长与国际贸易，主要分析生产要素增长对国际贸易可能产生的影响；第三节，技术进步与国际贸易，主要分析技术进步对国际贸易可能产生的影响；第四节，经济增长、贸易条件与福利，主要分析经济增长对贸易条件，从而对一国福利所产生的影响；第五节，国际贸易与经济增长，主要分析国际贸易增长对经济增长可能产生的影响，从而揭示经济增长和国际贸易的相互作用规律。

第一节　经济增长的贸易效应

经济增长主要是通过消费效应和生产效应来对国际贸易产生影响的。一国的经济增长会引起实际收入的增加，而实际收入的增加对生产者和消费者都会产生重要的影响。生产者需要决定如何去改变生产，是增加资源投入还是实行技术革新。消费者需要决定如何消费增加的实际收入，是增加非贸易品的消费还是增加贸易品的消费。他们的行为共同决定了一国的对外开放程度和对外贸易增长状况。这里，首先讨论经济增长的生产效应对国际贸易的影响，然后来讨论经济增长的消费效应及其对国际贸易的影响，最后简要地讨论生产效应和消费效应的综合作用。

一、生产效应

一国的经济增长会引起实际国民收入的增加，而实际国民收入的增加又会导致国内出口品的产出和进口竞争品国内产出的变化，它们共同决定了一国的对外贸易状况。为了便于分析，假定所讨论的对象是一个小国，它只有出口品和进口竞争品两个生产部门；其生产的机会成本是递增的，即它的生产可能性边界是外凸的；由于小国不能影响世界价格，在考察生产效应时假定商品的世界相对价格不变。

如图 13-1 所示，该国出口产品 A，进口产品 B。原来的生产可能性边界为曲线 TT，Q 是原来的生产点。PP 曲线是世界相对价格曲线，其斜率为（$-P_A/P_B$）。经济增长使生产可能性边界外移至曲线 $T'T'$，这样该国的生产者可以在 $T'T'$ 曲线上选择新的生产点，如 Q_A点、Q_N点或 Q_p点等，以实现利润最大化。一般来说，新的生产点可能会出现以下结果：① 对出口品 A 和进口品 B 的生产同比例增加；② 两种产品的生产都增加了，但是一种产品相对另一种产品的生产增加得更多；③ 一种产品的生产绝对增加，另一种产品的生产绝对减少。这几种不同的生产可能性反映了经济增长对贸易影响的不同结果。下面来做具体的分析。

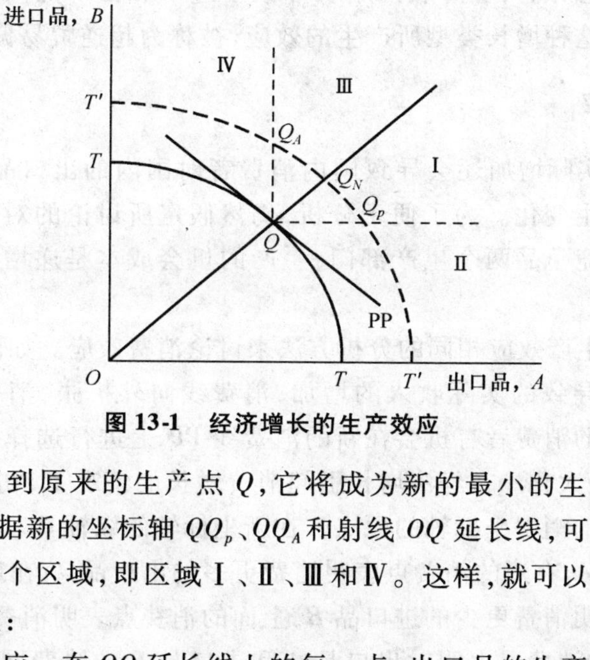

图 13-1　经济增长的生产效应

现在我们再来回到原来的生产点 Q，它将成为新的最小的生产坐标轴 QQ_p 和 QQ_A 的坐标原点。根据新的坐标轴 QQ_p、QQ_A 和射线 OQ 延长线，可以将经济增长的生产可能性划分为四个区域，即区域Ⅰ、Ⅱ、Ⅲ和Ⅳ。这样，就可以得出经济增长的五种不同的生产效应：

（1）中性生产效应。在 OQ 延长线上的每一点，出口品的生产与进口竞争品的生产以相同的比例增加，即随着实际收入的增加，生产者没有改变它们的相对生产方式，从而对贸易没有产生影响，所以被称为中性生产效应。

（2）顺贸易偏向生产效应。在区域Ⅰ，即 OQ 的延长线与 QQ_p 围成的区域，各个可能的新的生产点表明，随着实际收入的增加，生产者对两种产品的生产都增加了，但是出口品 A 的生产比进口竞争品 B 的生产增加得更多。虽然进口竞争品 B 生产的增多减少了进口，但是由于出口品 A 增加得更多，出口的增长大于进口的减少，从而可能使贸易规模扩大。这种增长类型所产生的效应，被称为顺贸易偏向生产效应。

(3) 超顺贸易偏向生产效应。在区域Ⅱ,即 QQ_p 以下的区域,各个可能的新的生产点表明,随着收入的增加,生产者对出口品 A 的生产增加,对进口竞争品 B 的生产实际下降。出口品 A 生产的增加有利于增加出口,而进口竞争品 B 生产的实际下降则增加了进口需求。这意味着,出口与进口同时增加,从而显著扩大了贸易规模。这种增长类型所产生的效应,被称为超顺贸易偏向生产效应。

(4) 逆贸易偏向生产效应。在区域Ⅲ,即 OQ 的延长线与 QQ_A 围成的区域,各个可能的新的生产点表明,随着实际收入的增加,生产者对两种产品的生产都增加了,但是进口竞争品 B 的生产比出口品 A 的生产增加得更多。显然,进口竞争品 B 生产的增加,会减少进口,所以最终的结果可能是贸易规模减小。这种增长类型所产生的效应,被称为逆贸易偏向生产效应。

(5) 超逆贸易偏向生产效应。在区域Ⅳ,即 QQ_A 左边的区域,各个可能的新的生产点表明,随着实际收入的增加,生产者对进口竞争品 B 的生产增加,对出口品 A 的生产下降。这意味着,实际收入增长导致了进口和出口的同时减少,从而使贸易规模显著减小。这种增长类型所产生的效应,被称为超逆贸易偏向生产效应。

二、消费效应

国民收入的实际增加还会导致国内消费者对国内的出口品和进口品的需求总量和需求结构发生变化。为了便于分析,仍然假定所讨论的对象是一个小国,它只有出口品和进口竞争品两个生产部门;生产的机会成本是递增的;商品的世界相对价格不变。

现在使用与生产效应相同的分析方法来讨论消费效应。如图 13-2 所示,由于经济增长及由此所导致的实际收入的增加,消费线向外扩张,消费曲线由 PP 推移至 PP′。这时,该国的消费者有机会在新的消费线 PP′上进行选择,如 C_p 点、C_N 点或 C_A 点,以实现效用最大化。在经济增长引起消费增长的情况下,初始的消费均衡点 C,将成为新的最小的消费坐标轴的原点。在新坐标轴的纵轴 CC_P 左边的消费点表明消费更少的出口品 A,右边的消费点表明消费更多的出口品 A;在新坐标轴的横轴 CC_A 下面的消费点表明消费更少的进口品 B,上面的消费点表明消费更多的进口品 B;在 OC 的延长线上的消费点表明对出口品 A 和进口品 B 的消费同比例增加。因此,根据新的坐标轴 CC_p、CC_A 和 OC 延长线,可以将经济增长的消费可能性划分为四个区域,即区域Ⅰ、Ⅱ、Ⅲ和Ⅳ。这样,就可以得出经济增长的五种不同消费效应:

(1) 中性消费效应。OC 的延长线上的消费点表明,随着实际收入的增长,消费者对出口品 A 和进口品 B 的消费同比例增加,即消费者没有改变相对消费方式,从而对贸易没有产生影响,所以被称为中性消费效应。

(2) 逆贸易偏向消费效应。在区域Ⅰ,即 CC_A 和 OC 延长线围成的区域,各个可能的新的消费点表明,随着实际收入的增加,消费者对出口品 A 和进口品 B 的消费

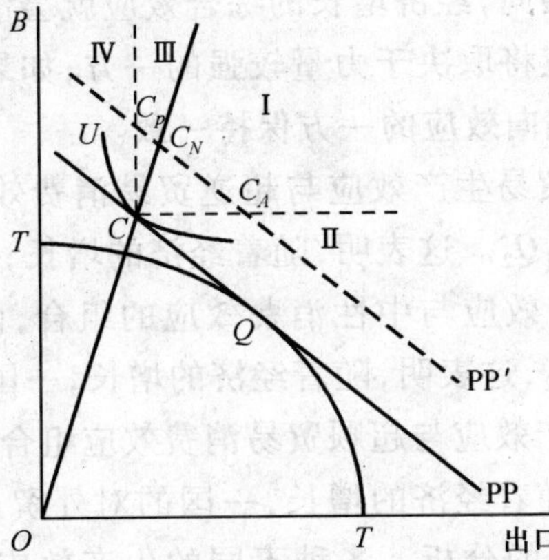

图 13-2　经济增长的消费效应

都增加了，但是对出口品 A 的消费增加得更多。虽然对进口品 B 消费的增加有利于扩大进口，但是国内对出口品 A 的消费增加得更多，从而显著地减少该国的出口意愿。因此，实际的作用结果是，该国更加自给自足，贸易规模减小。这种类型增长所产生的效应，被称为逆贸易偏向消费效应。

（3）超逆贸易偏向消费效应。在区域Ⅱ，即 CC_A 以下的区域，各个可能的新的消费点表明，随着实际收入的增加，消费者对出口品 A 的消费增加了，对进口品 B 的消费下降了。对出口品 A 消费的增加减少了出口，而对进口品 B 消费的下降则减少了进口。这意味着，自给自足状况进一步加深，贸易规模进一步减小。这种类型的增长所产生的效应，被称为超逆贸易偏向消费效应。

（4）顺贸易偏向消费效应。在区域Ⅲ，即 CC_P 与 OC 延长线围成的区域，各个可能的新的消费点表明，随着实际收入的增加，消费者对出口品 A 和进口品 B 的消费都增加了，但是对进口品 B 的消费比出口品 A 增加得更多。国内对出口品 A 消费的增加减少了出口，对进口品 B 消费的增加则增加了进口，所以实际的作用结果是进口相对增加。这意味着，该国对贸易的依赖程度加深，贸易规模扩大。这种类型的增长所产生的效应，被称为顺贸易偏向消费效应。

（5）超顺贸易偏向消费效应。在区域Ⅳ，即 CC_P 左边的区域，各个可能的新的消费点表明，随着实际收入的增加，消费者对进口品 B 的消费增加了，但对出口品 A 的消费实际上减少了。国内对进口品 B 消费的增多，会增加该国的相对意愿进口；对出口品 A 的消费显著减少（从图 13-2 中可以看出比增长前还要少），则会显著增加出口。这意味着，该国对国际贸易的依赖程度进一步加深，贸易规模显著扩大。这种类型的增长所产生的效应，被称为超顺贸易偏向消费效应。

三、综合效应

经济增长对贸易的最终效应取决于生产效应和消费效应的不同组合。一般来说，如果二者的作用方向相同，经济增长的综合效应就会沿着同一方向作用；如果二者的作用方向相反，净效应将取决于力量较强的一方；如果一方为中性，另一方为偏向性，这时综合效应将与偏向效应的一方保持一致。

如图 13-3 所示，超逆贸易生产效应与超逆贸易消费效应组合的结果，是贸易三角形由 $C_1R_1Q_1$ 缩小为 $C_2R_2Q_2$。这表明，随着经济的增长，一国的对外贸易总量下降了。图 13-4 是顺贸易生产效应与中性消费效应的组合，两者共同作用使贸易三角形由 $C_1R_1Q_1$ 增大为 $C_2R_2Q_2$，这表明，随着经济的增长，一国的对外贸易总量上升了。在图 13-5 中，超顺贸易生产效应与超顺贸易消费效应组合，使贸易三角形由 $C_1R_1Q_1$ 扩大为 $C_2R_2Q_2$。这表明，随着经济的增长，一国的对外贸易总量相对上升了。其他的不同组合，也可以做类似的分析。各种不同的生产效应和消费效应的组合结果，如表 13-1 所示。

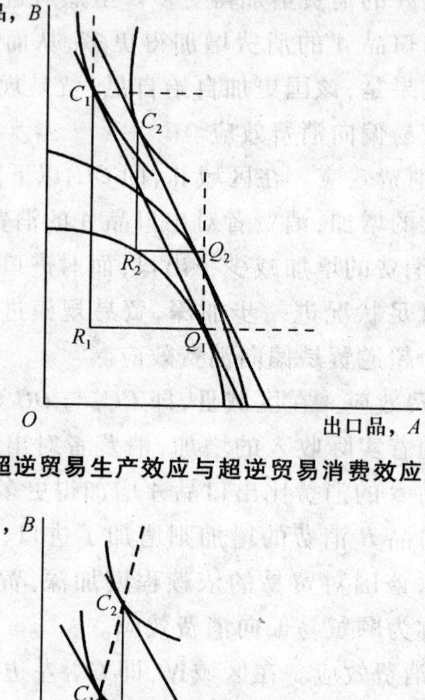

图 13-3　超逆贸易生产效应与超逆贸易消费效应组合

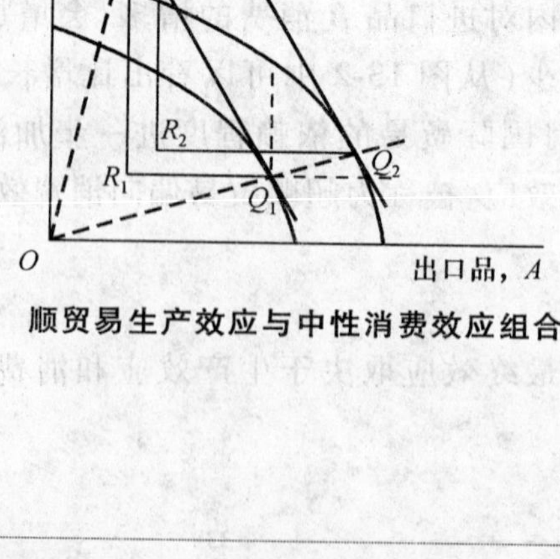

图 13-4　顺贸易生产效应与中性消费效应组合

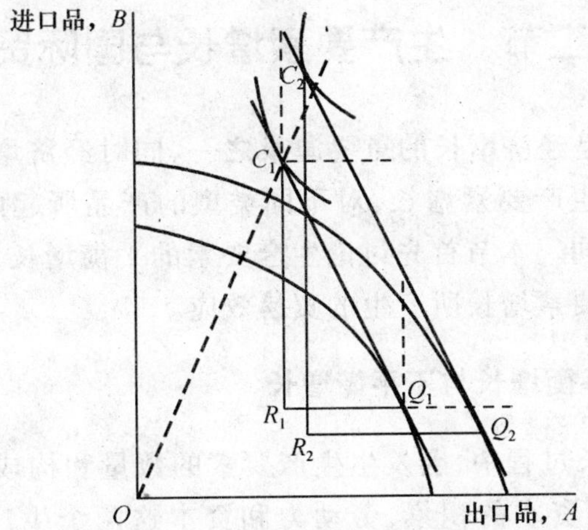

图 13-5　超顺贸易生产效应与超顺贸易消费效应组合

表 13-1　经济增长对贸易形式影响的综合效应

消费效应 / 生产效应	中性	顺贸易	超顺贸易	逆贸易	超逆贸易
中性	中性	顺贸易	顺贸易或超顺贸易	逆贸易或超逆贸易	超逆贸易
顺贸易	顺贸易	顺贸易	顺贸易或超顺贸易	非超顺贸易	超逆贸易
超顺贸易	顺贸易或超顺贸易	顺贸易或超顺贸易	超顺贸易	非超逆贸易	都可能
逆贸易	逆贸易或超逆贸易	非超顺贸易	非超逆贸易	逆贸易或超逆贸易	超逆贸易
超逆贸易	超逆贸易	超逆贸易	都可能	超逆贸易	超逆贸易

资料来源：甘道尔夫著，王小明等译，《国际经济学》，中国经济出版社，1999 年版，第 167 页，表 6-1。板式和内容略有改动。

关于经济增长对贸易影响的生产和消费的净效应，可以用进口需求的收入弹性这个概念来进行概括性分析。进口需求的收入弹性测度的是国民收入的变化率所引起的进口商品的变化率，即进口需求的收入弹性(η_{YM}) = 进口商品的变化率($\Delta M/M$)/国民收入的变化率($\Delta Y/Y$)。如果 $\eta_{YM}=1$，贸易和收入同步增长，增长对贸易的影响是中性的。如果 $0<\eta_{YM}<1$，贸易增长慢于收入增长，则净效应是逆贸易偏向性的。如果 $\eta_{YM}<0$，即随着收入的增长贸易实际上在下降，净效应是超逆贸易偏向性的。如果 $\eta_{YM}>1$，即进口或贸易增长快于收入增长，净效应是顺贸易或超顺贸易偏向性的。

第二节　生产要素增长与国际贸易

生产要素的增长是经济增长的重要源泉之一，同时经济增长也会导致生产要素的增长。不同类型的生产要素增长，对不同类型的产品所起的作用是不一样的，对国际贸易的影响也不同。本节首先讨论生产要素的平衡增长与不平衡增长问题，然后讨论不同类型生产要素增长所产生的贸易效应。

一、生产要素的平衡增长与不平衡增长

在一国的经济增长过程中，会发生生产要素的数量和构成比例的变化。一般来说，随着人口的增长和资本的积累，劳动力和资本这两个生产要素是不断增加的。但是，土地和其他自然资源的情况比较复杂。生产要素增长的结果，表现为生产可能性边界的向外扩展。为了分析简便起见，我们假定生产中只使用劳动力和资本两种要素。由于各种生产要素增长速度的不同，出现了平衡增长和不平衡增长两种类型。下面来具体进行分析。

（一）生产要素的平衡增长

如果所有的生产要素都以相同的速度增长，那么这种增长就是平衡增长，又被称为要素完全中性的增长。在平衡增长的情况下，生产可能性边界在原来的基础上等比例扩大。

如图 13-6 所示，在一国的劳动和资本以同比例增长的情况下，每一种产品的产量也以相同的比例增加，所以该国的生产可能性边界就会以相同的比例向外平移。此时，过 G 和 G' 两点的切线 PP 和 PP′的斜率是相等的。

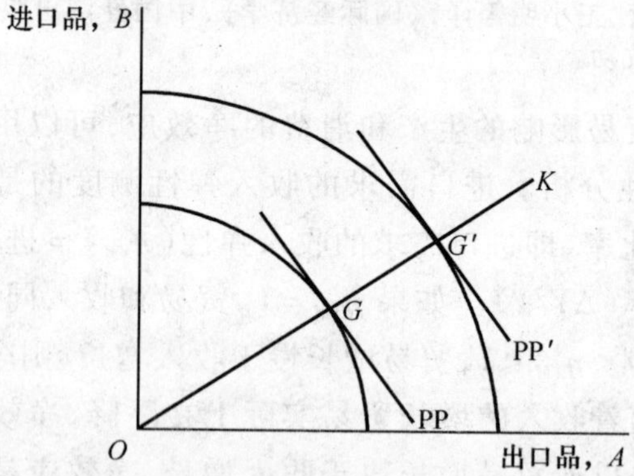

图 13-6　生产要素的平衡增长

显然，当生产要素以相同的比率增长且产品的规模收益不变，从而要素生产率和要素报酬率在要素增长前后都不变时，要素增长前后该国的人均实际收入和福利

水平保持不变。因此，要素平衡增长对贸易的影响是中性的。

（二）生产要素的不平衡增长

如果一国的各种生产要素以不同的比例增长，这种增长就属于不平衡增长，又称为要素的偏向性增长。在不平衡增长的情况下，生产可能性边界在原来的基础上出现偏向性的扩大。

如图13-7所示，假设产品A为劳动密集型产品，产品B为资本密集型产品，原来的生产可能性边界为T_0T_0。现在假设资本存量保持不变，劳动存量增加。由于劳动在一定程度上可以替代资本，劳动增加会使两种产品的产出都增加，从而使生产可能性边界向外推移。但是，由于产品A是劳动密集型的，劳动的增加将导致产品A的产量以更大幅度增加，生产可能性边界由T_0T_0扩大为T_1T_1，即生产可能性边界出现了偏向劳动密集型产品生产的扩张。同理，如果资本存量增加，生产可能性边界将会由T_0T_0扩大为T_2T_2，即生产可能性边界出现了偏向资本密集型产品的扩张。此时，过G_0、G_2和G_1点的切线的斜率是不相同的。

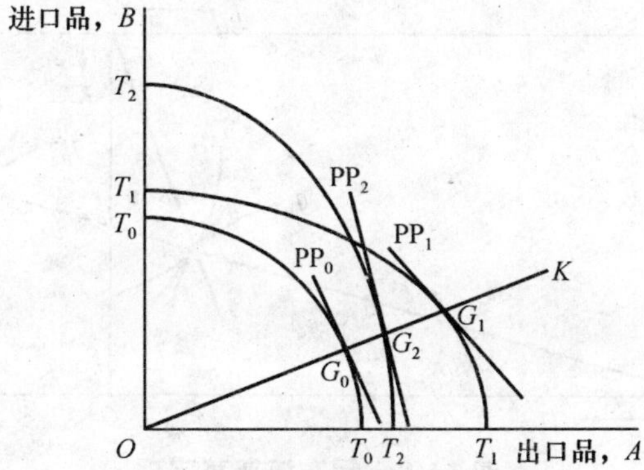

图13-7　生产要素的不平衡增长

显然，生产要素不平衡增长时，对出口品和进口品的生产可能性边界会产生不同的影响，因而对贸易的影响也可能是偏向性的。

二、生产要素增长的贸易效应

上面已经提及，生产要素平衡增长对贸易的影响是中性的。但是，如果生产要素发生不平衡增长，将会对贸易产生偏向性影响。下面首先来介绍雷布津斯基定理，然后利用该定理来分析要素不平衡增长对贸易的影响。

（一）雷布津斯基定理

关于要素和产量之间的关系，雷布津斯基（Rybczynski）较早于1955做过系统的研究。按照他的研究结论：在产品价格和生产要素价格不变的条件下，如果其他生产要素不变，一种生产要素的增加将会提高密集使用该要素的产品的产量，而减少其他产品的产量。这一命题被称为雷布津斯基定理。

如图 13-8 所示,初始的埃奇沃斯盒状图为 O_AHO_BG,给定产品和要素的价格,取 E 点作为初始均衡点。假定产品 A 为劳动密集型产品,产品 B 为资本密集型产品,直线 O_AE 更接近于劳动(L)轴,直线 O_BE 更接近于资本(K)轴。在初始均衡点 E,产品 A 的产量为等产量线 I_A代表的产量水平,产品 B 的产量为等产量线 I_B代表的产量水平。现假定劳动要素增加,即由直线 O_AG 扩展为 O_AG',但资本要素不变,新的均衡点将是 E'。E'点的特征是,位于 O_AE 的延长线 EE'上,且直线 $O_B'E'$平行于 O_BE,这是因为已经假定产品和要素的价格不变,所以两种不同产品的要素密集度也不变。因此,在 E 和 E'两点的等产量线的斜率是相同的,所以 E'点位于新的效率曲线上。从图 13-8 可以看出,在 E'点上,产品 A 的产量增加(此时的等产量线为 I_A'),产品 B 的产量下降(此时的等产量线为 I_B')。可见,劳动要素增加的结果是,密集使用劳动要素的产品生产增加了,同时密集使用资本要素的产品生产减少了。这就证明了雷布津斯基定理。

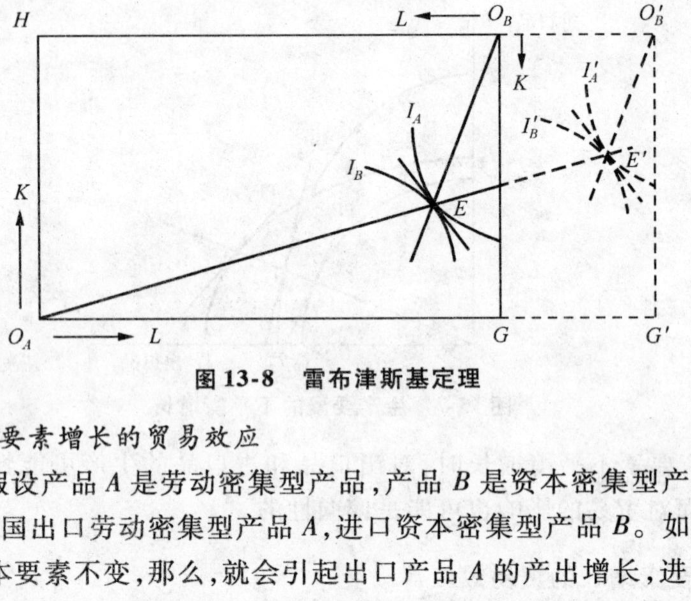

图 13-8　雷布津斯基定理

(二) 单一要素增长的贸易效应

上面已经假设产品 A 是劳动密集型产品,产品 B 是资本密集型产品。现在再加上一个条件,一国出口劳动密集型产品 A,进口资本密集型产品 B。如果该国的劳动要素增长而资本要素不变,那么,就会引起出口产品 A 的产出增长,进口产品 B 的产出下降,从而导致该国的出口和进口同时增长,即该国的对外贸易量上升,这种类型的要素增长属于超顺贸易偏向型增长。相反,如果是资本要素增长而劳动要素不变,则会引起出口产品 A 的产出下降,进口产品 B 的产出增长,从而导致该国的出口和进口同时减少,即该国的对外贸易量下降,这种类型的要素增长属于超逆贸易偏向型增长。

通过上面对单一要素增长的分析,可以得出以下结论:在商品相对价格不变的情况下,一国丰裕要素的增长带来的是超顺贸易偏向型增长,稀缺要素的增长带来的是超逆贸易偏向型增长。

（三）两种要素同时增长的贸易效应

以上我们分析的是单一要素增长情况，如果两种生产要素同时增长，情况将变得比较复杂。为了便于分析，这里仍然假定产品 A 是劳动密集型产品，产品 B 是资本密集型产品；该国出口劳动密集型产品 A，进口资本密集型产品 B；技术条件不变，即两种不同产品的原有资本—劳动比率（K/L）在生产要素增长前后保持不变。现在分以下三种情况来讨论两种要素同时增长时的贸易效应：

（1）两种生产要素同比例增长。此时出口品 A 生产的增长与进口品 B 生产的增长相等，导致一国出口的增加与进口的减少相互抵消，最终的贸易规模没有发生变化，这时要素的增长对贸易的影响是中性的。

（2）劳动要素的增长快于资本要素的增长。此时虽然出口品 A 的生产和进口品 B 的生产都增长，但是出口品 A 生产的增长快于进口品 B 生产的增长，从而导致一国出口的增加超过进口的减少，最终的贸易规模仍然扩大了。这种类型的增长被称为顺贸易偏向型增长。

在有些情况下，劳动要素的增长显著快于资本要素的增长。此时，有可能导致出口品 A 的生产增长，而进口品 B 的生产可能不但没有增加反而下降了。这是因为出口品 A 的快速增长可能促使一部分资本要素从进口品 B 的生产部门转移到了出口品 A 的生产部门，导致进口品 B 的生产下降。这时，有可能在出口增加的同时，进口也增加了。这种类型的增长被称为超顺贸易偏向型增长。

（3）资本要素的增长快于劳动要素的增长。如果资本要素的增长快于劳动要素的增长，那么，虽然两种产品的生产都在增长，但是进口品 B 生产的增长快于出口品 A 生产的增长，一国进口的减少超过出口的增加，最终使贸易规模减小了。这种类型的增长被称为逆贸易偏向型增长。

如果资本要素的增长显著快于劳动要素的增长，那么，两种要素同时增加，有可能导致进口品 B 的生产增长，而出口品 A 的生产不但没有增长反而下降了。这是因为进口品 B 的快速增长可能促使一部分劳动要素从出口品 A 的生产部门转移到了进口品 B 的生产部门，导致 A 的生产下降。这时，有可能在进口减少的同时，出口也在减少，最终使贸易规模减少更多。这种类型的增长被称为超逆贸易偏向型增长。

第三节　技术进步与国际贸易

技术进步是经济增长的又一重要源泉，同时经济增长也会导致技术进步。不同类型的技术进步，对不同类型的产品作用是不一样的，对国际贸易的影响也不同。本节首先讨论技术进步的类型与作用，然后讨论不同类型的技术进步对国际贸易产生的影响。

一、技术进步的类型与作用

技术进步有三层含义：一是指技术变化的结果，也就是技术变化在增长过程中的作用；二是指技术改善的特征，如节约劳动型技术、节约资本型技术和中性技术等；三是指技术本身的变化，即与生产工艺有关的知识，如工厂和机器的设计、制造和操作方面的改进以及与此有关的研究、发明、开发和革新等。① 这里主要讨论第二种含义的技术进步。

根据技术改善生产要素的特征，希克斯(Hicks)和哈罗德(Harrod)将技术进步分为劳动节约型技术进步、资本节约型技术进步和中性技术进步三种类型。按照希克斯(1932，1963)的定义，假定劳动和资本的比率不变，如果技术进步提高的劳动边际产量比提高的资本边际产量大，就称为资本节约型技术进步；如果技术进步提高的资本边际产量比提高的劳动边际产量大，就称为劳动节约型技术进步；如果技术进步使劳动和资本的边际产量的比率保持不变，就称为中性技术进步。

如图 13-9 所示，技术进步前的等产量线是 QQ，等成本线是 CC(其斜率是要素的相对价格)，使用的资本—劳动比率为 OR 线的斜率，均衡点为 E。发生技术进步之后，等产量线移动到 $Q'Q'$，等成本线由 CC 平行地移动到 $C'C'$(相同的要素价格比率)，新的均衡点为 E'，它与前均衡点 E 位于同一条直线 OR 上。因此，点 E' 与点 E 所代表的资本与劳动比率(K/L)是相同的。这表明，技术进步使得在不同的产量水平下，资本与劳动以相同的比例发生变化。或者说，技术进步对于劳动的边际生产率和资本的边际生产率提高的幅度是相同的。因此，这种技术进步就属于中性技术进步。

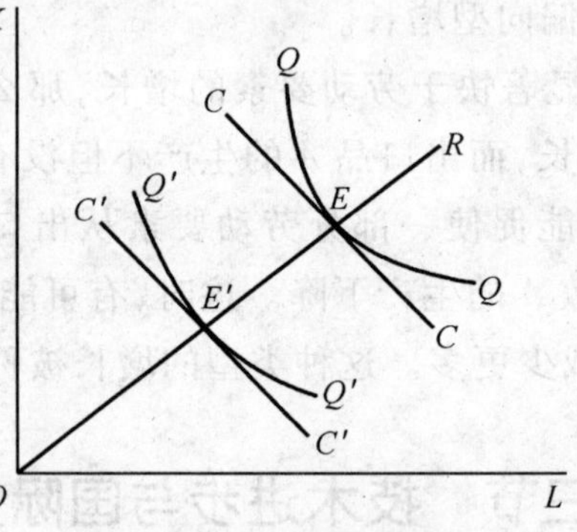

图 13-9　中性技术进步

在图 13-10 中，QQ 与 $Q'Q'$ 分别是技术进步前后的两条等产量线。均衡点 H 与均衡点 E 都位于 OR 上，两者的资本—劳动比率(K/L)相同，但是在 H 点上，边际技

① 〔英〕A. P. 瑟尔瓦尔著，《增长与发展》，中国人民大学出版社，1992 年版，第 103—104 页。

术替代率(劳动的边际产出/资本的边际产出)下降,在图 13-10 中表现为 SS 线比 CC 线更加平缓。因此,在均衡点 E,要素的相对价格下降了。从另一个角度看,如果要保持要素相对价格不变,新的最优投入组合将位于 H 点的左侧,如 E' 点。在 E' 点,最优的资本—劳动比率(K/L)上升,而最优的劳动—资本比率(L/K)下降。因此,这种技术进步就属于劳动节约型技术进步。

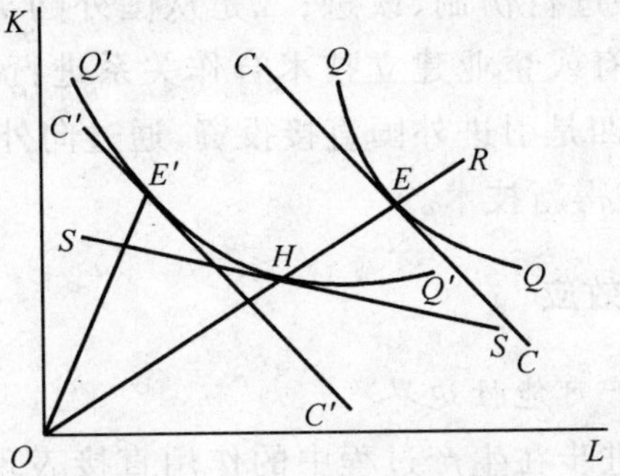

图 13-10　劳动节约型技术进步

与劳动节约型技术进步相对应的是资本节约型技术进步。资本节约型技术进步与劳动节约型技术进步的分析方法相同,结果相反,见图 13-11。

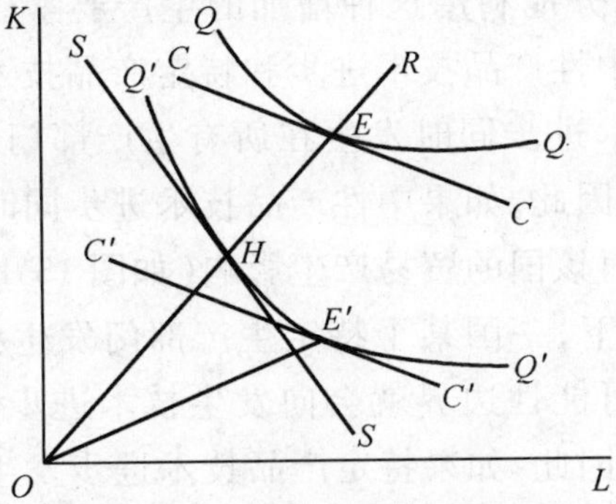

图 13-11　资本节约型技术进步

技术进步在经济增长中的作用主要表现在以下两个方面:

其一,通过改变生产要素的性质来推动经济增长。技术进步能够推动劳动手段的现代化,导致新的生产工具的发明和利用,极大地提高劳动效率。技术进步提高了劳动者的素质,高素质的劳动者和现代化的劳动手段相结合,可以显著地提高劳动生产率。技术进步还拓展了自然资源的利用范围和程度,特别是新材料和新能源的发现与利用,极大地降低了生产成本,提高了物质要素的利用效率。

其二,通过改变经济结构来推动经济增长。技术进步通过工艺与产品创新,有力地推动了新产业群和新产业部门的形成与发展。技术进步通过引导和培育主导产业及相关产业部门的产生和发展,有力地推动了产业结构的变迁和产业升级。技术进步还可以通过影响产品结构来改善贸易结构,从而推动国际贸易和经济国际化发展。

技术进步来源于技术创新和技术扩散两个方面。技术创新主要来源于国家的内部科技资源;技术扩散包括技术输出和技术引进两个方面,主要是依靠市场或非市场渠道传播来取得。一国可以通过以下几个途径来引进新技术:一是从国外引进新产品和新的机器设备并进行仿制、改进;二是从国外购买专利和设计然后在国内组织生产;三是与外国政府或企业建立技术合作关系进行技术交流,或者接受外国政府或企业的技术援助;四是引进外国直接投资,通过向外资企业学习,或通过对当地职工的雇佣与培训来获得新技术。①

二、技术进步的贸易效应

(一)技术进步与生产可能性边界

前面已经提及,技术进步在生产过程中的作用直接表现为它等同于生产要素的扩张。首先,技术进步改变了原有的投入—产出关系,使等量的投入可以获得更多的产出。其次,技术进步可以导致替代品的出现,使生产要素的供给扩大。

技术进步对贸易的影响取决于技术进步使哪一类生产要素得到节约或增加,以及哪一类产业生产能够充分地利用这种增加的生产要素。从技术进步对不同产品产出增长的影响上看,有中性产品技术进步和特定产品技术进步两大类。在中性产品技术进步下,一国的技术进步同时发生在所有生产部门,从而使该国的生产可能性边界平行地向外扩张。因此,如果中性产品技术进步同时发生在一国的出口品和进口品生产部门,就不会对该国的贸易产生影响(如图13-12(a)所示)。

在特定产品技术进步下,一国某个特定生产部门发生技术进步,而其他生产部门技术不变,该国的生产可能性边界就会向发生技术进步的生产部门扩张,从而导致该部门产出相对增加。因此,如果特定产品技术进步发生在一国出口品或进口品的生产部门,就会对该国的贸易产生影响(如图13-12(b)所示)。

由于技术进步发生的生产部门不同以及技术进步的类型不同,特定产品技术进步对贸易的影响比较复杂。下面分不同的技术进步类型来进行分析。

(二)中性技术进步的贸易效应

一般来说,一个生产部门的中性技术进步会导致该部门产品的相对价格下降,这意味着该部门产品的国内相对成本下降。因此,在产品的市场相对价格不变的情况下,发生中性技术进步的部门国内产出会增加,而没有发生技术进步的部门国内产出将会减少。

---

① 窦祥胜著,《国际资本流动与宏观经济运行分析》,中国财政经济出版社,2005年版,第234—238、262—263页。

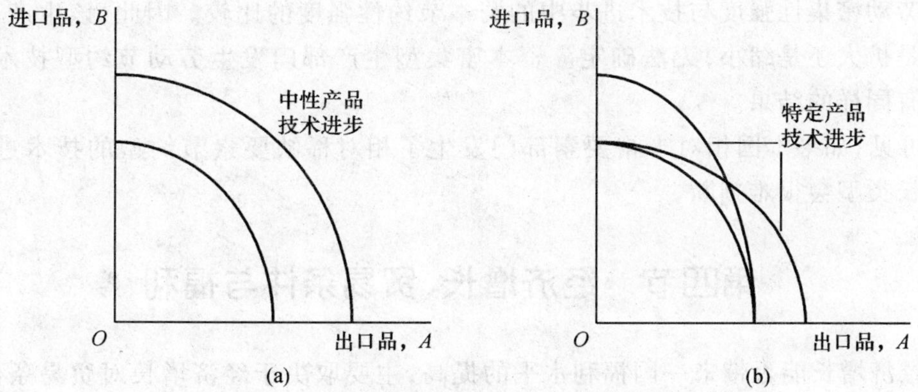

图 13-12　技术进步对生产可能性边界的影响

显然，如果一国的中性技术进步发生在出口品 A 的生产部门，将会导致该国的出口品 A 的产出增加与进口品 B 的产出减少，进而导致出口和进口同时增加，该国发生超顺贸易偏向型增长。相反，如果一国的中性技术进步发生在进口品 B 的生产部门，将会导致该国的进口品 B 的产出增加与出口品 A 的产出减少，进而导致进口和出口的同时减少，该国发生超逆贸易偏向型增长。

（三）要素节约型技术进步的贸易效应

要素节约型技术进步的影响比较复杂，可能会出现以下两种情况：一种情况是，发生要素节约型技术进步的部门，较为密集地使用所节约的要素；另一种情况是，发生要素节约型技术进步的部门，较为密集地使用其他要素。

首先来分析前一种情况。以劳动密集型生产部门发生劳动节约型技术进步为例，如果劳动密集型生产部门发生了中性技术进步，就意味着该部门在同样的要素投入情况下会有更多的产出；如果劳动密集型生产部门发生了劳动节约型技术进步，则意味着该部门在同样的要素投入下会比中性技术进步有更多的产出，这将导致更多的生产要素流向该部门。也就是说，发生技术进步的部门生产扩大，而其他部门的生产会缩小。资本密集型生产部门发生资本节约型技术进步，也会有同样的结果。

一般地，某一生产部门发生的技术进步，如果能够节约该部门密集使用的那种生产要素，那么，这一生产部门就会比中性技术进步有更大的产出扩张，而另一生产部门的产出将会缩小。因此，如果这种部门是出口部门，就会发生超顺贸易偏向型增长；如果是进口竞争部门，就会发生超逆贸易偏向型增长。

其次再来分析后一种情况。以劳动密集型生产部门发生资本节约型技术进步为例，如果劳动密集型生产部门发生了中性技术进步，就意味着该部门在同样的要素投入情况下会有更多的产出；而如果劳动密集型生产部门发生了资本节约型技术进步，就意味着该部门在同样的要素投入下会比中性技术进步有更少的产出。在这种情况下，生产要素是流向该生产部门还是流向其他生产部门，取决于该生产部门中的劳动密集性强度与技术进步中的资本节约性强度的比较。因此，该生产部门的产出是扩大还是缩小，无法确定。资本密集型生产部门发生劳动节约型技术进步，也会有同样的结果。

可见，如果本国相对丰裕要素部门发生了相对稀缺要素节约型的技术进步，经济增长类型会很难判断。

第四节　经济增长、贸易条件与福利

经济增长能否带来一国福利水平的提高，主要取决于经济增长对贸易条件的影响。本节将在小国和大国两种情形下讨论这个问题，并简要分析发展中国家的增长与贸易条件问题。

一、小国的增长、贸易条件与福利

小国的进出口占世界市场的份额很小，所以小国贸易量的变化不会影响世界市场的价格。也就是说，小国所面临的贸易条件不会发生变化。小国发生经济增长后，生产可能性边界向外扩张。因此，在贸易条件不变的情况下，生产的扩大可能使消费在更高的效用水平上进行。如图 13-13 所示，当生产可能性边界由 TT 向外扩张到 $T'T'$ 时，由于世界相对价格不变，世界相对价格线（即贸易条件线）由 TC 平行地移动到 TC′。此时，与新的世界相对价格线 TC′相切的无差异曲线 I'，必然会高于原来的无差异曲线 I。

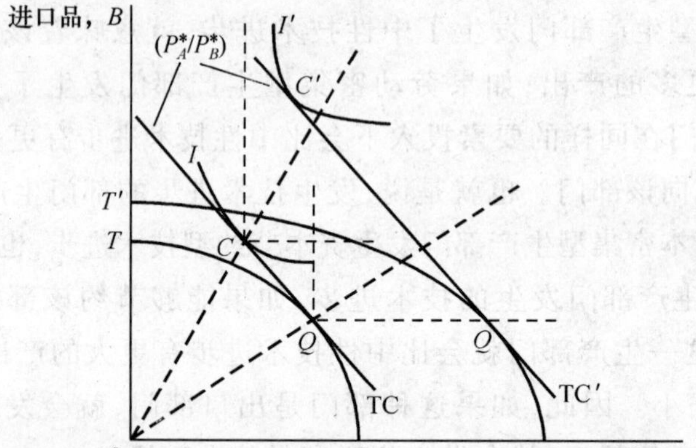

图 13-13　小国经济增长的贸易条件与福利水平

不过，需要指出的是，上述分析没有指出这种增长是由要素增长还是技术进步造成的。然而，不同的增长方式对一国的人均福利水平的影响是不同的。如果这种增长是单纯依靠劳动要素的增长，尽管总的社会福利水平提高了，人均福利水平并不一定提高，有时甚至可能恶化。在其他方面保持不变的情况下，如果人均福利水平恶化，一国的福利水平实际上是下降的。如果这种增长是技术进步带来的，在总的社会福利水平提高的同时，人均福利水平也会得到提高。

当然，经济增长方式的不同，对贸易量的影响是有差异的。具体情况要取决于它所造成的生产效应和消费效应，是顺贸易偏向型的，还是逆贸易偏向型的。不同的生产效应和消费效应的搭配方式，对贸易规模的扩大和减少产生多种影响。但是，可以肯定的是，对于正常的商品，技术进步对贸易规模的增加或减少取决于它的类型，但无论贸易规模如何变化，小国的福利水平总是提高的。然而，劳动要素增长虽然能够带来总福利水平的提高，但是是否能够改善人均福利水平并不确定。

二、大国的增长、贸易条件与福利

与小国不同的是，大国的进出口数量发生变化，将会对进出口商品的国际市场价格产生影响。因此，大国发生经济增长后，增长会引起该国进出口数量的变化，进而导致其贸易条件发生变化。[①] 如图 13-14 所示，一国（假设为本国）的经济增长导致了一个超顺贸易偏向性生产效应和一个中性消费效应，在原来的世界相对价格 TOT_0 下，该国意愿的贸易量扩大了（如图 13-14（a）中所示的贸易三角形）。这将导致该国的提供曲线向外推移，如由 F_0 推移到 F_1，结果导致世界相对价格由 TOT_0 下降为 TOT_1，即该国的贸易条件恶化了（如图 13-14（b）所示）。当然，不同的增长类型对提供曲线的影响是不同的，因而对贸易条件的影响也是不同的。具体情况如图 13-15 所示（图中的 UA 表示超逆贸易偏向型增长，*A* 表示逆贸易偏向型增长，*N* 表示中性增长，UP 表示超顺贸易偏向型增长，*P* 表示顺贸易偏向型增长）。

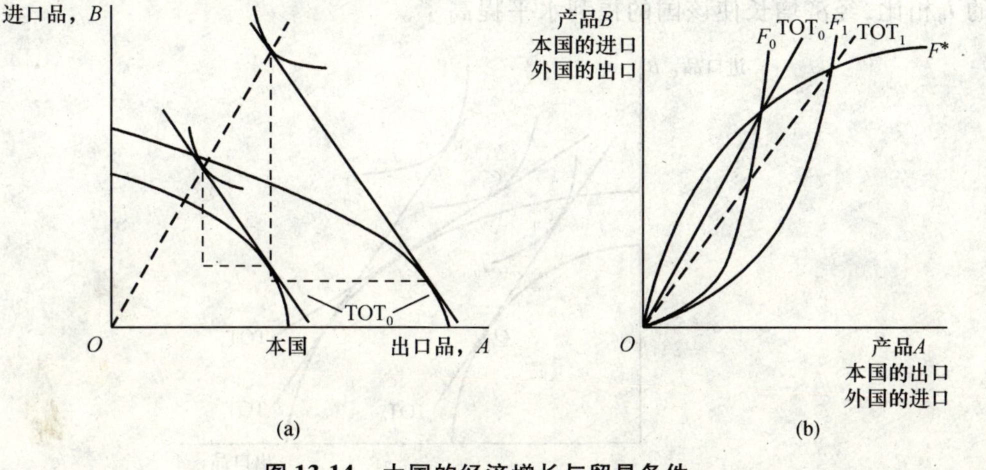

图 13-14　大国的经济增长与贸易条件

---

① 对于大国来说：国内出口部门产出增加→出口供给增加→出口增加→出口品的国际价格（P_X^*）下降；国内进口品竞争部门产出增加→进口需求下降→进口下降→进口品的国际价格（P_M^*）增加。因此，该国的贸易条件恶化，即 P_X^*/P_M^* 下降。

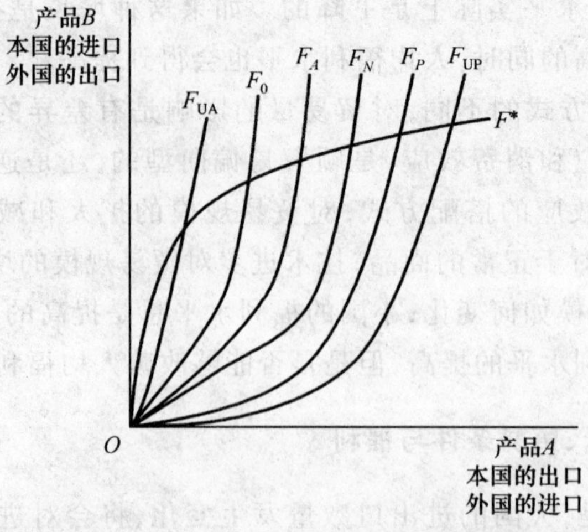

图 13-15　不同类型的增长对提供曲线的影响

大国的经济增长会导致贸易条件恶化，表明大国增长的部分利得有可能被贸易条件的恶化所抵消。一般来说，经济增长将使大国的贸易规模扩大，从而使贸易大国受益。因此，由于贸易增长所导致的贸易条件恶化的负面效应，不会全部抵消增长的正面效应（财富效应）。如图 13-16 所示，当贸易条件与增长前相同时，经济增长将使该国的贸易规模扩大，此时的生产点为 Q_1，消费点为 C_1，效用水平为 I_1。但是，大国在扩大贸易规模的同时，将会导致贸易条件（即 P_A/P_B）恶化，如由 TOT_0下降为 TOT_1，这时的生产点变为 Q_2，消费点变为 C_2，效用水平为 I_2。显然，与贸易条件不变相比，经济增长后该国的福利水平下降了（由 I_1变为 I_2）。但是，与经济增长前的 I_0相比，经济增长使该国的福利水平提高了。

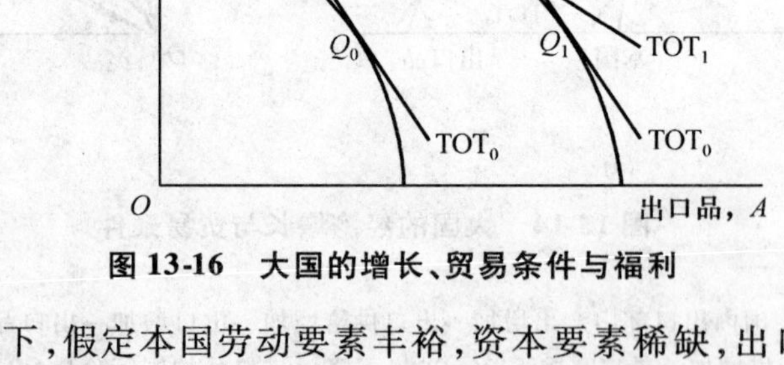

图 13-16　大国的增长、贸易条件与福利

在大国的情形下，假定本国劳动要素丰裕，资本要素稀缺，出口劳动密集型产品 A，进口资本密集型产品 B。经济增长通过两种方式来降低福利：其一，如果劳动是丰裕要素，且投入量增加，则福利的下降是由于贸易条件的恶化使已经下降了的人均收入进一步下降；其二，即使资本是丰裕要素且投入量增加（或进口竞争品部门发生了技术进步），如果贸易条件的负面效应很大，增长仍然有可能导致福利水平下降。

当然，如果贸易条件的负面效应超过增长的正面效应，就有可能导致一国的福利水平下降。如图 13-17 所示，经济增长使得该国的贸易条件由 TOT_0 显著下降为 TOT_1，这时的生产点变为 Q_2，消费点变为 C_2，效用水平为 I_2。显然，经济增长后，不仅与贸易条件不变时相比该国的福利水平下降了（由 I_1 变为 I_2），而且与经济增长前的福利水平（I_0）相比，该国的福利水平也下降了。也就是说，经济增长使得该国的福利水平下降了。这种现象被称为贫困化增长（immiserizing growth），由巴格瓦蒂于 1958 年首次提出。

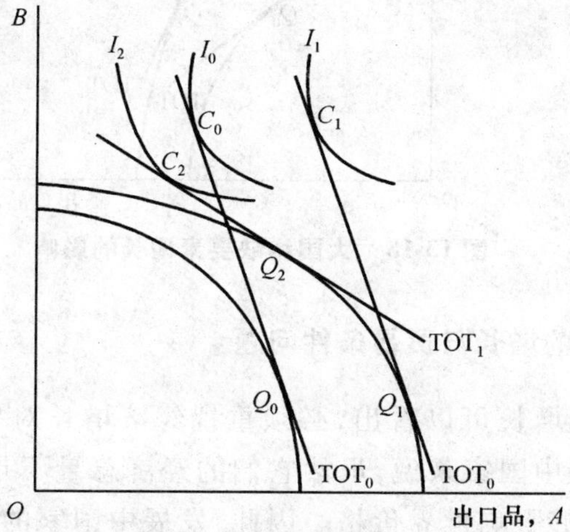

图 13-17　贫困化增长

贫困化增长只有在一定的条件下才可能发生，其中的一些主要条件包括：① 发生经济增长的是大国，它能够通过进口和出口数量的增加来影响国际市场价格，并且该国的增长是偏向出口部门的；② 外国对该国出口产品的需求缺乏弹性，所以出口供给的增加会导致出口品的国际价格明显下降；③ 出口在国民收入中所占的比重较大，所以当贸易条件恶化时，以出口产品表示的实际国民收入大幅度下降；④ 该国对贸易的依赖程度较大，即使在福利水平下降的情况下也无法压缩出口；⑤ 技术进步对经济增长的作用较小，否则，即使贸易条件恶化也不会导致该国福利水平的降低。为了避免贫困化增长，一国可以采取适度关税政策来抑制进出口数量，也可以采取产业政策来扶持本国相关产业的增长。

最后简要讨论大国的稀缺要素发生增长的情况。按照雷布津斯基定理，大国的稀缺要素增加，将导致进口品竞争部门产出的增加和出口品生产部门产出的减少。

这是因为，一般来说，一国的出口部门往往是密集使用本国丰裕要素的生产部门，而进口品竞争部门则是本国稀缺要素密集型生产部门。在这种情况下，如果大国的稀缺要素发生增长，不但不会恶化贸易条件，反而会改善贸易条件。如图 13-18 所示，稀缺要素增加引起的经济增长，使得贸易条件由 TOT_0上升为 TOT_1，进而使该国的效用水平由 I_0上升为 I_2，该国的福利水平提高了。

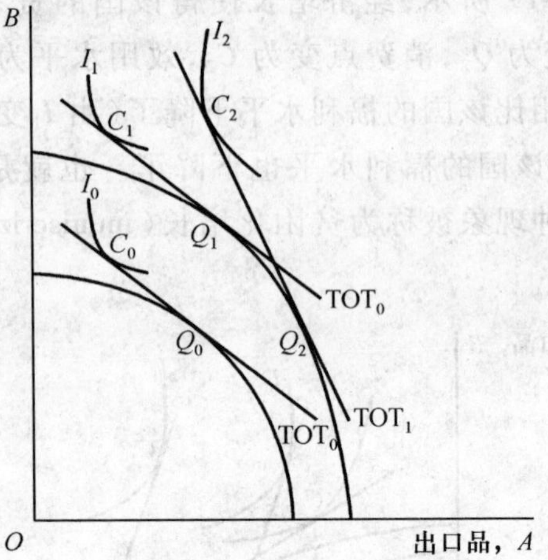

图 13-18　大国稀缺要素增长的影响

三、发展中国家的增长与贸易条件问题

从大国的贫困化增长可以看出，必须重视经济增长对贸易条件可能产生的影响。对于大多数发展中国家来说，虽然它们的经济总量不是很大，但是对于一些初级产品的供给，却能够影响世界价格。因此，发展中国家的这种基于初级产品生产扩张所导致的经济增长，有可能导致贸易条件恶化。尽管贫困化增长现象在现实世界中并不是普遍存在的，但是贸易条件恶化确实会降低发展中国家的经济增长和贸易利益。为了避免这种现象的出现，发展中国家必须实行多样化生产的发展战略，以便降低贸易条件恶化的风险。

发展中国家在经济增长中可能遇到的另一个问题是，经济增长可能导致对最终产品相对需求的改变。一般来说，不同的商品具有不同的需求收入弹性。例如，矿产品和农产品等初级产品的需求收入弹性通常小于 1，而制造品的需求收入弹性通常会大于 1。对于大多数发展中国家来说，它们出口传统的劳动与土地密集型的初级产品，进口制造品。这种主要依靠传统初级产品出口的增长，有可能会导致顺贸易或超顺贸易偏向的消费效应，在固定汇率制下有可能产生贸易逆差，而在浮动汇率制下则有可能导致本币贬值。

从一个更广阔的视角来看，由于不同产品的需求收入弹性不同，依靠出口初级产品来获得出口收入的国家可能会发现，这些初级产品的价格没有它们所进口的制造品的价格上涨得快。这种贸易条件恶化的现象,在短期内降低了来自增长的收入,同时也导致了本国生产中所必需的资本品的进口能力的下降,从而降低了未来的增长率。一些学者认为,发展中国家的贸易条件存在长期恶化的现象,不仅仅是因为不同产品的需求收入弹性不同,还有技术进步的缘故。通常发展中国家的技术进步会导致产品(初级产品)价格的下降。而在发达国家,技术进步往往会导致要素费用的增加,所以发达国家的技术进步会导致产品(制造品)价格的上升。虽然还不能确定发展中国家的贸易条件是否存在长期恶化的趋势,但可以肯定的是,为了适应不可预期的供给效应的变化,发展中国家必然面临明显的贸易条件的短期恶化和改善的问题。因为相对于制造品,初级产品的需求价格弹性和需求收入弹性都较小。所以,世界相对价格的不稳定,会给发展中国家带来比发达国家更为严重的问题。①

第五节　国际贸易与经济增长

以上分析的是经济增长对国际贸易产生的影响。实际上,国际贸易的增长也会对经济增长产生重要的影响,两者相互影响、相互作用。本节首先讨论国际贸易对经济增长作用的相关理论,然后分析国际贸易在经济增长中的作用,最后简要地分析国际贸易促进经济增长的机制与条件问题。

一、国际贸易对经济增长作用的相关理论

国际贸易对一国的经济增长会产生重要的影响。实际上,不同的国际贸易理论就是分别从不同的角度论证一国开展国际贸易的动因、模式及其利得。这方面的理论较多,这里仅介绍几种有代表性的思想。

(一)贸易的动态利益论

以古典学派和新古典学派为代表的自由主义者认为,对外贸易除了能够使世界资源得到更有效的配置,从而使贸易各方都能直接获益外,还能对一国的经济增长产生间接的、动态的影响。亚当·斯密、大卫·李嘉图和约翰·穆勒等都对贸易的动态利益做过论述。特别是约翰·穆勒,他不仅最早注意到了贸易的间接动态效应,而且对贸易的动态利益做过充分的论证。G. M. 迈耶(G. M. Meier)曾将穆勒的论述归纳为三点:① 扩大市场范围,引致创新和提高生产率;② 增加储蓄和资本积累;③ 通过灌输新需求和新的嗜好,以及通过转移技术、工艺和企业家精神所带来的

---

① 参见:甘道尔夫著,王小明等译,《国际经济学》,中国经济出版社,1999 年版,第 163—210 页;丹尼·R. 阿普尔亚德等著,《国际贸易》(第六版),中国人民大学出版社,2009 年版,第 202—223 页;李月娥、李永编著,《国际贸易理论与政策》,立信会计出版社,2005 年版,第 161—1179 页。

教育效应。[1] 贸易的这些间接效应可以进一步细分如下：

(1) 需求效应。贸易所产生的需求效应包括需求增长效应和需求转移效应两个方面。一方面，通过国际贸易，可以形成国外对本国产品的新需求，从而带动出口以及相关部门的发展。另一方面，通过国际贸易，一国可以进口国内没有的商品，使消费者的一部分需求转向这些进口的新产品，从而产生新的需求。一旦这些新的需求形成，又会刺激和带动国内相关产业的建立和发展。

(2) 资源效应。国际贸易扩大了一国的市场规模和范围，使一国的资源开发和利用不受本国市场的限制，以利于提高资源利用率和劳动生产效率。同时，通过国际贸易，一国可以补充本国相对稀缺的生产资源，如机器设备、投入品和原材料等，从而有利于提高本国资源的利用效率。

(3) 结构效应。在国际贸易的需求效应和资源效应的共同作用下，一国将会相应地调整产业结构，以适应国内外市场需求的变化和发展。

(4) 联系效应。国际贸易在带动国内产业和经济发展的同时，必然会产生产业和部门之间的前向联系和后向联系，从而带动相关产业和部门的发展。

(5) 学习效应。通过国际贸易，一国可以积极地引进先进的技术和管理经验，推动国内技术革新，带动整个经济技术水平和管理水平的提高。

(6) 竞争效应。国际贸易可以促使企业走向国际市场，直接面对国际市场竞争，这样就会增加企业的竞争压力，迫使企业不断革新技术、降低成本和提高经营效率。

(7) 规模效应。国际贸易扩大了一国的市场范围，使国内企业摆脱了国内市场狭小的限制，按照规模经济要求开展最优化的生产经营活动，以获取规模经济效益。

(8) 就业效应。一个国家的进出口状况对国内的就业数量和就业结构会产生重要的影响。一国出口的增长有利于扩大国内就业，而进口的增长则有可能加剧国内失业。此外，国际贸易所引发的国内产业结构调整也会使就业结构发生变化。

(9) 收入效应。对外贸易对国民经济具有乘数影响作用，出口的增长不仅有利于推动出口部门的发展，也有利于带动相关产业的发展，这些都有利于增加国民收入。当然，纯消费品进口的增长可能会不利于国民收入的增长，但如果进口的是机器设备、技术和原材料等生产所需的投入品，就会有利于促进生产，从而有利于提高国民收入。[2]

(二) 剩余出口论

剩余出口论是由亚当·斯密提出的。斯密认为，一国在开展对外贸易之前处于

---

① 参见：杰罗德·迈耶著，《经济发展中的主要问题》，牛津大学出版社，1989 年版，第 381 页。转引自：尹翔硕编著，《国际贸易教程》，复旦大学出版社，2001 年版，第 425 页。

② 尹翔硕编著，《国际贸易教程》，复旦大学出版社，2001 年版，第 424—429 页。

不均衡状态，存在闲置的资源或剩余产品。当该国由封闭转为开放后，便可以出口其剩余产品或由闲置资源生产的产品，即对外贸易为本国的剩余产品提供了出路。由于出口的是剩余产品或由剩余资源生产的产品，因此无须从其他部门转移资源，也不必减少国内其他经济活动。出口所带来的收益或由此而增加的进口也没有机会成本，所以必然会促进该国的经济增长。

（三）大宗产品论

大宗产品论是加拿大经济学家 H. 因尼斯（H. Innis）于 1933 年根据加拿大对外贸易和经济发展的实践总结出来的。该理论假定“大宗产品”的供给，即原材料或自然资源密集型产品的供给是无限的，这些产品的开发和新发现，常常导致大量的国内剩余。扩大对外贸易，便可解决剩余问题，减少国内资源的闲置和失业，增加国民收入和消费，提高储蓄和投资，从而带动整个经济的增长。

（四）供给启动论

剩余出口论和大宗产品论主要从需求角度分析对外贸易带动经济增长的效应。澳大利亚经济学家马克斯·科登（Max Cordon）则将对外贸易与宏观经济变量联系起来，从供给的角度剖析对外贸易对经济增长的影响。科登特别强调对外贸易对生产要素供给量的影响和对劳动生产率的作用，他认为一国开展对外贸易会产生以下五个方面的效应：

（1）收入效应。对外贸易的静态利益将转化为国民收入总量的增加，从而提高一国的收入水平。

（2）资本积累效应。将来自于贸易利益的收入增加用于投资，会使该国的资本积累增加。

（3）替代效应。若投资品为进口含量较大的产品，则对外贸易会使投资品的供给增加，从而使消费品的相对价格下降，由此而导致投资对消费比率的提高，而投资率的提高必将推动经济增长率的上升。

（4）收入分配效应。对外贸易将使出口产品密集使用的生产要素的报酬和要素所有者的收入大幅提高，如果这些要素所有者属于国内储蓄倾向较高的集团，在其他条件不变的前提下，这种收入分配的变化会提高经济的储蓄率，进而提高资本的积累率。

（5）要素加权效应。假定生产要素的劳动生产率增长不一致，则产出的增长率可视为各种生产要素增长率的加权平均。当出口贸易扩大，而且出口产品大量使用的是劳动生产率增长更快的要素时，出口生产增长率会提高得更快。

科登进一步认为，对外贸易对宏观经济产生的这五个方面的影响都是累积性的，这意味着对外贸易对经济增长的促进作用将随着经济的发展而不断加强。

（五）增长引擎论

增长引擎论最先由丹尼斯·H. 罗伯特逊（Dennis H. Robertson）于 1937 年提出，

20 世纪 50 年代罗格纳·纳克斯(Ragnar Nurkse)对其做了补充和发展。罗伯特逊于 1937 年发表的《国际贸易的未来》一文中,曾明确提出"对外贸易是经济增长的发动机"的论断,将对外贸易摆在了一国经济增长的动力源的地位上。

纳克斯在对 19 世纪英国和新移民地区的经济发展原因进行研究时认为,19 世纪的国际贸易曾为许多国家的经济发展作出重要的贡献。这种贡献不仅来自于对外贸易的直接的静态利益,即按比较优势进行专业化分工和国际贸易所获得的资源有效配置、产出增长和消费水平的提高,而且来自于对外贸易使生产规模扩大而取得的规模经济利益以及传递经济增长的利益。纳克斯曾明确指出,19 世纪的贸易不仅是简单地对一定数量的资源施以最优配置的手段,更是经济成长的发动机。

纳克斯等人认为,对外贸易,尤其是出口的高速增长,是通过以下途径来带动经济增长的:

(1) 一国的出口扩大意味着进口能力增强,而进口中的资本货物对促进经济增长具有特别重要的意义。

(2) 出口扩大使一国倾向于按比较优势原则来配置资源、提高生产的专业化程度,从而提高劳动生产率。

(3) 出口扩大使一国的市场扩大,从而能够进行大规模的生产,获取规模经济的利益。

(4) 出口扩大使一国出口及相关产业面临激烈的竞争,迫使企业加速技术改造,降低成本,提高质量,提高经营管理水平。

(5) 出口扩大会鼓励国内外投资,刺激国民经济各部门的发展。

增长引擎论关于对外贸易能够带动或激发经济成长的论点是正确的。许多国家的经济发展事实证明了这一点。但是,它将对外贸易看成是经济增长的发动机,过分夸大了对外贸易的作用。事实上,一国的经济增长是市场、资本、技术和管理等诸多因素综合作用的结果,对外贸易只是一国经济发展的外因或必要条件。

(六) 其他相关理论

除了以上比较有影响的传统学说外,还有许多论述国际贸易对经济增长影响的学说。比如,对外贸易乘数论,发展经济学对此问题的相关论述,等等。下面来简要地进行介绍。

1. 对外贸易乘数论

对外贸易乘数论是凯恩斯的追随者 F. 马可卢普(F. Machlup)和罗伊·福布斯·哈罗德(Roy Forbes Harrod)等人在投资乘数原理的基础上引申提出的。该理论认为,一国的出口和国内投资一样,属于"注入",对就业和国民收入有倍增作用;而一国的进口,则与国内储蓄一样,属于"漏出",对就业和国民收入具有倍减作用。其原因在于,当一国的商品与劳务输出时,从国外获得货币收入,会使出口产业部门的收入增加，消费也随之增加，从而引起其他产业部门的生产增加，就业增多，收入增加……如此反复下去，收入增加将为出口增加的若干倍；而当商品和劳务输入时，向国外支付货币，使收入减少，消费随之下降，国内生产缩减，如此反复，收入减少将为进口增加的若干倍。因此，只有当对外贸易为顺差时，才能够增加一国就业量，提高国民收入。此时，国民收入的增加将是投资增加和贸易顺差的若干倍。这就是对外贸易乘数论的基本思想。

用 ΔY 表示国民收入增量，ΔX 表示出口增量，ΔM 表示进口增量，ΔI 表示投资增量，c 表示边际消费倾向，K 表示乘数，则投资和对外贸易顺差对国民收入的乘数作用可表示为：

$$\begin{aligned}\Delta Y &= [\Delta I + (\Delta X - \Delta M)] \cdot (1 + c + c^2 + c^3 + \cdots) \\ &= [\Delta I + (\Delta X - \Delta M)] \cdot [1/(1 - c)] \\ &= [\Delta I + (\Delta X - \Delta M)] \cdot K \qquad (13\text{-}1)\end{aligned}$$

从式(13-1)可以看出，在 ΔI 和 K 给定的条件下，贸易顺差($\Delta X - \Delta M$)越大，国民收入增加(ΔY)越大。反之，若贸易差额为逆差，则 ΔY 将缩减。

如果考虑到对外贸易的影响，一国新增的国民收入(ΔY)将分别用于国内消费(ΔC)、国内储蓄(ΔS)和进口(ΔM)，即：

$$\Delta Y = \Delta C + \Delta S + \Delta M \qquad (13\text{-}2)$$

或

$$1 = \frac{\Delta C}{\Delta Y} + \frac{\Delta S}{\Delta Y} + \frac{\Delta M}{\Delta Y} \qquad (13\text{-}3)$$

式(13-3)中，$\Delta C/\Delta Y$、$\Delta S/\Delta Y$ 和 $\Delta M/\Delta Y$ 分别为边际消费倾向、边际储蓄倾向和边际进口倾向。若分别用 c、s 和 m 表示，则有：

$$c + s + m = 1 \qquad (13\text{-}4)$$

从而，可以得到：

$$K = \frac{1}{1 - c} = \frac{1}{s + m} \qquad (13\text{-}5)$$

可见，在开放经济条件下，乘数与边际进口倾向有关。边际进口倾向(m)越大，乘数(K)越小；反之，边际进口倾向越小，乘数越大。

2．发展经济学的相关理论

发展经济学家在传统理论关于对外贸易促进经济增长的观点基础上，联系发展中国家的实际，对贸易与经济发展问题进行了全面深入的探讨。著名的发展经济学家沃尔特·惠特曼·罗斯托(Walt Whitman Rostow)认为，在经济发展的各个阶段上，都有一个带动整个经济起飞或高速增长的领先部门。当初级产品生产和出口达到相当的规模和水平时，就有可能成为这样的领先部门。一些结构主义学者基于美国经济学家罗伯特·M. 索洛(Robert M. Solow)提出的索洛模型(Solow Growth Model)，把外贸特别是出口，作为经济增长的重要因素之一，并将出口变量纳入其增长模型。另外，他们还采用动态分析的方法，分析了不同贸易模式在结构转变的初级产品阶段、工业化阶段和发达经济阶段中的作用，认为通过贸易可以带动经济结构由低级向高级过渡，从而促进经济增长。

W. A. 刘易斯(W. A. Lewis)在1954年提出了与发展中国家关系特别密切的二元经济模型。他把经济分为现代工业部门和传统农业部门两大部门。现代工业部门采用现代技术，运用再生产资本，雇佣工资劳动力，进行以利润最大化为目的的生产活动；传统农业部门技术落后，由于受制度和组织形式及资源条件的约束，劳动的边际产品低，并且常常低于其平均水平，劳动力供给因而具有"无限"的特点。现代工业部门通过积累和吸收传统农业部门的剩余劳动力，必然会推动整个经济的增长。尤其是在剩余劳动力尚未吸收完、现代工业部门工资不上升的情况下，利润和积累在国民收入中的比重将不断上升，经济增长将加速。如果现代工业部门生产的是出口产品，传统农业部门生产的是进口产品，对外贸易的开展无疑有助于扩大现代工业部门产品的市场和需求，并降低劳动力的工资(因为食品的价格将因进口而降低)，从而进一步增加现代工业部门的利润和积累，促进经济增长。

20世纪80年代中期以来，以P. 罗默(P. Romer)和R. 卢卡斯(R. Lucas)等人为代表的新增长理论学派将技术和创新活动内生化，把创新作为推动生产率增长的核心因素。新增长理论将创新活动内生化视为有目的的研究和开发投资的结果，这一投资活动的显著特征是不仅能带来更高的利润率，而且有溢出效应和外部收益。新增长理论所揭示出的增长机制表明，创新活动与对外贸易之间有着较为密切的关系，如果对外贸易能够刺激一国的创新活动，便能促进该国的经济增长。因为对外贸易可以为贸易国带来更为广阔的市场、更为频繁的信息与技术交流和更加激烈的竞争环境，通过知识、技术的溢出效应，促进人力资本的积累，刺激贸易国的创新活动，从而促进该国的技术进步和经济增长。各国之间开展国际贸易，可以促进知识和专业化人力资本在贸易伙伴国内迅速积累，有利于提高贸易国的总产出水平，加速经济增长。由于知识传播和人力资本的外部效应，外贸活动可以节约部分研究与开发费用，避免重复劳动，对发展中国家尤为重要。发展中国家引进技术产品，边干边学(learning by doing)，消化吸收，加速专业化人力资本积累，也有助于推动经济长期增长。可见，从新增长理论中能够引申出对外贸易促进经济增长的新的依据。

当然，也有一些发展经济学家对贸易促进经济增长的作用持怀疑或批评的态度。罗伯特逊和纳克斯等人的"贸易是增长的发动机"命题提出后，曾引起广泛的争论。美国经济学家I. B. 克拉维斯(I. B. Kravis)认为，在国际贸易与经济增长间的关系方面，对外贸易并不是增长的发动机，而只是处于从属地位，是"经济成长的侍女"(trade as a handmaiden of growth)。1970年，他在《经济学杂志》上撰文指出，20世纪经济增长较快的国家,国际贸易增长几乎都不显著。那些出口曾有较大发展的外围国家的经济增长实绩也并不理想。由此可见,决定一国经济增长的主要因素在于其国内因素,国际贸易只不过给经济增长提供了一种外部刺激,刺激程度的大小最终要受到国内因素的制约。因此,对一国出口产品的外部需求强劲是有益的,但它既不是经济增长的必要条件,也不是它的充分条件,即使贸易在增长过程中发挥着有益的作用,“增长发动机”一词也并不带有普遍的描述性,它包含着仅仅通过贸易无法实现的期望。

以 R. 普雷维什(R. Prebisch)、H. 辛格(H. Singer)和 G. 缪尔达尔(G. Myrdal)等为代表的一些发展经济学家对“发动机命题”持完全否定的态度,认为对外贸易已经成为发展中国家经济进步的阻力。普雷维什和辛格认为,由于初级产品贸易条件存在不断恶化的趋势,出口初级产品的发展中国家不可能通过对外贸易来提高其长期经济增长率。而缪尔达尔则认为,对外贸易将会使发展中国家的经济落后领域持久化,甚至创造出更多的落后领域。这种悲观主义论调,使得许多发展中国家在 20 世纪五六十年代选择了走内向型进口替代工业化的发展道路。

此外,还有许多发展经济学家都对传统理论关于对外贸易促进经济增长的结论提出了质疑,对“发动机命题”持完全否定的态度。在发展经济学家内部,古典学派、马克思主义学派和新古典学派都认为,贸易对积累和经济增长的影响是间接的,是通过利润率的影响而发生作用的。也有人指出,对于小国,贸易可能起到发动机的作用。但是,对于幅员辽阔的大国,对外贸易对其经济增长一般只发挥一定程度的作用,而非发动机的作用。

综上所述,尽管对对外贸易对经济增长的作用存在不同的理论观点,然而从各国的实践看,对外贸易对经济增长的促进作用是显而易见的。但是,对外贸易绝非是经济增长的唯一动力,它不过是经济增长的外因。一国经济增长应取决于多种因素,除对外贸易外,还有生产要素、科学技术和资本流动等因素。当今各国的经济增长来源于上述多种因素的相互影响和作用,过分强调对外贸易对经济增长的作用是片面的、不可取的。

二、国际贸易在经济增长中的作用

许多国家的发展实践证明,国际贸易对一国的经济增长具有一定的促进作用。当然,对于不同的国家其作用程度是不一样的,这与一国经济对国外市场的依赖程度、对外贸易的产品结构以及国际竞争力大小等因素有关。对外贸易对一国产生的利益包括静态利益和动态利益两个方面。其中,静态利益是直接的,即使在现有的资源和技术条件不变的情况下,各国也可以通过对外贸易获益。这是因为在发生对外贸易的情况下,各国可以按照各自的比较优势进行产品的生产和交换,从而有利于降低生产成本，提高资源配置效率，提高各国乃至世界的福利水平。

对外贸易的动态利益是间接的，一国开展对外贸易后不仅有利于增加生产和国民收入，也有利于促进本国的技术进步、产业结构调整和制度创新，从而对经济增长产生长期的作用。

首先，国际贸易可以使各国从专业化生产和国际交换中获取利益。生产是为了满足需求，在封闭经济条件下，各国必须依据国内的需求状况来进行生产，这样就使得一国的比较优势难以有效地发挥。开展对外贸易后，各国可以依据各自的比较优势，广泛参与国际分工，专业化生产本国具有比较优势的产品，然后进行交换。这样，不仅能够提高本国的资源配置效率和降低生产成本，而且可以满足国内消费的多样化。各国对外贸易发展的实践证明，即使在现有的资源和技术条件不变的情况下，各国也可以通过对外贸易获取利益。

其次，各国可以通过国际贸易来创造新的生产机会。开展国际贸易可以为一国的生产者提供新的更广阔的市场空间，有利于解决国内过剩的生产能力，并刺激国内生产能力的进一步提高。同时，通过国际贸易，一国可以进口生产中所需要的原材料、半成品、先进的技术与设备等，这样就可以突破国内资源和技术等条件的限制，在短期内迅速提高国内的生产能力，加速一国的经济增长。

再次，国际贸易促进了各国的产业结构调整。开展国际贸易，可以促使一国的资源转移到效率较高的产业部门或开发新的产业，从而促进产业结构不断调整和优化。日本经济学家赤松要（Kaname Akamatsu）通过对日本棉纺工业发展史实的考察，于1932年提出了贸易与产业发展的“雁形模式”。该模式表明，日本的棉纺产业经历了“进口→当地生产＋开拓出口→出口增长”三个阶段并呈现周期性循环，就好像三只飞翔的大雁：第一只大雁为进口浪潮，第二只大雁为国内生产浪潮，第三只大雁就是出口浪潮（如图13-19所示）。后来许多学者发现，日本的其他产业也明显存在着雁形形态的成长过程。其他新兴发展中国家的发展实践也证明，贸易对一国的产业结构调整具有十分重要的影响。

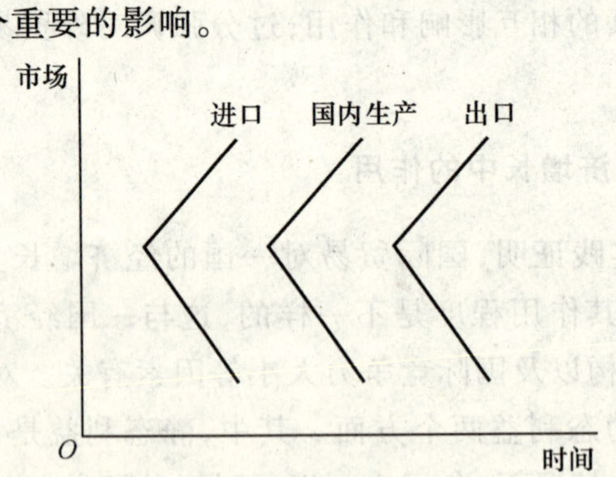

图13-19　雁形模式

最后,国际贸易推动了各国的技术进步和制度创新。开展国际贸易,一方面使一国的企业面临更加激烈的国际竞争,从而迫使企业加快进行技术革新和制度创新。另一方面为企业引进国外的先进技术、机器设备和管理经验提供了条件,这将有利于加快一国的技术和制度创新步伐。

三、国际贸易促进经济增长的机制与条件

(一) 国际贸易促进经济增长的机制

1. 出口促进增长的机制

出口促进经济增长的机制主要包括以下六个方面:

(1) 出口的扩大,可以增加国民收入,从而将更多的投资用于扩大再生产,增强经济活动的基础,加快经济的增长。

(2) 出口贸易为一国依据比较优势原则配置资源创造了条件,提高了生产的专业化程度,从而提高了资源的利用效率和劳动生产率,促进了经济的增长。

(3) 出口的扩大使企业能够扩大生产规模,提高资源配置效率,降低生产成本,获取规模经济利益,增加利润,增强国际竞争力,从而推动经济增长。

(4) 出口与出口需求的扩大,可以产生对本国的基本生产要素、中间产品以及服务产品的派生需求,从而带动国内相关产业部门的经济发展,推动整个国民经济的增长。

(5) 出口的扩大有助于鼓励外资流入,解决国内投资不足,并促进先进技术和管理经验的引进,这些有利于推动一国经济的长期发展。

(6) 出口和出口市场的扩大,增强了企业的创新动力和创新空间,激励了本国企业的技术和产品的创新,促进了经济增长。

2. 进口促进增长的机制

进口促进经济增长的机制主要包括以下四个方面:

(1) 技术和设备的进口将直接促进国内生产的发展和生产效率的提高,其作用类似于创新对增长的激励,并能节省创新的成本。

(2) 原材料、半成品等投入品的进口,有利于突破国内资源约束的瓶颈,发挥生产要素互补作用,改善生产要素质量,提高生产要素的利用效率。

(3) 新产品的输入对本国的生产和消费活动可能产生“示范效应”,加速本国的新产品开发和进口替代品的生产,从而有利于促进经济增长。

(4) 持续的进口产品的激烈竞争,必将加速国内低效率企业退出市场的过程,并促使高效率企业达到合理的规模,从而优化本国的市场结构,改善本国企业的绩效。

(二) 国际贸易促进经济增长的条件

要发挥国际贸易对经济增长的促进作用,必须具备一定的经济条件:

(1) 国民经济结构较为合理。如果一国的国民经济结构不合理,开展对外贸易有可能会加重经济结构的扭曲,难以发挥促进国民经济增长的作用。

(2) 市场机制必须健全。对外贸易与经济增长的相互作用是通过市场行为传导的,如果没有健全的市场机制,对外贸易与国内经济增长之间就不可能产生良好的互动效应。

(3) 企业的经营机制必须完善。企业必须以实现利润最大化为目标,以市场竞争为动力,积极参与国际竞争。而这些又是建立在完善的企业经营机制基础之上的,没有完善的企业经营机制,企业就不可能充满活力和动力,必然在国际竞争中被淘汰。

(4) 贸易产业部门与非贸易产业部门之间存在较为密切的联系。这种联系越强,贸易对本国经济的影响越大,对经济增长的贡献也越大。

(5) 对外开放必须达到一定的程度。这样才能保证对外贸易量达到一定规模,才能对一国经济产生显著、持续的影响。

(6) 本国在对外贸易中必须拥有自主权。如果一国的对外贸易为他国所控制,本国所能获得的贸易利益就很有限,从而削弱了贸易对国内经济的激励作用。[①]

复习与思考题

1. 解释下列概念

生产效应　消费效应　生产要素的平衡增长　生产要素的不平衡增长　雷布津斯基定理　贫困化增长　动态利益论　供给启动论　增长引擎论　对外贸易乘数论　新增长理论　雁形模式

2. 顺贸易偏向生产效应和顺贸易偏向消费效应有何差别?它们对贸易影响的净效应是什么?

3. 根据雷布津斯基定理,一国的经济增长怎样影响产出和贸易?其影响结果与国家规模的大小密切相关吗?

4. 技术进步对国际贸易会产生什么影响?

5. 简要分析小国情形下经济增长的贸易与福利效应。

6. 简要分析大国情形下经济增长的贸易与福利效应。

7. 资本增长与劳动增长所产生的经济增长效应有什么不同?

8. 大国的经济增长会导致贸易条件恶化吗?大国的增长有无可能改善该国的

---

① 参见:陈宪等编著,《国际贸易——原理·政策·实务》,立信会计出版社,1998 年版,第 148—149、164—176 页。

贸易条件？

9．产生贫困化增长的条件是什么？

10．发展中国家的经济增长对贸易条件会产生什么影响？

11．简要评述“对外贸易是经济增长的发动机”论。

12．国际贸易对经济增长有何影响？

参考文献

保罗·克鲁格曼等著:《国际经济学》(第五版),海闻等译,中国人民大学出版社,2002年版。

白洪声,张喜民主编:《国际贸易理论与实务》,山东人民出版社,2002年版。

岑维廉,钟昌元,王华等著:《关税理论与中国关税制度》,世纪出版集团、上海人民出版社,2006年版。

程大中编著:《国际贸易》,格致出版社、上海人民出版社,2009年版。

程大中著:《国际服务贸易学》,复旦大学出版社,2007年版。

陈家勤编著:《当代国际贸易新理论》,经济科学出版社,2000年版。

陈宪等编著:《国际贸易——原理·政策·实务》,立信会计出版社,1998年版。

陈洁民,于岚主编:《国际贸易》,化学工业出版社,2008年版。

储祥银编著:《国际经济合作实务》,对外经济贸易大学出版社,2001年版。

丹尼·R. 阿普尔亚德(Dennis R. Appleyard)等著,《国际贸易》(第六版)(双语教材),中国人民大学出版社,2009年版。

杜奇华编著:《国际技术贸易》,对外经济贸易大学出版社,2008年版。

甘道尔夫·吉安卡罗等编著:《国际经济学》(第一卷),王小明等译,中国经济出版社,1999年版。

海闻编著:《国际贸易:理论·政策·实践》,上海人民出版社,1993年版。

海闻,林德特,王新奎等编著:《国际贸易》,上海人民出版社,2003年版。

赫国胜,杨哲英,张日新编著:《新编国际经济学》,清华大学出版社,2003年版。

何蓉编著:《国际贸易》,机械工业出版社,2006年版。

贾金思,姚东旭,郎丽华等主编:《国际贸易——理论·政策·实务》,对外经济贸易大学出版社,2005年版。

罗来仪,石攻玉主编:《最新国际贸易实务运作技巧》,中央编译出版社,1996年版。

李群编著:《管理贸易论——兼论经济转型期的中国外贸政策》,人民出版社,2004年版。

李小北等编著:《国际贸易学》(第二版),经济管理出版社,2004年版。

李月娥,李永编著:《国际贸易理论与政策》,立信会计出版社,2005年版。

黎孝先主编:《国际贸易实务》(第三版),对外经济贸易大学出版社,2000年版。

〔美〕理查德·E. 凯弗斯等编著:《世界贸易与国际收支》(第九版),张永等译,中国人民大学出版社,2005年版。

李左东编著:《国际贸易理论、政策与实务》,高等教育出版社,2006年版。

林珏编著:《国际技术贸易》,上海财经大学出版社,2006 年版。

毛传新主编:《国际服务贸易》,东南大学出版社,2009 年版。

饶友玲编著:《国际技术贸易理论与实务》,南开大学出版社,2006 年版。

佟家栋,周申编著:《国际贸易学——理论与政策》,高等教育出版社,2008 年版。

许斌编著:《国际贸易》,北京大学出版社,2009 年版。

薛荣久主编:《国际贸易》,对外经济贸易大学出版社,2003 年版。

徐盛华,章征文编著:《新编国际贸易学》,清华大学出版社,2006 年版。

亚蒂什·N.巴格瓦蒂,阿温德·潘纳加里亚,T.N.施瑞尼瓦桑著:《高级国际贸易学》(第二版),王根蓓译,上海财经大学出版社,2004 年版。

尹翔硕编著:《国际贸易教程》,复旦大学出版社,2001 年版。

喻志军编著:《国际贸易理论与政策》,企业管理出版社,2006 年版。

王玉清,赵承璧主编:《国际技术贸易》,对外经济贸易大学出版社,2005 年版。

张二震,马野青著:《国际贸易学》,南京大学出版社,2007 年版。

张幼文主编,《世界经济学》,立信会计出版社,1999 年版。

赵书华著:《国际服务贸易研究》,中国商务出版社,2006 年版。

赵玉焕主编:《国际货物贸易》,对外经济贸易大学出版社,2005 年版。

赵春明编著:《国际贸易学》,石油工业出版社,2003 年版。

朱钟棣,郭羽诞,兰宜生主编:《国际贸易学》,上海财经大学出版社,2005 年版。

祝卫,程洁,谈英著:《国际贸易操作能力实用教程》,上海人民出版社,2006 年版。

教师反馈及教辅申请表

北京大学出版社以“教材优先、学术为本、创建一流”为目标，主要为广大高等院校师生服务。为更有针对性地为广大教师服务，提升教学质量，在您确认将本书作为指定教材后，请您填好以下表格并经系主任签字盖章后寄回，我们将免费向您提供相应教辅资料。

<table>
<tr><td>书号/书名/作者</td><td colspan="4"></td></tr>
<tr><td>您的姓名</td><td colspan="4"></td></tr>
<tr><td>校/院/系</td><td colspan="4"></td></tr>
<tr><td>您所讲授的课程名称</td><td colspan="4"></td></tr>
<tr><td>每学期学生人数</td><td colspan="2">______人　　______年级</td><td>学时</td><td></td></tr>
<tr><td>您准备何时用此书授课</td><td colspan="4"></td></tr>
<tr><td>您的联系地址</td><td colspan="4"></td></tr>
<tr><td>邮政编码</td><td></td><td>联系电话
（必填）</td><td colspan="2"></td></tr>
<tr><td>E-mail（必填）</td><td colspan="4"></td></tr>
<tr><td colspan="3">您对本书的建议：</td><td colspan="2">系主任签字

盖章</td></tr>
</table>

我们的联系方式：

北京大学出版社经济与管理图书事业部

北京市海淀区成府路 205 号，100871

联 系 人：徐　冰

电　　话：010-62767312 / 62752926

传　　真：010-62556201

电子邮件：xubingjn@yahoo.com.cn　em@pup.cn

网　　址：http://www.pup.cn